郏县年鉴

JIAXIAN NIANJIAN

郏县人民政府主办
郏县地方史志办公室编

中州古籍出版社

图书在版编目（CIP）数据

郏县年鉴（2012）：郏县人民政府主办；郏县地方史志办公室编．—郑州：中州古籍出版社，2012.9
ISBN 978-7-80683-845-7

Ⅰ．①郏… Ⅱ．①郏… ②郏… Ⅲ．①郏县—2012—年鉴Ⅳ．①Z526．14

中国版本图书馆CIP数据核字（2012）第156129号

责任编辑：吕兵伟
出 版 社：中州古籍出版社
（地址：郑州市经五路66号　　邮政编码：450002）
发行单位：全国新华书店
承印单位：郑州志鉴印务有限公司
开　　本：889毫米×1194毫米　1/16
印　　张：20
字　　数：470千字　　**印　　数：**1-2000册
版　　次：2012年9月第1版　　**印　　次：**2012年9月第1次印刷

定　　价：215.00元

《郏县年鉴》编纂委员会

《郏县年鉴》编审及工作人员

2011年郏县数字

年末全县总人口62.06万人
常住人口57.3万人
农村人口38.9万人
城镇人口18.4万人
城镇化率32.14%
县域国土面积737平方公里
乡镇(街道)15个
村(居)委会377个
地区生产总值1175637万元
第一产业增加值200375万元
第二产业增加值741769万元
第三产业增加值233493万元
工业总产值2478628万元
工业增加值710689万元
建筑业完成增加值31080万元
农林牧渔业总产值352139万元
农业184032万元
林业3768万元
牧业160681万元
渔业1083万元
农林牧渔服务业2575万元
年末耕地面积44417.03公顷
粮食总产量316015吨
夏粮158559吨
秋粮157456吨
烟叶播种面积13.7万亩
烟叶总产量18103吨
肉类总产量7.6万吨
牛奶总产量4.2万吨
禽蛋总产量2.8万吨
牛存栏25.3万头
猪存栏46.2万头
羊存栏28.2万只
家禽存栏732万只
农业机械总动力48.26万千瓦
大中型拖拉机1787台
新增机电井1386眼
全社会固定资产投资额283495万元
交通货运周转量130974万吨公里
公路客运周转量32729万人公里
固定电话户数31080户
移动电话户数304900户
全社会消费品零售总额995311万元
地方财政一般预算收入53800万元
地方财政一般预算支出161323万元
农民人均纯收入6021元
城镇居民可支配收入12770元
城镇人均居民消费支出10031元
在岗职工平均工资29076元
享受城镇低保人数7834人
农村最低生活保障人数24750人
各类学校数266所
在校中小学生数91812人
年末卫生机构病床位1804张
年末卫生技术人员2534人
农村合作医疗参合农民511827人
城镇参合居民31722人

中共郏县第十二届委员会常委合影

左起：何 卉 杜 伟 王宏希 郭国顺 陈银山 郑 理 张国晓 宁和平 张华琪 李捍卫 张贯钊

郏县第十四届人大常务委员会主任、副主任合影

左起：鲁长法 李彩霞 肖根胜 徐子生 何留中

郏县第十四届人民政府县长、副县长合影

左起：张新奇 李国英 王宏希 谢中光 杨振锋 史晓天

政协郏县第九届委员会主席、副主席合影

左起：薛国强　王亚军　唐国颖　周慧敏

县委书记张国晓在县政协九届委员会上讲话

县长王宏希作政府工作报告

2011年12月1日，中共河南省委副书记、组织部长邓凯（右三）到县调研新农村建设，中共平顶山市委书记赵顷霖（右六）、中共郏县县委书记张国晓（右二）陪同。

2012年8月7日，中共河南省委常委、副省长刘满仓（右二）到县考察企业发展情况。

2012 年 2 月 2 日，副省长张大卫（前左二）带领全省重点项目观摩团莅郏观摩指导工作。

2012年7月19日，中共平顶山市委书记赵顷霖（右三）到县考察防汛工作，县委书记张国晓（右五）、县长王宏希（左二）陪同。

2012年5月22日，平顶山市市长陈建生（中）到县考察防汛工作，县委书记张国晓（左二）、县长王宏希（右一）陪同。

县委书记张国晓（左一）、县长王宏希（右三）检查麦收工作。

县委书记张国晓（左一）、县长王宏希（左三）到企业调研。

县委书记张国晓（右三）到基层调研烟叶生产情况

白 庙 乡

乡党委书记　王团伟

乡 长　王 伟

县委书记张国晓（右三）在县人代会期间看望白庙代表团成员

省委组织部研究室主任毕正义（前左一）在县委书记张国晓（前左二）陪同下到移民新村调研

招商引资企业浩博家居建材物流园开工奠基仪式

红旗渠杯水利 林业观摩团在白庙乡观摩

堂 街

镇党委书记 张世杰

镇 长 李政杰

副省长刘满仓（右）到堂街镇调研万亩烟田

县委书记张国晓（右）到堂街镇调研中心镇建设工作

市委书记赵顷霖（右一）到堂街镇调研

堂街镇人民广场落成仪式

堂街镇党政办公楼

朱洼新型农村社区

沿汝河万亩速生林带一瞥

紫云山风景

中国历史文化名村—郏县临沣寨全景

广 阔 天

乡党委书记 郭松伟

乡 长 郭大敏

班子成员:王振宽 王转红 李世晓 谢德华 郭大敏 郭松伟 张世卿 郭俊明 刘俊乐 张怀青

广阔天地人有作为纪念馆效果图

毛泽东主席手迹批示碑

县委书记张国晓（中）到乡调研

县长王宏希（前左二）到广天乡调研知青纪念馆改造升级工程

铁锅产品一角

河南省铸铁锅产品质量监测检验中心、平顶山市铁锅铸造研发中心，铁锅行业协会所在地—河南省广天铸件有限公司。

小城镇建设一角

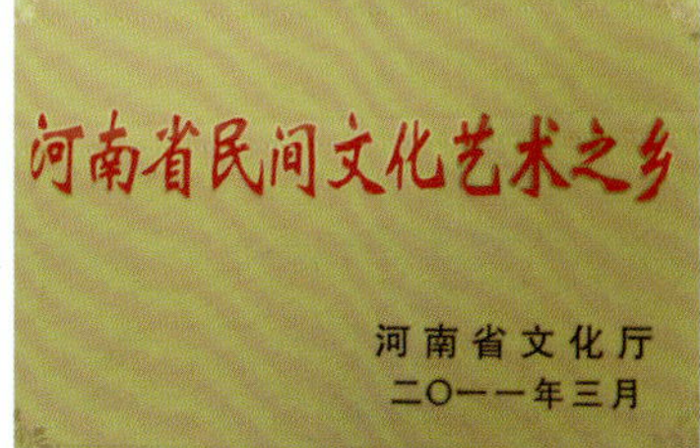

黄 道

副县级干部、镇党委书记 王占奇

镇党委副书记、镇长 肖志举

党政班子成员合影

中联天广水泥有限公司

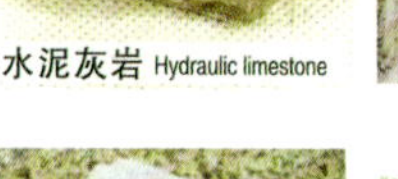

丰富的矿产资源

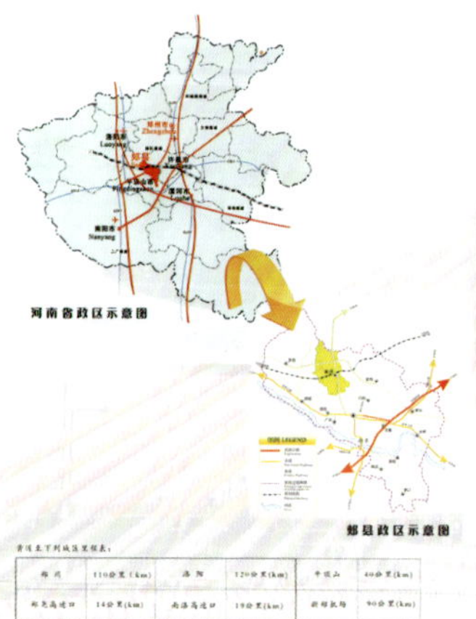

郑州	110公里(km)	洛阳	120公里(km)	平顶山	40公里(km)
郏尧高速口	14公里(km)	[illegible]	19公里(km)	新郑机场	90公里(km)

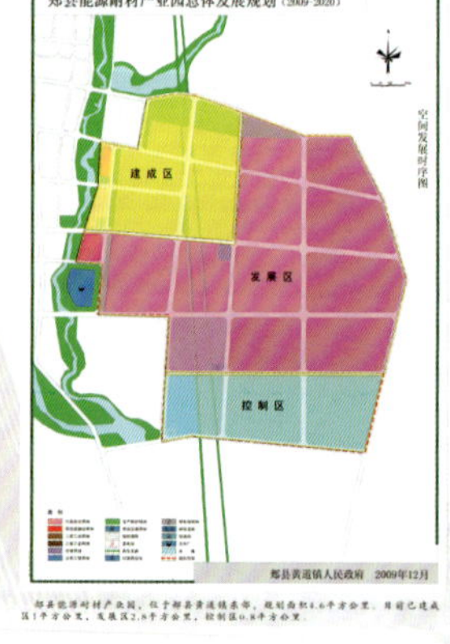

郏县能源耐材产业园区

副省长刘满仓（左二）到黄道镇调研

市委书记赵顷霖在黄道镇调研

市长陈建生在黄道镇调研

县委书记张国晓带领县四大班子领导在黄道调研

卧龙休闲文化广场

镇东新型农村社区

市级
卫生先进单位
ADVANCED UNIT IN SANITATION
（2009－2013）
平顶山市人民政府

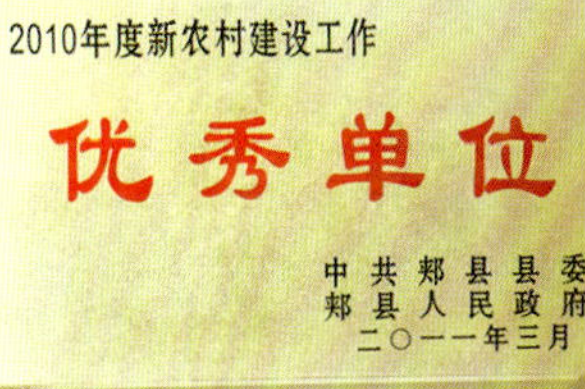

郏县2010年度依法行政
先进单位
郏县人民政府
二〇一一年六月

2010年度平顶山市综合实力
二十强乡(镇)
平顶山市统计局
二〇一一年九月

市级
文明乡镇
WEN MING XIANG ZHEN
中共平顶山市委
平顶山市人民政府
2008.1

2010年度招商引资工作
优秀单位
中共郏县县委
郏县人民政府
二〇一一年三月

2010年度城镇建设工作
优秀单位
中共郏县县委
郏县人民政府
二〇一一年三月

薛店镇党政班子成员合影

薛　店　镇

薛店镇辣椒基地

万亩烟叶示范方

县委书记张国晓到薛店镇视察冢王旧城改造工程

薛店镇党委书记张广杰在旧城改造典礼仪式上致辞

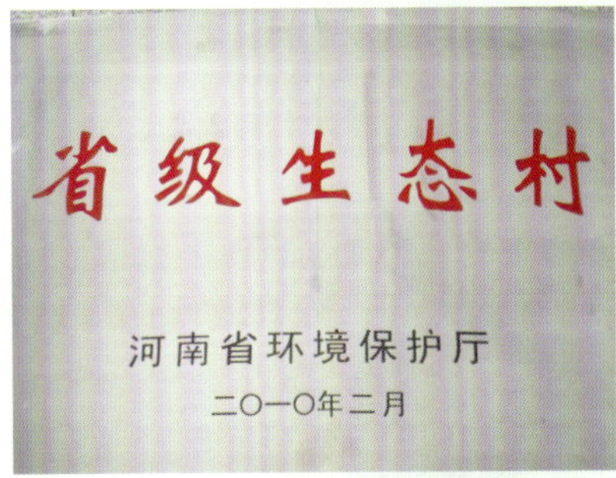

薛店镇蔬菜基地

郏县农村

党委书记、理事长　时敬召

党委副书记、主任　孔繁亭

郏县农村信用合作联社是经中国银监会批准，依法设立的金融机构，以服务“三农”为宗旨，以面向县域经济、面向中小企业、面向社区为主要经营方向。

1951～2011，农村信用社走过了艰辛曲折的发展过程。如今，郏县农村信用合作联社统筹改革，锐意进取，精诚团结，经营管理、科技服务、基础建设不断迈上新的台阶，各项业务有了长足发展。目前，全县农村信用社辖15家信用社、39个营业网点，存款余额突破28亿元，贷款余额21亿元，存贷规模均居郏县金融业之首。先后扶持发展了20多个农副产品加工项目、20多个养殖业示范园区、30多个品种的特色产业、60多个种养加专业村及20余家民营企业，有力支持了全县农业产业化、促进农村经济增长、帮助农民增收，推动中小企业发展做出了积极贡献。为省级文明单位、省级卫生先进单位、先进基层党组织，支农工作先后获得过县委、县政府10余项嘉奖。

办公大楼

郏县农村信用联社

省级卫生先进单位

河南省爱国卫生运动委员会

信用联社

理事长时敬召（左一）在中原红调研

支持烟业基地发展

营业大厅

扶持发展的世纪亚星生态园

现场放贷

支持玉龙山荒山开发初具规模

郏县烟草

国家烟草专卖局纪检组长潘家华（左）视察郏县红伟农机专业合作社

中纪委、监察部驻国家烟草专卖局纪检组副组长、监察局局长姜凯（中）在省公司副总经理李俊成（右二）、市局局长胡宏超（右一）、市局纪检组长程仲记（左一）、县烟草公司经理张旭（左二）陪同下调研郏县烟叶生产工作。

河南中烟工业公司副总经理吴明山（左一）来县察看烟叶长势

省烟草公司副总经理李俊成（左）、河南农大烟草学院教授刘国顺在郏县指导烟叶生产工作。

郏县烟草专卖局（分公司）现有员工701人，固定资产9062万元，内设10个科室，下属4个直属单位、18个烟叶工作站，担负着全县10万亩、1000万公斤烟叶的生产收购，1.6万箱卷烟销售和烟叶、卷烟市场管理的重任，是全省烟叶种植大县，烟叶资源量居全省同级分公司前列，占全市烟叶资源量的一半以上。

近年来，郏县烟草专卖局（分公司）以“国家利益至上、消费者利益至上”为宗旨，以服务地方经济发展为己任，借助国家烟草专卖局加强烟叶基础建设的政策机遇，大力开展烟炕、烟水、烟路工程建设，使我县烟叶生产条件得到较大改善，为可持续发展蓄足了后劲。同时，以减轻烟农种烟劳动强度为着力点，以推进机械化为途径，以专业化分工为突破口，逐步把繁多的烟叶生产环节进行分离，先后建立了烟叶育苗专业户、烟叶种植专业户、烟叶烘烤专业户和机械化专业队、植保专业队、分级专业队，并探索组建烟农综合服务社，提升对广大烟农的服务质量和水平，实现了烟农轻松种烟。2011年，全县共收购烟叶19.85万担，烟农直接收入达到1.84亿元，实现烟叶税4057万元，烟叶收购量、投放金额、烟叶税三项指标继续保持全省先进位次，为地方经济发展做出了积极贡献。

2012年，面对新的形势和发展机遇，郏县烟草局上下同心协力，以抢抓机遇、凝心聚力、共谋发展为要求，以上水平、促跨越为动力，正在朝着种植烟叶计划10.4万亩，收购烟叶计划25.3万担，销售卷烟16800箱，实现“两烟”综合效益8000万元以上的目标奋力工作。

县委书记张国晓（右一）检查烟叶移栽工作，县烟草公司经理张旭（左一）陪同。

2009 年 8 月中国工程院院士朱尊权（右）来县察看上部六片烟叶实验田

县人大组织县人大代表视察县烟叶收购工作

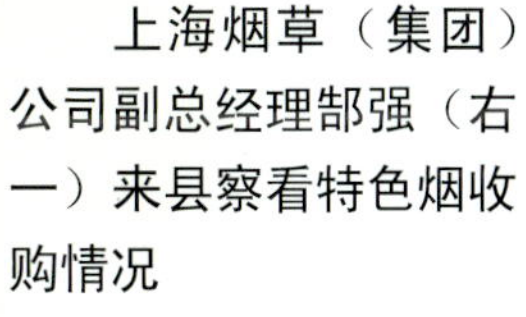

上海烟草（集团）公司副总经理部强（右一）来县察看特色烟收购情况

郏县南水北调

郏县南水北调办主任、移民局局长 龚 琳

郏县南水北调办公室、移民局的主要职责是，负责南水北调工程征迁安置、丹江口库区移民安置及大中型水库移民后期扶持等工作。在县委、县政府正确领导下，全体干部职工团结奋进，开拓进取，扎实工作，各项工作都取得令人瞩目的成绩。完成了丹江口库区马湾移民新村建设和两批1679名移民安置工作；完成南水北调中线郏县段征地拆迁和后靠群众安置工作，征迁移交干线永久用地5047亩，临时用地4568亩，完成干线3个后靠安置点建设，集中安置征迁群众1002人。努力为南水北调工程建设创造优良施工环境，使工程顺利进展；积极做好丹江口库区移民后扶工作，使移民生产发展，生活安居乐业。

全国人大常委会委员、财经委主任石秀诗，国调办主任鄂竟平，副主任张野、蒋旭光、于幼军，省长郭庚茂，省政协主席叶冬松，省委常委、副省长刘满仓等领导先后视察郏县南水北调和移民工作，对郏县取得的成绩给予充分肯定。郏县先后荣获“河南省南水北调丹江口库区第一批移民迁安工作优秀单位”、“河南省南水北调丹江口库区移民迁安工作先进单位”、“河南省南水北调信访稳定工作先进县”称号，移民局被省委、省政府荣记集体二等功。

全国人大常委会委员、财经委主任石秀诗（中）到马湾新村调研，县委书记张国晓（右一）陪同。

国调办副主任于幼军（右）检查指导南水北调工程建设情况，县长王红希（中）陪同。

省水利厅厅长王树山（右二）看望慰问移民群众

省移民办主任崔军（右一）到马湾新村调研

办公室 移民局

马湾新村靓姿

新村广场及村部办公楼

马湾新村先进的生态型污水处理工程

北汝河倒虹吸工程施工

南水北调渡漕工程施工

南水北调护坡工程施工

南水北调桥梁施工

河南省南水北调丹江口库区移民迁安工作

先进单位

中共河南省委　河南省人民政府

二〇一二年五月

河南省南水北调丹江口库区移民迁安工作

集体二等功

中共河南省委　河南省人民政府

二〇一二年五月

河南省南水北调丹江口库区移民迁安工作

先进移民村

中共河南省委　河南省人民政府

二〇一二年五月

郏县

总经理　董晓军

郏县供电公司始建于1952年，属国有中型二类企业。1998年11月由平顶山供电公司代管，2001年11月改制为河南省电力公司控股的有限责任公司，2008年被命名为国网公司一流县供电企业。郏县电网现有220千伏变电站1座，主变1台，容量15万千伏安；110千伏变电站2座，主变4台，总容量12.6万千伏安；35千伏变电站9座，主变17台，容量9.565万千伏安，全部实现无人值守。2011年完成购电量5.44亿千瓦时。

近年来，公司连续四届被省委、省政府评为“省级文明单位”，行风评议连年位列全县公共服务行业第一名；先后荣获河南省模范职工之家、河南省电力公司文明单位、河南省电力公司“四好领导班子先进集体”等多项荣誉称号。2011年，完成的调控一体化项目被省公司命名为“县供电企业十大金牌工程”。

班子成员集体研究企业发展大计

平顶山市供电公司总经理李海星调研郏县电网建设情况

全省首家县级电力调控一体化系统投入运行

维护变电设施保障电网安全

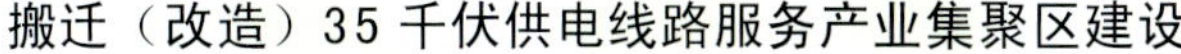
搬迁（改造）35 千伏供电线路服务产业集聚区建设

改造低压电网服务新型农村社区建设

深入田间地头服务农业生产

在庆祝建党90周年红歌会上获金奖

班组长拓展训练

医保中心

医保服务大厅

新型农村养老保险动员大会

信息中心

综合服务大厅

县领导为60岁以上老人发养老金

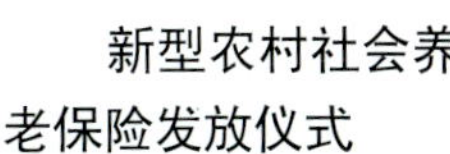

新型农村社会养老保险发放仪式

郏县住房和

局 长　杨晓峰

三馆建设

城市规划法宣传

新型墙改料材宣传

水岸阳光廉租房

青龙湖一角

城乡建设局

郏县第十四届人民代表大会选举县直第五大选区大会

郏县住建局二〇一二年党风廉政建设暨廉政风险防控机制建设工作会议

生态之城 宜居之城 旅游之城欢迎您

县创建省级园林县城工作汇报

郏县丹江口库区第一批移民搬迁安置工作
先进单位
中共郏县县委
郏县人民政府
二〇一一年四月

郏县庆祝中国共产党成立90周年红歌会
金奖
中共郏县委员会
郏县人民政府
二〇一一年六月

先进基层党组织
中共郏县县委
二〇一一年六月

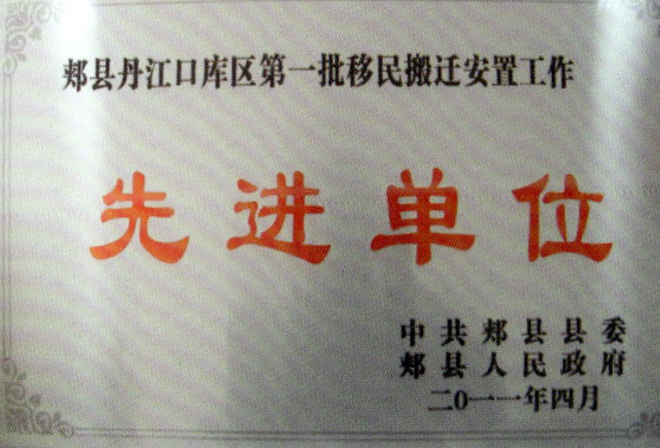

郏 县 第 一

园 长 郭延辉

县长王宏希（左）到园看望师生

班子成员左起：孙彩娜、赵苏丹、郭延辉
刘素枝、杨丽伟、赵晓燕

庆“六一”表演

文庙诵读弟子规

亲子游戏

幼儿园

县领导与幼儿园师生一起欢庆“六一”节

大班毕业典礼

师生参加《星光大道》和毕福剑在一起

参加河南卫视《民星在行动》演出现场

森林防火童话剧表演

花环操表演

郏县茨芭

院长　时记领

卫生院大门

班子成员

茨芭镇卫生院始建于1952年，总占地面积5399平方米，建筑面积3335.6平方米。现有在编职工54名，其中执业助理以上15名，副主任医师一名，设床位36张，配备有全自动生化分析仪、血球仪、300mA·X光机、彩超、电子阴道镜及臭氧机、熏蒸床、牵引车等大型设备，开设有内科、外科、小儿科、妇产科、中医康复科等临床科室，是一所服务辖区5.8万人口，集公共卫生服务、基本医疗为一体的综合性公益性医疗单位。医院被授予“一级甲等”医院，2009年被平顶山市卫生局授予“市级卫生先进单位”。

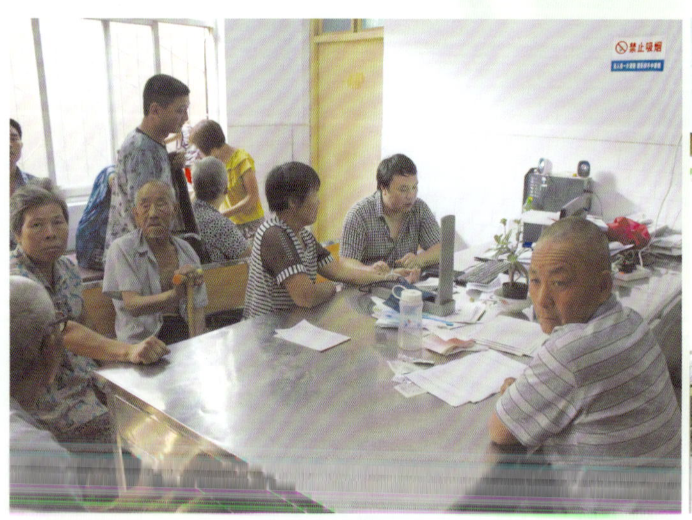

为病人诊断

整洁干净的办公环境一角

卫生院

院内一角

救护车辆

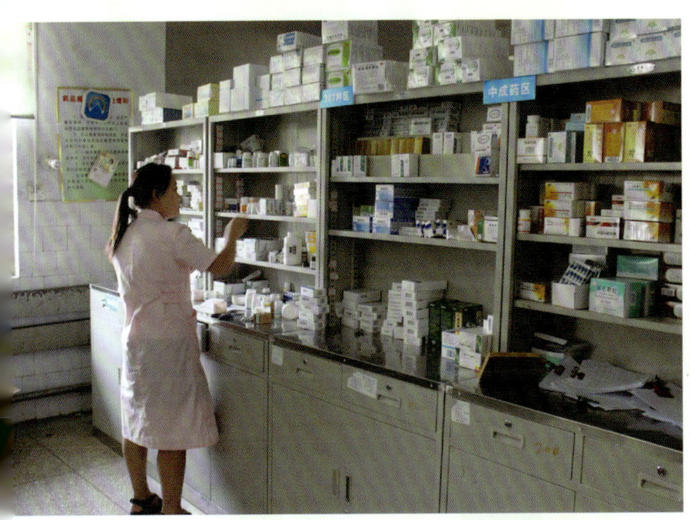

西药房

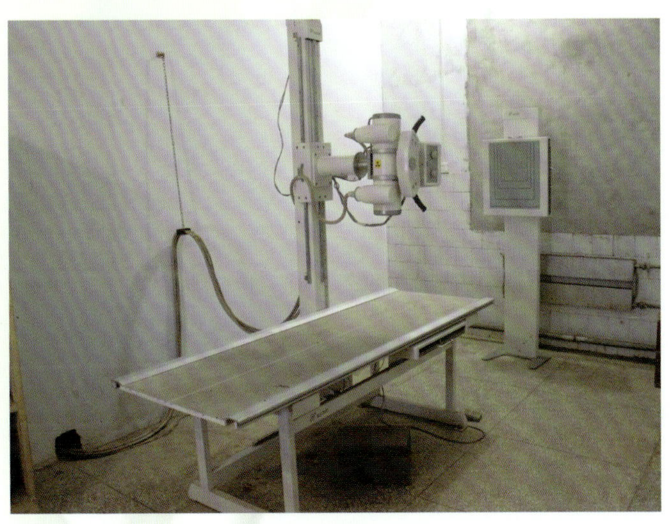

X 光室

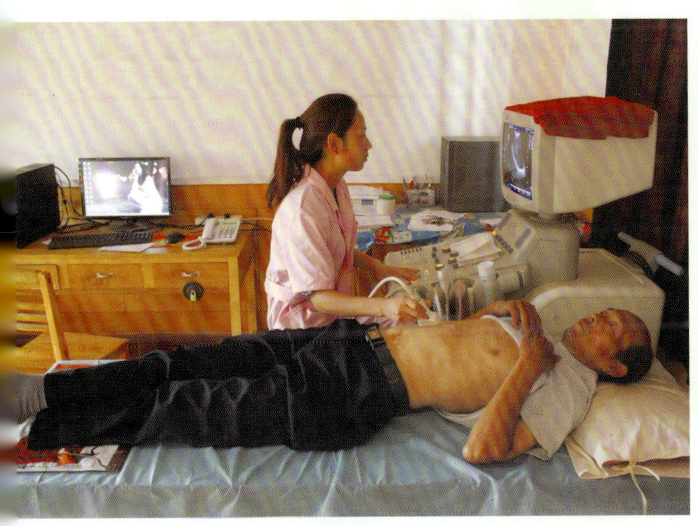

B 超室

输液大厅

郏县御花园

总经理　郭敬飞

大酒店主楼

御花园大酒店位于郏县复兴路中段，是在闻名郏县的御花园家宴城的基础上新建的一家集客房、餐饮、洗浴、休闲、度假、娱乐为一体的现代三星级商务酒店。

酒店设施先进，配备齐全。主楼高九层，占地面积七亩、经营面积万余平方米。豪华气派、风格独特，其档次和规模为郏县之首，引领健康消费新时尚。

酒店内配备高级视听音系统，有闭路电视系统、宽带程控电话系统、消防安全系统、高速电梯等先进的设施设备。并设有星级豪华标准客房、大型餐饮、专业洗浴服务配备设施。拥有各类标间及套房、包房、棋牌室、休闲健身娱乐室、休息大厅、网吧、茶艺吧、会议室。酒店餐厅可容纳800人同时就餐，是举办各类活动及新闻发布、商业洽谈、婚宴、家宴的理想场所，主营的川、豫、粤菜系及各具特色的精美菜肴，是您和您的家人在充分感受生活便利与温馨的同时，提升品位、彰显尊贵，享受星级服务，得到全新的体验。

酒店以人为本，关怀、细致服务为核心，诚信超值为理念，顾客至上为宗旨，亲情地对待每一位顾客。特聘专业酒店管理公司经营管理。

电话：5110999　　5119999

宽敞明亮的前台大厅

洗浴大厅一角

休息大厅一角

标准客房

三人间

单人间

单间套房

多功能会议室

餐厅大包间

餐饮大厅

餐厅单间

汗蒸房

健身房

茶艺厅

平顶山市马亮磨料

马亮磨料有限公司办公大楼

省委常委、常务副省长李克（前左二），副省长徐济超（前左一）到公司考察。董事长马青涛（前左三）陪同。

县委书记张国晓（前右二）到公司调研

平顶山市马亮磨料有限公司党支部组织党员学习

平顶山市马亮磨料有限公司，位于郏县产业集聚区，郑尧高速郏县出口处，交通便捷。

公司占地80亩，总投资2.2亿元，厂房面积2.3万平方米，年产2400万平方米高档涂附磨具。下属铝石矿山一座，可采储量约1.6亿吨；冶炼厂两个，年产棕刚玉约4万吨，另有制砂生产线三条，水洗线两条，已形成比较完整的磨料砂带产业链。

目前投资8800万元的第一条生产线已投产，第二条生产线正在安装，项目全部建成后，可实现销售收入6亿元，安排就业人员1500人，生产规模将居全省同行业之首，跻身全国同行业前五名。

公司以“创一流经营理念、创一流管理模式、创一流产品质量、创一流售后服务”为目标，以“追求卓越、塑造品牌、诚信经营、务实创新”为宗旨，致力做强企业文化，不断将公司发展壮大。公司先后获得“新上投产优秀项目”、“高成长民营企业”、“重点服务企业”、“中国机床工具工业协会涂附磨具会员单位”、“市级园林单位”、“青年创业就业见习基地”、“捐资助学光彩之星”等多项荣誉称号。

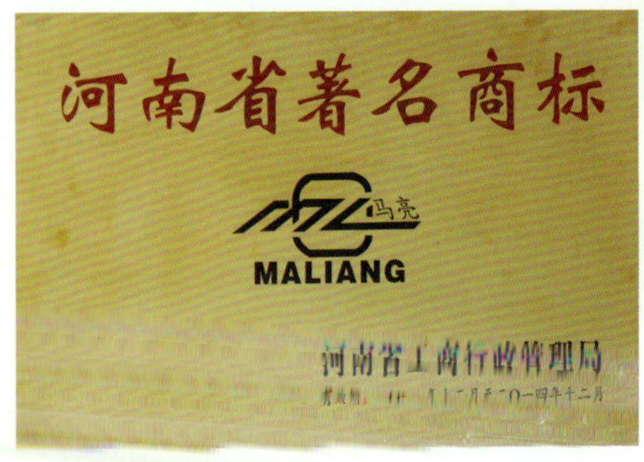

有限公司（一）

总经理　马晓亮

总经理马晓亮与约旦客商洽谈

马亮公司庆"七一"乒乓球赛

丰富多彩的文化生活

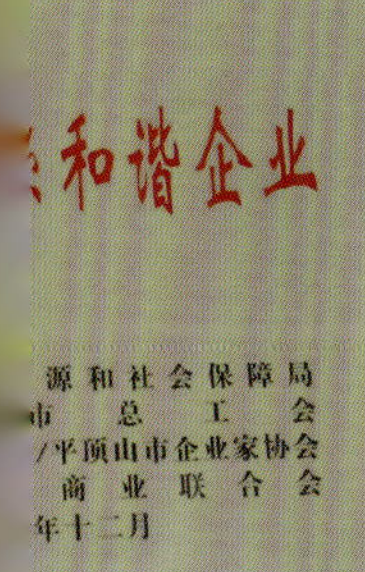

平顶山市马亮磨料

平顶山市马亮磨料有限公司销售网络图

分卷车间一角

建设中的二期工程

自动化工艺流程

走进生产车间

忙碌中的公司员工

源源不断的优质产品

布处理工序

有限公司（二）

CERTIFICATE OF REGISTRATION

ISO9001

凯新认证（北京）有限公司

质量管理体系认证证书

注册号：06912Q10195R0M

兹证明

平顶山市马亮磨料有限公司

地 址：河南省平顶山市郏县城东工业聚集区 邮 编：467100

管理体系符合

GB/T19001-2008 / ISO9001:2008 标准

认证覆盖范围

涂附磨具、砂布的生产和服务

发证日期：2012 年 01 月 17 日

证书有效期：2015 年 01 月 16 日

注：自 2013 年 01 月 18 日起，本证书与（保持认证注册资格通知书）一并使用方为有效；证书的有效状态可通过登陆公司网站 www.kcb-china.com 进一步查询。

体系认证
CNAS C069- Q

IAF

地址：中国北京市东城区新中西街新中大厦706室（100027）
电话：+8610-6553 5910/11/12/13 传真：+8610-6551 1869
网址：www.kcb-china.com 邮箱：kcb@kcb-china.com

公司产品：莫来石

公司产品：砂 卷

公司产品：弹性磨盘

公司产品：弹性磨盘

公司产品：展示架

公司产品：砂 卷

公司产品：堇青石

郏县伊斯兰

会 长 赵玉川

郏县伊斯兰教协会全体委员合影

龙山街道北大街清真寺

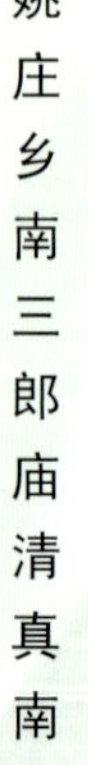

姚庄乡南三郎庙清真寺

姚庄乡礼拜寺

龙山街道西关街清真寺

教协会

郏县伊斯兰教协会于1989年12月29日成立，有会长、副会长、秘书长、委员共43人。隶属于县委统战部、县民族宗教局领导，下辖全县10坊清真寺及寺管会。该会宗旨是积极协助党委、政府宣传贯彻我国的宗教信仰自由政策，高举爱国主义旗帜，发扬伊斯兰教的基本精神和优良传统。发挥桥梁纽带作用，维护伊斯兰教信教群众的合法权益。并利用回族节日、聚礼日等场合，大力宣传爱国爱教、爱党、爱社会主义，教育回族同胞遵纪守法、尊老爱幼、劝善戒恶。党的改革开放政策指引回族群众通过经商、运输、养殖、屠宰、餐饮走向了致富之路。十坊清真寺所在乡镇，党委政府每年向清真寺各划拨1万元，解决了教长、学生生活、待遇偏低问题。县伊协配合县民族局，对全县市场、学校经营的清真食品、饭店监督检查。伊协还配合政府部门化解民族矛盾、交通和医疗事故多起。维护了社会和谐、大局稳定。协会组织回族群众向汶川、玉树地震灾区、贫困户、残疾人、贫困生捐款达6万多元。随着党的改革开放和民族宗教信仰自由政策的落实，近年来已有15名回族群众先后赴麦加朝觐。伊协工作受到市、县领导的高度赞扬。曾获得省政府、市政府授予的"模范宗教工作先进单位"荣誉称号，2011年获得"平顶山市创建和谐寺观教堂先进集体"荣誉称号。西关街清真寺先后获得省"四争创活动""规范化宗教活动场所"、市创建和谐寺观教堂"先进集体"。

市县领导和穆斯林共度开斋节

宣传党的宗教政策法规

老字号许记饸饹店

老字号谢老婆烧鸡专卖店

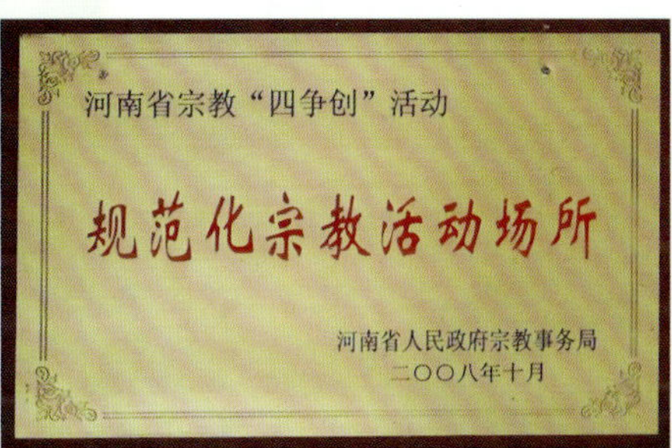

西关街清真寺获得的奖牌

赵记牛肉王

老白美食城

西关街清真寺获得的奖牌

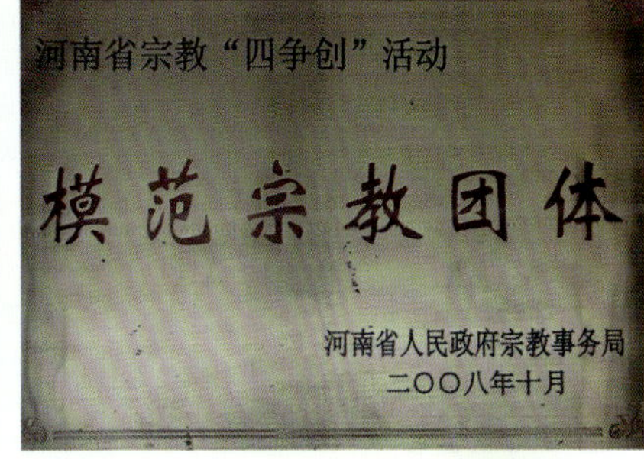

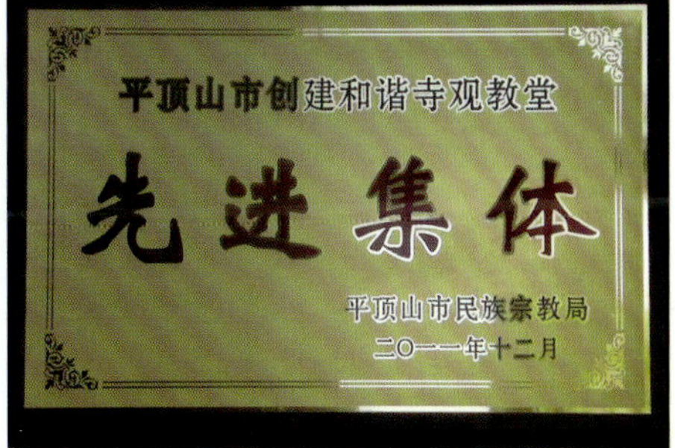

郏县地方史志办公室

副县长李国英（左三）到县地方史志办公室指导工作

中央电视台《走遍中国》栏目组与县志办部分人员合影

《郏县大事月报》编辑人员在商讨编辑工作

中央电视台《走遍中国》栏目组到县志办查阅临沣寨历史资料

县地方志同志认真宣传《河南省地方志工作规定》

荣誉证书

《郏县年鉴》（2011年卷）获第六届全国年鉴编校质量检查评比二等奖。

特发此证，以资鼓励。

中国出版工作者协会年鉴工作委员会

二〇一二年八月三日

编 辑 说 明

一、《郏县年鉴》是一部资料性工具书。其宗旨是：以马克思列宁主义、毛泽东思想、邓小平理论和“三个代表”重要思想为指导，深入贯彻落实科学发展观，全面、系统、真实地记述2011年郏县贯彻执行党的基本路线做出的新成就、涌现的新事物、总结的新经验、查出的新问题、出现的新趋势以及全县的基本情况，为郏县社会主义物质文明、政治文明、精神文明建设服务。

二、《郏县年鉴》2003年创刊，第一卷为2001、2002两年合为一卷，从2004年卷始，每年出版一卷，逐年排列卷次，2012年卷为第十卷。

三、本年鉴采用中篇结构共设29个类目，依次为特载、大事记、概览、组织机构、人物、中国共产党郏县委员会、郏县人民代表大会、郏县人民政府、政协郏县委员会、社会团体、军事、法制、农业、工业企业、综合经济管理、商业贸易、财税、金融保险、城建城管环保、交通邮政、通信业、教育科技、文化旅游广播电视、史志档案图书、卫生体育、精神文明建设、社会生活、乡镇（街道）概况、附录。

四、本卷采用条目体分类编辑法，由类目、分目、条目组成，条目为主要表现形式。

五、组织机构中只记载党政领导任职情况。

六、本卷所用稿件，均由县直各部门、各乡镇（街道）及有关企业提供。主要数据以统计部门提供为主，未列入统计序列的数据由有关部门提供。

七、撰稿人员姓名署在分目之后，不再单列本卷撰稿人员名单。

八、《郏县年鉴》（2012）的编纂，得到了全县各级领导、各部门负责人及撰稿人员的大力支持和帮助，在此深表谢意。因时间仓促，水平有限，错误与纰漏在所难免，敬请各界人士批评指正。

编辑说明

[illegible]

目 录

特 载

大 事 记

概 览

组织机构

人　　物

中国共产党郏县委员会

郏县人民代表大会

郏县人民政府

政协郏县委员会

社会团体

军 事

法 制

农　业

工业企业

综合经济管理

商业贸易

财　税

金融　保险

城建 城管 环保

交通 邮政

通 信

教育 科技

文化 旅游 广播电视

史志 档案 图书

卫生 体育

精神文明建设

社会生活

乡镇（街道）概况

附　　录

索　　引

政府工作报告

——2012年4月27日在郏县第十四届人民代表大会第一次会议上

郏县人民政府　王宏希

各位代表：

现在，我代表县人民政府，向大会作政府工作报告，请予审议，并请各位政协委员提出意见。

一、2011年和过去五年工作回顾

2011年，是实施“十二五”规划的开局之年，也是经济形势复杂、矛盾困难较多的一年。在市委、市政府和县委的正确领导下，在县人大、县政协的监督支持下，全县上下深入贯彻落实科学发展观，坚持“四个重在”实践要领，持续“学先进、比创新、看实效”，团结奋进，真抓实干，较好地完成了县十三届人大五次会议确定的目标任务，在全面建设小康社会的征程上迈出了坚实的步伐。

初步核算，全年完成生产总值117.2亿元，增长14.5%；县财政一般预算收入5.38亿元，增长20.5%，连续五年提前超额完成市定目标任务；全社会固定资产投资95亿元，增长54.8%；社会消费品零售总额29.1亿元，增长20%；农民人均纯收入

6024 元，增长 17.8%；城镇居民人均可支配收入 12836 元，增长 14%。

——过去的一年，我们全力抓招商、上项目，不仅保持了经济平稳较快发展，而且推动了产业集聚。招商选资成效明显。开工千万元以上项目 56 个，其中，亿元以上项目 10 个，总投资 115 亿元，实际到位固定资产投资 53 亿元。争取到各类政策性项目 93 个，上级到位资金 7.1 亿元。荣获“全省招商引资工作先进单位”称号。产业集聚区建设实现新突破。围绕“全市领先、全省争先”和打造省级品牌产业集聚区的目标，按照“四集一转”的要求，举全县之力、集全县之智加快产业集聚区建设步伐。新修道路 8.4 公里，“五纵五横”的道路网络不断完善，实现了区内外道路互通和水、电、路、气、通讯网络全覆盖。建成区达到 5.7 平方公里，占规划面积的 44%；新开工项目 13 个；建成标准化厂房 25 万平方米，开工建设了 110 千伏变电站等配套工程。完成固定资产投资 66.8 亿元，增长 102%；营业收入 45.8 亿元，增长 291%，增幅居全省第 4 位；综合排名居全省第 25 位。被省工信厅确定为“河南省新型工业化产业示范基地”。企业服务持续有效。建立了企业服务“110”平台，实现了服务企业的常态化、制度化。受理行政审批服务事项 13.3 万件，落实企业反映问题 80 个，办结率达到 100%。积极开展城乡建设用地增减挂钩工作，拆旧复耕土地 1369 亩，报请上级批准用地 3846 亩，基本保障了全县经济社会发展用地需求。加强银企合作，扩大融资规模。恢复设立了工商银行郏县支行。金融机构新增各项存款 8.2 亿元，新增贷款 9.3 亿元。被省政府授予“河南省企业服务先进单位”称号。实现工业增加值 68.6 亿元，增长 20%；其中，规模以上工业增加值 48 亿元，增长 28%。

——过去的一年，我们全力抓规划、促建设，不仅完善了城镇功能，而且提升了城市对外整体形象。规划基础引领作用不断增强。编制完成了主城区控制性详细规划、城市远景规划和全县生态建设规划。城市建设扎实推进。完成投资 10 亿元以上，友谊路开通、文化路东段、兴业路南段等 24 项工程顺利完工，祥云路拓宽、中医院新址建设等 31 项工程顺利推进。城区新增绿化面积 12 万平方米，绿化覆盖率达到 36.2%。实施了南后街社区、高寺社区等 10 处旧城改造，拆迁面积 8 万平方米，新建住房 10.5 万平方米。城市管理水平不断提升。持续开展争创国家级卫生县城、省级园林县城、旅游县城、文明县城等“四城联创”活动。顺利通过省级卫生县城复验，成功创建为省级园林县城。荣获“全市城市精细化管理先进单位”称号。小城镇建设稳步推进。着力实施小城镇建设“五个一”工程，全面提升基础设施建设水平。硬化道路 22 公里，建成文化广场 10.9 万平方米。顺利完成李口乡撤乡建镇工作。广天乡荣获全国文明村镇，王集乡荣获省级卫生乡镇。全县城镇化率达到 32%。

——过去的一年，我们全力抓基础、促提升，不仅发展了农业农村经济，而且彰显了新农村建设亮点。粮食生产再获丰收。全面实施粮食“百、千、万”高产创建工程，总产达到 31.6 万吨，单产继续保持全市第一。农业产业化经营取得新进展。积极开展“一村一品”创建活动，扎实推进农业产业园建设。省、市级农业产业化龙头企业累计达到 22 家。新增各类农民专业合作社 61 家，总数位居全市第一。新增土地流转面积 3.5 万亩。烟叶收购完成 980 万公斤，实现税收 4058 万元，继续保持全省先进位次。新增规模养殖场 65 个、规模养殖户 142 户，建成畜牧养殖园区 20 个。完成营造林 1.9 万亩，超额完成市定目标任务。新农村建设成绩显著。充分发挥典型引领和示范带动作用，努力改变农民生活方式和生产方式，提高农业效益和农民收入。新启动建设中心村 17 个，新建民居 3114 户（套），新修道路 61 公里，全省新农村建设现场会在我县召开，荣获“全市新型农村社区建设优秀单位”称号。农村基础条件进一步改善。新增和改善有效灌溉面积3.2万亩，治理水土流失面积10平方公里。开工建设高标准农田示范工程项目1万亩，开发改造中低产田2.5万亩。解决了3.95万农村居民饮水安全问题。被省政府授予“红旗渠精神杯”竞赛活动先进集体。投资3243万元，建成农村公路40.9公里。

——过去的一年，我们全力抓安全、保民生，不仅让群众得到更多实惠，而且加强了和谐社会建设。民生工程扎实推进。把安全生产作为最大的民生，健全完善以行政首长负责制为主要内容的安全生产责任体系，创新安全监管措施，保持了安全生产的良好态势，荣获省、市安全生产目标管理先进单位。持续加大民生投入，全年投入民生改善资金8.2亿元，同比增长33.6%，占一般预算支出的比重达到50.8%，人民群众得到更多实惠。开工建设保障性住房11.3万平方米。发放城乡低保金4553万元、五保供养金417.6万元、城乡医疗救助金401万元、优抚款1432万元、新农合补助资金9680万元、“两免一补”资金6534万元。安置城镇新增就业8716人、下岗失业人员再就业2003人，城镇登记失业率控制在3.1%以内。新增劳务输出1.1万人，实现劳务经济收入14.6亿元。投入扶贫开发资金800万元，直接受益群众2.3万人，实现脱贫5900人。争取并实施了新型农村养老保险和新型城镇养老保险试点工作，在全省率先实现了城乡居民养老保险全覆盖。坚持把教育放在优先发展的战略地位，不断加大教育投入。投资7000万元建成了东城区学校。全面完成“普九”债务化解工作。改造中小学危房7750平方米。县职业中专被教育部授予“国家级重点职业中专”称号。新农合工作运行良好，参合率达到96.35%。全面落实国家基本药物制度，药价平均降低62.2%。销售“家电下乡”产品7.4万台，补贴资金2371万元。新建乡镇综合文化站9个、村级农家书屋198个。公映农村电影4332场次。旅游接待人数和总收入分别增长22%和26%。环境保护力度进一步加大，荣获“全市环保目标完成优秀单位”称号；秸秆禁烧工作继续保持全市先进位次。扎实开展扶残助残工作，荣获“全市创建全国残疾人工作示范城市集体二等功”。深入推进质量兴县战略，建成铸铁锅质检站。加大科技创新体系建设，保持了“全国科技进步县”称号。全面做好计划生育工作，人口自增率控制在6‰以内。广播电视事业扎实推进，有线电视数字化整体转换进展顺利。民族宗教工作成效明显，荣获“全市民族团结进步模范集体”称号。民主法制和精神文明建设全面加强。自觉接受人大及其常委会的法律监督和政协的民主监督，认真办理人大代表建议和政协提案。全面启动“六五”法制宣传教育和依法治县工作规划。廉政建设和反腐败斗争取得新成效。扎实推进思想道德建设和精神文明创建活动，大力弘扬“三平”精神和郏县精神，涌现出了马俊欣、徐克俭等一批先进典型。社会大局保持稳定。积极推进矛盾纠纷排查化解，信访形势持续向好。深入开展平安建设，依法打击各类违法犯罪活动，人民群众安全感进一步提升。荣获“全省平安建设工作先进县”、“全省重信治理成效显著县”和“全省信访工作优秀县”称号。

统计、物价、农机、保险、盐业、工商、通信、政府法制、目标管理、民兵、人防、档案、侨务、史志、气象等部门，也都做了大量工作，取得了新的成绩。

各位代表!

2011年是本届政府任期的最后一年。过去的五年，是郏县历史上极不平凡的五年，是社会各项事业全面发展的五年，是广大人民群众得到实惠较多的五年，是郏县形象明显提升的五年，也是我们奋发有为、经受考验、快速发展的五年。

五年来，综合实力显著提升。始终坚持发展第一要务，不断加快经济发展方式转变。2006年底至2011年，全县生产总值由57.1亿元增加到117.2亿元，年均增长

13.6%；财政一般预算收入由1.5亿元增加到5.38亿元，年均增长29.1%；工业增加值由27.1亿元增加到68.6亿元，年均增长20.4%；全社会固定资产投资由22亿元增到加到95亿元，年均增长34%；社会消费品零售总额由12.1亿元增加到29.1亿元，年均增长19.1%；农民人均纯收入由2978元增加到6024元，年均增长15.1%；城镇居民人均可支配收入由6068元增加到12836元，年均增长16.2%。

*五年来，城乡发展更加协调。*始终坚持统筹推进城乡发展，加快城乡一体化建设和新型城镇化建设步伐。累计投入城市建设资金32亿元，顺利实施了175项重点市政工程。2006年底至2011年，县城建成区面积由9平方公里扩大到15.2平方公里，绿化覆盖率由31.4%提高到36.2%，城镇化率由25.6%提高到32%。累计投入公路建设资金4.1亿元，新建和改建干线公路32.9公里、县乡公路260.4公里、通村公路592.7公里，377个行政村全部实现了“村村通”。新农村建设呈现新气象。财政累计投入资金9839万元，带动社会投资6.6亿元，启动了45个中心村（新型农村社区）建设，建成新民居6418户（套），荣获“全省新农村建设先进县”称号。粮食生产实现“八连增”，荣获“全国粮食生产先进县”称号，被确定为河南省粮食核心区高产巩固县。累计投入烟叶收购资金8.3亿元，完成营造林12.9万亩，投入水利建设资金3.2亿元。

*五年来，人民生活明显改善。*始终坚持执政为民、民生优先，努力做到发展为了人民、发展依靠人民、发展成果由人民共享。累计投入民生改善资金24.2亿元，占五年财政一般预算支出总额的45.1%。累计发放城乡低保金1.4亿元、五保供养金1670.5万元、优扶款4868.8万元、救灾资金1188.4万元、医疗救助资金1274.8万元，覆盖城乡的社会救助体系基本建立。养老院集中供养率达到45%，比2006年提高15个百分点。王集乡敬老院荣获“全国模范敬老院”称号。

*五年来，发展活力不断增强。*始终坚持解放思想，实事求事，与时俱进，不断深化改革，扩大开放，提升经济社会发展活力。政府机构改革稳步推进，集体林权制度、行政审批制度和财政体制改革进一步深化。地方金融服务体系不断完善，成立了全市首家村镇银行。招商选资成效持续提升。累计落地招商引资项目257个，其中千万元以上项目206个，实际到位固定资产投资145.1亿元，全县在建亿元以上项目26个。争取政策性项目779个，上级到位资金31.5亿元。实际利用外资2828万美元。

*五年来，办好了一批大事难事。*2010年，战胜了近30年不遇的特大洪水，紧急连夜转移北汝河沿岸58个村庄近10万名群众，实现了无一村庄进水、无一堤坝决口、无一人员伤亡。成功处置北汝河老桥垮塌事件，有效避免了一起灾难性事故，保障了人民群众生命财产安全。按照省政府提出的“四年任务、两年完成”和“不伤、不亡、不漏一人”的要求，高标准选址、规划，按时保质保量完成了马湾移民新村建设任务，顺利实现了丹江口库区一、二期移民388户1665人的安全和谐搬迁，第一批移民搬迁创下了当时我省一次搬迁丹江口库区移民最多的纪录。移民后续帮扶工作在全省综合排名位居第一，顺利实现了省政府提出的“搬得出、稳得住、能发展、快致富”的目标。2011年马湾新村农民人均纯收入达到6400元，高出全县平均水平，与来郏前相比收入翻了一番。马湾新村被命名为省级“生态文明村”。高度重视南水北调工程建设，提前完成南水北调郏县段1002名群众后靠安置工作，圆满完成9615亩土地征迁任务，北汝河倒虹吸和24座桥梁等各项工程进展顺利，为国家重点工程建设做出了积极贡献。以必胜的信心和有效的运作，扎实推进煤炭企业兼并重组，积极协调解决各类矛盾和问题，全面完成了兼并重组任务，全县17座小煤矿中，8

座已关闭到位，9座正在加快推进复工复产工作。

这些辉煌成绩，书写了我县经济社会发展崭新的一页，必将永远载入郏县发展的光辉史册，必将激励着我们迈出更加坚实的步伐，谱写更加壮美的篇章！这些成绩的取得，是市委、市政府和县委正确领导的结果，是全县干部群众艰苦创业、负重奋进的结果。在此，我代表县人民政府，向工作在各条战线的广大工人、农民、知识分子、干部、政法干警和解放军、武警官兵，致以崇高的敬意！向所有关心、支持我县经济社会发展的社会各界人士，表示衷心的感谢！

回顾去年及五年来的工作，我们深刻体会到，加快郏县发展，必须时刻牢记发展第一要务，奏响加快发展主旋律；必须科学谋划，凝神聚力，形成干事创业的强大合力；必须正确处理改革发展与安全稳定的关系，在安全稳定中推进改革发展，通过改革发展促进安全稳定；必须转变工作作风，真抓实干，卓有成效地把各项工作推向前进；必须坚持以人为本，着力改善民生，让人民群众得到更多的实惠。

在肯定成绩的同时，我们也清醒地看到，政府工作与广大人民群众的期望还有差距，经济社会发展中还存在一些不容忽视的矛盾和问题：支撑县域经济发展的大项目、大企业较少，经济总量小，三产比重低；资源和环境约束日益加剧，节能减排压力较大，保持经济长期又好又快发展难度增加；财政收支矛盾依然突出，农民持续增收还比较困难，民生改善任务繁重；各种社会矛盾不断凸现，信访稳定压力较大；少数干部思想观念比较落后，责任意识不强，抓落实力度不够等。对此，我们一定高度重视，并认真加以解决，决不辜负人民的期望。

二、今后五年政府工作总体要求和奋斗目标

今后五年，是我县全面建成小康社会的关键时期，机遇与挑战并存，机遇大于挑战。一方面，我们面临的外部环境更为困难和复杂，世界经济回升的基础还不牢固，国际金融危机的影响短期内难以消除，外需不足可能成为常态；国家宏观调控趋紧，财政、土地、人才的瓶颈制约越来越明显，加之先进地区和周边县区的竞争空前激烈，形势逼人，这给我们带来了前所未有的挑战。我县加快经济发展方式转变任务还比较艰巨，肩负着做大总量和提升质量的双重压力，面对着资源和环境约束的双重矛盾，加快发展需要付出更大的努力。另一方面，国家转方式调结构、支持欠发达地区的一系列政策，为我县提升产业层次、推进结构转型营造了有利的外部环境；中原经济区建设的机遇，有利于我们加快推进不以牺牲农业和粮食、生态和环境为代价的新型城镇化、新型工业化、新型农业现代化协调科学发展；中央重视和支持“三农”工作和中西部发展的机遇，有利于我们争取上级的项目和资金支持；承接东部地区产业转移的机遇，有利于我们引进和建设大项目；县十二次党代会的蓝图谋划，提振了信心，鼓舞了士气，有利于调动方方面面的力量，合力攻坚。我们坚信，只要积极主动，因势利导，以决战决胜的姿态、顽强拼搏的精神，凝神聚力，苦干实干，我们的目标就一定能够实现！

今后五年政府工作的总体要求是：深入贯彻落实科学发展观，紧紧抓住中原经济区建设的战略机遇，以“三化”建设为核心，强力推进“三个集中”（工业向产业集聚区集中、农民向城镇和新型农村社区集中、土地向规模经营集中），围绕建设“特色经济县、生态宜居县”两大目标，大力弘扬“实干、诚信、尽责、争先”的郏县精神，努力建设经济繁荣、生活富裕、社会和谐、生态优良的新郏县。

主要奋斗目标是：到2016年，全县生产总值达到229.8亿元，年均增长14.5%；公共财政预算收入达到13.3亿元，年均增长20%；全社会固定资产投资五年累计达到1061亿元，年均增长30%；农民人均纯收入达到11053元，年均增长14.5%；城镇居民人均可支配收入达到24764元，年均增长14%；城镇化率达到44.6%，年均增长2个以上百分点。

各位代表!

敬业才能成就事业，尽责才能赢得民心。完成五年目标任务，政府肩负着重要责任。无数事实证明，有了责任心，就会时刻保持危机感和紧迫感，恪尽职守，永不懈怠；就不会对竞争熟视无睹、对差距无动于衷、对落后麻木不仁。我们要敢于负责、能够负责、对人民负责，从现在做起，从自身做起，从细节做起，从能够做的事情做起，把各项目标任务落到实处，不断夺取经济和社会发展的新胜利!

三、努力做好2012年工作，为今后五年发展创造良好开局

四、今年经济社会发展的主要预期目标是：全县生产总值增长14.5%，达到134.2亿元；公共财政预算收入增长20%，达到6.456亿元；固定资产投资增长30%，达到123.5亿元；农民人均纯收入增长14%，达到6867元；城镇居民人均可支配收入增长12%，达到14376元；社会消费品零售总额增长19%，达到34.6亿元；城镇化率提高2个百分点，达到34%；人口自增率控制在6‰以内；安全生产、节能减排完成市定目标。

完成上述目标任务，今年我们要把握“持续求快”的总基调，突出抓好六个方面的工作：

（一）以产业集聚区建设为平台，持续提升招商选资实效。坚持以新型工业化为主导，围绕推进和引导产业集聚，强力实施招商选资，加快发展方式转变，推动工业经济快速发展。

实施产业集聚区建设提升工程。坚持“四集一转”，努力推动集聚区建设提速度、扩规模、上水平。全年完成基础设施及其他投资10亿元以上。开工建设南环路东延、凤翔大道东延、和平路南延、友谊路南延和行政路贯通等工程，进一步完善“五纵五横”道路格局。建成第二污水处理厂、110千伏变电站，加快加油站、公厕、生活市场以及公交站点等服务设施的规划、建设工作。启动集聚区内村庄搬迁工作，新建社区5万平方米以上。加快引进一批品牌企业，提升主导产业的发展水平和层次，努力打造全省重要的矿山机械制造基地和全省乃至全国较大的医用制品生产基地。全年新入驻亿元以上企业10家以上，完成固定资产投资75亿元以上，实现主营业务收入120亿元以上，积极创建节约集约利用土地示范集聚区和产城联动发展示范集聚区。

着力提高招商实效。坚持把招商选资作为应对复杂局面和破解各种制约因素的全局性举措，一举应多变、一招求多效，以招商选资带动全局。围绕机械装备制造、医疗用品制造、建材及新型材料、能源、农副产品加工、现代物流等六大产业，紧盯世界500强、国家500强和行业龙头企业，紧紧抓住沿海产业转移和中原经济区建设的有利机遇，明确方向，找准重点，持续开展大招商活动，大力引进龙头型、基地型企业，吸引配套企业和关联企业集群发展，加快培育特色产业集群。坚持全民招商和专业招商相结合、以商招商和驻地招商相结合，不断提高招商选资成功率。全面落实招商选资“一票肯定”工作机制。积极开展“招商项目落地年”活动，坚持“谁签约、谁负责、谁跟踪”，确保签约项目早落地、早建设、早投产。全年招商选资达到80亿元，实际到位60亿元。新开工固定资产投资千万元以上项目50个以上，其中亿元以上项目20个以上。全年争取政策性项目资金8亿元以上。

强力推进重点项目建设。把项目建设作为加快发展的核心载体和有效抓手，努力扩大投资规模，拉动经济增长。按照“在谈项目抓签约、签约项目抓开工、开工项目抓投产、投产项目抓提升”的要求，认真落实“五个一”工作制度，对重点项目定责任单位、定责任人、定时间，确保项目顺利推进。投资11.3亿元的平煤机高新技术产业园项目、投资4.2亿元的国邦光伏项目、投资2亿元的艾通机械项目等年内要建成投产；总投资25亿元的圣光孵化园一期项目、投资

5.8亿元的嘉成彩印包装项目、投资5亿元的煤神机械项目、投资3.9亿元的德科机械液压元件制造项目、投资3亿元的大唐郏县云阳风电场等项目要加快建设步伐，力争早日建成投产；投资50亿元的圣光孵化园二期50万平方米标准化厂房项目、投资30亿元的平煤机与三一重工合作项目、投资11亿元的德国西门子影像机械项目等要抓紧洽谈、签约，争取早日落户我县。

着力优化发展环境。牢固树立“人人都是招商主体、人人都是郏县名片”理念，进一步落实各项优惠政策，真正做到项目入驻“零障碍、低成本、高效率”。充分发挥企业服务“110”平台作用，真正落实“厂内的事情企业干，厂外的工作政府管”。定期组织开展评议职能部门活动，提高评议的针对性和科学性，努力营造亲商、安商、富商的良好氛围。进一步提高行政服务效率，推行重大投资项目全程代办服务、基本建设项目审批与收费分离制度、工业建设工程联合竣工验收等特色服务，积极探索网上审批、市县联批等新的服务模式。坚持企业检查许可证制度，明确涉企行政收费逐年下降目标，切实减轻企业负担。引导企业树立“诚信经营、依法纳税、安全生产、和谐管理、回报社会”理念，在加快自身发展的同时，推动社会事业发展。加强城乡基础设施建设，开工建设平郏快速通道，强力推进禹亳铁路郏县段建设。完成柏堂路汝河大桥年度建设任务，新建农村公路20公里。开工建设四星级宾馆1座。深入开展企业周边和重点工程建设环境专项治理活动，依法严厉打击各类违法违规行为，保障重点项目和国家重点工程建设的顺利进行。

（二）以新型城镇化为引领，加快城乡建设步伐。坚持城乡统筹发展，推进城乡一体化。突出生态宜居、和谐发展，完善城市功能、提升城市品位。

强化规划引领。坚持“生态、宜居、文化、特色”和公共服务设施均等化的理念，全面完善提升城市规划，编制县城水系规划和“一城四乡”一体化发展规划，完成8个中心乡镇小城镇建设详细规划。建成城市规划展示馆。

加强城市建设与管理。按照“续建项目早完工，新建项目早开工”的要求，认真搞好51项市政工程建设。全面完成凤翔大道配套、青龙湖至东城区引水、东城区供水等续建工程，完成文化路升级改造、龙山景观大道、老城区供水管网改造等新建工程。规划建设第三水厂和文庙文化广场。完成眼明寺森林公园年度绿化任务。完成友谊路、文化路东段、兴业路南段、和平路南段等道路绿化工程，新建绿地游园2处，城区绿化覆盖率达到40.5%，逐步实现“出门见绿、千米见园”。围绕“城市出形象、群众得实惠”的目标，坚持依法拆迁、和谐拆迁、阳光拆迁，强力推进旧城改造工作。积极引进有实力的品牌开发企业参与旧城开发改造，确保工程质量和进度。全年拆迁旧房30万平方米，建设新房12万平方米，着力打造一批高档示范社区。持续推进“四城联创”活动，巩固省级卫生县城和园林县城创建成果，争创省级文明县城。持续实施城市精细化管理，建立责任明确、监管到位的城市网格化管理新格局。按照“白天看绿化、晚上看亮化、风天看净化、雨天看硬化”的要求，努力打造更加整洁、更加有序、更加优良的城市形象。加大违法建筑拆除力度，探索建立治理城市违法违章建筑的长效机制。

提高小城镇建设水平。加快路网、绿化、供排水、广场等建设，提高城镇基础配套和承载能力。县财政投入资金600万元用于小城镇建设奖补。积极探索市场化运作路子，年内8个中心镇各启动建设一个精品农民社区。加快小城镇特色产业发展，强化产业支撑，提升吸纳能力。

促进人口向城镇转移。落实农民退宅进城入镇的办法措施，放宽城镇户籍限制政策，研究出台与户籍相关的教育、征兵、优抚等配套措施，吸引农民向城镇集中。

（三）以新型农村社区建设为抓手，持续巩固新型农业现代化基础。坚持以农业增效和农民增收为目标，加快新型农村社区建设步伐，加快建立现代农业体系，推动农村经济繁荣发展。

强力推进新型农村社区建设。紧盯“全市领先”的目标，坚持“规划引领、基础先行、示范带动、政策促动、产业支撑”等五个原则，提升完善新型农村社区建设规划，做到“不在没有规划的地方建房子，不建没有经过设计的房子”。突出抓好五个工作重点：抓启动，新启动新型农村社区16个，启动总数达到61个；抓建成，新建民居3000户（套）以上，总数达到1万户（套）；抓入住，提升社区人气，增强示范带动能力；抓配套，以“一场（文化广场）两室（村室和卫生室）”建设为重点，推进水、电、路等基础设施配套完善，力争实现“五通五有”（通自来水、有线电视、宽带、水泥或柏油路、公交车，有标准化幼儿园或小学、卫生室、村民活动中心、村室、农家店或农资超市）；抓复耕，全年复耕土地1500亩以上。全面实施领导分包、联合推进、跟踪督查、考评奖惩、审核监管等五项制度，努力达到五种效果：改善农村环境面貌，提升群众生活质量，集约节约利用土地，促进社会和谐稳定，推动农村经济发展。进一步加大财政支持力度，全年财政投资不低于3000万元。继续实行涉农项目整合和资金捆绑使用，凡是能整合的涉农项目、资金全部向新型农村社区倾斜。金融部门要加大对农民建房的贷款支持力度，全年发放贷款8000万元以上。

切实保障粮食生产。积极开展粮食高产创建活动，全面启动和规划建设标准粮田“百、千、万”工程，不断提高粮食综合生产能力，全年粮食总产达到32万吨以上。

全面推进农业产业园区建设。以“一村一品”和高效农业、设施农业、品牌农业为重点，在每个乡镇和有条件的新型农村社区规划建设农业产业园区，重点抓好渣园、长桥、冢头等乡镇的农业产业园区建设和发展。依托创佳食品公司、中原红公司、东坡酒业公司、远航实业公司等，积极培育农业产业化龙头企业。年内新增市级龙头企业3家。

加快土地流转步伐。按照“依法、有偿、自愿”原则，积极推进土地流转，促进土地向大户集中，向农业产业园区集中，年内新增土地流转面积3.5万亩以上，总量达到19万亩以上。

巩固发展特色农业。烟叶种植面积达到12万亩左右，实现税收4800万元以上，力争全省第一。进一步扩大郏县红牛等畜牧养殖规模，扶持发展标准化规模养殖场和规模养殖户，争创奶牛养殖大县。完成郏县红牛地理标识注册工作，畜牧业产值占农业总产值的比重达到46%以上。

加强林业生态建设。着力提升郑尧高速郏县段绿化档次。加快山区绿化步伐。丘陵地区森林覆盖率达到26%，平原地区林木覆盖率达到18%以上。确保省级“林业生态县”顺利通过复验。

加强农田水利基本建设。提高水资源保护和防洪抗旱能力，力争再夺全省“红旗渠精神杯”。完成投资2.8亿元的烟草重点水源性工程立项审批。完成投资2250万元的北汝河综合治理二期工程、投资1152万元的北竹园等6座小水库的除险加固和总投资1605万元的广阔渠灌区配套节水改造项目、总投资1.08亿元的高效节水灌溉试点工程年度任务。全面实施恒压灌区升级扩建规划，年内完成投资1000万元，新增和改善高效节水灌溉面积8000亩，着力打造全省高效节水灌溉示范亮点。新增和改善有效灌溉面积6.1万亩、除涝面积2.2万亩、旱涝保收田1.2万亩，治理水土流失面积10平方公里，改造中低产田4.9万亩。解决2.1万农村居民饮水安全问题。做好农村坑塘治理和利用工作。

大力发展劳务经济。切实做好农村劳动力技能培训和信息服务、就业指导等工作，全年劳动力技能培训3000人（次），实现劳务经济收入13亿元以上。

（四）以现代服务业为重点，加快发展第三产业。认真落实加快服务业发展的政策措施，引导更多的社会资源投向服务业，快速提升第三产业占生产总值的比重。

着力推进中心商务功能区建设。高起点、高标准完成中心商务功能区的规划编制工作。借鉴外地成功经验，制定激励政策，创新工作机制，采取市场化运作模式，加快中心商务功能区建设步伐，推动服务业企业集中布局、服务业集群发展、服务功能集合构建、空间和要素集约利用。加快发展信息咨询、现代物流、总部经济、社区服务等现代服务业，使之成为第三产业发展新的增长点。

加快传统商贸业升级改造。依托铁锅、陶瓷、磨料磨具行业和农产品加工业，加强与知名商贸企业合作，培育出口品牌，力争在出口创汇上实现新突破。提升商贸餐饮业服务水平，建成万福源饮食广场，开展“名吃、名店、名厨”评选活动，打响“郏县小吃”品牌。巩固“万村千乡”市场体系建设成果，着力发展直营店及乡镇连锁商业中心。

大力发展旅游业。县财政投入1000万元，加大旅游资源开发力度，促进旅游与文化、农业、林业、水利、新型农村社区等融合发展。三苏园创建成为国家4A级旅游景区，知青园、临沣寨争创国家3A级旅游景区。

加快发展文化产业。发展壮大戏曲、广告、演艺等传统文化产业，加快发展文化创意、多媒体等新兴文化产业。筹办“广阔天地知青文化节”，提升郏县文化魅力和影响力，争创省级文化先进县。

（五）以增收节支为着力点，切实提高财政保障能力。

实行税源精细化管理，把经济发展的成果集中反映到财政增收上来。依法规范税收征管和非税收入管理，确保应收尽收。继续完善县乡财政管理体制，深化部门预算、收支两条线、国库集中收付和政府采购等制度改革，加大财政支出跟踪问效和监管力度，提高财政资金使用效益。牢固树立过“紧日子”思想，优化财政支出结构，着力保运转、保民生、保重点、保还账，下决心压缩一般性支出和非建设性支出，为全县经济社会发展提供财力支持。

探索建立中小企业贷款风险担保机制，开展“金融安全区”创建活动，促进银企合作，增强金融服务经济发展能力，金融机构年内新增贷款8亿元以上。

（六）以保障和改善民生为目的，加快构建和谐社会。

把保障和改善民生作为加快转变经济发展方式的根本目的，进一步加大投入力度，继续办好民生工程，切实解决群众柴米油盐酱醋茶、衣食住行教医保等切身利益问题，持续提升人民群众幸福指数。

切实加强安全生产。严格落实安全生产责任制，深化安全郏县创建活动，全面推行安全生产网格化管理，突出抓好以煤矿为重点的安全生产工作，巩固煤炭企业兼并重组成果，督促兼并主体加大安全投入，提升安全保障能力。加强应急救援队伍建设，年内建成县消防二中队并投入使用。深化校园、校车、道路交通、建筑施工、食品、非煤矿山、烟花爆竹、危化品、消防等领域安全专项整治，实施重大隐患挂牌督办，努力把事故隐患降到最低限度。严厉打击违法违规行为，杜绝重特大事故发生。

加强和创新社会管理。始终带着感情和责任做好信访工作，耐心倾听群众诉求，真心解决群众反映的问题。既要靠政策解决问题，又要带着感情去落实政策。坚持源头治理，全面推行重大决策社会稳定风险评估、群众评议化解矛盾纠纷等制度，完善提升预警和依法处置恶性上访事件、群体性事件机制，落实双向责任追究，进一步规范信访秩序，深入开展争创“四无”乡镇活动，确保全县政治稳定、社会稳定。坚持群防群治、专群结合、以防为主、打防结合的方针，进一步完善社会治安防控体系。加强社会面控制，持续开展打击“两抢一盗”、“打黑除恶”、“命案攻坚”等专项斗争，时刻保持严打高压态势，不断提升社会安全感指数，让人民群众安居乐业。

着力加强社会保障。建立健全最低工资标准、职工工资、退休人员基本养老金、城乡低保及农村“五保”供养标准的正常调整机制。切实做好城乡居民社会养老保险工作。加大新农合财政支持力度，进一步提高参合率，力争实现全覆盖。加快推进乡村卫生服务一体化，巩固和扩大基本药物制度实施成果，全力做好公共卫生服务工作。进一步完善居民健康电子档案，对60岁以上的居民定期上门巡诊，不断提高群众健康水平。启动县级医院综合改革试点。争创全国中医药工作先进县、全省食品药品安全示范县。做好乡镇敬老院改扩建后续工作，支持引导社会资金发展养老托老产业。加强残疾人社会保障和服务体系建设，积极开展对弱势群体和困难群众的社会救助、法律援助和慈善捐助活动。加大扶贫开发力度，突出抓好整村推进和市、县定点帮扶工作，完成5000人脱贫任务。

千方百计扩大就业。进一步完善全民创业政策和服务体系，鼓励发展就业容量较大的服务业和劳动密集型产业，帮助农村劳动力就地就近转移就业。全年新增就业5000人。加大小额担保贷款发放力度，支持下岗失业人员再就业，城镇登记失业率控制在3.1%以内。

着力提升住房保障水平。认真落实保障性住房建设、分配、管理和退出的办法措施，确保工程质量和分配公开、公平、公正。建成廉租住房4.98万平方米、经济适用房4.2万平方米、公共租赁房2.1万平方米。加强对房地产开发企业在建设经营、功能配套等方面的监管，严厉打击违法违规行为。规范物业管理，引进知名物业管理公司1—3家。

全面发展社会事业。加强师资队伍建设，不断提高教育教学质量。认真落实学前教育三年行动计划，新建改建6所乡镇中心幼儿园，进一步解决“入园难”问题。着力优化教育资源配置，逐步解决城区学校“大班额”等问题，促进义务教育均衡发展。进一步提升县职业中专办学水平，培养更多实用人才。落实计划生育各项服务政策，稳定低生育水平，争创国家级优质服务县。贯彻土地基本国策，牢固树立依法用地观念。严格落实节能减排行政问责制、“一票否决制”，认真做好秸秆禁烧和综合利用工作，保持秸秆禁烧工作在全市的先进位次。继续推进有线电视数字化整体转换。全面落实全民健身计划。积极开展文化、科技、卫生“三下乡”活动，搞好乡镇综合文化站建设，行政村“农家书屋”覆盖率达到100%。统筹推进科技、气象等各项社会事业，让人民群众切实享受到改革发展的成果。

切实加强社会主义精神文明建设。深入开展学雷锋和群众性精神文明创建活动，搞好社会公德、职业道德、家庭美德和个人品德教育，进一步营造健康向上的社会环境。

四、大力加强政府自身建设

坚持用领导方式转变加快发展方式转变，进一步提升推动力和执行力，促进行政运行更加高效、更加便民、更加廉洁。

强化服务理念。坚持以人为本，牢记为民宗旨，围绕服务企业、服务群众、服务基层，加快政府职能转变。畅通社情民意反映渠道，密切联系群众，问计于民，问需于民。深化行政审批制度改革，积极推进政务服务体系建设，最大限度地提高行政效能。加强电子政务建设，为基层和群众提供便捷服务。加大政务公开力度，对涉及群众利益和公共政策的事项办理要全过程公开。积极开展向马俊欣同志学习活动，努力建设一支政治坚定、业务精湛、作风过硬、人民满意的公务员队伍。

坚持依法行政。严格依照法定权限和程序行使权力、履行职责，依法管理经济社会事务。严格执行人大及其常委会的决议决定，依法接受其法律监督、工作监督，主动接受政协的民主监督，支持政协参政议政，认真办理人大代表建议和政协提案。完善执法程序，规范执法行为，加强行政复议，健全监督体系，加强审计监督和行政监察，严格行政问责。

注重实干高效。大兴求真务实之风，说到做到、说好做好。在提高执行力上下功夫，把每项工作落实到具体项目、量化到具体指标、明确到具体责任人，加强督查，务求实效。抓住事物的主要矛盾和矛盾的主要方面，以重点突破带动全局，多干管长远、惠民生的实事、好事。下决心精简会议和文件，改进会风和文风，减少迎来送往，切实把有限的时间用到谋划工作、推动落实上。

严格廉洁从政。落实党风廉政建设责任制，扎实推进惩治和预防腐败体系建设，深入开展反腐倡廉宣传教育，强化对权力运行的制约和监督，加大纠风和专项治理力度，切实解决损害群众利益的突出问题，确保人民赋予的权力真正为人民谋利益。严格公车管理、规范公务接待，坚决反对讲排场、比阔气、铺张浪费等奢靡之风。继续保持惩治腐败高压态势，严肃查处各类违法违纪案件，努力营造风清气正、廉洁奉公的良好氛围。严肃工作纪律，确保政令畅通，以严明务实的政风凝聚民心，以清正廉洁的形象取信于民。

各位代表！

全面做好政府各项工作，忠诚履行对人民群众的庄严承诺，必须始终坚持务实发展。务实发展，就是解放思想，开拓进取；就是忠诚履职，尽心尽责；就是注重持续，锲而不舍；就是关键在做，科学运作。真正把务实发展作为一种追求、一种品格、一种责任，建设人民满意的政府，努力创造经得起实践、人民和历史检验的业绩！

各位代表！

新的目标令人鼓舞，新的希望催人奋进。时代赋予我们重任，人民寄予我们厚望。让我们在市委、市政府和县委的坚强领导下，深入贯彻落实科学发展观，团结奋进，持续求快，圆满完成今年各项目标任务，以优异成绩迎接党的十八大胜利召开！

新华社评出2011年国内十大新闻（一）

一、坚持房地产调控 千万保障房开建

2011年1月26日，国务院常务会议确定地方政府要切实承担起促进房地产市场平稳健康发展的责任、加大保障性安居工程建设力度等八项政策措施，各级政府坚定不移地搞好房地产调控，促进房价合理回归。截至10月底，全国城镇保障性安居工程开工已超过1000万套，实现年初计划目标任务。12月举行的中央经济工作会议提出，坚持房地产调控政策不动摇。

二、立法喜结硕果 法律体系形成

2011年3月10日，全国人大常委会委员长吴邦国在第十一届全国人民代表大会第四次会议上宣布，中国特色社会主义法律体系已经形成。据国务院新闻办10月27日发表的《中国特色社会主义法律体系》白皮书统计，截至2011年8月底，中国已制定现行宪法和有效法律240部、行政法规706部、地方性法规8600多部，法律体系内部总体做到科学和谐统一。

三、“十二五”纲要通过 谋发展开局良好

十一届全国人大四次会议2011年3月14日审查批准《国民经济和社会发展第十二个五年规划纲要》。2011年，党中央、国务院团结带领全国各族人民，坚持科学发展主题和加快转变经济发展方式主线，国民经济继续朝着宏观调控预期方向发展，呈现增长较快、价格趋稳、效益较好、民生改善良好态势，粮食连续第八年增产，实现“十二五”良好开局。

（下接19页）

大事记

1 月

4日　禹亳铁路有限责任公司总经理王子华在县委书记郑理，县人大常委会主任、郏县地方铁路工程建设指挥部指挥长肖根胜，郏县人大常委会副主任、副指挥长王庆生，副县长王长和，副县级干部李廷占等的陪同下，检查郏县地方铁路工程建设勘界调查的进展情况。

5日　郏县政府和豫西新华水利水电投资有限公司合作投资的郏县新华生物质能发电项目签字仪式在县政府会议中心一楼会议室隆重举行。县领导郑理、张国晓、陈银山、李拴勤、宁和平、徐子生、谢中光、康应振和豫西新华水利水电投资公司总经理宫迎智出席签字仪式。

是日　郏县十三届人大常委会第二十三次会议召开。

7日　团省委副书记郭鹏在郏县孔湾村河南中烟帝豪希望小学，出席“温暖冬天·希望工程爱心大动员”活动首批爱心物资捐赠仪式。市委副书记冯昕，团市委书记王玉娟，县长张国晓，县委常委、组织部长林胜国等出席活动。

8日　国家广电总局机关事务局副局长万顺府带领有关人员来到郏县，调研临沣寨的保护和开发工作。

11日　《辛卯年》特种邮票暨《瑞兔华年》个性化邮票首发仪式在郏县举行。

12日　国调办移民征地司副巡视员陈曦川，在省移民办副主任李定彬、省政府移民办干线征迁组组长张西辰的陪同下，来到郏县检查指导南水北调中线工程建设情况。

14日　中共郏县县委十一届十次全委（扩大）会议召开。

18日　郏县东坡酒业荞麦酒9个新品种上市发布会在平顶山举行。省工商联副主席李振，市人大常委会副主任郑枝，市政协副主席史正廉，县长张国晓，县委常委、统战部长宁和平，副县长王新晓参加发布会，并为荞麦酒新品开坛。

24日　郏县工商业联合会

八届六次执委会议召开。

27日 郏县第十三届人大常委会第二十四次会议召开。

是日 政协郏县八届委员会第二十次常委会议召开。

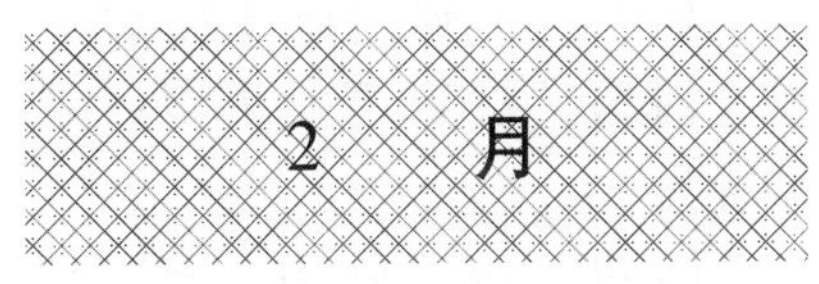

2 月

10日 郏县召开“决战十二五我该怎么办”大讨论活动动员会。

11日 中国人民政治协商会议郏县第八届委员会第五次会议开幕。

12日 郏县第十三届人民代表大会第五次会议开幕。

17日 市政府党组成员、副市厅级干部王天顺来到郏县检查指导抗旱浇麦和北汝河治理工程建设进展情况。

是日 平顶山市中级人民法院院长郭保振带领相关人员来到郏县法院进行调研。

是日 由县委、县政府主办，县委宣传部、公安局承办的2011年元宵节大型焰火晚会在县文化中心广场举行。

24日 市委书记赵顷霖、市长陈建生带领市四大班子领导和各县（市、区）、市直有关部门负责人来到郏县，对产业集聚区建设情况进行观摩。

25日 市人大常委会副主任肖来福、黄林森、郑枝，市人大常委会秘书长陈民政与市人大常委会机关的60多名工作人员，来到郏县冢头镇柿园村参加义务植树活动。

是日 市政协副主席潘民中来郏县检查抗旱浇麦工作。

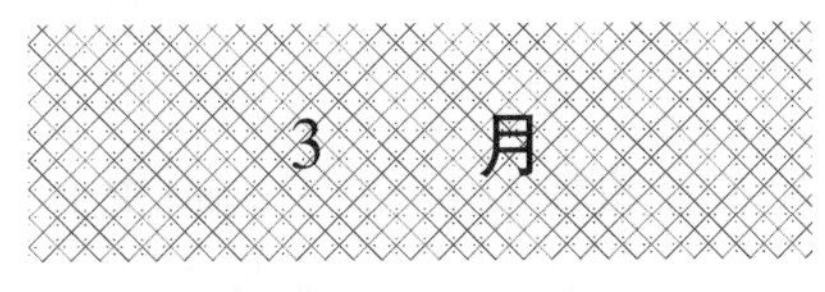

3 月

1日 郏县聘任首届群众评议化解信访事项评议员，来自全县各个行业的96名人员被聘任为郏县群众评议化解信访事项评议员。

3日 市人大常委会副主任黄林森、副市长王富兴带领各县区委副书记、主管林业副职及林业部门负责人到王集乡检查今春林业生态建设工作。

6日 平顶山天晟电气制造有限公司在郏县产业集聚区举行开工奠基仪式。

是日 禹亳铁路工程建设禹州至郏县段奠基暨开工典礼仪式在郏县黄道镇后谢湾村黄道站站址举行。

10日 市委常委、组织部长李萍带领市有关负责人到县，就乡镇党委换届工作进行调查研究。

12日 县四大班子领导郑理、张国晓、陈银山、王亚军、林胜国、王宏希、李捍卫、宁和平、王光洲、王庆生、谢中光、李雪斌、黄学彬、康应振等和县直单位干部职工、武警官兵、白庙乡干部群众一起，来到眼明寺林区，参加义务植树活动。

15日 市政府党组成员、副市厅级干部丁少青带领有关人员，到长桥镇调研新农村建设工作。

22日 西气东输二线平顶山——泰安支干线（郏县段）工程建设开工典礼在郏县长桥镇李常庄举行。

是日 由环保部总量司副巡视员于飞带队的重点流域水污染防治规划国家考核组，来郏县检查县污水处理厂建设及运行情况。

23日 河南省人民检察院党组副书记、副检察长张国臣在平顶山市检察院检察长刘新年的陪同下莅临郏检查指导工作。

24日 淅川县县委书记袁耀生带领淅川县四大班子主要领导来郏开展移民对接工作。

29日 郏县汝樂钢建材交易市场开工建设仪式举行。

31日 县总工会召开十届七次全委（扩大）会议。

4 月

7日 中共郏县第十一届委员会第十一次全体会议召开。

11日 市人大常委会主任薛新生，副市长王富兴，市人大常委会秘书长陈民政来到郏县，检查新农村建设工作。

是日 市人大党组成员、市总工会主席李丰海等来到郏县，就土地管理专项工作进行检查。

12日 省委副书记、省长

郭庚茂带领省直有关单位负责人，在郏县产业集聚区、冢头镇调研指导工作。

15日　市委常委、组织部长李萍，市委常委、政法委书记李永胜，市政协副主席张国需调研郏县产业集聚区建设和中心镇建设。

是日　由中国硬笔书法协会、河南省硬笔书法协会主办，县政府协办，县广阔天地知青书画院和河南省雷克铝箔有限公司承办的“全国硬笔书法广阔天地知青杯艺术大展”开幕式在郏县举行。

19日　马来西亚汉联机构有限公司首席执行董事刘国强等来郏县考察县域经济发展情况。

20日　副省长刘满仓带领省委农办负责同志在郏县调研指导新农村建设工作。

21日　国调办副主任蒋旭光在省南水北调办主任王树山，副主任王小平，省环保厅正厅级巡视员马福立，副市长王富兴，市政府党组成员、副市厅级干部王天顺的陪同下，来到郏县检查指导第二批移民安置点工作。

25日　河南省首届“非虚构文学”培训及创作笔会开班典礼在郏县举行。中国报告文学学会副会长、著名作家李炳银，省文联原主席南丁，省文学院院长、省作协副主席何弘，时代报告杂志社社长张富领，市文联主席李虹，县委常委、宣传部长张华琪，副县长张贯钊与省有关作家学者、文学学会学员等一起参加了开班典礼。

26日　市人大常委会副主任肖来福一行20余人莅郏检查经济发展情况。

27日　省科技厅厅长赵琛、副厅长黄布毅、张代民、市人大常委会主任薛新生、副市长王富兴等在县领导郑理、张国晓、宁和平的陪同下，先后深入到圣光投资集团微创介入科技园、自动化立体仓库、安全型静脉留置针生产车间，详细了解企业的生产、经营、建设情况，并听取了关于企业未来五年发展战略及科技研发规划的汇报。

28日　省委常委、纪委书记尹晋华来到郏县调研产业集聚区和新农村建设工作。市委书记赵顷霖，市委常委、纪委书记段玉良，市委常委、秘书长张遂兴，县领导郑理、张国晓、陈银山、肖根胜、陈书欣、王亚军、宁和平等陪同调研。

是日　郏县冢头镇举行陈国威侨心小学开工奠基仪式。

5　月

1日　全国政协副主席、农工党中央常务副主席陈宗兴到郏县三苏园景区视察工作。

3日　省工商联副主席李振来到郏县，专题检查省委省政府《关于进一步加强新世纪工商联工作的意见》贯彻落实情况。

5日　王集乡敬老院荣获“全国模范敬老院”。

6日　市人大常委会副主任巩国顺等带领有关人员来到郏县薛店镇调查研究新农村建设工作。

是日　市政协副主席史正廉来到郏县检查产业集聚区建设情况。

10日　市委常委、组织部长李萍来到新农村建设联系点郏县冢头镇陈寨村调研。

11日　河南省检察院副检察长李晋华来到郏县人民检察院调研反贪工作。

13日　市委、市政府召开全市县域经济表彰大会，郏县以综合评比第一名的成绩喜获2010年度全市发展县域经济先进县。

15日　中纪委原常务副书记、曾任河南省委书记的侯宗宾在市委书记赵顷霖，市委副书记冯昕，市委常委、秘书长张遂兴的陪同下，来到郏县调研新农村建设工作。县领导郑理、张国晓、郭国顺、李捍卫等陪同调研。

16日　省政协常务副主席王训智一行12人，在市委副书记冯昕，市政协主席斐建中，副市长王富兴，市政协副主席史正廉的陪同下，来到郏县检查产业集聚区建设和新农村建设情况。

19日　市人大常委会副主任郑枝来到郏县，检查《食品安全法》贯彻执行情况。

26日　美国客商瑞克先生一行3人来到郏县，考察中外合资平顶山国能选煤技术有限公司在郏县投资落户的前期准备工作。

27日　省南水北调办、省移民办副主任王小平带领全省移民村环境整治观摩团一行150多人，来到郏县马湾新村污水处理工程建设现场观摩。

6　月

1日　市委书记赵顷霖，市委常委、秘书长张遂兴，副市长王富兴带领市直相关部门负责人来到郏县，调研北汝河治理、南水北调中线郏县段北汝河倒虹吸工程、三夏生产等工作。县领导郑理、张国晓、陈银山、王宏希、邢延松、康应振等陪同调研。

2～4日　县长张国晓，县委常委、统战部长宁和平带领部分乡镇（街道）、县直单位负责人赴苏州、杭州开展“长三角”驻地招商活动，并在杭州举行了郏县县情说明会暨项目签约仪式。

9日　市委书记赵顷霖，市委常委、副市长邢文杰带领市卫生局、市发改委、市财政局、市劳动局、市编办、市药监局、市民政局等单位负责人，在县领导郑理、陈银山、王宏希、张贯钊等陪同下，先后到马湾新村卫生室、安良镇卫生院、县妇幼保健院实地调研深化医药卫生体制改革的有关情况。

12～13日　县长张国晓带领县招商局等单位有关人员，赴深圳参加平顶山市（深圳）市情说明暨项目洽谈活动。

13日　“2011思源工程——中国万里行”活动组专程来到郏县，为郏县人民医院捐赠了一台价值数万元的救护车。民建河南省委副主委、平顶山市人大常委会副主任、民建平顶山市委主委巩国顺，县委副书记陈银山，正县级干部刘军培，副县长张贯钊出席了捐赠仪式。

21日　中共郏县第十一届委员会第十二次全体会议召开，会议对即将召开的中国共产党郏县第十二次代表大会的有关事宜进行了讨论审议。

22日　中国共产党郏县第十二次代表大会在郏县大酒店西三楼会议室隆重开幕。

23日　中共郏县十二届纪律检查委员会举行第一次全体会议。

27日　由河南省政协委员、香港同胞陈国威、陈徐凤兰夫妇捐资300万元兴建的郏县陈国威侨心中学教学楼落成典礼举行。市委常委、副市长王丽，市委统战部长、市侨联党组书记励伟英，县长张国晓，县委常委、统战部长张贯钊，县人大常委会副主任边安生，县政协副主席唐国颖出席落成典礼仪式并一起为教学楼落成剪彩。

28日　由中共郏县县委、郏县人民政府主办，县委宣传部承办的“颂歌献给党”大型红歌会在县体育场举行。

29日　郏县十三届人大常委会举行第二十六次会议。

7　月

1日　国务院南水北调办副主任于幼军，在省南水北调办副主任薛显林等的陪同下，来郏县检查南水北调北汝河倒虹吸工程建设情况。副市长王富兴，市政府党组成员、副市厅级干部王天顺，县长张国晓，县委副书记陈银山，正县级干部邢延松等陪同。

6日　县政协召开八届第二十二次常委会议，专题协商新型农村养老保险工作。

11日　市长陈建生，副市长黄祥利，市政协副主席、市发改委主任张弓等调研郏县产业集聚区发展和项目建设工作。

是日下午　郏县黄道镇后谢湾村遭暴雨、龙卷风袭击，30分钟左右就造成130多棵大树被刮倒，5间房舍被倒下的大树砸塌。

12日　全省新农村示范村建设现场推进会在郏县召开。

13日　市委书记赵顷霖，市委副书记、市长陈建生等市领导带领各县（市、区）党委、政府负责人和市直有关部门负责人，到郏县产业集聚区现场观摩县域经济发展情况。县领导郑理、张国晓、陈银山、肖根胜、李拴勤、宁和平等陪同。

14日　省委常委、宣传部

长、副省长孔玉芳带领省防汛办、省水利厅和省教育厅等有关部门负责人来到郏县，检查指导防汛准备工作。

15日 省委副书记、省政协主席叶冬松来郏县，调研新农村建设和移民安置工作。省水利厅厅长、省南水北调办公室主任王树山，市领导赵顷霖、陈建生、冯昕、张遂兴、王富兴、王天顺，县领导郑理、张国晓、陈银山、陈书欣、邢延松等陪同调研。

19日 郏县人民防空办公室成立揭牌仪式在县政府院内举行。

是日 郏县飞机喷洒约物防治杨树病虫害启动仪式举行。这是郏县林业建设历史上第一次采用飞机喷洒药物防治杨树病虫害。

22日 市委常委、组织部长李萍，市委常委、政法委书记李永胜带领市直有关部门的负责人到郏县检查指导防汛工作。

28日 郏县成立交通路政管理所举行揭牌仪式。

29日 全国人大常委会委员、财经委员会主任委员石秀诗带领全国人大常委会委员、外事委员会副主任委员南振中，全国人大财经委员会委员李卫、崔俊慧，全国人大财经委员会办公室巡视员龚繁荣等一行10人莅临郏县，视察南水北调移民安置工作情况。

8 月

2日 在郏县马湾新村广场举行欢迎丹江口库区第二批移民搬迁仪式，省环保厅巡视员马福立，副市长王富兴，市政府党组成员、副市厅级干部王天顺，县委书记郑理，县长张国晓，县委副书记陈银山，淅川县县委常委、统战部部长李霞出席仪式。南水北调丹江口库区第二批移民77户311人。

5日 副省长刘满仓带领有关人员在郏县调研畜牧业发展及农田节水灌溉建设情况。市委书记赵顷霖，市委常委、秘书长张遂兴，副市长王富兴，县领导郑理、张国晓、陈银山、邢延松、李奎、康应振陪同调研。

6日 郏县在县城经一路与文化路交叉口举行牛津国际三立幼儿园落成庆典仪式。牛津国际三立幼儿园投资3000万元，占地36亩，开设24个教学班，在职人员108人，配套设施齐全，有专业网站远程监控系统，凸显专业纯正的牛津英语教育、正统严谨的英国皇家钢琴教育和创意课程，是郏县首家高标准、现代化、与国际接轨的幼儿园。

10日 国务院南水北调办副主任蒋旭光带领有关人员来到郏县，专题调研南水北调中线工程丹江口库区移民搬迁安置工作。

11日 市政协主席裴建中，副市长王富兴，市政协副主席马四海等，到郏县视察指导水利建设工作。

12日 省科技厅副厅长李中哲在副市长王富兴的陪同下，来到郏县调研圣光集团医疗器械孵化园项目建设情况。

16日 在中央文明办开展的“我推荐、我评议身边好人”活动中，郏县李口镇周沟村党支部书记王增义、薛店镇政府职工赵晓芳经过层层选拔推荐，分别荣登8月份“中国好人榜”敬业奉献、助人为乐候选人名单。

18日 中国人民解放军总政治部副主任、上将贾廷安来郏县，调研移民新村建设、产业集聚区建设和新农村建设工作。省政协副主席邓永俭，市委书记赵顷霖，市政协主席裴建中，市委常委、秘书长张遂兴，平顶山市军分区司令员尹世祥，郏县县领导郑理、陈银山、肖根胜、李拴勤、宁和平、康应振等陪同调研。

21日 国务院南水北调办公室副主任张野在省水利厅厅长、省南水北调办、移民办主任王树山陪同下，来到郏县调研南水北调郏县段工程建设情况。

22日晚 中国体育彩票大乐透2011098期开奖，郏县一彩民中出一注一等奖865万元，这是自发行彩票10年来郏县首次中出百万元以上大奖。

25日 郏县“民心家园”保障性住房开工奠基仪式举行。副市长郑茂杰，省住建厅监察总队副队长姬中勋，县委常委、常务副县长王宏希，正县级干部、县人大党组成员刘军培，副县级干部、县政协党组成员李爱涛出席仪式并为项目奠基培土。

25日 政协郏县委员会第二十三次常委会议召开，专题协商城镇建设工作。

28日 郏县牛津国际三立幼儿园举行开园典礼。

30日 郏县十三届人大常委会第二十七次会议在县人大会议室召开。

9月

1日 副省长刘满仓，省水利厅厅长、南水北调办主任、移民办主任王树山，省南水北调办副主任薛显林等一行5人，在市政府党组成员、副市厅级干部王天顺，市政府副秘书长张有正，市移民局局长夏应顺，县委书记郑理，正县级干部邢延松等陪同下，深入南水北调工程宝郏段实地考察调研。

是日 省教育厅、省纠风办、省监察厅、省发改委、省财政厅、省审计厅、省新闻出版局等7部门联合公布了第六批河南省规范教育收费示范县（市、区）名单，郏县被授予“省规范教育收费示范县”荣誉称号。

13日 省妇幼保健院副院长姚美玲来到郏县考核检查妇幼公共卫生项目工作。

16日 省政法委副书记杨国文带领有关人员来到郏县，考察社会治安综合治理工作。市委常委、政法委书记李永胜，副市长王宏景，县领导郑理、张国晓、李捍卫、徐子生、谢中光、杨杰、宋宏州等陪同考察。

16日 市人大常委会副主任黄林森，市政府党组成员、副市厅级干部王天顺在县委副书记陈银山，副县级干部、县政府党组成员康应振陪同下，到薛店镇检查玉米高产创建情况。

29日 美国嘉勒斯集团董事长Mr. WashingSycip，美国嘉勒斯集团（中国）有限公司总裁杨小青，美国嘉勒斯集团清洁能源公司董事长Mr. Rick一行19人，来到郏县产业集聚区投资考察。县长张国晓，县委常委、纪委书记宁和平，副县级干部李国英陪同。

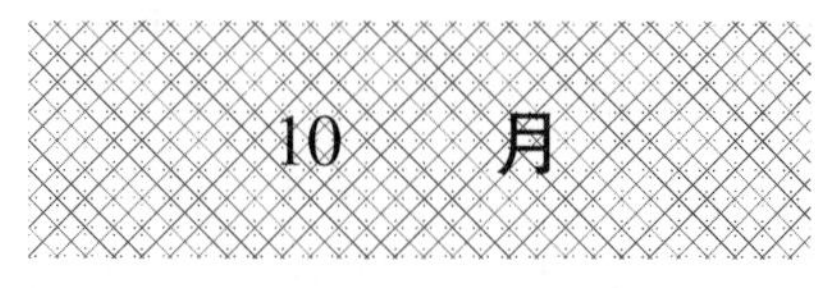

10月

10日 平顶山市市委常委、宣传部长唐飞，在市文广新局局长肖元欣、文物局局长许晓鹏和郏县县委书记郑理，副书记陈银山，县委常委、宣传部长何卉，副县级干部、县政府党组成员李刚军等的陪同下，到郏县文庙、山陕会馆进行调研。

11日 被誉为“当代保尔”的郏县人民检察院检察官马俊欣，做客河南电视台《侠肝义胆》栏目，讲述了自己平凡而又感人的人生历程。

14日 郏县十三届人大常委会第二十八次会议召开。

是日 市政协副主席潘民中来到郏县对姚庄回族乡和郏县地方铁路工程建设情况进行调研。

17日 河南省“舞台艺术送农民”活动郏县启动仪式在县体育场拉开帷幕。

是日 省文明办创建处副处长李普、李丽在市文明办主任程贵平的陪同下，来到郏县就农村“清洁家园行动”开展情况进行检查，县委常委、常务副县长王宏希陪同检查。

17日～18日 《检察日报》、《方圆杂志》、《公民与法》、河南电视台新闻频道和河南电视台法制频道等新闻媒体的记者一行9人抵达郏县，采访郏县人民检察院检察官马俊欣身残志坚、爱岗敬业、恪尽职守、默默奉献的先进事迹。

20日晚7点01分 据省地震台网监测，郏县安良镇北部发生2.1级轻微地震，塔林坡、神前、王楼等20个行政村震感明显。

22日 马达加斯加外交官研修班考察团来到郏县考察新农村建设工作。

24日 省住房和城乡建设厅城建处处长魏琳带领省级园林城市专家验收组来郏县，检查验收郏县创建省级园林县城工作。

29日　北京军事医药科学院专家张英歌一行4人来郏县产业集聚区参观考察。

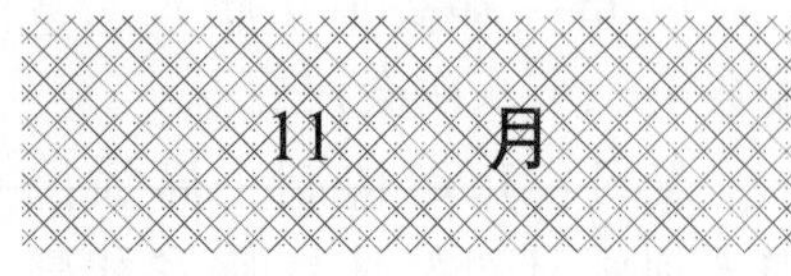

11　月

1日　芬兰广播电视台三台驻亚洲记者站站长佩特利·萨拉斯特来到郏县采访南水北调工程移民安置情况。省政府移民办综合处处长韩俊奎、县人大常委会副主任王庆生陪同。

2日　市委书记赵顷霖到郏县调研新农村建设、小城镇建设、工业园区建设和旅游业的发展情况，并看望了郏县人民检察院副科级检察员马俊欣。市委常委、秘书长张遂兴，副市长黄祥利，市政府党组成员、副市厅级干部王天顺，县领导郑理、张国晓、陈书欣、郭国顺、李捍卫、卢根强、县检察院检察长徐遂根等陪同。

3日　省科技厅厅长贾跃来到郏县圣光集团，调研科技创新和高新技术产业发展情况，市委常委、常务副市长王丽，县委书记郑理，县政协主席李拴勤，县委常委、常务副县长王宏希，县委常委、统战部长、副县长张贯钊陪同调研。

4日　中国工商银行股份有限公司郏县支行举行开业庆典仪式。

是日　市委常委、组织部长李萍，市检察院检察长刘新年，在县委书记郑理，县委常委、组织部长张华琪，县委常委、常务副县长王宏希，县检察院检察长徐遂根的陪同下，来到郏县检察院看望慰问了身残志坚的检察官马俊欣。

是日　平顶山市党建引领新农村建设现场会在郏县召开。

6日　市军分区司令员尹世祥带领有关人员来到郏县检查征兵体检工作。县委常委、人武部政委杜伟，县人武部长张朝义陪同。尹世祥到县中医院征兵体检站，现场查看了体检工作，并向参加体检的医务人员表示慰问。尹世祥希望医务人员严格把关，为部队输送高质量的兵员。尹世祥还与部分应征青年亲切交谈，勉励他们积极接受祖国的挑选，到祖国最需要的地方去锻炼自己，增长才干。

8日　省委常委、政法委书记李新民带领省政法委一行8人，到郏县产业集聚区视察指导工作。市委书记赵顷霖，市委常委、政法委书记李永胜，市委常委、秘书长张遂兴，副市长王宏景，县委书记郑理，县长张国晓，县委常委、政法委书记李捍卫陪同。

是日　市政协主席裴建中来到郏县人民检察院，看望了身残志坚的检察官马俊欣。

9日　市政协副主席张国需带领部分政协委员来到郏县，对华侨捐赠公益事业工作进行视察。

13日～18日　由县领导张国晓、王亚军、郭国顺、张贯钊、边安生、李国英组成的郏县党政考察团抵达安徽省利辛县、当涂县，江苏省昆山市、江都区、宿城区考察学习特色产业集群的先进经验。

15日　副市长李俊锋带领有关人员来到郏县，检查指导北汝河倒虹吸工程建设情况。

17日　市委常委、宣传部长唐飞在市人民检察院检察长刘新年，县委副书记陈银山，县委常委、宣传部长何卉，郏县人民检察院检察长徐遂根等的陪同下，来到郏县人民检察院，看望慰问了身残志坚的检察官马俊欣。

22日　省辖市市长级干部、市政府党组副书记邢文杰，副市长黄祥利到郏县产业集聚区调研。县委书记郑理，县委常委、纪委书记宁和平，县委常委、常务副县长王宏希陪同调研。

23日　副省长赵建才带领省政府办公厅、省住建厅有关负责同志来到郏县，调研城市建设、镇村一体化、保障性住房建设、社会事业发展、旅游资源的保护与开发等。

是日　市人大常委会副主任黄林森，副市长李俊锋来到郏县，检查农田水利建设情况。

12　月

1日　省委副书记、组织部长邓凯在市委书记赵顷霖，市长陈建生，市委常委、组织部长李萍，市委常委、秘书长张遂兴等的陪同下，来到郏县调研产业集聚区和新型农村社区建设工作，县领导郑理、张国晓、陈银山、陈书欣、宁和平、郭国顺、张华琪陪同调研。

是日 市人大常委会副主任王金山带领市节能减排督察组检查郏县节能减排工作。

5日 市长陈建生在市人民检察院检察长刘新年的陪同下，专程来到郏县人民检察院，亲切看望慰问了身残志坚、爱岗敬业的优秀检察官马俊欣。

6日 市委常委、组织部长李萍带领市委组织部和市住房建设局的有关负责人来到郏县，调研农村中心城镇建设情况。

7日 商丘市党政考察团在商丘市委书记陶明伦、市长余学友的带领下莅郏，学习考察郏县新型农村社区建设工作。市委书记赵顷霖，市长陈建生，市委常委、秘书长张遂兴，市委常委、统战部长段君海，副市长李俊峰，县委书记郑理，县长张国晓，县委副书记陈银山，县委常委、办公室主任郭国顺，副县级干部、县政府党组成员康应振陪同考察。

是日 市委常委、市纪委书记段玉良来到郏县安良镇调研小城镇建设、新型农村社区建设情况。县委书记郑理，县长张国晓，县委常委、纪委书记宁和平陪同调研。

8日 省社科院副院长刘道兴一行7人在市政府党组成员、市长助理郑曙林的陪同下来到郏县，调研指导产业集聚区和新农村建设工作。

9日 市委、市政府在平顶山市会议中心举行马俊欣同志先进事迹报告会，号召全市各级党员干部向马俊欣同志学习。市委书记赵顷霖、市长陈建生等市四大班子领导出席了报告会。市委常委、宣传部长唐飞主持报告会。

13日 省人大常委会党组书记、副主任曹维新带领驻豫全国人大代表第一视察组来到郏县，就产业集聚区建设和新型农村社区建设进行视察。省人大常委会秘书长连子恒、市委书记赵顷霖等全国人大代表参加视察，市领导陈建生、薛新生、王富兴、张弓，县领导郑理、张国晓、陈银山、肖根胜、王庆生等陪同视察。

14日 省文化厅厅长王天虹带领考核组来到郏县，对2011年度消防工作进行考核验收。

是日 市政协副主席、市残联理事长马四海带领市残联全体班子成员，专程到郏县看望慰问身残志坚的检察官马俊欣。

22日 郏县冢头镇前王庄村刘南辉侨心小学开工典礼仪式举行。副市长郑茂杰，市委统战部副部长、市侨联党组书记励伟英，县政协党组书记王亚军，县委常委、统战部长、副县长张贯钊，正县级干部、县人大党组成员刘军培出席开工典礼仪式。

27日 经省委研究决定，县委书记郑理任平顶山市人民政府副市长。

30日 郏县十三届人大常委会第三十次会议召开。

新华社评出2011年国内十大新闻（二）

（上接11页）

四、首次公开年度“三公”经费 中央部委接受社会监督

2011年3月23日，国务院常务会议决定，6月向全国人大常委会报告中央财政决算时，将中央本级“三公”经费支出情况纳入报告内容向社会公开。5月4日，国务院常务会议明确，中央各部门公开2010年度“三公”经费决算数和2011年“三公”经费预算。据此，90多家中央部门公布了2011年“三公”经费支出决算和2011年预算情况。

（下接22页）

概 览

区域位置

【概况】 郏县地处河南省中西部，平顶山市北部，属豫西山区向豫东平原过度地带。东接襄城县，西邻汝州市，南依卫东区及宝丰县，北连禹州市。地理坐标：东经113°0′40″～113°24′50″，北纬33°48′0″～34°10′50″。东西长37.6公里，南北宽31.3公里，总面积737平方公里。

自然环境

【地形地貌】 县域地势呈马鞍形，东南、西北高，中部低。东南部为外方山余脉，低山绵亘；西北部为萁山山地，峰峦起伏；中部为北汝河冲积平原，沃野坦荡。全县最高点为西北边陲郏、汝、禹交界处的三管山，海拔790.8米，最低点为长桥镇坡赵村西，海拔86米，流经县境的大小河流15条。全境有大小山峰26座，山地面积135平方公里，占总面积的18.3%；丘陵面积259平方公里，占35.1%；平原面积271平方公里，占36.8%；洼地面积72平方公里，占9.8%；全县耕地面积4.5万公顷。

【气候】 郏县县境地处北温带南部。气候属温带大陆性季风气候。主要特征是四季分明，日照时间较长，热量比较充足，自然降水偏少。2011年日照时数为1769.2小时，比标准气候值少400.9小时。年平均气温14.4℃，年最高气温42.0℃，年最低气温－9.8℃，年降水量826毫米，比标准气候值多121.4毫米。全年出现2次暴雨天气过程，出现大风天气6次，大雾天气3天；最大风力21米/秒。无霜期232天。

【河流】 县内河流属淮河流域沙颍河水系，境内有北汝河、干河、鲁医河、二十里铺河、青龙河、双庙河、叶犟河、胡河、肖河、蓝河、吕梁河、三险河、杨柳河、芝河、石河15条河流。北汝河为干流，也是境内最大的河流，自西向东贯穿全境，境内段长48公里，境内流域总面积98平方公里，常年流量300～500立方米/秒。

自然资源

【矿产资源】 经勘测，境内有开采价值的矿产资源17种，总储量在37亿吨以上。其中储量较大的有原煤、石灰岩、陶土、石英沙岩、紫砂陶土等。预查普查煤炭资源量16亿吨。

【土地资源】 郏县土壤有三个土类，6个亚类，16个土属，37个土种。主要有褐土、潮土、砂礓黑土等。耕地面积44417.03公顷，园地664.45公顷，林地1963.74公顷，牧草地7198.6公顷；城镇村及工矿用地10763.95公顷，交通运输用地2161.84公顷，水域及水利设施用地4191.31公顷；其他土地1218.78公顷。

【动植物资源】 郏县位于华中动、植物区系与华北动、植物区系的过度带，动、植物种类较多，植物总计248科，1014属，2306种。全县森林覆盖率为13.22%。用材树主要有杨、柳、椿、榆、槐、泡桐等；经济林主要有核桃、柿、桃、梨、苹果等；主要农作物有小麦、玉米、烟叶、红薯、大豆、高粱、谷子、绿豆、花生、芝麻、瓜果、蔬菜等。境内野生动物资源陆栖脊椎动物184种，饲养动物主要有郏县红牛、猪、山羊、绵羊、寒羊、鸡、鸭、鹅；鱼类主要有鲤鱼、鲫鱼、草鱼、鲢鱼等。

【水资源】 全县水资源总量年均2.34亿立方米，可利用量1.41亿立方米，地下水资源总量为1.22亿立方米，可开采量1.05亿立方米，有22座中、小型水库，蓄水量1653万立方米。

历史沿革

【概况】 周康王时期（公元前1004～公元前967年）称“夹”，为成周（雒邑）畿内地。春秋名郏邑，先属郑，后属楚。战国初属晋，后归韩。秦置郏县，隶属川郡。东汉建武六年（30年），废郏县并入父城县。建安中（196～219年）复置郏县，属汝城郡。西晋隶襄城郡。东晋十六国，先后隶前赵、后赵和东晋。北魏太和十七年（493年），改郏县为龙山县，隶顺阳郡。隋开皇初，改龙山县为汝南县。开皇十八年（598年），改汝南县为辅城县。大业四年（608年），改辅城为郏城县。蒙古至元三年（1266），废郏城县为黄渠镇，入梁县。元大德八年（1304年），复置郏县，隶汝州。明成化十二年（1476年），改隶汝州直隶州。清代沿明制。民国初，先后属河陕汝道、豫西道、河洛道。民国16年（1927年），改隶豫西行政区。民国21年，改隶第五行政督察区。民国33年5月，日军占领郏县。民国34年7月，河南人民抗日军第六支队收复禹郏交界地区，在禹郏交界带置禹郏县，县治曹沟村，同年10月撤销，解放初，先后属豫陕鄂边区第五专区、豫西区第五区。1949年3月，改隶许昌专区。1986年3月，改属平顶山市。

民族宗教

【概况】 2011年，全县有汉、回、满、壮、苗、彝、布依、藏、独龙、侗、白、土、蒙古、朝鲜、哈尼、土家、达斡尔、佤等20个民族成分，少数民族19个，少数民族人口12043人，其中回族人口10888人，少数民族人口占全县总人口的2.11%，主要分布在姚庄回族乡、龙山街道、冢头镇、长桥镇、薛店镇等5个乡镇（街道）。宗教方面有伊斯兰教、佛教、道教、基督教、天主教，信教群众2万8千余人，开放宗教活动场所55处，遍布全县15个乡镇（街道）。

人口区划

【人口】 2011年底，全县有62.06万人，常住人口57.3万人，其中城镇人口18.4万人，城镇化率达32.14%，农业人口

38.9 万人，占 67.86%，人口密度为每平方公里 842 人。全县人口出生率 11.3‰，自增率 5.85‰。

【区划】 2011 年底，县辖长桥、冢头、安良、堂街、薛店、茨芭、黄道、李口（2 月撤乡建镇）8 个镇和渣园、广阔天地、白庙、王集、姚庄 6 个乡，东城、龙山 2 个街道，全县共 377 个行政村（社区），冢头镇 35 个行政村，安良镇 41 个行政村，堂街镇 36 个行政村，薛店镇 38 个行政村，长桥镇 34 个行政村，王集乡 29 个行政村，李口镇 23 个行政村，姚庄乡 6 个行政村，白庙乡 24 个行政村，广阔天地乡（以下简称广天乡）11 个行政村，渣园乡 25 个行政村，茨芭镇 41 个行政村，黄道镇 13 个行政村。东城 11 个社区（行政村），龙山 10 个社区。

新华社评出 2011 年国内十大新闻（三）

（上接 19 页）

五、庆祝建党九十年隆重热烈 总书记重要讲话昭示未来

庆祝中国共产党成立 90 周年大会 2011 年 7 月 1 日上午在北京人民大会堂隆重举行。中共中央总书记胡锦涛在会上发表重要讲话。90 年来，中国共产党团结带领人民完成和推进了三件大事—完成了新民主主义革命，实现了民族独立、人民解放；完成了社会主义革命，确立了社会主义基本制度；进行了改革开放新的伟大革命，开创、坚持、发展了中国特色社会主义。中国面貌焕然一新，民族复兴展现光明前景。截至 2010 年底，党员总数为 8026.9 万名。

六、甬温线列车追尾伤亡严重 事故调查结论受广泛关注

2011 年 7 月 23 日，北京南至福州的 D301 次列车与杭州至福州南的 D3115 次列车在温州市鹿城区黄龙街道双岙村发生追尾事故，造成 40 人死亡。国务院及时批准成立并调整充实了事故调查组。经调查认定，“72·3”甬温线特别重大铁路交通事故是一起因列车运行控制中心设备存在严重设计缺陷、上道使用审查把关不严、雷击导致设备故障后应急处置不力等因素造成的责任事故。12 月 28 日召开的国务院常务会议同意事故调查组给予 54 名责任人员党纪政纪处分的处理意见。对于相关责任人员是否涉嫌犯罪问题，司法机关正依法独立开展调查。

七、天宫神舟太空交会对接成功 我国航天事业再攀新的高峰

2011 年 9 月 29 日和 11 月 1 日，天宫一号目标飞行器和神舟八号飞船分别在酒泉卫星发射中心成功发射，准确入轨。11 月 1 日和 11 月 3 日，天宫一号目标飞行器和神舟八号飞船两次空间交会对接成功。11 月 17 日，神舟八号飞船降落预定落点。18 日，天宫一号目标飞行器变轨、转入长期运营模式，等待明年与神舟九号、神舟十号飞船进行交会对接。

（下接 84 页）

中共郏县委员会

书　记　郑　理（12月调任平顶山市副市长）
副书记　张国晓　陈银山
常　委　王亚军（6月离）
宁和平　郭国顺
林胜国（6月离）
张华琪　王宏希
孙红旗（3月离）
李捍卫
杜　伟（5月任）
张贯钊（6月任）
何　卉（6月任）
（书记、副书记以上已列）
县（市）区长级干部　陈书欣

县委工作部门

县委办公室

主　任　郭国顺
副主任　席国涛　许　珂
姚粲峰
秘书科科长　薛顺国
机要局局长　李枫晓
副　局　长　丁营军
保密局副局长　陈　鹏
政研室副主任　杨智慧
梁灿锋
信息科科长　李超强
综合科科长　李　磊
机关事务服务中心主任
秦振坡
保卫科科长　周永杰
行管科科长　郭英明

县委组织部

部　长　林胜国（6月离）
张华琪（6月任）
副部长　鲁长法　黄运宏
孔祥民　李建辉
干部科科长　马汉杰
干教科科长　李新阳
干部监督科科长　梁发君
档案室主任　吴新飒
人才办副主任　张晓锐
电教中心副主任　史文旭

县委宣传部

部　长　张华琪（6月离）
何　卉（6月任）

副部长　刘利民　陈香平
　　　　谢玉奇
　　　　李彦锋（不占职数）
文化教育科科长　李素红
党教理论科科长　肖军占
新闻科科长　李朝锋
办公室主任　李晓伟

文明办

主　任　王建锋

县委统战部

部　长　宁和平（6月离）
　　　　张贯钊（6月任）
副部长　吴向杰　卢卫民
　　　　杨绿岗
办公室主任　周俊杰
理论宣传科科长　陈亚兵
县侨联主席　张伟阳
副主席　王卿环（兼秘书长）

县委农村工作办公室

主　任　叶国旭
副主任　宁付安

工商联

主　席　薛国强
党组副书记　王利勇
副主席　梁水秀　林金利
　　　　雷　乾　张　强
　　　　赵国军　王　沛
　　　　王国申　周运杰
　　　　赵永恒　刘力锋
　　　　谢秋欣　刘　群
　　　　张应殿　陈留洲

县委政法委员会

（县综治办、县委610办公室）
书　记　李捍卫
副书记　高福海　金陆军
　　　　金铁爵
办公室主任　魏栋杰
纪检室主任　孙亚伟
维护社会稳定领导小组办公室
主　任　王永刚（6月离）
副主任　郭云鹏
综治办
主　任　吴晓阁
副主任　孙雪山　王路明
610办公室
主　任　李遂平
副主任　张建华

群工部（信访局）

部长（局长）党组书记
　　　　张　磊
副部长党组副书记　肖宏欣
副部长　梁　峰　王应钦
副局长　赵振山　谢松记
纪检组长　彭亚勇
接访科科长　李影奇
联席办公室副主任　闫小伟
信息科科长　梁战峰
联络科科长　温红强
评估科科长　王增银

县直工委

书　记　张剑锋
副书记　黄国彬
工委委员、武装部长　邢利杰
工委委员　叶燕会

县委党校

校　长　陈银山（兼）
常务副校长　郭子华
副校长　李国利　王亚伟

县委党史研究室

主　任　李国英

老干部局

局　　长　张中海
党支部书记　李汉洋

编　办

编办主任　石　根
编办副主任　贾晓军
事业单位法人登记管理局局长
　　　　石　根（兼）

中共郏县纪律检查委员会

书　记　王亚军（6月离）
　　　　宁和平（6月任）
副书记　何留中　梁雪棉
常　委　王中良　张国星
　　　　王彦峰
　　　　张建政（6月任）
办公室主任　张建政
县行政效能中心（县优化办主任）
　　　　王林浩（6月离）
案件审理室主任　周占芳
纠风办副主任　周　浩
控告申诉室主任　仝军教
党风廉政建设室主任　张营军
案件检查室主任　李　飞
纪检监察综合室主任　刘永辉
宣传教育室主任　丁延伟
县优化办副主任　张利权

郏县人大常务委员会

主　任　肖根胜
正县级干部　刘军培
副主任　边安生　王光洲
　　　　徐子生　王庆生
副县级干部　卢根强　李廷占

人大常委会工作机构

办公室
主　任　赫连岐山
法工委
主　任　马　瑞
教工委
主　任　程凯扬
财工委
主　任　张国利
副主任　靳朝晖
代表联络科
科　长　程海勇
人事任免科
科　长　阴孝志
副科长　雷建欣

郏县人民政府

县　长　张国晓
常务副县长　王宏希
正县级干部　李振华　邢延松
副县长　王长和（6月离）
张贯钊
王新晓（6月离）
李彩霞　谢中光
李　奎（10月离）
李雪斌（5月离）
李国英（10月任）
副县级干部　李廷义　康应振
李刚军

政府工作部门

县政府办公室

主　任　吴振华
副主任　陈延锋　王劲松
马云峰
秘书科科长　史召伟
综合科科长　崔国涛
信息科科长　范宗锋
行管科科长　仝红彬
保卫科科长　张国政
机要科科长　滕俊芳
目标办副主任　雷海军
侨办主任　陈　敏
副主任　李会娟
法制办主任　张书信
副主任　刘卫东　王建伟
无委办主任　刘俊晓

人防办（7月成立）

主　任　王劲松（兼）
副主任　黄　华

接待办

主　任　林彩霞
支部书记　李宽宏

民族局

局　长　虎东辉
副局长　赵彩霞

人事劳动和社会保障局

局　长　朱国宪
副局长　姚民跃　谢中良
纪委书记　郭松义
工会主席　冯占西
党委委员　姜辉亮　于万强
人才交流中心主任　边金贵
支部书记　张拥军
就业局局长　贺更生

科技局

局　长　卢天增
副局长　刘红生　崔建军
崔学志
纪检组长　刘国霞
党组成员　李冠军

审计局

局　长　牛广岭（1～9月）
副局长　高付军　王发彦
马建峰
纪检组长　张占伟
党组成员　刘国伟
经济责任审计局支部书记
付英杰

监察局

局　长　梁雪棉
副局长　李红慧
王林浩（6月任）
贾红举

县志办

主　任　秦红伟
副主任　黄梦龙　刘馥桂
魏环军（3月任）

档案局

局　长　程庭学
副局长　邢云亭
纪检组长　魏建国

发展和改革委员会

主　任　李益恒
副主任　刘群山　杜自俊
纪检组长　周俊生
党组成员　马国强
项目办主任　薄志魁

物价局

局　长　卢军锋
副局长　李玉萍　王国振
张建彬　张新旭
韩远锋
纪检组长　冀振乾

建设局

局　　长　张克民（6月离）
　　　　　杨晓峰（6月任）
副局长、总工程师　李全喜
副局长　郝俊杰
纪委书记　张新豪
工会主席　魏利民
党委委员　王玉和　卢锦辉
　　　　　张政军　赵军瑞
党委委员、自来水公司经理
　　　　　宋红昌
党委委员、房管局局长
　　　　　王青见
党委委员　张俊杰
自来水公司支部书记　李军伟

招商局

局　　长　李益恒
副局长　李亚非
党组成员　刘伟亚

环保局

局　　长　赵让华
副书记、副局长　刘广星
副局长　李俊甫
工会主席　李剑迎
党组成员　肖乾坤　张中乾

统计局

局　　长　陈延松
副书记、副局长　邢西坤
副局长　牛俊华　秦亚飞
纪检组长　姬宴会

公安局

党委书记　李捍卫
局　　长　宋宏州
副书记、副局长　闫保平
党委副书记、纪委书记
　　　　　董备战
副局长　秦中杰　周雯庆
　　　　　王树军　雷灿领
　　　　　王建郑
工会主席　张爱菊
交警大队队长、教导员
　　　　　彭志中
刑侦大队队长　王晓东
教导员　仝国斌

司法局

局　　长　曾俊周
副局长　李国钦　宋献岭
　　　　　张亮杰

民政局

局　　长　姜鹏亮
党组书记　赵俊杰
副局长　牛自然　康坤营
　　　　　王建华　吕建业
纪检组长　马召杰
工会主席　刘国峰

老促会

秘书长　李志洁

教育体育局

局　　长　张景豪
副书记、副局长　周军营
党委委员、县政府教育督导室
主　　任　侯书铭
副局长　张恩龙　王冠军
　　　　　王国营　冯宏坤
党委委员　王松昌　秦　岭
　　　　　闫付伟　周保平

一高

校　　长　张建业
副校长　徐国恩　谢留根
　　　　　韩　鉴　李少杰
党支部副书记　郭振华

二高

校　　长　李国恩

成人中专

校　　长　张宇飞

进修学校

校　　长　周保平

广播电视局

局　　长　李彦锋
总　　编　程光耀
副书记、副局长、
电视台台长　李志强
副局长　秦万阳
纪检组长　谷红普
党组成员　邢　洁
工会主席　张政杰

文化（旅游）局

局　　长　刘亚锋
副局长　柏国军　吴建军
党组成员　邢文辉

卫生局

局　长　周慧敏
副局长　郑建申　贾国利
　　　　　王江定
副书记、纪委书记　李平新

爱卫办

主　任　姬俊锋
副主任　姬小会

县医院

院　长　边安生（兼）
党总支书记、副院长　李亚辉
副院长　赵景远　韩少营
党总支部副书记　王银攀

县防疫站

党支部书记　崔利伟

中医院

院　长　林宪军

县第二人民医院

院　长　贾国印

县妇幼保健院

院长、党支部书记
周慧敏（兼）

人口和计划生育委员会

主　任　丁国杰
副书记、副主任　张俊杰
副主任　李中伟　王东方
工会主席　王俊忠
计生协会副会长　董胜利
计生协会副会长　王军利
党委委员　孔令琴　魏　磊
马晓娜　李　乐

新华书店

经　理　谢玉奇

农业综合开发扶贫办

主　任　张怀增
党组书记　刘立志
副主任　张朝钦　刘俊岭

林业局

局　长　王坤岭
副局长　田庆选　郭根全
刘银昌
党组成员　王　顺　刘德顺
林场场长　王　顺
森林公安局局长　王军芳
政　委　贾国旗

畜牧局

局　长　殷发军
副书记、副局长　刘新正
副局长　孔国民　张少学
孙金旗
党组成员　王自超

农业局

局　长　蒋建国
副局长　张哲峰　耿国闯
梁中田　王小燕
党委委员　周秋会　赵增强
轩中臣（3月任）
总农艺师　石桂层
农场场长　赵增强

农机局

局　长　魏龙锋
副局长　吕振明　叶军红
朱继军
纪检组长　杨建民
党组成员　任国强

水利局

局　长　王天申
副书记、纪检书记　宋国利
副书记　赵国平
副局长　王自民　朱志刚
李俊梅
党组成员　张国士（3月任）
南水北调办主任、移民局局长
龚　琳
恒压管理处主任　张建领
广阔渠管理处主任　郭利杰

工业和信息化局

局　长　吴军领
副局长　荆永灿　刘二平
王宁博

纪检组长　秦江伟（3月任）
党组成员　张笑昂

烟办室

主　任　冯利月
副主任　刘改军　张辰义
朱国军
纪检组长　武红伟
总农艺师　周素军
党组成员　王志勇　王进利

行政审批服务中心

主　任　刘月利
副主任　丁战峰　张春阳

财政局

局　长　姚景春
党组书记　张克民（6月离）
姚景春（6月任）
副局长　宋自恒　孙凤君
王书红（3月任）
纪检组长　张军强
工会主席　高春林
党组成员　秦国军
国库收付中心主任
孙凤君（3月离）
王书红（3月任）
农税局局长　郭欣营
非税收入管理局局长
王书红（3月离）

粮食局（粮油公司）

局长总经理　李保伟
党委副书记　魏凤君
党委副书记、纪委书记
范占松
副局长　连海昌　黄长江
党委委员、副总经理　周明生
副总经理　史玉灿
工会主席　张慧贞

市场中心
主　　任　李军峰
纪检组长　薛　辉

交通局
局　　长　李国标（6月离）
　　　　　魏国强（6月任）
副书记、副局长　周亚军
副 局 长　刘雪成　韩国敬
　　　　　周顺杰（3月任）
党委委员　朱新果　范廷俊
　　　　　王　伟
总工程师　冯泽华

公路局
局长、党总支书记
　　　　　周顺杰（3月离）
　　　　　王育新（3月任）

交通规费征稽所
所　　长　史留心
支部书记　李军营

煤炭局
局　　长　李文英
副 局 长　王群伟　雷晓廷
纪检组长　曹朝安
工会主席　刘超群

安监局
局　　长　王战芳
副书记、副局长　马　峰
纪检组长　邱新锋
党组成员　李春锋

商务局
局　　长　张顺岭
副 局 长　张朝霞　王书法
副书记、纪检书记　冯艳丽
党委委员　孙殿选

物资公司
总 经 理　张顺岭
副总经理　李国范

供销社
主　　任　马国伟
副 主 任　王会岭　王增涛
纪委书记　张和平
党委委员、工会主席　李振校

城市管理执法局
局　　长　杨晓峰（6月离）
　　　　　李枫朝（6月任）
副 书 记　李国庆（6月任）
副 局 长　李国庆　张自伟

政协郏县委员会

主　席　李拴勤
党组书记　王亚军（7月任）
党组副书记、副主席　黄学彬
副主席　唐国颖　张克民
　　　　薛国强
副县级干部　李爱涛　李国卿

县政协办公室
主　任　程建旗
副主任　徐军锋
机关事务服务中心
主　任　林金星
提案委员会
副主任　李　刚
经济科技委员会
主　任　李国锋
副主任　李亚峰
学习文史委员会
主　任　梁朝霞
文教卫生委员会
主　任　武书君

群团组织

县总工会
党组书记、主席　张怀昌
常务副主席　张亚菊
副主席　李松锋
女职工委员会主任　王小玲

共青团郏县委员会
书　记　华　剑
副书记　陈　超（3月任挂职1年）
党组成员、少工委主任
　　　　　白亚鸽

县妇女联合会
主　　席　史晓天
党组成员　姚红卫　杨凤霞

县科协
主　席　刘利国
副主席　陈国欣　王军红

县文联
主　　席　李国军
副 主 席　孔艳红　李国勇
纪检组长　时　伟

县残联
理 事 长　朱小民
副理事长　管广建
纪检组长　鲁建红

军事　法制

县人民武装部

第一书记　郑　理
部　　长　史保金（3月离）
　　　　　　张朝义（3月任）
政治委员　孙红旗（3月离）
　　　　　　杜　伟（3月任）
副部长兼军事科科长
　　　　　　杜　伟（3月离）
　　　　　　马　斌（4月任）
政工科科长　于海兵
后勤科科长　谢　杰

民兵训练基地

主　任　靳英杰

县公安消防大队

大队长　吴志全（11月离）
　　　　　周太江（11月任）
教导员　申铭铭

武警郏县中队

队　长　贺　林
指导员　陈冠宇

法院

院　长　杨　杰
副院长　李战国　王永生
　　　　　韩　晓
纪检组长　姬建民
政治处主任　闫向杰
工会主席　岳俊奇
党组成员　李亚鹏

检察院

检察长　徐遂根
副书记、副检察长　贾鲁伟
副检察长　韩振峰　杨保民
纪检组长　郭长庆
政治处主任　程丛锋
反贪污贿赂局局长　张恩俊
党组成员　雷亚举　周豪杰
　　　　　　许红亚
反贪污贿赂局副政委　齐国选
反渎职侵权局教导员　刘保磊
司法警察大队队长　石绍永

垂直系统

国土资源局

局　长　胡京伟
副书记、副局长　李军锋
副局长　王运奇　吕延民
　　　　　刘庆辽　黄建勋
　　　　　薛　尧
党委委员　李廷选
纪委书记　蔡长利

人行

行　　长　刘化冰
副 行 长　柴进岭　王锋杰
纪检组长　许军杰

银监办

主　任　常雪琴
副主任　李岗岭

农行

行　长　邓红卫（7月离）
　　　　　尹付海（7月任）
党委副书记、副行长　董子元
纪委书记、工会主席　董新伟
副行长　谢海峰
　　　　　邵士伟（12月任）

建行

行　长　徐亚洲（8月离）
　　　　　张洪杰（8月任）
副行长　谢光明　王仁君

农发行

行　长　王占亭
副行长　梁丽霞　侯国良
副经理　叶文义

工商行（11月成立）

行　长　李红全

广天村镇银行

行　长　蔡德志

国寿公司

经　理　王平凡
副经理　刘国同　刘俊强

财险公司

经　理　聂文军
副经理　邱朝辉　郭二亮
　　　　　郭阿超（6月任）

信用联社

理事长　时敬召
主　任　孔繁亭
监事长　唐应州
副主任　王运长　沈全峰

供电有限责任公司

总 经 理　董晓军
党委书记　王留山
副总经理　李军红（4月离）
　　　　　　贺进祥
　　　　　　杨天顺（4月离）
　　　　　　张改朝

谷红生（4月任）
赵国生（4月离）
纪委书记 康书旺（4月离）
马海军（4月任）
工会主席 徐明欣（4月离）
吴怀召（4月任）
总会计师 许军政

工商局

局　　长 马新颖
副 局 长 王峰艳　梁永明
雷　昌　梁水秀
丁进强（6月离）
纪检组长 梁永明（兼）

质量技术监督局

局　　长 崔汉乾
副 局 长 王云杰　王国伟
杨高峰
纪检组长 刘延伟
稽查队长 石新勇
检测中心主任 秦少杰

烟草专卖局（公司）

局长（经理） 张　旭
副书记 耿建国
副局长 李玉鑫
副经理 涂俊霞　郭松林

气象局

局　　长 袁文良
副 局 长 崔发庄
纪检组长 李献民

邮政局

局 长 王　伟
副局长 贾卫东　赵胜利
韩亚伟

邮政银行

行　长 马占平

联通公司

总 经 理 刘耀如
副总经理 陈红卫　邢小强
张晓闯
总经理助理 韩晓利

移动公司

经　理 刘延召
副经理 靳慧彬　王　丽

地税局

局　长 李栋梁
副局长 孙天岭　席　涛
赵宏义
纪检书记 樊海涛
党组成员 张志坡

国税局

局　长 王社伟
副局长 高灼平　张洪典
蔡松珍　吴晓明
纪检组长 朱东阳
稽查局局长 吕光阳
城区分局局长 秦拥军
渣园分局局长 张宏建
黄道分局局长 赵立新
安良分局局长 马向克

食品药品监督局

局　　长 吕春雨
副　局　长 刘建松
纪 检 组 长 王　利
稽查队队长 宋向宏

石油公司

经　　理 李长信
副　经　理 熊为民　武育红

盐业局

局　长 陈应钦（10月离）
王国强（10月任）
党组副书记 岳俊民
副 局 长 曾超峰　彭志豪
纪检组长 张军然
工会主席 雷更银

厂矿（企业）

郏县中联天广水泥有限公司

董事长 任振河
总经理 林金利

牧工贸

总经理、党委书记 朱志强

轻工业公司

经　　理 耿延民
副总经理 吕中华

煤炭运销总公司

经　　理 李永彬
副总经理 李盘营　李　勇

宇佳公司

董 事 长 罗炳运

三九公司

董 事 长 李克俭
副董事长、副总经理 王兴旺
工会主席 王相奎

银马磨料磨具有限公司

董 事 长 王建涛
党委书记 王国建

银马砂轮有限公司

董 事 长 李喜文
经　　理 曹　德

宝马公司

经　　理 马振箱

陶瓷公司

经　　理 孙怀义

景家洼煤业公司

董 事 长 马　耀

乡　镇（街道）

冢头镇

党委书记 李国英
副书记、镇长 张　毅
副书记、人大主席 宋建立
纪委书记 李建国
党委委员、副镇长 马军辉
党委委员、武装部部长 汪庆伟
党委委员、人大副主席 王红哲
副 镇 长 王占杰 李东锋 杨国杰
综治中心副主任 王利娟（3 月离）

长桥镇

党委书记 韩俊举
副书记、镇长 肖香红
副书记、人大主席 祁增芳
纪委书记 刘俊杰
党委委员、副镇长 张法志
党委委员、武装部长 张国士（3 月离）
朱卫党（3 月任）
党委委员、人大副主席 魏环军（3 月离）
刘志红（3 月任）
副 镇 长 郝建功 王红彬
工会主席 林向青
综治中心副主任 刘志红（3 月离）

王集乡

党委书记 张新奇
副书记、乡长 石建伟
副书记、人大主席 李晓红
副书记 李向锋（12 月任）
纪委书记 王进伟
党委委员、副乡长 李旭锋
党委委员、武装部部长 叶国敏
党委委员、人大副主席 田爱武
副 乡 长 林培乔 郭国举
综治中心副主任 秦江伟（3 月离）

龙山街道

党工委书记 翟民义
副 书 记 李　刚
纪委书记 高永伟
党工委委员、副主任 宋辉锋
党工委委员、武装部长 齐万献
党工委委员 赵亚非 杨少卿
副 主 任 李永胜 李同伟 卢艳华
工会主席 张军强
综治中心副主任 李红军

李口镇

党委书记 李伟庭
副书记、镇长 卢卫阳
副书记、人大主席 黄　鹏
纪委书记 史志杰
党委委员、副镇长 张春强
党委委员、武装部长 赵　恒
党委委员、人大副主席 丁选收
副 镇 长 王怀亮
工会主席 徐红兵
综治中心副主任 黄双岭

姚庄乡

党委书记 杨振锋
副书记、乡长 金武军
副书记、人大主席 赵占营
纪委书记 邵天玺
党委委员、副乡长 李红卫
党委委员、武装部长 轩中臣（3 月离）
丁永新（3 月任）
党委委员、人大副主席 丁永新（3 月离）
朱晓军（3 月任）
副 乡 长 赵利锋 雷　巍
综治中心副主任 林柯佳

堂街镇

党委书记 刘学增
副书记、镇长 张世杰
副书记、人大主席 李枫朝（6 月离）
王永刚（6 月任）
纪委书记 宋丁旭
党委委员、副镇长 张延杰
党委委员、武装部长 贾国法
党委委员、人大副主席 郭　玲
副 镇 长 付青转 吴红伟 王俊谦
工会主席 常茂钦
综治中心副主任 王晓辉

渣园乡

党委书记　李　洁
副书记、乡长　李政杰
副书记、人大主席　李宏旭
纪委书记　周合营
党委委员、副乡长　徐云龙
党委委员、武装部长
　　刘胜利（3月任）
党委委员、人大副主席
　　陈清杰
副 乡 长　赵富强　刘善甫
工会主席　薛玉敏
综治中心副主任　张建设

黄道镇

党委书记　王占奇
副书记、镇长　肖志举
副书记、人大主席　李朝亮
纪委书记　赵昊龙
党委委员、副镇长
　　雷效娟　（3月任）
党委委员、武装部长　魏全生
党委委员、人大副主席
　　冯松强（3月离）
　　史国杰（3月任）
副 镇 长　孙长明
　　冯松强（3月任）
工会主席　张显锋
综治中心副主任
　　史国杰（3月离）

广阔天地乡

党委书记　魏国强（6月离）
　　郭松伟（6月任）
副书记、乡长
　　郭松伟（6月离）
　　郭大敏（6月任）
副书记、人大主席
　　郭大敏（6月离）
　　张世卿（6月任）
纪委书记　谢德华
党委委员、副乡长
　　张世卿（6月离）
　　郭俊明（6月任）
党委委员、武装部长　李世晓
党委委员、人大副主席
　　郭俊明（6月离）
副 乡 长　刘俊乐　王转红

薛店镇

党委书记　李国锋
副书记、镇长　张广杰
副书记、人大主席　李红伟
纪委书记　赵志杰
党委委员、副镇长　许超杰
党委委员、武装部长　王晓军
党委委员、人大副主席
　　张雪霞（3月任）
副 镇 长　程皓洁　梁树伟
综治中心副主任　王路宏

安良镇

党委书记　杨　凯
副书记、镇长　赵志伟
副书记、人大主席　鲁延锋
纪委书记　雷红亮
党委委员、副镇长　孙全殿
党委委员、武装部长
　　王占奇（3月任）
　　刘胜利（3月离）
党委委员、人大副主席
　　雷　晓（3月任）
副 镇 长　柴全军　赵彦亭
工会主席　刘景伟
综治中心副主任　周亚鹏

白庙乡

党委书记　王团伟
副书记、乡长　王　伟
副书记、人大主席　胡军然
纪委书记　刘世杰
党委委员、副乡长
　　谢树锋　（3月任）
党委委员、武装部长　牛大纲
党委委员、人大副主席
　　李艳晗（3月任）
　　吴国要（3月离）
副 乡 长　吴清拴
　　吴国要（3月任）
工会主席　王晓锋
综治中心副主任　张帅栋

茨芭镇

党委书记　王红敏
副书记、镇长　李相法
副书记、人大主席　吕海樵
纪委书记　王小伟
党委委员、副镇长　刘国军
党委委员、武装部长　郑建涛
党委委员、人大副主席
　　杨晓宏（3月任）
副 镇 长　刘国军　惠怀欣
　　王铁军
工会主席　刘军营
综治中心副主任　刘小红

东城街道

党工委书记　徐国欣
办事处主任　于海锋
党工委副书记　张帅领
纪委书记　王公选
党工委委员、副主任　刘超杰
副主任　胡晓亮　杨国栋
工会主席　郭军锋

人 物

县领导简介

郑 理 男，汉族，1964年4月出生，河南省叶县人，研究生学历，中共党员。1986年2月参加工作。1986年2月至1987年12月，在平顶山市化纤厂工作；1987年12月至1989年12月，在平顶市信托投资公司任科长；1989年12月至1992年3月，在中共平顶山市委政研室任正科级研究员；1992年3月至1993年3月，任市郊区北渡乡党委副书记；1993年3月至1994年9月，任焦店乡党委副书记、乡长；1994年9月至1997年12月，任平顶山市信访局副局长；1997年12月至2002年2月，任中共郏县县委常委、政法委书记；2002年2月，任中共郏县县委副书记；2004年3月，任中共郏县县委副书记、代县长；2004年4月，任郏县人民政府县长；2009年4月任中共郏县县委书记；2011年12月调任平顶山市政府副市长，兼任郏县县委书记。

张国晓 男，汉族，河南省平顶山市人。1964年2月出生，1980年7月参加工作，1987年5月加入中国共产党。中国政法大学研究生、法学硕士。1980年7月至1986年3月在河南省公安厅侦察干部培训班学习，公安厅一处干部（期间：1983年9月至1986年郑州大学中文专业学习）；1986年3月至1994年8月在平顶山市公安局历任安全科科员、十科科员、副科长、科长；1994年8月至1997年12月任平顶山市防暴支队政委（期间于1997年1月至1997年12月兼卫东区公安分局党委书记、局长）；1997年12月至2003年3月任平顶山市新华区区委常委、政法委书记（期间于1994年1月至1998年4月在中国政法大学民法专业学习，获硕士学位)；2003年3月至2009年5月任平顶山市湛河区区委副书记；2009年6月任郏县县委副书记、县政府党组书记、代县长。2010年2月任郏县县委副书记、县政府党组书记、县长。

陈银山

男，1961年11月出生，汉族，浙江宁波人，1985年11月入党，1983年9月参加工作，毕业于平顶山师范学院（大专）中文系。1992年9月毕业于河南经济管理学院研究生班，硕士研究生。1980年9月至1983年9月在平顶山师范大专班学习；1983年9月至1984年9月在平顶山市教育局工作；1984年9月至1997年11月任平顶山市委宣传部副科长、调研室主任；1997年11月至2000年4月任平顶山市委宣传部副县级宣传员、外宣办主任；2000年4月至2003年3月任宝丰县委常委、宣传部长；2003年3月至2009年7月任宝丰县委常委、组织部长；2009年7月任中共郏县县委副书记。

肖根胜

男，汉族，1956年11月出生，河南省郏县人。中共党员，研究生学历，经济师。1974年12月参加工作，1974年12月至1983年12月，在铁道兵47团服役，历任战士、司务长、组织干事；1984年1月至1985年1月，在铁道部二十局二处组织科任主任干事；1985年2月至1991年12月，历任郏县政府办公室秘书、副主任兼侨办主任；1991年12月至1997年12月，任郏县安良镇党委书记；1997年12月至2004年7月，历任舞钢市政府副市长，市委常委、办公室主任，市委常委、市政府副市长；2004年7月至2006年5月，任汝州市委副书记、常务副市长；2006年5月，任郏县人大常委会党组书记；2007年4月任郏县第十三届人大常委会主任、党组副书记；2010年1月，任郏县人大常委会党组书记、主任；平顶山市八届人大代表。

李拴勤

男，汉族，1952年11月出生，河南省郏县人，大专学历，中共党员。1969年2月参加工作。1969年2月至1982年2月，在四川省军区服役；1982年2月至1995年2月，在郏县人民检察院工作，期间于1982年10月至1992年12月，任副检察长，1993年1月至1995年2月，任检察长；1995年2月至1996年3月，在郏县人民武装部任政委；1996年4月至1997年12月，在郏县人民政府任副县长；1997年12月，任中共郏县县委常委、县委办公室主任；2003年4月，任政协郏县第七届委员会党组书记、主席；2007年4月任政协郏县第八届委员会党组书记、主席。

陈书欣

男，汉族，生于1954年6月，大学学历，河南省郏县人。1972年参加工作，中共党员。1976年9月至1979年9月，在湖南冶金学院学习；1979年9月至1994年9月，在郏县供电局工作，先后任供电局办公室主任、副局长、局长、党委书记等职。期间，多次被国家电力部、省电力公司授予“先进工作者”；1994年9月至2002年2月，任郏县人民政府副县长；2002年2月，任中共郏县县委常委、政法委书记；2006年5月，任县（市）区长级干部。

王亚军

女，汉族，1956年9月出生，河南省襄城县人，大学学历，1974年4月参加工作，1975年7月入党。1974年4月至1977年12月，在光山县杨墩公社插队；恢复高考第一年考入潢川师范；1977年12月至1979年9月，在潢川师范文史班学习；1979年9月至1981年6

月，先后在光山县一小、一高任教；1981年6月至1989年6月，在光山县妇联工作，先后任秘书、副主任；期间于1985年7月至1987年9月，脱产带职在河南省委党校妇女干部大专班学习；1987年10月至1989年5月主持光山县妇联工作；1989年6月至1995年12月，在汝州市委组织部工作，先后任组织科长，正科级组织员；1995年12月至1997年12月，任汝州市庙下乡党委书记；期间于1995年8月至1997年12月，在中央党校经济管理专业学习，本科毕业。1997年12月至2003年3月，任郏县人民政府副县长；2003年3月，任中共郏县县委常委、宣传部部长；2006年5月，任中共郏县县委常委、县纪委书记；2011年7月任政协郏县委员会党组书记。

宁和平

男，汉族，1963年10月出生，湖北省钟祥市人，研究生学历。1983年7月漯河师范毕业，1987年6月加入中国共产党。1981年8月至1983年6月，在漯河师范学习，1983年7月至1984年6月，在鲁山县城关中学任教；1984年7月至1990年6月，在鲁山县财委工作，任办公室主任；1990年7月至1993年6月，任鲁山县梁洼镇副镇长、副书记；1993年7月至1994年8月，任鲁山县熊背乡副书记、乡长；1994年9月至1997年4月，在石龙区青石岭水泥厂工作，任筹建指挥部副指挥长、党委书记；期间于1994年8月至1996年12月，在中央党校函授本科经济管理专业学习；1997年5月至1998年11月，任石龙区计经委党组书记、主任；1998年12月至2003年2月，任石龙区政府党组成员、办公室主任；2003年3月，任郏县人民政府党组成员、副县长；2009年7月任中共郏县县委常委、统战部长；2011年6月任中共郏县县委常委、纪委书记。

郭国顺

男，汉族，1964年12月出生，河南省郏县人，大学学历，中共党员。1983年7月，毕业于许昌师专，1983年8月参加工作。1983年8月至1995年12月，历任郏县一高团委书记、县委宣传部干事、堂街镇党委副书记、镇长；1996年1月至2001年9月，任中共冢头镇党委书记；2001年9月，任中共郏县县委常委、统战部长。2004年12月，任政协郏县委员会党组副书记（兼）。是年，当选为市第五次党代会代表，市七届人大代表，市六届政协委员。期间先后被授予河南省“科普工作先进个人”、平顶山市“思想政治工作先进个人”、市“水利功臣”、“优秀党员”、“烟叶生产先进个人”等荣誉称号，1998年至2000年，连续三年被评为郏县标兵个人，2002年至2005年连续四年被评为全省统战宣传工作先进个人。2006年5月任中共郏县县委常委、县政法委书记；2009年7月任中共郏县县委常委、办公室主任。

林胜国

男，汉族，1968年3月出生，河南省鲁山县人，研究生学历，1994年8月加入中国共产党。1986年9月至1989年7月，在省商业高等专科学校学习；1989年7月至1992年12月，在市商业局商管科工作；1993年1月至1995年1月，负责市二商局体改办工作；1995年2月至1996年10月，借调至市政府办公室综合科从事文秘工作；1996年11月至1997年7月，任市糖烟酒公司副经理；1997年8月至2001年3月，在市政府工作；2001年3月至2004年7月，任卫东区政府副区长；2004年8月，任中共郏县县委常委、组织部长。期间于1995年9月至1998年2月，在中央党校函授班学习，获经济管理专业本科学历；2002年9月至2005年7月，在职读中国社科院财经研究所金融学研究生，并获取在职研究生学历资格；2011年6月调离。

张华琪

男，汉族，1965年5月出生，河南省新野县人。1991年5月加入中国共产党，大专学历。1984年7月参加工作。1984年7月至1990年1月，在平顶山市农委工作；1990年1月至1995年1月，在平顶山市政协农工委工作；1995年1月至1997年12月，任平顶山市政协办公室秘书科科长；1997年12月至2002年10月，任平顶山市政协调查研究室副主任；2002年10月至2006年5月，任平顶山市政协县市区政协工作委员会副主任；2006年5月，任中共郏县县委常委、宣传部部长；2011年6月，任中共郏县县委常委、组织部部长。

王宏希

男，汉族，河南省鲁山县人。1972年5月出生，1993年7月参加工作，1999年6月加入中国共产党。2007年6月毕业于中国地质大学，获经济学博士学位。1990年9月至1993年6月在平顶山市干校学习；1993年7月至1998年7月任平顶山市财政局科员；1998年8月至1999年5月任平顶山市财政局副主任科员（期间：1998年下派舞钢市锻炼任舞钢市财政局副局长）；1999年6月至2000年9月任平顶山市财政局主任科员；2000年10月至2003年3月任舞钢市财政局党组书记、局长；2003年3月至2006年5月任舞钢市副市长；2006年5月至2009年7月任舞钢市委常委、办公室主任（期间：2007年6月毕业于中国地质大学，获经济学博士学位）；2009年7月任郏县县委常委、常务副县长。

孙红旗

男，1966年7月生，河南省舞阳县人。1985年9月入伍，1988年7月加入中国共产党。大学学历，上校军衔。2000年12月，因工作成绩突出荣立三等功一次。1985年9月至1989年7月，在信阳陆军学院学习；1989年7月，任26集团军413团2营机枪连排长；1991年6月，任26集团军413团政治处宣传股副连职干事；1993年9月，任26集团军413团政治处宣传股正连职干事；1995年9月，任26集团军413团政治处组织股股长；1996年6月，任26集团军政治部组织处副营职干事；1998年12月，任26集团军政治部组织处正营职干事；2001年12月，任26集团军政治部组织处副团职干事；2003年6月，任郑州市管城回族区人民武装部副部长；2005年1月，兼军事科科长；2006年1月，任郑州警备区政治部副团职干事；2006年7月，任郏县人民武装部党委书记，政治委员；2007年3月任中共郏县县委常委。2011年3月调离。

李捍卫

男，河南郏县人，生于1969年9月，1993年10月加入中国共产党。1988年7月毕业于山东建筑材料工业学院，同年8月分配到郏县计划委员会工作。1991年12月至1996年1月任广天乡政府副乡长；1996年1月至1997年6月，任冢头镇党委副书记；1997年7月至2001年9月，任郏县煤炭工业局党总支书记、局长；2001年10月至2002年6月，任王集乡党委书记；2002年7月，任郏县人民政府副县长。期间于2002年7月至2005年7月受组织委派到新疆支边，任新疆拜城县委常委、副县长；2009年7月任中共郏县县委常委、县政法委书记，2009年12月兼任县公安局党委书记。

杜　伟

男，1968年8月出生，汉族，河南淮滨县人。1987年11月入伍，1990年7月加入中国共产党。大学学历，上校军衔。1995年2月、1997年2月、

1998年10月、2005年2月、2007年1月因工作突出，各荣立三等功一次。1989年9月至1992年6月在蚌埠坦克学院学习；1992年6月，任54647部队坦克四连排长；1993年4月，任54647部队军务股参谋；1995年2月，任54647部队坦克七连连长；1997年3月，任54647部队作训股参谋；1998年10月，任郏县人民武装部军事科参谋；2002年3月，任郏县人民武装部军事科长；2005年3月，任郏县人民武装部政工科长；2006年1月，任郏县人民武装部副部长兼军事科长；2011年3月，任郏县人民武装部党委书记、政治委员；2011年5月，任中共郏县县委常委。

张贯钊 男，汉族，1963年11月出生，河南省郏县人，本科学历，1980年7月参加工作，1985年5月加入中国共产党。1980年7月至1983年7月，在郏县堂街镇高中任教。1983年7月至2003年3月，先后在郏县堂街镇、李口乡、薛店镇、县粮食局、县政府办公室工作，历任堂街镇团委书记、党委秘书、李口乡副乡长、经联社主任、党委副书记、薛店镇镇长、党委书记、县粮食局局长、县政府办公室主任等职；2003年3月至2004年7月，在叶县人民政府工作，任副县长；2004年8月，任郏县人民政府党组成员、副县长。2011年6月任中共郏县县委常委、统战部长、县政府副县长。

何 卉 女，汉族，1979年11月出生，江苏盱眙人。1999年12月加入中国共产党，研究生学历。1996年9月至2000年7月，在天津财经学院会计系涉外审计专业学习；2000年7月至2002年11月，任平顶山湛河区轻工路办事处宣传干事（省委组织部选调生）；2002年11月至2009年4月，在平顶山市委组织部干部调配科工作；历任科员、副主任科员、副科长，正科级组织员；2009年4月至2011年6月任团市委副书记，党组成员；2011年6月，任中共郏县县委常委、宣传部长。

李振华 男，汉族，1966年12月出生，河南省叶县人，大学学历，1985年9月至1989年7月，在北京商学院计划统计系学习，1989年7月至1995年2月，在平顶山市财委企管科工作，1995年2月至1997年12月，在叶县经贸委工作，任经贸委副主任、政协叶县委员会副主席；1997年12月至2007年4月，任郏县人民政府副县长；2007年4月任正县级干部。

邢延松 男，汉族，1953年8月出生，河南省郏县人，大专学历，中共党员。平顶山市八届人大代表。1975年11月参加工作。1976年9月至1979年10月，在河南农学院学习；1979年10月至1981年9月，在新野县农机局工作；1981年9月至1983年11月，在郏县人事局工作；1983年12月至1984年12月，任白庙乡副乡长；1984年12月至1985年10月，任安良镇党委副书记、乡长；1985年10月至1992年1月，任安良镇党委书记；1992年1月至1993年1月，任白庙乡党委书记；1993年1月至1996年1月，任广天乡党委书记，1995年10月享受副县级待遇；1996年1月至1998年12月，任郏县人民政府县长助理；1998年12月至2001年1月，任县政府副县级调研员；2001年1月至2007年3月任郏县第十一届、十二届人大常委会副主任、党组成员；2007年4月任县政府党组成员、正县级干部。

刘军培 男，汉族，1957年8月出生，河南省郏县人。1975年8月参加工作，1978年10月加入中国共产党，大学学历。1975年8月至1976年4月在郏

县北张庄村学校任教；1976年4月至1981年12月在部队服役，历任战士、排长、指导员；1981年12月至1987年2月在县委组织部工作，1985年10月任郏县县委职工办副主任；1987年2月至1994年5月历任郏县姚庄乡党委书记、黄道乡党委书记、渣园乡党委书记；1994年5月至1997年12月任鲁山县委常委、组织部长（其间：1994－1996在中央党校经济管理专业学习）；1997年12月至2000年4月任鲁山县委副书记；2000年4月至2004年11月任市烟办室副主任；2004年11月至2008年11月任平顶山市物资集团总经理、党委书记；2008年11月任郏县人大常委会党组成员、正县级干部。

边安生 男，汉族，1952年12月出生，山东泰安市人，研究生学历，1975年8月参加工作，1992年11月，任郏县第一人民医院院长。1992年11月至1993年5月，任政协郏县委员会副主席；1994年4月，当选为政协平顶山市委员会委员；1995年1月～2007年4月任郏县第十届、第十一届、第十二届人大常委会副主任，河南省十一届人大代表；2007年4月任郏县第十三届人大常委会副主任。

王光洲 男，蒙古族，1952年8月出生，河南省淅川县人，中共党员，大学学历，经济师。1969年12月，在河南省邓县入伍，服役于汕头军分区后勤部，历任班长、仓库主任、助理员。期间于1978年9月至1981年6月在广州军区后勤部佛山教导队学习营房建设与管理专业。1981年11月至1984年5月，任共青团郏县委员会组织部长、副书记；1984年6月至1989年12月，任郏县人事劳动局副局长，期间于1985年7月至1987年7月，在中央民族学院行政管理专业进修；1989年12月至1998年2月，任郏县第七届、第八届县委委员，纪委委员、纪委常委、副书记。1998年3月～2007年4月任郏县第十一届、第十二届人大常委会副主任；2007年4月，任郏县第十三届人大常委会副主任、党组成员。

徐子生 男，汉族，1960年11月出生，河南省郏县人。中共党员，大学学历。1981年7月参加工作，1981年7月至1991年7月在长桥镇一中任教，1984年8月任副校长；1991年8月至1994年3月在郏县初中任副校长；1994年3月至2003年5月在郏县一高工作，历任副校长、校长、党支部书记；2003年5月至2007年3月任郏县政府党组成员、办公室主任；2007年4月任中共郏县第十三届人大常委会副主任、党组成员。

王庆生 男，汉族，1956年12月出生，河南省郏县人。1976年9月参加工作，1983年12月加入中国共产党，大专学历。1976年9月至1979年10月，在堂街镇任民师；1979年10月至1981年8月，在郏县师范学习；1981年8月至1984年3月，在县农技校工作；1984年4月至1986年9月，在县政府办公室工作；1986年10月至1989年12月，任姚庄回族乡副乡长；1989年12月至1993年1月，任堂街镇副镇长；1993年1月至1995年1月，任安良镇党委副书记、镇长；1995年1月至1997年8月，任长桥镇党委书记；1997年8月至1998年12月，任王集乡党委书记；1998年12月至2007年4月，任县水利局党组书记、局长；2007年4月任中共郏县第十三届人大常委会副主任、党组成员。

王长和 男，汉族，1961年10月出生，河南省宝丰县

人，1981年9月参加工作，1983年12月加入中国共产党，大专学历。1981年9月至1983年12月，在宝丰县农业局工作；1983年12月至1989年12月，在宝丰县张八桥镇工作，历任副镇长、副书记；1989年12月至1998年2月，在宝丰县杨庄镇工作，历任党委副书记、镇长兼铁道办主任、人大主席、党委书记；1998年2月至2003年2月，任宝丰县城关镇党委书记；2003年3月，任郏县人民政府党组成员、副县长；2011年6月调离。

王新晓 男，汉族，1977年4月出生，1998年7月加入中国共产党，博士学历，河南省舞钢市人。1999年9月至2002年4月，在西北工业大学信息与处理专业读硕士，任航海学院99级硕士班党支部书记，院学生会主席。2002年9月至2004年12月，在西北工业大学信息与处理专业读博士，任航海学院研究生助理管理干部，博士生班班长。2005年1月~2007年4月，任郏县人民政府党组成员、副县长，2007年4月任郏县人民政府党组成员、县长助理；2009年8月任郏县人民政府党组成员、副县长；2011年6月调离。

李彩霞 女，汉族，1957年4月生，河南省长垣县人，非党人士。1974年高中毕业，1974年下乡插队，1977年参加工作。2004年12月被河南省民营科技促进会聘为高级经济师，2007年，西南财经学院毕业，获本科学历，先后在郏县茨芭乡信用社任信贷员、出纳，1985年调县联社任出纳、财务会计；1987年，当选为郏县第八届人大代表；1988年，被聘为联社助理会计师；1989年，当选为平顶山市第五届人大代表；1992年，任联社营业部主任；1998年12月，当选为郏县联社监事长，1993年9月，被农行聘为会计师；1993年，当选为郏县第十届人大代表；1993年在河南省财经学院学习，获大专学历；同年被聘用为国家干部；1994年，当选为平顶山市第六届人大代表；1995年3月，当选为平顶山市青联委员；1996年9月至10月，参加市委党校举办的党外人士培训班学习；1998~2002年当选为平顶山市政协第五届、六届委员会委员、常委；1998年9月至2000年6月，在河南省金融管理干部学院学习，期间于1998年11月至12月，参加中央社会主义学院党外人士培训；1998年12月，参加中共河南省委党校第十期女领导干部培训；1995年2月~2007年4月任政协郏县第五、六、七届委员会副主席；2007年4月，当选为政协郏县第八届委员会副主席；2009年7月任郏县人民政府副县长。

谢中光 男，汉族，1968年10月生，河南郏县人，研究生学历，1987年7月参加工作，1990年7月入党，1984年8月至1987年6月在襄城师范学习；1987年7月至1988年8月在王集乡中任教；1988年9月至1990年4月在县教育局工作；1990年5月至2007年6月在县委组织部工作（1994年9月任干部科长；1998年7月任副部长）；1988年9月至1991年6月在郑州大学汉语言文学文秘专业函授学习；1994年8月至1997年9月在省高等教育自学考试汉语言文学学习；2000年9月至2002年9月在北京大学研究生院行政管理学院学习。2007年8月，任中共郏县县委群工部部长；2009年8月任郏县人民政府党组成员、副县长。

李 奎 男，汉族，1963年4月出生，农学博士，1992年12月加入中国共产党，1985年7月参加工作，河南省卫辉市人。1980年9月至1985年7

月在华中农业大学兽医专业五年制本科学习；1985年7月至今在河南农业大学牧医工程学院工作，历任助教、讲师、副教授。期间：2004年9月至2007年6月在甘肃农业大学基础兽医专业攻读博士学位。2001年4月至2009年3月任牧医工程学院动物基础科学系副主任、实验室主任。2007年12月任河南农业大学动物科学实验教学中心副主任。2009年4月任牧医工程学院实验中心党支部书记；2009年10月任郏县人民政府党组成员、副县长，2011年10月调离。

李雪斌

男，汉族，1968年10月出生，1988年11月入党，1990年7月参加工作，黑龙江省通河县人，1990年7月至2000年10月任吉林省委党校人事处干部、讲师，函授学院研究生办公室主任。2000年10月至2001年8月任吉林省委党校函授学院副院长。2001年8月至2003年8月任审计署长春特派办办公室副处级干部、办公室副主任、人事教育处副处长兼机关党委专职副书记。2003年8月至2007年10月任审计署长春特派办人事教育处处长兼机关党委专职副书记。2007年8月至2009年10月任审计署长春特派办办公室主任；2009年10月任郏县人民政府党组成员、副县长，2011年5月调离。

李国英

男，汉族，中共党员，1962年11月出生，大学本科学历，河南省郏县人。1986年7月毕业于许昌师专中文系；1986年6月加入中国共产党；1986年8月至1989年9月在郏县一高任教；1989年9月至1990年6月在县委党校工作；1990年6月至1993年1月在县纪委工作，任审理室副主任；1993年1月至2001年1月在茨芭乡工作，先后任党委秘书、副乡长、副书记职务；2001年1月调冢头镇工作，先后任镇长、党委书记。2010年7月明确为副县级领导干部；2011年10月任郏县人民政府副县长。

史保金

男，汉族，1964年5月出生，1983年4月入党，1980年11月入伍，大学文化，上校军衔，河南濮阳县人。先后三次荣立三等功。1980年11月至1988年10月在高炮71师、河南省军区服役；1988年10月至1998年6月任河南省军区警卫连正连职司务长；1998年6月至1998年12月任河南省军区通信站副站长（副营职）；1998年12月至2001年6月任河南陆军预备役高炮师后勤部财务副营、正营职助理员；2003年1月至2003年6月任河南陆军预备役高炮师后勤部军需科科长；2005年1月至2007年1月任预备役高炮师后勤部财务科科长；2007年2月任河南省郏县人武部部长。2011年3月调离。

张朝义

男，汉族，1973年3月出生，安徽泗县人。1990年12月入伍，1993年8月加入中国共产党。大学学历，上校军衔。2004年12月，因工作成绩突出荣立二等功一次，1993年12月、1996年12月、1999年12月、2008年12月，因工作成绩突出各立三等功一次。1994年9月至12月，在济南陆军学院学习；1994年12月，任20集团军坦克11师装步团警侦连排长；1997年3月，任20集团军坦克11师装步团警侦连副连长；1998年1月，任20集团军坦克11师装步团警侦连连长；1998年9月，任20集团军坦克11师42团装甲步兵二连连长；1999年1月，任54集团军坦克11师42团装甲步兵二连连长；2000年1月，任54集团军装甲11师教导队副队长；2001年3月，任54集团军装甲11师侦察营副营长；2002年2月，任54集团军装甲11师侦察营营长；2002年3月，国防部任命援外军事专家组组长，在汤加王国执行军事援外任务；2003年7月，任54集团军装甲11师侦察科参谋；2005年2月，任54集团军装甲11师侦察科科长；2009年1月，任河南省商丘军分区柘城县人武部副部长；2011年3月，任河南省郏县人民武装部部长。

黄学彬 男，汉族，1954年10月出生，河南省郏县人，本科学历，1973年2月加入中国共产党。1973年1月至1975年8月，在郏县商业局工作；1975年9月至1984年5月，在县供销社工作；1984年6月至1997年2月，在县政府办公室工作，历任副主任、主任；期间于1993年8月至1995年12月，在中央党校经济管理专业函授班学习；1997年12月至2007年4月任政协郏县第六、七届委员会副主席；2007年4月任政协郏县第八届委员会副主席、党组副书记。

唐国颖 男，汉族，河南省郏县人，1960年11月生，1978年参加工作，1990年11月入党，本科学历。1978年7月至1980年7月，在李口乡任民师；1980年8月至1982年7月，在漯河师范学校学习；1982年8月至1983年7月，在郏县西街学校任教；1983年8月至1985年7月，在许昌师专学习；1985年7月至1987年6月，在县二高任教；1987年7月至1988年9月，在县教体局工作；1988年10月至1996年1月，在县政府办公室工作，历任县政府办公室综合科科长、副主任；1996年1月至1998年5月，任冢头镇党委副书记、镇长；1998年5月至2000年1月，任城关镇党委副书记、镇长；2000年1月至2004年8月，任城关镇党委书记；2004年8月，当选政协郏县第七届委员会副主席。期间于2001年至2003年，在职读中央党校法律本科函授班，获本科毕业证书。2003年4月，当选为第十届县委委员，2004年4月，当选为平顶山市第八届人大代表；2007年4月任政协郏县第八届委员会副主席、党组成员。

张克民 男，汉族，中共党员，1963年10月出生，河南省郏县人，大学学历。1983年7月许昌师专数学系毕业，任教于郏县一高；1985年5月加入中国共产党；1987年8月在郏县教育局工作；1988年6月在郏县王集乡工作，任团委书记；1989年11月在县委办公室工作；1991年1月在县委组织部工作，曾任组织科科长；1994年5月在王集乡工作，历任乡长、党委书记职务；1998年5月任郏县计划委员会党组书记、主任；2000年5月任长桥镇党委书记；2003年5月至2009年10月，任郏县财政局党组书记、局长；2006年11月任郏县政协党组成员。2007年4月任政协郏县第八届委员会副主席、党组成员；2009年10月至2011年6月兼任县财政局党组书记、县建设局党委书记、局长。

薛国强 男，汉族，1957年6月出生，河南省郏县人。大专学历，非党人士，1975年3月参加工作。1991年8月至1993年7月，在洛阳工学院函授班学习；1975年3月至1979年12月，在郏县磷肥厂工作；1979年12月至1995年6月，在郏县景家洼煤矿工作；1990年6月，任郏县建安公司经理；1998年，当选郏县第六届政协常委；2001年11月，任郏县工商联合会主席；2003年4月至2007年4月任政协郏县第七届委员会副主席；2003年，当选市第六届政协常委；2007年4月任郏县政协副县级领导干部；2008年2月任市工商联副主席；2009

年10月任政协郏县委员会副主席。

杨 杰 男，1964年8月出生，汉族，河南南阳人，中共党员，大学本科文化，法学学士，四级高级法官。1988年6月毕业于郑州大学法律系，同年被分配到平顶山市中级人民法院工作。历任助理审判员、审判员、法制宣传科副科长、办公室副主任兼法制宣传科科长、政治部副主任兼宣教科科长、政治部副主任；2007年3月调任郏县人民法院党组书记、代院长；2007年4月任郏县人民法院党组书记、院长。

徐遂根 男，汉族，生于1965年2月。1983年9月至1986年7月，在平顶山师专学习；1986年7月至1988年6月，在市第五中学任教；1988年6月至1995年4月，任卫东区司法局干部、副局长；1995年4月至2002年9月，任卫东区检察院副检察长（期间：1996年7月在中央党校经济管理专业函授本科学习；2001年7月至2002年9月，在市检察院反贪污局挂职锻炼任副局长，2001年4月为正科级）；2002年9月至2003年8月，任市检察院反贪污贿赂局副局长；2003年8月至2005年10月，任市检察院反渎职侵权处处长；2005年10月至2008年11月，任市检察院副县级检查员、反渎职侵权局政委；2008年11月至2010年12月，任市检察院专职检察委员会委员；2010年12月任郏县检察院党组书记、检察长。

张怀昌 男，汉族，中共党员，本科学历，1959年9月出生，河南省郏县人，1975年参加工作。1983年8月至1984年6月，在茨芭乡工作，任乡团委书记、乡党委秘书；1984年6月至1985年12月，任团县委副书记；1985年12月至1990年12月，分别任堂街乡副乡长、茨芭乡副书记、渣园乡副书记；1990年12月至1992年12月，任中共郏县县委党校常务副校长；1992年12月至1998年4月任茨芭乡党委书记；1998年4月至2000年5月，任县政府党组成员、办公室主任；2000年5月至2003年2月，在国土资源局工作，任县委委员、政府党组成员、县长助理、国土资源局党委书记、局长；2003年3月，任郏县总工会党组书记、主席。

张 磊 男，汉族，1969年12月生，城关镇人，中共党员，北大行政管理研究生毕业，1986年7月参加工作。1986年7月至1987年1月在漯河市五一路小学教学；1987年1月至1988年5月在县人劳局工作；1988年5月至1996年1月在渣园乡工作，历任团委书记、行政秘书、党委秘书、党委副书记；1996年1月至2001年10月在安良镇工作，历任党委副书记、镇长；2001年10月至2003年4月在城关镇工作，任党委副书记、镇长；2003年5月至2009年8月在薛店镇工作，任党委书记；2009年6月明确为副县级干部；2009年8月任县信访局党组书记、局长；2010年12月任县委群工部部长、县政府党组成员。

李廷义 男，汉族，1966年12月出生，河南省郏县人，1982年7月至1985年7月在郏县一高学习，1985年8月至1987年7月在周口农校学习，期间加入中国共产党。1987年8月参加工作。1987年8月至1988年12月，任广天乡团委书记，1989年1月至1995年4月在郏县团委工作，历任少工委主任、副书记，期间在省委党校法律专业就读，获本科文凭。1995年5月至

1995年12月，任黄道乡党委副书记；1996年1月至1996年11月，任王集乡党委副书记；1996年12月至2000年4月，任黄道乡党委副书记、乡长；2000年5月任黄道乡党委书记，2006年5月，明确为副县级干部；2009年10月任县政府党组成员。

朱国宪

男，汉族，1963年4月出生，河南省郏县人，本科学历，中共党员。1981年7月至1985年10月，在教育系统工作，期间曾任县教育局办公室主任；1985年10月至1986年9月，任王集乡党委秘书；1986年9月至1988年12月，在县委组织部任干事；1989年1月至1993年7月，任县老干局副局长；1993年7月至1997年4月，任县老干局局长；1997年4月至2000年5月任县委组织部副部长兼县老干部局局长；2000年5月，任中共安良镇党委书记；2006年5月，明确为副县级干部；2009年8月任县人事劳动和社会保障局党委书记、局长。

康应振

男，汉族，1963年1月出生，河南省郏县人，本科学历，1981年9月参加工作，1986年12月入党。1979年9月至1981年8月，在郑州水利学校学习；1981年9月至1990年6月，在郏县水利局工作；1990年7月至2000年5月，在茨芭乡政府工作，历任副乡长、副书记、乡长等职；2000年5月，任中共堂街镇党委书记。期间于2001～2004年在省委党校法律本科专业学习。2006年5月，明确为副县级干部；2007年5月至2010年12月任郏县人民政府党组成员、县长助理；2010年12月任县政府党组成员、副县级干部。

卢根强

男，汉族，1963年出生，河南省郏县人，大专学历，中共党员，1985年7月参加工作。1982年9月至1985年7月在许昌师专外语系学习，1985年7月至1988年8月留校任教，其中1986年8月任外语系团总支书记（副科级）；1988年8月至1993年6月，在郏县团县委工作，历任办公室主任（副科级）、副书记；1993年6月至1996年5月，任茨芭乡副乡长；1996年5月至1998年10月，任宣传部副部长（正科级）；1998年10月至2001年9月，任白庙乡党委副书记、乡长；2001年10月任白庙乡党委书记，2007年1月，明确为副县级干部；2009年8月任东城区办事处筹建办党工委书记；2010年9月任郏县人大常委会党组成员。

丁国杰

男，汉族，河南省平顶山市宝丰县人，1971年10月出生，1990年参加工作，1992年3月加入中国共产党，研究生学历。1990年9月至1994年1月在郏县纪检委工作。1994年1月至1998年12月任安良镇党委副书记。1998年12月至2000年5月任郏县党校支部书记、副校长。2000年5月至2009年7月历任王集乡乡长、党委书记；2009年6月明确为副县级干部，调任县人口和计生委党委书记、主任。

宋宏州

男，汉族，1969年11月出生，本科学历，1986年11月参加工作，1988年8月加入中国共产党，一级警督。1986年11月至1993年9月在武警河南总队服役；1993年9月至1997年1月在平顶山市公安局防暴支队工作；1997年1月至2000年1月在平顶山市公安局巡特警支队工作；2000年1月至2003年5月任平顶山市公安局巡特警支队副支队长；2003年5月至2006年2月任鲁山县公安局党委书记、局长；2006年

2月至2009年12月任平顶山市公安局巡特警支队政委；2009年12月任郏县政府党组成员、郏县公安局党委委员、党委副书记、局长。

王天申 男，汉族，中共党员，1963年6月出生，郏县堂街人。本科学历，经济师职称。1980年至1982年8月在许昌卫校学习（中专毕业）；1982年9月至1990年11月在郏县人民医院工作（其中1985年10月至1988年7月在开封医专学习，大专毕业）；1990年12月至1991年11月在郏县卫生局工作；1991年12月至1994年1月在郏县安良镇人民政府工作，任副镇长；1994年2月至1998年6月在郏县制药厂筹建办公室工作，任副主任；1998年7月至2000年4月在郏县人大工作，任人大财工委主任（其中，1997年10月至1999年12月在中央党校函授班学习，本科毕业）；2000年5月至2003年4月任渣园乡乡长；2003年5月任长桥镇党委书记；2009年6月明确为副县级干部；2009年8月任县水利局党委书记、局长。

王占奇 男，汉族，1964年12月出生，郏县冢头镇人，1981年8月至1983年7月，在漯河师范学习；1983年8月至1987年11月在郏县二高工作，任校团委书记，于1985年7月加入中国共产党；1987年11月至1995年12月，在茨芭乡政府工作，历任乡团委书记、党委秘书、副乡长，期间参加北京大学中文大专班学习，获大专文凭；1995年12月至2000年5月任郏县计生委党组成员、副主任，期间在郑州大学经济管理专业就读，获本科文凭；2000年5月至2009年8月，任黄道乡党委副书记、乡长，2009年6月，明确为副县级干部；2009年8月任黄道镇党委书记。

李刚军 男，回族，1961年出生，河南郏县人，中共党员。1980年10月至1984年10月在部队服役；1984年10月至1985年10月待业；1985年10月至1986年9月在薛店镇政府工作；1986年9月至1998年12月在渣园乡政府工作，期间1994年11月任乡武装部长，1995年12月任副乡长；1998年12月至2000年8月任姚庄回族乡党委副书记、副乡长；2000年8月至2006年3月任姚庄回族乡党委副书记、乡长；2006年3月至2009年8月任姚庄回族乡党委书记；2009年6月明确为副县级干部，2009年8月任县政府党组成员。

李爱涛 男，汉族，郏县王集乡人，1967年10月出生，1986年7月参加工作，中共党员，大学本科文化程度。1986年7月毕业于襄城师范，1986年9月至1988年12月在县西街学校任教；1988年12月至1990年3月在县教育局工作；1990年3月至2004年8月在县委办公室工作，历任县委办公室秘书科长、机要局长、县委办公室副主任职务。工作期间于1992年7月至1995年7月在南开大学行政管理专业学习，1996年7月至1998年10月在中央党校经济管理本科班学习；2004年8月至2010年9月任渣园乡党委书记，2010年7月明确为副县级干部，2010年9月任县政协党组成员。

李廷占 男，汉族，1966年10月出生，郏县安良镇人，本科学历，中共党员，1984年7月参加工作。1984年7月至1991年12月在郏县农业局工作；1992年元月至1997年元月任郏县堂街镇政府副镇长；1997年2月至2000年5月任郏县冢头镇党委

副书记；2000年5月至2002年8月任郏县李口乡党委副书记、乡长；2002年9月至2010年12月任郏县李口乡党委书记；2010年7月明确为副县级领导干部，2010年12月任郏县人大常委会党组成员。

李国卿

男，汉族，1964年11月出生，中共党员，本科学历，1987年参加工作。1992年12月至1998年12月在郏县李口乡政府工作，先后任副乡长、党委副书记；1998年12月至2001年9月在郏县建设局工作，任副局长兼房管局局长；2001年10月至2003年5月在郏县薛店镇政府工作，任党委副书记、镇长；2003年5月调入城关镇政府工作，任党委副书记、镇长，2004年8月任城关镇党委书记，2010年7月明确为副县级干部，2010年9月任县政协党组成员。

魏国强

男，汉族，郏县茨芭人，1968年10月20日生，毕业于郑州牧专，本科文化，1989年参加工作，1993年2月加入中国共产党，1988年7月毕业于郑州牧专；1989年至1991年1月在县农委工作；1991年1月至1996年2月在县人大办公室工作，历任秘书、副主任；1996年2月至1998年12月在堂街镇党委工作，任党委副书记；1998年12月至2001年9月在县政府办公室工作，任副主任；2001年10月至2004年11月在广阔天地乡政府工作，任乡党委副书记、乡长；2004年11月至2005年12月任广阔天地乡党委书记、乡长，2006年1月任广阔天地乡党委书记，2010年7月明确为副县级干部；2011年5月任县交通局党委书记、局长。

黄运宏

男，汉族，1970年11月出生，河南省郏县人，大学学历，中共党员，1989年7月，毕业于洛阳林校；1989年7月至1993年12月，在县林业局工作；1993年12月至1996年1月先后在县委党史委、县委组织部工作；1996年1月至2001年9月在姚庄回族乡政府工作，历任党委委员、党办主任，党委副书记、纪委书记；2001年9月至2007年5月任白庙乡党委副书记、委员、乡长；2007年5月至今，任县委组织部副部长，2008年7月至2010年11月到“5·12”地震重灾区——四川省江油市参加对口援建，挂职江油市大康镇党委副书记，2010年11月明确为副县级干部。

郏县籍在外人员部分简介

荆建刚

男，汉族，1966年9月出生，河南省郏县人，研究生学历，博士学位。1990年6月参加工作，1987年7月加入中国共产党，河南省郏县人。1983年9月至1990年6月，在西安交通大学学习，研究生毕业；1990年6月至1993年9月在平顶山市经贸委工作；1993年9月至1996年7月在西安交通大学读博士研究生，1996年7月任平顶山市经贸委主任助理（正科级）；1997年9月任平顶山市经贸委副主任；1998年9月任平顶山市经贸委党组成员、副主任；2002年1月任平顶山市经贸委党组副书记、副主任（正县级）；2002年10月任平顶山市城市规划局党组书记、局长；2005年11月任鲁山县委副书记、县长；2008年10月任中共鲁山县委书记。

李大伟

嵩县人民政府县长，1967年12月出生，河南省郏县人，博士研究生。1987年8月，在平顶山市郏县团县委工作；

1989 年 1 月，在郏县县委组织部工作，先后任干事、副科级组织员；1993 年 6 月，任平顶山市委组织部办公室副主任、正科级组织员；2001 年 3 月，任叶县人民政府副县长（公开选拔）；2003 年 3 月，任平顶山市宝丰县委常委、常务副县长；2006 年 2 月，任平顶山市旅游局党组书记、局长；2007 年 1 月，当选为平顶山市市委候补委员；2009 年 5 月，任叶县县委副书记、人民政府县长；2009 年 6 月，任嵩县县委副书记、人民政府县长。2006 年 3 月，被华北水电学院聘为兼职教授；2007 年 4 月，被河南教育学院聘为兼职教授；2008 年 5 月，在中国科学院地理科学与资源研究所做博士后研究工作，任北京博士后联谊会常务理事长、中科院博士后联谊会理事长。

1995 年 11 月，获河南省委组织部授予的“党内统计工作先进个人”称号；2003 年 12 月，获河南省人民政府授予的“河南省科学技术进步奖二等奖”；2003 年 12 月，获河南省国土资源厅科技奖励委员会授予的“河南省国土资源科技进步三等奖”；2005 年 7 月，获国务院第一次全国经济普查领导小组授予的“国家级先进个人”称号；2007 年 4 月，被平顶山市委、市政府记事创建中国优秀旅游城市工作“个人二等功”。

2010 年 12 月 6 到 10 日，受联合国世界气候组织的邀请，李大伟作为中国唯一的县级政府代表以观察员的身份到墨西哥坎昆参加第十六届联合国气候变化大会，并在中国日城市高层论坛做了《洛阳嵩县发展低碳经济的探索与思考》主题发言。

王东亮

男，汉族，1966 年 11 月出生，河南省郏县人，在职研究生。1989 年 4 月加入中国共产党，1989 年 7 月参加工作。1982 年 9 月至 1985 年 7 月在河南省郏县第一高级中学学习；1985 年 8 月至 1989 年 7 月在郑州大学中文系汉语言文学专业学习；1989 年 7 至月 1990 年 9 月在郑州市生产资料公司工作；1990 年 9 月至 1991 年 11 月任郑州市尖岗水库管理处办公室副主任；1991 年 11 月至 1993 年 8 月任郑州市尖岗水库管理处办公室主任；1993 年 8 月至 1995 年 2 月任郑州市尖岗水库管理处副主任；1995 年 2 月至 1999 年 8 月任郑州市尖岗水库管理处主任、党支部书记；1999 年 8 月至 2002 年 10 月任中牟县人民政府副县长（期间：1998 年 9 月至 2001 年 7 月在中央党校经济管理专业在职研究生班学习）；2002 年 10 月至 2003 年 12 月任中牟县委常委、县委办公室主任；2003 年 12 月至 2005 年 9 月任新郑市委常委、组织部长；2005 年 9 月至 2006 年 4 月任新郑市委副书记；2006 年 4 月至 2009 年 3 月任郑州市委组织部正县级组织员，市人才工作领导小组办公室主任；2009 年 3 月至 2009 年 5 月任中共中原区委副书记、代区长；2009 年 5 月任中共中原区委副书记、区长。

李高岭

男，汉族，1963 年 6 月生，河南省郏县人。1979 年 7 月参加工作，1983 年 7 月加入中国共产党，中央党校经济管理专业毕业，本科学历。1979 年 7 月至 1986 年 9 月在部队服役；1986 年 10 月任县级信阳市双井乡团委书记、党委秘书；1990 年 1 月至 1999 年 5 月先后任团地委干部、宣传部副部长、部长；1999 年 5 月任信阳市委党校党委委员、纪委书记；2000 年 2 月任浉河区委常委、组织部长；2003 年 9 月任固始县委副书记；2006 年 5 月任平桥区委常委、纪委书记；2007 年 7 月任商城县委副书记、代县长；2008 年 3 月任商城县委副书记、县长；2011 年 6 月任商城县委书记。

张恩河

男，汉族，1962 年 9 月出生，河南省郏县人，1983 年 7 月参加工作，1985 年 9 月加入中国共产党，本科学历。1983 年 7 月至 1987 年 9 月，任郏县农牧局、县委办公室干部；1987年9月至1993年8月，任郏县县委组织部干事、干部科科长；1993年8月至1997年12月，任郏县县委组织部副部长；1997年12月至2003年3月，任叶县县委常委、组织部长；2003年3月至2009年5月，任叶县县委副书记；2009年5月至2010年1月，任湛河区区委副书记、区政府代区长；2010年2月，任湛河区区委副书记、区政府区长。

王全军

男，汉族，1963年4月出生，河南省郏县人，1984年7月参加工作，1986年6月加入中国共产党。1980年9月至1984年7月在河南大学政治系政治专业学习；1984年7月至1988年4月在洛阳市第三师范学校工作任团委书记；1988年4月至1989年5月在洛阳市郊区工会、体改委工作；1989年5月至1990年9月任洛阳市郊区团委副书记；1990年9月至1997年1月任洛阳市郊区团委书记；1997年1月至1998年4月任洛阳市郊区辛店镇党委书记；1998年4月至2001年10月任洛阳市郊区、洛龙区民政局局长（期间：1999年3月至2001年3河南大学在职研究生马克思主义哲学专业学习）；2001年10月至2003年3月任河南省洛宁县政府副县长；2003年3月至2007年3月任中共河南省洛宁县委常委、办公室主任；2007年3月至2009年8月任中共河南省洛宁县委常委，县政府副县长；2009年8月2011年5月任中共河南省洛宁县委副书记；2011年5月至2011年12月任中共河南省洛宁县委副书记、宣传部部长；2011年12月任洛阳新区工委委员，中共洛阳市洛龙区委委员、常委，洛阳经济开发区管委会主任、工委副书记。

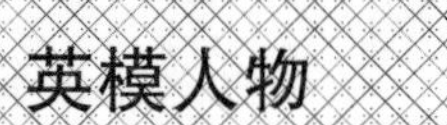

英模人物

王亚军

全国纪检监察先进工作者（简介见34页）。

马俊欣

男，汉族，1965年9月出生，河南省郏县人，本科学历，中共党员，任郏县人民检察院副科级检察员，四级高级检察官。1983年，马俊欣以郏县文科第一名的优异成绩考入山东大学法律系，临近大学毕业时，在一次体育训练中不慎从双杠上摔落，造成颈椎骨折，虽经抢救保住了性命，但落下了终生残疾。经过医治和顽强锻炼，仅能靠感觉迟钝的右侧身体带动完全无知觉的左侧身体行动。1987年大学毕业分配到郏县人民检察院，先后在反贪局、办公室、政治处、研究室、业务监管中心等部门工作。从检25年来，马俊欣同志克服常人难以想象的困难，身残志坚、自强不息，牢记立检为公、执法为民的宗旨，忠诚履职，爱岗敬业，任劳任怨，尽职尽责，知足感恩，无私奉献，在平凡的岗位上做出了不平凡的业绩。

2011年马俊欣先进事迹，以报告团形式先后在郏县及其他县区举行报告会15场，并应邀在河南省人民检察院机关和山东大学举行了专场报告会。2011年12月9日，平顶山市委、市政府组织召开了由市委各部委、市直机关各单位、各人民团体副县级以上干部，及各县（市、区）四大班子成员、政法系统各单位主要负责同志等1600余人参加的专场报告会，市委书记赵顷霖在会上做重要讲话，在社会上引起强烈反响。

从2011年7月开始，《平顶山日报》、平顶山电视台在重要位置、重要时间对马俊欣事迹连续报道两个月；《河南法制报》跟踪报道30次；《河南日报》、河南电视台、《光明日报》分别予以关注；《人民网》、《新华网》、《中国共产党新闻网》等门户网站纷纷进行转载，相关网页多达4万余条；以马俊欣典型事迹为主题的报告文学《生命的赞歌》获国家级三等奖。

中央政法委、最高人民检察院、人力资源和社会保障部有关领导，河南省委政法委两任书记，河南省人民检察院党组书记、检察长蔡宁，市委书记赵顷霖，市人大、市政府、市政协、市委组织部、市委宣传部、政法委及县四大班子等都到县检察院看望慰问马俊欣并指导工作。

中共中央政治局常委、中央政法委书记周永康，中共中央政治局委员、中央政法委副书记王乐泉，国务委员、公安部部长孟建柱，最高人民检察院党组书记、检察长曹建明，河南省委政法委原书记李新民、吴天君，现任政法委书记毛超峰，河南省人民检察院党组书记、检察长蔡宁，平顶山市委书记赵顷霖等领导相继作出重要批示。

郏县县委政法委、郏县县委、平顶山市委政法委、平顶山市委、河南省委政法委，以及平顶山市人民检察院、河南省人民检察院、最高人民检察院、公安部、中央政法委先后作出了向马俊欣同志学习的决定。山东大学号召全校6万名师生和海内外40万校友向马俊欣同志学习。

县人大常委会授予马俊欣同志“郏县人民满意的检察官”荣誉称号，平顶山市总工会授予马俊欣同志“五一劳动奖章”，平顶山市委授予马俊欣同志“优秀共产党员标兵”荣誉称号，河南省人民检察院为马俊欣同志记一等功，河南省委授予马俊欣同志全省“优秀共产党员”称号，最高人民检察院授予马俊欣同志“全国模范检察官”荣誉称号。在第十一届全国人民代表大会第五次会议上，马俊欣的名字也被写入最高人民检察院的工作报告。

耿国闯　男，汉族，1968年生，河南省郏县长桥镇人，中共党员。1985年9月至1989年6月在华中农业大学学习；1989年6月至1990年6月在薛店镇政府工作；1990年7月至1994年6月在茨芭镇政府工作；1994年7月至1999年9月在县农村工作办；1999年10月至2002年4月在薛店镇政府工作任副镇长；2002年5月至2006年4月在县委党校工作任副校长；2006年4月调县农业局工作任副局长。2009年被河南省委、省政府评为河南省粮食生产先进工作者；2011年被河南省政府评为河南省粮食生产突出贡献农业科技人员。

张怀增　男，汉族，1965年生，河南省郏县茨芭镇人，中共党员。1982年8月至1987年7月在郏县茨芭镇竹园沟小学任教；1987年8月至1989年7月在河南电大就读；1989年8月至1994年3月在郏县茨芭一中工作；1994年4月至1996年1月在县教委工作；1996年1月至2002年4月在郏县冢头镇政府工作，历任党办主任、纪委书记；2002年3月至2009年8月在郏县城关镇政府工作，历任镇纪委书记、党委副书记、人大主席；2009年8月至今在县农业综合开发扶贫办公室任党组副书记、主任。2011年被河南省委、省政府授予扶贫开发先进个人。

刘长水　男，1956年11生，汉族，河南省郏县茨芭镇人。任郏县茨芭镇空山洞小学校长。1974年8月参加教育工作，就扎根山区教育，历任总务主任、教导主任；1996年中师毕业；2001年任空山洞小学校长，从1974年至2011年，37年来扎根山区教育事业，把整个青春都献给山区孩子们。2008年12月授予“感动郏县十大人物”。2009年6月加入中国共产党；2010年9月被评为平顶山市小学师德标兵；2011年6月被中共河南省委授予“全省优秀共产党员”。

胡京伟　男，汉族，1972年12月生，中共党员，本科文化，在职研究生，河南省郏县

人。1992年8月至1993年8月在郏县安良镇政府工作；1993年8月至2007年5月在郏县县政府办公室工作，期间历任办公室副主任、法制科科长、法制办主任等职务；2007年5月至2009年8月在郏县李口乡政府工作，任党委副书记、乡长；2009年8月在郏县国土资源局工作，任党委书记、局长。中共平顶山市第八次党代会代表，中共郏县第十二次党代会代表，政协郏县八届委员会委员、政协郏县九届委员会常委。2011年被中共河南省委授予优秀共产党员荣誉称号，被平顶山市人民政府授予行政执法先进个人荣誉称号，被县委、县政府授予招商引资先进工作者、第四届关心支持国防建设十佳人物等荣誉称号。

徐克俭

男，汉族，1968年1月生，河南省郏县冢头镇人，大专文化。1986年10月在郏县金刚砂厂参加工作；1991年6月调入郏县工商局工作；2000年12月任郏县工商局科员；2000年10月至2003年9月任郏县工商局老城工商所所长；2003年9月至2004年4月任郏县工商局王集中心工商所所长；2004年4月至今任郏县工商局城东工商所所长；2009年7月，响应党组织号召，回陈寨村担任党支部书记。两年来，他带领村两委一班人和全村群众艰苦奋斗，改变了家乡面貌，使陈寨村成为省级新农村建设示范村。2011年被中共河南省委授予“优秀共产党员”称号，被河南省委组织部授予“河南省优秀驻村第一书记”称号。

2011年获副高以上职称人员名表

姓名	性别	职称	工作单位
张科锋	男	中学高级教师	郏县冢头镇第一初级中学
杨文通	男	中学高级教师	郏县第一高级中学
杨军豪	男	中学高级教师	郏县堂街镇第一初级中学
郭远强	男	中学高级教师	郏县黄道镇初级中学
余永强	男	中学高级教师	郏县第一实验中学
郭志远	男	中学高级教师	郏县冢头镇第一初级中学
王素晓	女	中学高级教师	郏县茨芭镇中
王英豪	男	中学高级教师	郏县李口镇初级中学
杨聪玲	女	中学高级教师	郏县白庙乡中心学校
陈淑会	女	中学高级教师	郏县第二实验中学
陈旭锋	男	中学高级教师	郏县第一高级中学
陈玉利	女	中学高级教师	郏县城关镇第二初级中学
程豪荦	男	中学高级教师	郏县第二高级中学
程群铎	男	中学高级教师	郏县城关镇第二初级中学
程彦利	男	中学高级教师	郏县安良镇第一初级中学

姓名	性别	职称	工作单位
丁建堂	男	中学高级教师	郏县茨芭镇中
付春云	女	中学高级教师	郏县第一实验中学
高国防	男	中学高级教师	郏县渣园乡中心学校
高利强	男	中学高级教师	郏县堂街镇第一初级中学
郭利芳	女	中学高级教师	郏县职业高级中学
郭秋萍	女	中学高级教师	郏县广阔天地乡中心学校
韩留克	男	中学高级教师	郏县第一高级中学
郝战锋	男	中学高级教师	郏县职业高中
贺文彬	男	中学高级教师	郏县第二高级中学
姬改峰	女	中学高级教师	郏县第一实验中学
姜功茄	男	中学高级教师	郏县姚庄乡中心校
雷素敏	女	中学高级教师	郏县第一实验中学
雷文成	男	中学高级教师	郏县第二高级中学
李国亮	男	中学高级教师	郏县第一高级中学
李红亮	女	中学高级教师	郏县薛店镇初级中学
李建广	男	中学高级教师	郏县安良镇第一初级中学
李利民	男	中学高级教师	郏县王集乡第一初级中学
李亚红	女	中学高级教师	郏县城关镇第一初级中学
梁军伟	男	中学高级教师	郏县白庙乡中心学校
林恒喜	女	中学高级教师	郏县城关镇第一初级中学
刘国英	男	中学高级教师	郏县王集一中
刘金红	男	中学高级教师	郏县黄道镇中心学校
刘京闯	男	中学高级教师	郏县长桥镇第一初级中学
刘松阳	男	中学高级教师	郏县第一高级中学
刘向谦	男	中学高级教师	郏县长桥镇第一初级中学
刘正杰	男	中学高级教师	郏县茨芭镇中
吕红营	男	中学高级教师	郏县第三实验中学
马国法	男	中学高级教师	郏县王集乡第二初级中学
王采月	女	中学高级教师	郏县白庙乡中心学校
王凤婷	女	中学高级教师	郏县城关镇第一初级中学
王国佑	男	中学高级教师	郏县第一高级中学
王汉举	男	中学高级教师	郏县茨芭镇中
王宏伟	男	中学高级教师	郏县第二高级中学

姓名	性别	职称	工作单位
王红侠	女	中学高级教师	郏县冢头镇第一初级中学
王俊豪	男	中学高级教师	郏县渣园乡初级中学
王兰洁	女	中学高级教师	郏县职业高中
王利晓	女	中学高级教师	郏县渣园乡初级中学
王喜民	男	中学高级教师	郏县第一实验中学
王延豪	男	中学高级教师	郏县第一高级中学
谢淑静	女	中学高级教师	郏县城关镇第一初级中学
邢国军	男	中学高级教师	郏县第四实验中学
邢红杰	男	中学高级教师	郏县白庙乡中心学校
徐巧敏	女	中学高级教师	郏县第一高级中学
徐晓娜	女	中学高级教师	郏县白庙乡中心学校
薛国军	男	中学高级教师	郏县第一实验中学
杨三友	男	中学高级教师	郏县第一高级中学
姚建新	男	中学高级教师	郏县第二高级中学
叶朝侠	女	中学高级教师	郏县第一实验中学
张端正	男	中学高级教师	郏县第二高级中学
张根栋	男	中学高级教师	郏县安良镇第一初级中学
张秋利	女	中学高级教师	郏县城关镇第一初级中学
张占红	男	中学高级教师	郏县白庙乡中心学校
赵金岭	男	中学高级教师	郏县城关镇第二初级中学
赵新娟	女	中学高级教师	郏县城关镇第一初级中学
郑军召	男	中学高级教师	郏县第二高级中学
刘彩荣	女	高级讲师	郏县教师进修学校
牛红垒	男	高级讲师	郏县教师进修学校
刘松雅	女	副主任护师	郏县第二人民医院
刘耐敏	女	副主任护师	郏县第一人民医院
叶　珺	女	副主任中医师	郏县第一人民医院
崔秋红	女	副主任医师	郏县第一人民医院
王　亲	女	副主任护师	郏县第一人民医院
万迎杰	男	副主任医师	郏县第一人民医院
周慧敏	女	副主任医师	郏县妇幼保健院

注：因资料提供原因，可能有错漏登情况。

2011年获市（地）级荣誉人员名表

姓　名	姓别	单　位	获得荣誉	授予单位
张自显	男	人民医院	市五一劳动模范	平顶山市人民政府
李国锋	男	薛店镇	市五一劳动模范	平顶山市人民政府
董备战	男	公安局	市五一劳动模范	平顶山市人民政府
周军营	男	教体局	市五一劳动模范	平顶山市人民政府
李彦锋	男	广电总台	市五一劳动模范	平顶山市人民政府
王永利	男	农机局	全省农机推广系统先进个人	省农机推广站
杨景燕	女	县妇联	市“三八红旗”手	市妇联
张会利	女	县法院	个人二等功	省高级人民法院
蔡文利	女	县法院	中原卫士	省政法委
王亚军	女	县纪检委	全省纪检监察系统先进工作者标兵	省纪委、省人保厅、省监察厅、省预防腐败局
张建政	男	县纪检委	全省纪检监察系统信息工作先进工作者	省纪委、省监察厅、省预防腐败局
仝军教	女	县纪检委	全省农村涉财信访举报突出问题专项治理工作先进个人	省纪委、省监察厅、省预防腐败局
周　浩	男	监察局	2011年度全省保障性住房专项检查工作先进个人	省纠风办
高国伟	男	监察局	河南省优化经济发展环境查办案件工作先进个人	省优化办
翟民义	男	龙山街道办事处	平安建设先进工作者	平顶山市委、市政府
			信访工作先进个人	平顶山市委、市政府
杨建东	男	龙山街道办事处	第六次全国人口普查先进个人	河南省人力资源和社会保障厅、河南省统计局、河南省第六次人口普查领导小组办公室
吕国婷	女	龙山街道办事处	平顶山市创建全国残疾人工作示范城市先进个人	平顶山市人民政府
朱小民	男	县残联	平顶山市创建全国残疾人工作示范城市个人二等功	平顶山市人民政府
管光建	男	县残联	平顶山市创建全国残疾人工作示范城市个人二等功	平顶山市人民政府
张永青	男	县残联	平顶山市创建全国残疾人工作示范城市个人二等功	平顶山市人民政府
李　勇	男	县残联	平顶山市创建全国残疾人工作示范城市个人二等功	平顶山市人民政府

姓 名	姓别	单 位	获得荣誉	授予单位
李枫朝	男	县执法局	平顶山市城市精细化管理工作先进个人	平顶山市人民政府
金武军	男	姚庄乡政府	全市民族团结先进模范个人	平顶山市人民政府
			市工农关系协调工作先进个人	平顶山市人民政府
李彩霞	女	县政府	市创建全国残疾人工作示范城市个人二等功	平顶山市人民政府
谢中光	男	县政府	市消防工作先进个人	平顶山市人民政府
黄 华	男	县政府办	市消防工作先进个人	平顶山市人民政府
张书信	男	县政府法制办	市依法行政先进工作者	平顶山市人民政府
张 沛	女	县政府办	市创建全国残疾人工作示范城市先进个人	平顶山市人民政府
冯拥军	男	县政府办	市应急管理先进个人	平顶山市人民政府
李永军	男	茨芭镇政府	市应急管理先进个人	平顶山市人民政府
杨绿岗	男	县委统战部	市民族团结先进个人	平顶山市人民政府
虎东辉	男	县民族局	市民族团结先进个人	平顶山市人民政府
赵玉川	男	县伊协	市民族团结先进个人	平顶山市人民政府
艾宗付	男	县西关清真寺	市民族团结先进个人	平顶山市人民政府
马宪坤	男	薛店北村	市民族团结先进个人	平顶山市人民政府
张坤三	男	冢头西寨村	市民族团结先进个人	平顶山市人民政府
张龙鸽	男	姚庄乡南三郎庙村	市民族团结先进个人	平顶山市人民政府
王劲松	男	县政府办	政府法制先进工作者	平顶山市人民政府
			市工农关系协调工作先进个人	平顶山市人民政府
王建伟	男	县政府	市工农关系协调工作先进个人	平顶山市人民政府
李艳利	女	行政审批中心	全市行政服务工作先进工作者	平顶山市人民政府
谢旭锋	男	行政审批中心	全市行政服务工作先进工作者	平顶山市人民政府
叶国旭	男	新农村工作办公室	新型农村社区建设先进工作者	省新农办
刘海元	男	新农村工作办公室	调研工作先进工作者	省新农办
黄金永	男	文化旅游局	平顶山市专业技术拔尖人才	中共平顶山市委、平顶山市人民政府
宁贯晓	男	文化旅游局	省旅游系统先进工作者	河南省人力资源和社会保障厅省旅游局
洪双喜	男	人口计生委	“十一五”人口和计划生育先进工作者	中共平顶山市委、平顶山市人民政府

姓 名	姓别	单 位	获得荣誉	授予单位
李朝慧	男	人口计生委	“十一五”人口和计划生育先进工作者	中共平顶山市委、平顶山市人民政府
宋春和	男	农业开发扶贫办	市扶贫开发先进个人	中共平顶山市委、平顶山市人民政府
张剑锋	男	县直机关工委	全省优秀机关党务工作者	省直机关工委
王晓军	男	国税局	全省国税系统优秀党员	省国税局
郭大敏	女	广天乡政府	平顶山市“三八”红旗手	平顶山市妇联
			平顶山市优秀党务工作者	中共平顶山市委
			平顶山市依法行政先进个人	平顶山市人民政府
张世卿	男	广天乡政府	全省农村危房改造工作先进个人	平顶山市人民政府
赵亚利	女	广天乡政府	平顶山市创建全国残疾人工作示范城市先进个人	平顶山市人民政府
刘晓军	男	县法院	全省法院《公民与法》通联工作先进个人	河南省高级人民法院
李平新	男	县卫生院	优秀共产党员称号	中共平顶山市委
			2006－2011 年度全市纪检监察系统先进工作者	平顶山市纪委、市人社局、市监察局
宋献岭	男	县司法局	平安建设先进工作者	中共平顶山市委、平顶山市人民政府
林金利	男	中联天广水泥公司	平安建设先进工作者	中共平顶山市委、平顶山市人民政府
薛国强	男	广天建安有限公司	平安建设先进工作者	中共平顶山市委、平顶山市人民政府
张崇鑫	男	通联安晟汽配有限公司	平安建设先进工作者	中共平顶山市委、平顶山市人民政府
耿国闯	男	县农业局	2011 年度粮食高产创建工作先进工作者	平顶山市人民政府
李严锋	男	县农业局	2011 年度粮食高产创建工作先进工作者	平顶山市人民政府
李留柱	男	县农业局	2011 年度粮食高产创建工作先进工作者	平顶山市人民政府
张廷杰	男	县农业局	2011 年度粮食高产创建工作先进工作者	平顶山市人民政府

注：因资料提供原因，可能有错漏登现象。

中国共产党郏县委员会

综　述

【概况】　2011年，在市委、市政府的正确领导下，郏县县委团结带领全县各级党组织和广大党员干部群众，围绕建设“特色经济县、生态宜居县”两大发展目标，持续推进招商引资、城镇建设、新农村建设和安全稳定四项重点工作，统揽全局、协调各方，正气实干、创先争优，全县经济社会保持了好的趋势、好的态势、好的气势，党的建设、精神文明建设和民主法制建设取得了新的成绩。

【经济持续增长】　2011年，郏县县委坚持以科学发展观统领经济社会发展全局，注重以领导方式转变加快经济发展方式转变，坚持“四个重在”实践要领，“学先进、比创新、看实效”，认真把省委、市委的各项决策部署落到实处，始终在政治上、思想上、行动上与党中央、省委、市委保持高度一致。县委班子始终把学习作为提高素质和能力的重要途径，进一步完善了中心组理论学习制度，全年集中学习22次，推动县委班子领导方式有了新转变，执政能力和工作水平有了新提高。坚持把团结作为班子建设的生命线，健全了民主生活会、民主议事、科学决策等制度，完善了县委全委会、县委常委会工作规则，坚持实行“三重一大”问题民主决策，有力促进了班子团结和稳定。县委班子带头“讲正气、转作风、保稳定、促发展”，带头“实干、诚信、尽责、争先”，努力把作风搞正，把工作做实，较好地发挥了表率作用。顺利完成了县乡党组织换届选举工作，县第十二次党代会圆满召开，科学谋划了全县今后五年的工作，全县上下科学发展、加快发展的意识进一步增强。全年实现生产总值117.6亿元，增长13%，财政一般预算收入5.38亿元，增长20.5%。全部工业增加值71.1亿元，增长18.3%。全社会固定资产投资99.5亿元，增长42.7%。社会消费品零售总额28.3亿元，增长 17.1%。农民人均纯收入 6021 元，增长 17.7%；城镇居民人均可支配收入 12770 元，增长 13.4%。

【新型工业化建设】 2011 年，招商选资取得新成效。坚持把招商选资作为推动经济发展的关键性举措，持续推进“大招商、招大商”活动，全面开展组团招商、专业招商、以商招商。全年新开工千万元以上项目 56 个，其中亿元以上项目 10 个，总投资 115 亿元，实际到位固定资产投资 53 亿元。着力做好政策性项目和资金争取工作，争取各类政策性项目 93 个，上级到位资金 7 亿元。产业集聚区建设进展加快。按照“全市领先、全省争先”的发展目标和“四集一转”的工作要求，实行“五个一”工作机制和“三零”服务机制，强力推进品牌产业集聚区建设。新修道路 8.4 公里，38 公里天然气管道已投入使用，建成标准化厂房 25 万平方米，开工建设了 110KV 变电站等配套工程。围绕机械装备制造和医疗用品制造两大主导产业主动招商选资，推动平煤机、圣光集团与三一重工、华润集团等知名企业合作，产业集群度不断提高。积极开展“企业服务年”活动，搭建银企合作平台，为中小企业担保、贷款 2.2 亿元。2011 年新开工项目 13 个，完成固定资产投资 65 亿元，同比增长 94%，位居全省前 30 名；完成营业收入 45.8 亿元，增长 291%，增幅位居全省前 10 名。

【新型农业现代化建设】 2011 年，新农村建设扎实推进。认真落实“两个规划”，充分发挥典型引领和示范带动作用，努力实现农村生活方式和生产方式双转变、农业效益和农民收入双提高。建成新民居 3743 户(套)，硬化道路 61 公里，栽植树木 4.4 万棵，绿化面积 7.7 万平方米，全省新农村建设现场推进会在郏县召开，整体工作继续保持全市领先地位，对外影响进一步扩大，荣获全市“新农村建设先进县”。顺利完成第二批丹江口库区移民迁安任务，提前完成南水北调郏县段 1002 名群众后靠安置工作，移民后续帮扶工作在全省综合排名中位居第一。农村经济稳步发展。粮食产量实现“八连增”，总产达到 32.6 万吨，单产继续保持全市第一。烟叶收购完成 980 万公斤，实现税收 4057 万元，继续保持全省先进位次。新增土地流转面积 3.2 万亩，总数达到 15.8 万亩。新增省、市级农业产业化龙头企业 8 家，新增各类农民专业合作社 68 家。积极开展“一村一品”创建活动，扎实推进农业产业园建设，特色农业规模不断壮大，效益明显提高。农业基础设施不断完善。完成水利基础设施建设投资 1.75 亿元，新增和改善有效灌溉面积 7.2 万亩，治理水土流失面积 10 平方公里。开工建设 1 万亩高标准农田示范工程项目，开发改造中低产田 2.5 万亩。投资 3243 万元，建成农村公路 40.9 公里。

【新型城镇化建设】 2011 年，编制完成了主城区控制性详细规划、城市远景规划、郏县绿地系统规划和重要地块修建性详细规划。持续推进“四城联创”活动，建成了会议中心、文化中心、兴业路南延、文化广场、东城区学校等市政工程，成功创建省级园林城市。实施高寺社区、西关街社区等 10 处旧城改造工程，完成拆迁 8.02 万平方米，新建 10.5 万平方米。强化城市规范化管理，城市精细化管理逐步规范和完善，城市形象得到进一步提升。城市绿化覆盖率达到 36.2%，城镇化率达到 32%。实施小城镇建设“五个一”工程，全面提升小城镇的基础设施建设水平，综合承载力和吸纳力不断增强。顺利完成李口乡撤乡建镇工作。冢头镇荣获全国历史文化名镇，广天乡荣获全国文明村镇，王集乡荣获省级卫生乡镇。

【安全稳定工作】 2011 年，安全生产态势平稳。加大安全生产投入，扎实推进安全郏县创建工作，15 个乡镇（街道）全部创建为安全示范先行单位。突出抓好以煤矿安全生产为重点的安全生产工作，基本完成了省、市下达的兼并重组任务，14 座煤矿中有 5 座已关闭退出，7 座已完成安全生产责任移交，2 座已完成相关证照变更。继续深化非煤矿山、烟花爆竹、道路交通、校园校车、建筑施工、食品药品、危化品、消防等领域安全生产专项整治，杜绝了重特大事故的发生。信访工作扎实有效。始终带着真心、真情、真诚帮助有困难、有诉求的群众解决问题，变群众“上访”为干部“下访”。严格落实双向责任追究，严肃追究不负责任的干部，依法处置违法上访人员，努力维护社会和谐稳定。认真开展积案化解年活动，荣获“河南省重信治理成效显著县”。积极排查化解各种不稳定因素，畅通民意表达渠道，全县安定团结的政治局面日益巩固。平安建设深入推进。加强县、乡、村三级网络建设，进一步完善社会治安防控体系，实现城区技防全覆盖，有15个乡镇（街道）、60个行政村（社区）实行技防视频化。切实加强社会治安综合治理，深化“命案攻坚”、“重点治乱”和打防“两抢一盗”等专项斗争，强化社会面控制，提高群众见警率，控制发案率，提高破案率。创新社会管理工作，转变服务观念，群众安全感和满意度不断提升，再次荣获“全省平安建设工作先进县”。

【第三产业取得新进展】 2011年，投入2170万元，加快三苏园、知青园、临沣寨等重点景区开发，三苏纪念馆和知青纪念馆已经建成，正在进行布展。全年接待游客总人数和总收入分别增长21%和21.4%。举办了“广天杯”全国硬笔书法大赛和全省首届“非虚构文学”培训班，对外文化影响进一步扩大。认真落实省、市促进服务业发展的政策措施，加快房地产、物流、商贸服务等产业结构优化升级，房地产开发面积35万平方米，增长20%；圣光医药物流实现销售收入35亿元，同比增长98%，基本实现全省108个县（市）全覆盖；鸿丰汽配物流、钢建材交易市场等项目推进顺利。协调工商银行在郏县重新设立支行，县域金融服务功能进一步完善。加强市场监测，荣获“全省市场监测和商务预报工作先进单位”称号。

【惠民政策得到全面落实】 2011年，全面落实党的各项惠民政策，投入民生类项目资金8.2亿元，比上年增长33.6%，占一般预算支出的比重达到50.8%。新型农村养老保险和新型城镇养老保险试点工作进展顺利，在全省率先实现了城乡养老保险全覆盖。新型农村合作医疗参合率达到96.3%，筹措各类资金1.18亿元，发放补助资金9680万元，受益人数达到115.4万人（次）。基本药物制度运行良好，药价平均降低62.2%，群众“看病难、看病贵”等问题得到较好缓解。全面落实就业再就业优惠政策，城镇新增就业8716人、下岗失业人员再就业2003人，城镇登记失业率控制在3.1%。加大劳务培训输出力度，新增劳务输出1.1万人，实现劳务经济收入12.5亿元。开工建设保障性住房11.3万平方米，困难群众住房需求得到较好满足。

【社会事业实现统筹发展】 2011年，稳步推进“质量兴县”工作，建成了铸铁锅质检站，制订实施铸铁锅地方标准，荣获“全国科技进步先进县”称号。按照少生、优生、平衡生的要求，全面做好计划生育工作，人口自增率控制在6‰以内。新建5所中心幼儿园，学前教育毛入园率达到63%，超过全市平均水平2个百分点。数字电视整体转换进展顺利，完成城区数字电视转换2000户。新建8个乡镇综合文化站，新建农家书屋198家。加大秸秆禁烧工作力度，夏、秋两季禁烧继续保持了全市先进位次。积极推进林业生态建设，完成造林1.9万亩。广天乡创建成为省级生态乡镇，冢头镇陈寨村、黄道镇黄南村、薛店镇韩店村创建成为省级生态村。民族宗教工作扎实开展，被市委、市政府授予“全市民族团结进步模范集体”称号。

【精神文明和民主法制建设不断加强】 2011年，正确处理与人大、政府、政协的关系，始终坚持重大决策统一协商、中心工作统一安排、工作推进统一步调，确保“四套班子、四个轮子”同时驱动，促进了工作高效协调运转。积极支持人大、政协围绕经济社会发展大局开展工作，较好地发挥了法律监督和民主监督作用。广泛开展统战工作，各届人士参政议政积极性不断增强。领导和支持工会、共青团、妇联等群团组织按照法律和各自章程，创造性开展工作，在服务经济社会发展方面有了新提高。大力推进农村村务公开和民主管理逐步规范，基层民主不断扩大。积极开展三学三知等群众性精神文明建设活动，引导群众崇尚科学，提升道德素质。组织开展了舞台艺术送农民、“欢乐中原”文化广场活动、建党90周年节庆文化等宣传教育活动，群众精神文化生活不断丰富。

【创先争优活动向纵深推进】 2011年，在全县广大党员干部中深入开展新一轮的公开承诺、设岗定责、领导点评等活动，引导全县广大基层党组织和党员干部立足本职创先争优。认真开展了《双百夺旗争星》活动，广阔天地乡党委、白庙乡党委先后被省创先办授予“河南省创先争优流动红旗”称号，检察院检察官马俊欣、冢头镇陈寨村党支部书记徐克俭、茨芭镇空山洞小学校长刘长水等先后被省创先办授予“河南省创先争优党员之星”荣誉称号。中央创先争优活动领导小组办公室简报专期刊发了郏县的经验做法。

【干部队伍管理扎实有效】 2011年，深化干部人事制度改革，完善落实干部选拔任用制度和年终目标责任考核办法，坚持“五重五不简单”和“德才兼备、以德为先”原则，用干部重公论、凭实绩，全县干部抓落实、促发展的积极性有了新提高。

【基层组织建设水平全面提升】 2011年，顺利完成村级党组织换届选举工作，加大帮扶力度，完成33个后进村级组织整顿转化工作。不断深化“三级联创”活动，健全了县、乡、村三级党组织“三级联创”目标责任制，全县15个乡镇（街道）党（工）委、316个村党支部达到“五个好”标准，分别占总数的100%和83.8%。

【党风廉政建设稳步推进】 2011年，一是狠抓责任主体。认真落实“一岗双责”，明确责任，加强检查考核、严肃责任追究等措施，全面落实党风廉政建设责任制。二是狠抓宣传教育。加强反腐倡廉教育，扎实开展学习贯彻《党员领导干部廉洁从政若干准则》活动和党风党纪警示教育宣传活动，认真落实领导干部廉政谈话、诫勉谈话制度、领导干部个人重大事项报告制度，各级党员干部的思想道德素质和防腐拒变的自觉性有了新提高。三是狠抓关键环节。重点开展工程建设领域、教育乱收费、保障性住房分配、公路“三乱”等专项治理，纠正损害群众利益的不正之风。加强对县、乡党委换届纪律执行情况的监督检查，确保县、乡换届顺利进行。严格执行《郏县党政干部问责办法》，对不作为、乱作为的8名干部进行了问责。

【重要文件】 郏发1号 2011年1月10日 2011年县委经济工作意见

郏发2号 2011年2月15日 关于印发县、乡镇党委换届工作方案的通知

郏文14号 2011年2月28日 关于表彰2010年度郏县经济社会发展中涌现出的妇女先进集体和个人的决定

郏文17号 2011年3月15日 关于调整郏县产业集聚区管理委员会的通知

郏文21号 2011年3月15日 关于命名和表彰2010年度县级文明单位、文明村镇暨文明建设先进工作者的决定

郏文18号 2011年3月21日 关于健全完善重点工作领导小组的通知

郏文19号 2011年3月22日 关于表彰全县“十一五”人口和计划生育工作先进集体先进个人的决定

郏文20号 2011年3月22日 关于2010年人口和计划生育工作的奖惩决定

郏文22号 2011年3月24日 关于表彰2010年度政法和平安建设工作先进单位和先进工作者的决定

郏文23号 2011年3月26日 关于2010年度目标绩效考核工作的奖惩决定

郏文24号 2011年3月26日 关于2010年度四项重点工

作奖惩决定

郏文31号 2011年4月12日 关于对第一批移民搬迁工作先进单位、先进个人的表彰决定

郏文38号 2011年4月21日 关于印发2011年城镇建设用地增减挂钩实施方案的通知

郏文39号 2011年4月21日 关于对成功处置北汝河老桥垮塌事件有功单位进行嘉奖的决定

郏发4号 2011年5月4日 关于开展向徐克俭同志学习的决定

郏文60号 2011年5月27日 关于印发县四大班子领导防汛工作职责及防汛责任分工的通知

郏文77号 2011年6月17日 关于召开中国共产党郏县第十二次代表大会的通知

郏文81号 2011年6月28日 关于表彰先进基层党组织、优秀共产党员、优秀党务工作者的决定

郏文90号 2011年7月20日 关于调整重点工作领导小组的通知

郏文91号 2011年7月20日 关于调整县领导分包乡镇的通知

郏发5号 2011年9月26日 关于2011年度目标绩效考核工作实施意见的通知

郏发6号 2011年12月26日 关于加快水利改革发展的实施意见

【中共郏县第十一届委员会第十次全体（扩大）会议】 2011年1月14日，中共郏县第十一届委员会第十次全体（扩大）会议召开。县领导郑理、张国晓、陈银山、肖根胜、李拴勤、陈书欣、王亚军、郭国顺、林胜国、张华琪、王宏希、孙红旗、李捍卫、宁和平出席会议并在主席台就座。县委委员、县委候补委员、副县级以上领导、县政协委员、各乡镇（街道）党（工）委书记、83个中心村党支部书记、县直机关正科级以上单位党组书记、各人民团体党组书记、限额以上企业的负责人参加会议。县委书记郑理主持会议并作重要讲话。郑理指出，在刚刚闭幕的平顶山市第九届人民代表大会第三次会议上，市长陈建生所作的《政府工作报告》中，提到郏县的工作达到十一处之多。2011年，要按照市领导的要求，继续抓好招商引资、城镇建设、新农村建设、安全稳定四项重点工作，为郏县发展谋福祉，共创郏县美好的明天。在谈到2011年经济社会发展总体要求、主要奋斗目标、经济工作主要任务时，县长张国晓强调，今年是“十二五”的开局之年，做好今年的经济工作，任务艰巨、责任重大、使命光荣、意义深远。在市委、市政府的正确领导下，要大力弘扬“实干、诚信、尽责、争先”的郏县精神，同心同德、扎实工作，全面完成各项目标任务，以优异成绩迎接中国共产党成立90周年！会上，县委常委、常务副县长王宏希就《郏县国民经济和社会发展第十二个五年规划的建议》（草案）向与会人员作了说明，会议一致通过了中国共产党郏县第十一届委员会第十次全体会议《关于制定郏县国民经济和社会发展第十二个五年规划的建议》决议（草案）。

【中共郏县第十一届委员会第十一次全体会议】 2011年4月7日，中共郏县第十一届委员会第十一次全体会议召开。郑理、肖根胜、李拴勤、陈书欣、王亚军、郭国顺、林胜国、张华琪、李捍卫、宁和平等县十一届委员会全体委员参加会议。县委书记郑理在主持会议时要求，各位委员要集中精力，严格遵守纪律，充分展示党员代表的良好精神风貌，以“招商引资，新农村建设、城镇建设和安全稳定”四项工作为重点，努力做好各方面工作，以优异的成绩迎接中国共产党郏县第十二次代表大会的胜利召开。县委常委、组织部长林胜国宣读了关于召开中国共产党郏县第十二次代表大会的决议和关于召开中国共产党郏县第十二次代表大会决议草案的说明。会议决定，2011年6月召开中国共产党郏县第十二次代表大会。

【中共郏县第十一届委员会第十二次全体会议】 2011年6月21日，中共郏县第十一届委员会第十二次全体会议召开，会议对即将召开的中国共产党郏

县第十二次代表大会的有关事宜进行了讨论审议。县领导张国晓、陈银山、李拴勤、陈书欣、王亚军、郭国顺、张华琪、王宏希、杜伟、张贯钊、何卉参加了会议。县长张国晓在会上首先介绍了市委关于张贯钊同志任县委常委、统战部长，何卉同志任县委常委、宣传部长的有关情况。经过认真讨论审议，与会人员以举手表决的方式，审议通过了县十二次党代会召开的时间、地点。审议通过中共郏县第十一届委员会工作报告和中共郏县纪律检查委员会工作报告草案，审议通过了中共郏县第十二届委员会委员、候补委员、县纪委委员和出席市八次党代会代表候选人预备人选的建议名单，审议通过中共郏县第十二次代表大会主席团、秘书长和代表资格审查委员会建议名单草案，讨论审定中共郏县第十二次代表大会分团情况。张国晓强调指出，郏县十二次党代会召开，是全县人民政治生活中的一件大事。各有关部门一定要按照有关规定和要求，高度重视，精心组织，周密部署，确保大会圆满成功。

【中共郏县第十二次代表大会】 2011年6月22日上午，中国共产党郏县第十二次代表大会在郏县大酒店西三楼会议室隆重开幕。县领导郑理、张国晓、陈银山、肖根胜、李拴勤、陈书欣、王亚军、宁和平、郭国顺、张华琪、王宏希、李捍卫、杜伟、张贯钊、何卉在主席台前排就座。市委组织部副县级组织员、干部调配科科长滕跃丽应邀参加会议并在主席台就座。县委副书记、县长张国晓主持会议。大会应到代表296人，实到291人，符合法定人数。会上，县委书记郑理代表中国共产党郏县第十一届委员会向大会作了题为《决战“十二五”推进新跨越为建设特色经济强县和生态宜居名城而努力奋斗》的工作报告。县委常委、纪委书记宁和平代表中国共产党郏县第十一届纪律检查委员会向大会作了题为《扎实开展党风廉政建设和反腐败斗争 为推进全县经济社会持续快速健康发展提供有力保证》的工作报告。全县部分离退休老干部列席了会议。

【中共郏县第十二届委员会第一次全体会议】 2011年6月23日下午，中共郏县第十二届委员会举行第一次全体会议。本次会议应到委员35名，实到委员35名，候补委员7名，实到7名，符合规定人数。受县委全委会委托，郑理同志主持第一次全体会议。会议以举手表决的方式通过了《中共郏县第十二届委员会第一次全体会议选举办法》，通过了监票人名单。与会人员以无记名投票的方式选举产生了新的县委常委、书记、副书记。会议选举郑理、张国晓、陈银山、宁和平、郭国顺、张华琪、王宏希、李捍卫、杜伟、张贯钊、何卉等11人为中共郏县第十二届委员会常务委员。郑理当选为中共郏县第十二届委员会书记，张国晓、陈银山当选为县委副书记。会议还一致通过县纪委一次全体会议选举结果。在完成了本次会议的选举议程后，新当选的县委书记郑理在会上讲话。他代表新当选的县委常委对同志们的信任和支持表示感谢。郑理要求，新一届县委一定要牢记使命，要让“实干、诚信、尽责、争先”的郏县精神成为十二届县委引领发展的一种目标和追求，团结协作，发挥合力，主动维护各套班子之间的团结，党内外的团结，新老干部的团结，发挥好全县各级党组织的战斗堡垒作用；严于律己，公正廉明，必须高度重视廉政建设问题，在思想上时刻绷紧廉洁自律这根弦，大力弘扬团结协作的良好风气，以身作则，率先垂范，牢固树立务实清廉的作风。

【叶冬松莅郏调研新农村建设和移民安置工作】 2011年7月15日，省委副书记、省政协主席叶冬松来郏县，调研新农村建设和移民安置工作。省水利厅厅长、省南水北调办公室主任王树山，市领导赵顷霖、陈建生、冯昕、张遂兴、王富兴、王天顺，县领导郑理、张国晓、陈银山、陈书欣、邢延松等陪同调研。叶冬松先后来到郏县冢头镇前王庄村和白庙乡马湾移民新村，对新农村建设、移民安置、移民新村建设工作进行了调查研究，认真听取了县长张国晓和村负责人关于移民搬迁、新村建设情况的介绍，并走进移民群众家中，实地查看了移民的居住条件、生活状况。叶冬松对郏县在移民搬迁安置工作中所做出的努力给予充分肯定。随后，叶冬松一行与市、县领导和村镇负责人及村民代表进行了座谈，认真听取了市委书记赵顷霖、市委副书记冯昕，县委书记郑理、省环保厅包移民新村负责人关于平顶山市和郏县新农村建设、移民新村建设的汇报，听取了移民群众代表的意见和建议。叶冬松要求新农村建设与中原经济区建设结合起来，贯彻中央水利工作精神，服务好南水北调工程建设，抓好防汛和新农村建设工作。

【邓凯莅郏调研产业集聚区等工作】 2011年12月1日，省委副书记、组织部长邓凯在市委书记赵顷霖，市长陈建生，市委常委、组织部长李萍，市委常委、秘书长张遂兴等的陪同下，来到郏县调研产业集聚区和新型农村社区建设工作，县领导郑理、张国晓、陈银山、陈书欣、宁和平、郭国顺、张华琪陪同调研。邓凯认真听取了县委书记郑理关于郏县产业集聚区建设的情况介绍，并走进生产车间、自动化立体仓库，实地查看了解企业的生产规模、生产效益和发展现状。邓凯对郏县产业集聚区的规划设计、发展现状表示满意。他肯定了县产业集聚区依托圣光集团和平煤机公司，实行以商招商、坚持招商选资的做法。随后，邓凯来到白庙乡汝水新村、杨村，冢头镇柿园村和前王庄村，调研了新型农村社区建设工作。

【赵顷霖莅郏调研南水北调中线郏县段北汝河倒虹吸工程】 2011年6月1日，市委书记赵顷霖，市委常委、秘书长张遂兴，副市长王富兴带领市直相关部门负责人来到郏县，调研北汝河治理、南水北调中线郏县段北汝河倒虹吸工程、三夏生产等工作。县领导郑理、张国晓、陈银山、王宏希、邢延松、康应振等陪同调研。赵顷霖实地查看了治理工程建设、工程进度、工期安排等情况后指出，今年全市防汛形势不容乐观，希望施工单位和监管单位要把好工程质量关，要倒排工期，加快进度，保质保量完成堤防工程，确保工程在主汛期前投入使用。对南水北调中线郏县段北汝河倒虹吸工程，赵顷霖提出了希望。在薛店镇小麦万亩示范方，赵顷霖说，粮食生产示范方实现了机耕、供种、机播、植保、灌溉、收割的“六统一”，产量明显高于普通农田，取得了好的成效，值得全市借鉴。

【赵顷霖陈建生带领全市县域经济观摩团到郏县产业集聚区观摩】 2011年7月13日上午，市委书记赵顷霖，市委副书记、市长陈建生等市领导带领各县（市、区）党委、政府负责人和市直有关部门负责人，到郏县产业集聚区现场观摩县域经济发展情况。县领导郑理、张国晓、陈银山、肖根胜、李拴勤、宁和平、郭国顺、王宏希等陪同观摩。赵顷霖先后到产业集聚区的煤神实业、圣光孵化园和平煤机实地观摩，深入了解入驻项目生产经营、发展情况和集聚区设施建设情况，并听取了郏县关于产业集聚区整体情况的汇报。赵顷霖对郏县产业集聚区的发展给予充分肯定。他指出，在产业集聚区发展上，要按照“四集一转”的工作要求，方法要再创新，力度要再加大。进一步完善产业集聚区功能，增强承载能力，切实把产业集聚区做大做强，推动县域经济快速发展。

县委办

【概况】 2011年，在县委的正确领导下，县委办公室以科学发展观为指导，紧紧围绕省委书记卢展工对党委办公室提出的“党性是根本、宗旨是本质、全局是站位、枢纽是定位、服务是职责、责任是关键、严格是形象、运作是要领”八项要求，积极履职、务实重干，实现了办公室整体工作持续提升。信息、政研工作被评为省级先进单位，密码工作被评为市级先进单位，有13人被评为省、市级先进个人，连续保持了省级文明单位的荣誉。

【决策服务质量不断提高】 2011年，一是积极开展调研活动。围绕建设“特色经济县、生态宜居县”两大发展目标和四项重点工作及群众反映的热点问题，研究确定年度调研课题，分别以县委文件和县委办文件下发了《关于印发县委常委2011年重点调研课题的通知》和《关于印发2011年重点调研课题及课题分解情况的通知》，营造了调查研究的良好氛围。全年共组织开展调研30余次，其中开展专题调研8次，组织撰写的多篇调研文章被省市刊物采用，其中《加快产业集聚区建设推动县域经济科学发展》在《河南秘书》上刊发；《突出重点提升品位 积极推进新型城镇化建设工作健康发展》等5篇文章在市《工作与研究》上刊发。二是做好文稿起草工作。以提升以文辅政水平为目标，不断提升文稿质量、提升领导满意度。先后起草撰写了《郏县第十二次党代会报告》、《郏县2012年经济工作意见》等文字材料60余篇，为县委各项工作的安排部署提供了保障。三是强化信息服务。以保持省级信息工作先进单位为目标，加强信息上报编撰工作。全年共编发《郏县工作信息》63期，上报省委办公厅、市委办公室各类信息300余篇，采用53篇。其中《郏县着力提升发展铁锅产业》和《郏县多措并举促进财政持续增收》被市委办公室《今日汇报》以专期形式刊发，有力地推介和宣传了郏县的工作。

【沟通协调能力得到加强】 2011年，一是加强“外联”。主动与省市委办公（厅）室搞好联系，接受指导，报告工作，掌握情况。积极与先进发达地区、在外工作的郏县知名人士等联系沟通，学习先进经验，拓展发展渠道。全年共参与或组织承办各种会议200余次，完成省市领导视察观摩等重大接待任务130余次，其中完成了7月份全省新农村现场推进会会务及接待任务，受到了省市领导的好评。二是注重“内联”。及时与各位常委、县四大机关和各部委加强联系沟通，使四大班子领导能够及时了解县委工作动态，跟上县委工作步伐。搞好各乡镇（街道）、各部门间的综合协调，主动理顺各乡镇各单位之间及其相互关系，确保县委的决策和部署得到全面贯彻。三是切实加强机关自身建设。建立健全了办公室各项规章制度，提升了办文、办会质量、信访接待、后勤保障、机要保密工作水平。克服各种困难，改善县委办公条件，对县委大楼进行了外部装修，创建省级文明单位，树立了县委机关新形象。

【干部队伍自身建设】 2011年，把提升党委系统办公室人员素质作为大事来抓，大力发扬“多学习、勤思考、重实干、勇创新、严律己”五种作风。开展了党委办公室系统先进单位、先进个人评选活动；精心组织举办了2011年度全县党委系统办公室工作培训班，全县110余名办公室工作人员接受了全方位的培训；坚持每月以“片会”的形式加强日常交流学习，重点提高文稿写作、会务组织、督促检查等方面的工作水平；切实加强学习型机关建设，县委办公室全体人员的学习力、执行力和创新力不断得到提高，初步养成了“马上办、办得好”的工作习惯，形成了事事有人办、人人有事干的工作局面。

【围绕中心工作狠抓督查落实】 2011年，进一步完善督查工作制度和目标绩效考核办法，实施了综合台账和重点工作台账机制，对重点工作台账实行“月通报、季排名、半年初评、年终总评”工作机制，对综合台账实行随时随地督查工作机制，做到件件有着落、事事有回音，确保了重大方针和工作部署落到实处。全年共指导开展督查活动70余次，专项查办150余件，其中省委、省政府，市委、市政府批示件60余件，办结率100%。办理县领导批示件110余件，办结率100%。全年共印发《督查通报》30余期，下发《督查事项通知》130多期，有力推动了各项工作顺利开展。

督查工作

【概况】 2011年，郏县督查工作紧紧围绕县委中心工作，完善机制，创新举措，注重实效，不断提升督查工作效能，为全县经济社会又好又快发展提供了优质服务和有力保障。2011年，郏县督查局获得“全省党委系统督查工作先进单位”。

【重大决策部署得到深入贯彻】 一是对市委、市政府重要决策部署的贯彻落实。对“市委经济工作会议”、《市政府工作报告》等重要会议、文件涉及郏县主要任务及时分解落实，每月针对各单位贯彻落实情况进行督查通报，每季度向市委、市政府上报各项工作进展情况。二是对县委、县政府重要决策部署的贯彻落实。印发县委《2011年经济工作会议确定的主要经济工作分解意见》和县政府《2011年政府工作报告任务分解》，对2011年确定的各项主要任务明确责任领导、责任单位和责任人，通过强力推进、督促检查，确保各项工作顺利开展并落实到位。

【四项重点工作全力推进】 2011年3月30日，组织召开“2010年度全县重点工作暨目标绩效考核奖惩大会”，对2010年度全县重点工作暨目标绩效考核工作全面总结，对2011年全县重点工作暨目标绩效考核工作安排部署。县财政共拿出203.8万元，对2010年度35个重点工作优秀单位、48个重点工作先进单位及246名重点工作先进个人进行表彰奖励，同时对重点工作完成较差的7个单位予以通报批评。7月份，组织县四大班子领导，各乡镇（街道）负责人对上半年重点工作观摩并召开“全县上半年经济运行暨重点工作推进会”，对上半年全县15个乡镇（街道）四项重点工作进展情况全面总结，对下半年各项工作安排部署。全年共组织开展重点工作督查活动70余次，印发督查通报30余期，拍摄影像资料2000余幅。通过对四项重点工作强力督查，县重点工作圆满完成全年任务。全年完成招商引资任务80亿元，实际到位60亿元，新开工固定资产投资千万元以上项目50个以上，其中亿元以上项目20个以上。城镇建设上，抓好51项市政工程建设；强力推进旧城改造工作，全年拆迁旧房30万平方米，建设新房12万平方米，建成迎宾街社区、北大街高寺社区等示范社区；全面推进城市精细化管理；高标准完成8个中心镇小城镇建设详细规划。年内新启动中心村11个，新建民居2000户（套）以上，3个省级示范村每村建房规模达到500户（套）以上，14个市级示范村达到200户（套）以上。安全生产形势总体平稳趋好，全面完成平安郏县创建年度任务。信访形势平稳可控，没有发生重大群体性事件、恶性事件和影响郏县形象的事件。

【目标绩效考核管理】 2011年，下发《郏县2011年目标绩效考核实施意见》和《2011年目标绩效考核实施细则》，继续突出对四项重点工作的考核，并进一步加大督查力度和奖惩力度。4月至6月份，以县委经济工作会议和《政府工作报告》确定的任务为主要依据，明确各乡镇（街道）、县直单位2011年度主要目标任务，签订《目标责任书》。同时，完成了对市定目标任务的分解落实。

【人大代表建议政协提案圆满完成】 2011年，共接到市政府批转县人大建议4件，政协提案1件；县政府转来县人大议案1件、代表建议122件、政协委员提案176件，共计304件，并全部办理完毕。共接到县人大转来《社情民意》5期，共有民意事项45件，涉及承办单位15个，全部得到了较好解决，并组织人大代表进行了视察。

【“民意快线”和《走进直播间》栏目】 2011年，“民意快线”共接到群众来电来信470多件，已办结456件，办结率97%。《走进直播间》栏目开播12期，先后有财政局、教体局等12个单位一把手做客《走进直播间》栏目，现场解答观众问题176件。4月初，拟发了《关于做好开办〈局长（主任）履职承诺〉电视栏目的通知》，共有34位局长（主任）做客《局长（主任）履职承诺》节目，公开向社会承诺全年所要做的工作，接受群众监督。

【十项民生工程稳步推进】 2011年，拟发了《关于明确县委、县政府2011年十项民生工程及责任单位的通知》，并于每季度通报十项民生工程进展情况。12月底，对全县十项民生工程（62小项）进行跟踪督办。截至年底，全县对十项民生工程已投入资金4.62亿元，各项民生工程基本完成。

【专项查办与专项督查】 2011年，共处理专项查办案件150余件。其中省委、省政府，市委、市政府批示件60余件，均已办结，办结率100%。县领导批示110余件，均已办结，办结率100%。案件办理水平和质量得到了明显提升，受到了群众一致好评。同时，直接参与会风会纪督查15次，先后组织或参与土地增减挂钩、北汝河治理、移民迁安、森林防火等专项督查60余次，向相关职能单位下发《督查事项通知》130多期，有力推动了各项工作顺利开展。

【督查网络建设】 一是完善督查机构。各乡镇（街道）、县直各单位均明确一名副科级干部分管督查工作，并配备专职督查员，确保县委、县政府确立的督查事项有部门分管，有专人落实。二是发挥互联网平台作用。借助郏县门户网站，将重要督查活动在网站发布，公开接受群众监督。三是加强专职督查队伍建设。定期组织乡镇和单位专职督查员交流培训，不断提高相关人员业务水平。全县15个乡镇（街道）已全部设立督查室，初步形成了自上而下联系紧密的督查工作网络。

（赵　兵）

纪检监察

【概况】 2011年，县纪检监察机关在市纪委和县委、县政府的正确领导下，以邓小平理论和“三个代表”重要思想为指导，深入贯彻落实科学发展观，坚持标本兼治、综合治理、惩防并举、注重预防的反腐倡廉战略方针，扎实推进惩治和预防腐败体系建设，不断拓展从源头上防止腐败工作领域，党风廉政建设和反腐败工作取得新的明显成效。先后荣获“全省纪检监察系统先进集体”、“全省农村基层党风廉政建设先进集体”、“全省优化经济发展环境先进集体”等称号。

【党风廉政宣传教育工作】 2011年，县纪检监察机关积极发挥职能作用，强化思想教育，加大监督力度，规范从政行为，党员干部作风建设进一步加强。组织全县党员干部深入开展理想信念和廉洁自律教育、党的优良传统和作风教育、正面典型示范和反面警示教育，为广大党员特别是领导干部自觉遵纪守法、勤政廉政奠定了良好的思想道德基础。扎实开展廉政教育月活动，由县主要领导为全县科级干部上廉政党课，进行廉政谈话，各乡镇（街道）、县直单位集中收看警示教育片100余场次，向全县科级以上干部发送廉政短信、提醒函30余期，154名党员干部做出了书面廉政承诺，全县党员干部特别是领导干部思想认识得到明显提高。在机关、学校、企业、农村和社区以廉政文化“六进”活动为载体，开展丰富多彩的廉政文化创建活动，着力提高全社会的廉洁意识。

【党风廉政建设工作】 2011年，县纪检监察机关协助县委进一步做好党风廉政建设责任制的责任分解、责任考核和责任追究工作，增强了领导干部“一岗双责”意识，强化了乡镇和县直单位一把手的领导责任；严格落实《关于对全县各单位重大事项加强监督的规定》和《关于对全县领导干部加强监督的规定》，全年受理各单位购买车辆、物资采购、国有资产处置、集体外出学习等重大事项报告254件，受理领导干部个人重大事项报告59件；加强对《廉政准则》贯彻落实情况的监督检查，对各单位落实“三费”单独结报和严禁公款大吃大喝、铺张浪费情况进行重点检查，认真纠正存在问题，对违反规定的党员干部进行责任追究，共责任追究领导干部20人，其中科级干部17人，有效规范了全县领导干部的从政行为。

【经济发展环境优化】 2011年，县纪检监察机关进一步完善县级领导干部联系企业、职能部门定期走访重点项目等制度，督促乡镇（街道）、职能部门对重点企业和项目开展企业服务工作，及时受理、快速查处损害经济发展环境的案件，为企业的生产经营营造了良好的环境；会同有关部门对县委、县政府招商引资、城镇建设、新农村建设、安全稳定等四项重点工作推进情况进行监督检查，纠正有令不行、有禁不止现象，促进了各项工作任务的落实。

【执法监察工作】 2011年，县纪检监察机关紧紧围绕中央和省、市、县关于科学发展一系列重大决策部署的贯彻落实，开展执法监察工作，保证了经济平稳较快增长和民生持续改善。对中央扩内需、促增长新增投资郏县17个项目1.25亿元资金进行全程监督检查，保证重大项目建设安全有效实施；对全县2010年以来政府投资50万元以上的110个项目进行逐一检查，下达整改建议91条，追缴税费839.5万元；继续开展工程建设领域突出问题专项治理，对存在问题进行纠正整改；严格落实土地监管责任，对发现的42宗259亩违法占地行为进行纠正处理，规范了用地市场秩序；对城乡低保金、医疗救助金、“两免一补”及新农合补助等各类补贴资金的落实情况开展监督检查，确保上级各项惠农政策落到实处；加强对换届纪律执行情况的监督检查，确保县、乡党委换届顺利进行。

【案件查办工作】 2011年，县纪检监察机关继续把查办案件工作作为纪检监察各项工作的重中之重，进一步规范信访举报受理和案件线索管理，加强反腐败组织协调，提高了及时揭露和有效查处腐败的能力。2011年，全县纪检监察机关共受理信访举报113件，立案68件，党政纪处分91人，其中涉及科级干部24件26人。同时，严格执行《郏县党政干部问责办法》，对不正确履行职责、不作为、乱作为、失职渎职的8名相关责任人进行问责。工作中，坚持依纪依法、安全文明办案的原则，注重发挥办案的治本功能，通过案件剖析，揭露滋生腐败的深层次问题，指导发案单位有针对性地完善制度，堵塞漏洞，加强教育监管，促进了惩治成果向预防成果的转化。

【纠风治乱工作】 2011年，县纪检监察机关扎实开展保障性住房政策落实情况专项检查，对检查中发现的不符合廉租房租住条件、重复领取廉租补贴和档案资料不全等问题，责令相关单位限期纠正整改，追回住房补贴150余万元、廉租住房44套，对15名违规违纪人员进行党政纪处理；深入开展治理教育乱收费，坚决制止和纠正挪用、截留、挤占、平调教育经费以及向学生乱收费、乱摊派等行为；继续治理医药购销和医疗服务中的不正之风，对检查中发现的超标准收费和挪用公共卫生服务经费等问题，责令相关单位进行纠正整改；扎实开展民主评议政风行风活动，促进了全县政风行风的持续好转。

【农村基层党风廉政建设】 2011年，县纪检监察机关结合村级组织换届，加强村务监督委员会组织和制度建设，强化农村集体“三资”监管，扎实开展农村涉财突出问题专项治理、低保政策执行情况专项检查，查处农村涉财案件7起，党政纪处分9人，取消不符合低保政策的低保对象1838人。

【纪检监察机关自身建设】 2011年，县纪检监察机关进一步加强纪检监察机关领导班子和干部队伍建设，提高了纪检监察干部的政治意识、大局意识、责任意识和创新意识。在全县纪检监察干部队伍中开展以“爱岗位、强素质、正作风、做表率”为主题的“队伍建设年”活动，组织全县纪检监察干部结合思想和工作实际，查摆问题、剖析根源、理清思路、制定措施，增强了纪检监察干部围绕中心、服务大局的责任感，提高了尽责争先、真抓实干的工作能力。新一届县纪委按照“政治坚强、公正清廉、纪律严明、业务精通、作风优良”的要求，进一步明确工作目标，细化工作责任，狠抓任务落实，纪检监察机关的工作水平和干部队伍的整体素质得到进一步提高。

【中共郏县十二届纪律检查委员会第一次全体会议】 2011年6月23下午，中共郏县十二届纪律检查委员会举行第一次全体会议。会议由宁和平同志主持。本次会议应到委员25名，实到委员25名，符合规定人数。会议以举手表决的方式通过了《中共郏县十二届纪律检查委员会第一次全体会议选举办法》，通过了监票人名单，通过了纪委常委候选人建议名单和纪委书记，副书记候选人名单，以无记名投票的方式选举产生了新的纪委常委、书记、副书记。经提请中共郏县第十二届委员会第一次全体会议通过，宁和平当选为中共郏县纪律检查委员会书记，何留中、梁雪棉当选县纪委副书记，王中良、张国星、王彦锋、张建政当选纪委常务委员会委员。新当选的纪委书记宁和平代表新一届纪委常委对同志们的信任和支持表示感谢，并表示新一届县纪委一定要很好地坚持和发扬优良传统，更加扎实有效地开展好党风廉政建设和反腐败工作，围绕中心，服务大局，为郏县经济和社会发展做出新的更大的贡献。

【尹晋华在郏县产业集聚区和冢头镇调研】 2011年4月28日，省委常委、纪委书记尹晋华来到郏县调研产业集聚区和新农村建设工作。市委书记赵顷霖，市委常委、纪委书记段玉良，市委常委、秘书长张遂兴，县领导郑理、张国晓、陈银山、肖根胜、陈书欣、王亚军、宁和平等陪同调研。尹晋华一行先后来到圣光投资集团、平煤机械有限公司和冢头镇前王庄、陈寨、柿园村进行察看，并听取了关于企业情况的介绍。尹晋华对郏县产业集聚区建设所取得的成效给予充分肯定。在冢头镇前王庄、陈寨和柿园村，听着村民们发自内心的赞叹，尹晋华语重心长地对乡村干部说，希望你们要时时处处为老百姓谋利益，要有不怕付出、不怕吃亏、不怕吃苦的精神，要认真落实四议两公开办事原则，做到村务公开透明，办事公平、公正、民主，在带领群众致富的同时，还要兼顾好农村贫困户和孤寡老人的生活，尽可能地把保险、保障制度向全民普及。

（高　颖）

组织工作

【创先争优活动】 2011年，在全县广大党员干部中深入开展了新一轮的公开承诺、设岗定责、领导点评等活动，引导全县广大基层党组织和党员干部立足本职创先争优；制定下发了《郏县窗口单位和服务行业创先争优活动的实施意见》和《郏县党员志愿服务者服务活动的实施方案》，各基层党组织按照组织推荐、个人自荐的原则，成立党员志愿者服务队，深入农村社区办好事实事1500余件。认真开展了“双百夺旗争星”活动，通过严格把关推荐，广阔天地乡党委、白庙乡党委先后被省创先办授予“河南省创先争优流动红旗”称号，茨芭镇空山洞小学校长刘长水、冢头镇陈寨村党支部书记徐克俭、郏县检察院检察官马俊欣等先后被省创先办授予“河南省创先争优党员之星”荣誉称号。郏县的经验做法先后被中央、省、市新闻媒体予以报道。2011年，创先争优活动简报省级发表10篇，市级发表20篇，报纸、《人民网》等媒体发表40余篇，在省、市各县（市、区）名列前茅。中央创先争优活动领导小组办公室简报第1496期专门介绍了《郏县探索建立“三位一体”创先争优长效机制》的经验做法。

【县乡村党组织换届选举工作】 2011年，在县乡村党组织换届选举工作方面。严把代表选举质量关、人事安排原则关、党代会组织关，确保了党代表的广泛性和先进性。在13个乡镇新一届领导班子中，平均年龄37.96岁；女干部14名，少数民族干部3名，各项指标均比上届有所优化。选举产生了新一届县委、纪委班子，乡镇党委、纪委班子和32名出席市第八次党代会代表，顺利实现了市委、县委人事安排意图。全县新选出的357个村级党组织领导班子中，“双强”村党支部书记260名；女党支部书记9名，大学生村干部当选为村党支部书记7名，复员退伍军人74名，机关企事业退居二线干部5名，机关在职干部回村兼任村党支部书记的有22名。

【干部教育培训】 2011年，完成了省、市委组织部的干部调训任务。全年共组织选派53名县级领导干部、98名科级干部分别到组工干部学院和省、市委党校参加学习培训。切实抓好对各级各类干部的教育培训。先后举办组工干部培训班1期，培训全县组工干部98人，科级干部培训班3期，培训科级干部320人，农村干部培训班3期，培训农村党支部书记、村委会主任400人。组织30名优秀党组织书记先后赴新乡市回龙村、安阳市红旗渠、濮阳市西辛庄村等先进地区进行了参观学习。邀请省内知名专家教授来郏就中原经济区建设和领导干部健康知识讲座2次。继续在全县深化“争创学习型领导班子、争当学习型领导干部”活动。全年全县各级领导干部撰写心得体会5731篇和调研报告750篇。

【干部管理】 2011年，面对新形势新任务，切实把加强领导班子思想政治建设放在了重要位置来抓，认真贯彻落实省委加强和改进领导班子思想政治建设具体措施，通过采取听汇报、专题调研、重点约谈等形式，认真研究不同单位领导班子思想政治建设具体情况和特点。进一步健全完善民主生活会、民主议事、科学决策、谈心谈话等制度，使全县各级领导班子和领导干部思想政治水平进一步提高，政治觉悟更加敏锐，理想信念更加坚定。加强公务员日常管理工作。按照省委组织部、省人事厅《河南省公务员日常登记管理实施办法》（豫人〔2008〕91号）和市委组织部有关通知要求，对2006年集中登记以来，以考录、选任、调任、军转等形式进入机关的人员进行了摸底，并按照公务员登记的有关规定及时进行补登、注销和数据变更。结合县委换届各单位人员变动情况，对县委各部委和人大、政协、群团等单位的人员及时进行定编定岗。

【干部监督】 2011年，认真做好了乡镇党委换届纪律监督工作，制定了《中共郏县县委组织部严肃换届纪律工作实施方案》和《关于严肃换届纪律确保换届顺利进行的通知》，分阶段、分环节对严肃换届纪律作出了具体安排。在县电视台、《郏县信息》上开辟严肃换届纪律专栏，广泛宣传“5个严禁、17个不准、5个一律”的换届纪律规定，印制了10000份《严肃换届纪律公告》和严肃换届纪律警示教育材料，发放给全县乡科级以上干部和各村党支部负责人。成立了5个督查督导组，对乡镇的换届纪律进行跟踪督查，防止和整治用人上的不正之风，营造风清气正的换届环境。对离任的3名党政正职进行了经济责任审计。积极做好组工信访工作，全年共受理信访6件，全部得到妥善解决。

【人才管理工作】 2011年，根据中央、省、市《中长期人才发展规划纲要》精神，结合县实际，制定了郏县中长期人才发展规划（征求意见稿）。加大对农村实用人才的培训力度，通过“传、帮、带”等多种途径，采取短期集中培训的形式，充分发挥农村实用人才在新农村建设和带领群众致富中的作用。2011年，全县共举办各类农村实用才人培训班15期，培训人员600余人。做好市第九批专业技术拔尖人才评选推荐工作。郏县董晓军、黄金永、王建廷3名同志被评为“第九批平顶山市拔尖人才”。开展专项调查，建立重点人才库。在全县范围内开展了专项人才调查工作，明确了采集对象的条件和分类标准，分类进行人才信息采集，建立了全县农村实用人才和中、高级专业技术人才库，为更好地掌握、联系、服务和使用各类高层次实用人才和专业技术人才提供了平台。

【基层党组织建设】 2011 年，继续深化“三级联创”活动。以“双培双带双强”工程为总抓手，建立健全了县、乡、村三级党组织“三级联创”目标责任制。全县 15 个乡镇（街道）党（工）委、316 个村（社区居委会）党支部达到“五个好”标准，分别占乡镇（街道）党（工）委和村（社区居委会）党支部总数的 100% 和 83.8%；“双强”党员达到 7500 多名，“双强”村干部达到 1400 多名，其中“双强”村党支部书记 316 名，占行政村（社区居委会）总数的 83.8%。党员教育培训力度有了新的加强。2011 年，组织冢头镇陈寨村徐克俭、姚庄乡南三郎庙村张龙鸽等 6 名优秀村党支部书记组成了巡回报告团，在全县巡回报告 12 场次，3600 余名党员参加聆听了先进事迹；4 月份，组织全县 33 名优秀中心村党组织书记到冢头镇前王庄村、陈寨村、新乡固石寨村等地进行实地参观考察，学习外地新农村建设的先进经验；11 月 18 日，全市先进典型事迹报告会在郏县举行，组织县直单位及乡镇党员领导干部共 400 多人参加会议。各乡镇（街道）党（工）委也通过聘请专家讲座、外出参观、专题培训等方式培训党员 3000 余人。党员发展力度有了新的提升。2011 年，分 5 期举办了申请入党积极分子培训班，共培训入党积极分子 1100 多人，平均每个行政村达到 2 人以上。通过全面了解、严把关口，全县共发展新党员 913 名，其中 85% 以上是农村党员，致富能人占 75% 以上。村党支部书记管理力度明显增强。2011 年，严格按照《郏县村党支部书记管理暂行办法》，狠抓文件落实选优配强村党支部书记，认真执行现任及离任村干部工资（生活补贴）发放工作。截至 2011 年底，全县村党组织书记及村主任工资已严格按照新标准 500 元、400 元执行，离任村两委干部生活补贴也都及时发放到位。同时，不断加强对驻村任职（第一书记）工作管理力度，郏县《建立“五项制度”加强驻村干部管理》做法得到省、市驻村办的充分肯定。后进村级组织整顿取得明显成效。在连续两年集中整顿的基础上，2011 年又安排专人对全县 377 个行政村重新进行了排查摸底，按照软弱涣散或相对靠后的原则，共确定整顿对象 33 个后进村级组织。印发了《关于进一步加强后进村党组织整顿建设的实施方案》的通知，并从县直单位抽调 33 个帮扶工作组进村开展帮扶整顿工作。在帮扶工作组的努力下，33 个后进村级组织已全部完成整顿转化工作，配齐配强了两委干部，培养后备干部 70 余名，新吸收入党积极分子 52 名。先进典型培育工作取得明显成效。按照市委安排部署，印发了郏县《关于扎实开展“先进典型提升暨基层党建品牌创建年”活动的意见》。通过各基层党组织层层把关，组织部严格审核，全县已培育出茨芭镇空山洞小学校长刘长水、广天乡石庙村党支部书记马晓伟等模范党员 7 名，姚庄乡党委、冢头镇陈寨村等红旗基层党组织 4 个。同时，通过新闻、报纸、电台、拍摄专题片等形式，对先进典型进行大力宣传。5 月 27 日，河南电视台法制频道《先锋之歌》栏目专题报道了茨芭镇空山洞小学校长刘长水《无悔刘长水深山育人 37 年》感人事迹。冢头镇陈寨村党支部书记徐克俭、检察院检察官马俊欣作为全市模范党员已在全市巡回报告一次。山东大学、省人民检察院、市人民检察院专题举办了马俊欣先进事迹报告会。通过活动的开展使全县先进典型的档次得到进一步的提升，成功创建了“当代保尔”马俊欣，“优秀第一书记”徐克俭等党建品牌。党建引领新农村建设工作取得明显成效。通过加强班子建设、丰富活动载体、创新组织设置等方式，充分发挥基层党组织在新农村建设过程中引领作用，新农村建设工作取得了明显成效。11 月 4 日，全市党建引领新农村建设现场会在郏县召开。12月1日，省委副书记、组织部长邓凯莅临郏县调研新农村建设工作。扎实开展纪念建党90周年活动。“七一”前夕，推荐3个先进基层党组织、3名优秀共产党员、1名优秀党务工作者接受省委表彰；推荐6个先进基层党组织，11名优秀共产党员，6名优秀党务工作者接受市委表彰。召开了纪念建党90周年暨七一表彰大会，隆重表彰了一批先进基层党组织、优秀共产党员和优秀党务工作者。

【大学生村干部管理】 一是加大督查力度，对全县大学生村干部进行不定时暗访督查，督促大学生村干部到岗到位，全年开展督查30余次。二是进一步加大教育管理培训力度，组织全县大学生村干部参加（syb）创业培训，达到全员培训。选派部分优秀大学生村干部参加市委组织部组织的培训班赴省外进行培训，全年共举办大学生村培训班28期，提高了大学生村干部自身素质。三是继续开展“建设新农村、岗位献青春”和争当“创业之星、文明之星、奉献之星”活动。截至年底，全县大学生村干部共协调筹措各类资金700余万元，修缮学校13所，修村村通公路20余公里，全年新上自主创业项目11个，使全县自办、联办、帮办企业达179个。加大宣传培养典型力度。全县涌现出邢红霞、张菊英、赵向民、程二辉、孙文涛、王雪平等新典型45余人。杨静被评为“平顶山市巾帼建功标兵”、“平顶山市农村青年创业致富带头人”、李郭被评为“河南省优秀农村实用人才”。

【现代远程教育和电教工作】 2011年，县组织部门坚持“建管学用”并举，农村党员现代远程教育成效显著，开展集中整改活动，提高全县站点规范化建设工作水平。拍摄了《优秀共产党员刘长水》、《赤子情深—记优秀党支部书记徐克俭》、《物华天宝腾飞郏县》等专题片。

（吕小磊）

宣传工作

【概况】 2011年，全县宣传思想工作在县委的正确领导下和市委宣传部的指导下，坚持科学发展观，围绕贯彻落实十七届五中、六中全会精神和建党90周年等工作大局，紧紧围绕县委、县政府确定的打造“特色经济县和生态宜居县”两大目标和“招商引资、新农村建设、城镇建设、安全稳定”四项重点工作，抓载体，树典型，求创新，唱响主旋律，打好主动仗，创造性地做好宣传思想工作，为实现县域经济平稳较快发展提供了有力的精神动力、思想保证、舆论支持和文化条件。

【理论教育】 一是抓好全县中心组理论学习工作。积极服务好县级领导干部中心组学习，县四大班子领导中心组全年集中学习13次。加强对科级干部理论学习的督促指导，对全县76个科级干部中心组理论学习进行了检查，调阅56个单位的学习资料，有力推进了全县中心组理论学习工作的开展。二是扎实开展“两创两评”（创学习型党政机关、创学习型企事业单位、评中心组学习示范单位、评十佳中心组学习秘书）活动，10月举办了中心组学习秘书暨理论骨干培训班和“两创两评”经验交流会。三是抓好基层党校建设及理论普及工作。相继开展了科学理论进基层主题党课教育活动和“两创两评”经验交流会，省讲师团郭兵教授作《危机管理的基本实务与技巧》报告，市委党校毛齐副教授作形势政策教育宣传报告。组织了《用领导方式转变加快发展方式转变》和《决战十二五，我该怎么办》大讨论优秀论文征集评选活动，共征集论文960余篇，对评出的60篇优秀论文编印成书，收到了良好效果。县委宣传部荣获全省“科学理论进基层”先进单位，茨芭镇基层党校荣获省先进基层党校称号。

【社会宣传】 一是精心组织了建党90周年系列宣传活动。在全县范围内隆重举办了庆祝建党90周年演讲比赛、摄影比赛、书画展、优秀影片展播等活动，深入宣传了建党90年来郏县取得的巨大成就，歌颂了党的丰功伟绩。扎实推进社会主义核心价值体系建设，加大先进典型选树和宣传力度，在全县深入开展“百千联动”活动，大力选树先进典型。集中挖掘宣传马俊欣、徐克俭和王俊晓等先进事迹、《人民日报》中央电视台等国家级媒体对马俊欣、徐克俭、王俊晓等先进事迹进行了报道。组织马俊欣、徐克俭先进事迹报告团在全县巡回报告10多场，充分发挥了先进典型的示范作用，2011年先进典型120余个，形成了人人学习先进、争当先进、赶超先进的浓厚氛围。认真开展了群众性爱国主义教育活动。积极组织县内革命纪念馆、历史文化遗迹和特色展览馆等单位申报市级爱国主义教育基地，最终曹沟革命纪念馆等4个单位被确定为市级爱国主义教育基地。通过组织干部群众读爱国主义书籍、唱爱国主义歌曲、看爱国主义电影，举办爱国歌曲大家唱、演讲比赛等形式，在全县广大干部群众中深入开展群众性爱国主义教育活动。认真组织了第十八届全县青少年爱国主义教育读书活动。通过举办富有教育意义的活动，引导青少年树立远大理想，养成良好的道德品质和行为习惯，形成朝气蓬勃、昂扬向上的精神状态，成为全面发展的社会主义新人。

【新闻工作】 一是新闻发稿质量和数量有了新的突破。全县新闻工作者围绕全县确定的两大目标和四项重点工作，发表了大量新闻稿件，发稿数量和质量都有明显提高，特别是围绕党报上头题方面取得了明显成效，为动员和引导全县人民振奋精神、真抓实干发挥了重要作用。截至12月底，全县共在市级以上新闻单位发稿1418篇（报纸、杂志1294篇，电视台、电台159篇），新闻网站470篇，超额完成目标任务。围绕党报上头题方面，4月26日在河南日报头版头题发表《郏县：改善居住环境拓宽　增收渠道》，6月21日在河南日报农村版头版头题发表《郏县神前村　客商纷纷至》，11月17日在河南日报农村版头版头题发表《郏县“能人治村”拓宽群众致富路》、12月20日在河南日报农村版头版头题发表了《小卢寨探路新型城镇化》的稿件，提前完成了市里下达的任务。采取“请进来、走出去”的办法，主动邀请上级新闻单位的记者来郏采访，及时推出县两大文明建设的先进典型，共接待上级新闻记者、编辑240多人，对宣传郏县、树立郏县的良好形象做出了积极贡献。二是对内宣传和新闻队伍建设有了新的提高。开展了“走基层、转作风、论文风”活动，《郏县信息》坚持正确的舆论导向，鼓舞士气，凝聚人心，弘扬社会正气，刊登了全县的工作动态的新闻稿件，以及各条战线上涌现出的先进典型、先进经验，影响力不断扩大，也是广大业余通讯员及文学爱好者发表自己作品的平台。按照市委宣传部关于舆论监督、重大案件及突发事件报道的若干规定，健全完善了《郏县突发事件新闻报道应急机制》，制定了具体的操作方案和保障措施，并认真抓好落实，提高了与媒体打交道的能力。5月份，举办了领导干部提高与媒体打交道能力暨通讯员培训班，邀请《河南日报》、《河南日报农村版》、《大河报》、《平顶山日报》等记者来郏授课，全县各乡镇（街道）、县直单位110余名通讯员参加了培训，提高了基层新闻通讯员的写作水平。

【外宣网络】 2011年，外宣和网络工作取得新进展。为全面立体宣传好建党90周年纪念活动，广大网评员积极撰写评论文章50多篇，组织全县广大干群踊跃参加，共上报近200件作品参赛，最终有11篇作品分获一、二、三等奖，县委宣传部获得优秀组织工作奖。在全市组织的“文明办网、文明上网”活动中，开展一系列整治互联网低俗之风专项行动，达到预期目的。县委宣传部先后组织县产业聚集区、县招商局、东城区办事处等单位，制作完成了《郏县招商引资指南》、《郏县旅游指南》、《郏县产业集聚区》、《郏县严打整治活动专题片》等画册和光盘等外宣品。

【文艺宣传】 一是组织好“欢乐中原·唱响郏县”和“舞台

艺术送农民”群众文化活动。自7月份起，在全县15个乡镇（街道）和有关县直单位中继续开展“欢乐中原·唱响郏县”群众文化活动。活动开展以来，各乡镇（街道）和有关单位高度重视，围绕全县工作大局，结合本乡镇、本行业特点，创造性地举办了一系列丰富多彩的群众文化活动。各协办单位积极参与，无私奉献，为活动的开展提供了有力保障。截至10月底，共演出17场，参加活动的演职人员达2000多名，观众达15万余人次。9月至10月，在全县范围内开展“舞台艺术送农民”活动。在全县乡村演出戏曲30多场。2011年郏县荣获全省“欢乐中原·广场文化活动”先进单位。二是精心组织建党90周年等节庆文化活动。春节期间，海连池曲剧团和全县10个农村业余剧团相继在县体育场演出20场大戏，60多支表演队进行了铜器舞、龙狮舞、旱船秧歌等民间艺术表演赛，举办了元宵节烟火晚会。为庆祝建党90周年精心组织了“颂歌献给党”红歌会、演讲比赛、摄影大展、书画展、优秀影片展播等系列活动。“十一”前夕举办了庆祝建国62周年广场歌会，积极打造特色文化村，培育一村一品文化产业。举办了“广天杯”全国硬笔书法大赛和省首届“非虚构文学”培训班。三是积极实施文化惠民工程与文化市场综合治理，做好“广播电视村村通”、文化资源共享、农村电影放映、“农民书屋”等文化惠民建设工作。广播电视村村通，120多个行政村开通了有线电视信号，发展农村有线电视用户2万多户。乡镇综合文化站达到14个。完成了郏县第三批198个行政村农家书屋建设，农家书屋已达273个，为全县人民群众放映公益电影4344场次。保障群众基本文化权益。积极促进文化与旅游相融合，变文化旅游资源优势为经济优势，着力做大做强“三苏文化、知青文化”两个国家级旅游品牌，努力打造中原地区知名的历史文化名城。

【信息调研】 2011年，上报调研文章20余篇，被市以上报刊杂志发表3篇，在省委宣传部宣传信息发表13篇，市委宣传部宣传信息发表13篇，超额完成省、市下达的任务。

统战工作

【概况】 2011年，县委统战部在县委的正确领导和市委统战部的精心指导下，紧紧围绕县委、县政府确定的四项重点工作，务实重干，使各项工作都取得了较好的成绩。县委统战部被评为平顶山市“百企帮百村”工作先进单位、2011年度落实全市统一战线十件实事先进单位、全市统战信息工作先进单位、全市网站宣传工作先进单位。全年统战系统共有12人受到中央、省、市统战部门表彰。

【经济统战】 一是发挥职能优势，积极招商引资。积极参与组织“闽商鹰城行”活动，签订了投资2亿元的福建火旺彩印包装项目和投资1.2亿元的福建宏磊石材项目，由港商投资、占地面积7万多平方米的福万城项目开工建设。全年统战系统共引进县外投资项目8个，投资金额达24.2亿元。其中圣光集团与央企华润医药集团6月份在北京人民大会堂举行合作签字仪式，省委书记卢展工、省长郭庚茂等出席签字仪式。这是郏县民营企业首次在人民大会堂与央企签约，极大提升了郏县民营企业的知名度。全县非公有制经济发展势头迅猛，受到各级领导和各地客商的关注，原省委常委、统战部长刘怀廉，香港中华总商会会长林铭森等先后到郏县调研考察。全市非公有制企业座谈会在郏县召开。二是持续深入开展“百企帮百村”活动，组织民营企业参与新农村建设。在原来帮扶14个中心村的基础上，2011年新增13个中心村，以启动基础设施建设和引导村企产业对接为重点，进一步落实帮扶企业、明确帮扶内容。全县27个帮建示范村共建成新民居580套，新修农村公路28公里，建成休闲广场12.5万平方米，新建村室49间，修建小学教室46间，企业直接或间接注入资金4800万元，落实帮扶项目36个，安置就业5000余人。省长郭庚茂，省委常委、纪委书记尹晋华，原省委常委、统战部长刘怀廉等到郏县视察工作时，均到帮扶示范村调研并给予充分肯定。2011年12月，郏县被评为平顶山市“百企帮百村”工作先进单位。三是强化对非公经济人士的政治引导工作。积极组织工商联会员企业开展招聘大学生暑期实习、高中生暑期实践活动，共安排600多名学生到企业锻炼。组织民企开展招聘周活动，全年新增就业8000多人。四是积极开展“光彩助学”活动。举办了2011年光彩助学捐助仪式，共募集到捐款154万元，资助贫困学生540多人。组织配合平顶山市第二届“感动鹰城·十大光彩助学人物”评选活动，在县电视台开设“光彩助学人物”访谈专栏，树立了广天建安集团、圣光集团等郏县光彩助学典型，全县民营企业家中已形成了捐资助教、光彩助学的良好氛围。

【民族宗教】 2011年，加大对党的民族宗教政策、法律法规宣传力度。全年共举办各类培训班6期，发放宣传材料1万余份，累计出动宣传车26台次，全县受教育人数达10余万人。深入开展“和谐寺观教堂”创建活动。其中，郏县伊斯兰教协会被省民委评为“模范宗教团体”，西关清真寺被省民委评为“规范化管理宗教活动场所”，全县已建立10个民族团结进步友好村。做好项目申报工作，全年共上报民族经济发展项目4个，争取扶持资金200万元；协调水利、畜牧、林业等涉农部门项目资金160万元，协调农村小额贷款1248万元，用于支持民族聚居地经济和社会发展。12月份，郏县被评为全市民族团结进步模范单位。

【海外联谊】 2011年，积极参与以地缘、血缘、业缘关系为纽带的各种社团联谊活动，邀请海外华侨华人来郏考察投资。马来西亚汉联机构有限公司首席执行董事刘国强等一行到郏县考察，决定捐资100万元建设冢头镇刘南辉侨心小学。香港同胞陈国威、陈徐凤兰夫妇捐资300万元建设的陈国威侨心中学教学楼建成竣工，同时无偿捐资70万元建设冢头镇陈国威侨心小学和安良镇陈国威侨心小学综合办公楼项目。举办了郏县籍印尼总统大学留学生经验交流会，推选2名县优秀高中毕业生到印尼总统大学免费留学。组织参加了第十二届世界华人学生作文大赛活动、省侨联与省文联共同举办的第二届海内外知名书画家作品邀请展暨“侨光艺术奖”评选活动，进一步展示了郏县文化软实力，推介了郏县。

【党外人士】 2011年，继续加强与各级民主党派、工商联的沟通与合作。民革平顶山市委、市工商联分别与郏县人民政府签订“同心助力行动”合作框架协议，协议商定民革市委把郏县产业集聚区作为民革党员社会实践活动的主阵地，发挥民革平顶山市委、市工商联的优势，为郏县产业集聚区在招商引资方面牵线搭桥、建言献策。民进河南省委“同心同行建中原”调研组就郏县产业集聚区建设、文化建材产业发展等进行实地调研。争取到民建中央委员会、中华思源工程扶贫基金会捐助医疗设备项目，举行了“思源工程—中国万里行郏县人民医院救护车捐赠仪式”，为郏县第一人民医院捐赠价值8万多元的救护车1台，郏县是河南省唯一一个接受捐助的单位。

【统战信息宣传调研】 2011年，先后在省、市、县报刊电台发表统战文章150多篇，在“根在中原”网站刊发统战信息120余篇。共上报市委统战部信息138条，位居全市前列，被市委统战部评为全市统战信息及网站宣传工作先进单位。

（周俊杰　陈　沛　张成涛）

对台事务

【对台宣传工作】 2011年，县台办结合郏县实际，采取多种形式，扎实开展对台宣传工作。一是积极组织郏县籍台胞、台属学习了党的十七大、中央及省、市有关文件精神。二是在全县范围内广泛宣传贯彻《中华人民共和国台湾同胞投资保护法》及其施实办法。三是制订完善了《涉台突发事件应急预案》。四是充分利用台胞回乡观光、旅游、考察等时机，全面开展宣传活动。全年接待台胞2人次。同时利用传统节日向在台湾及海外的郏县籍同胞寄贺卡、发电子邮件及邮寄反映家乡新貌的图片资料等形式，加强联谊。

【涉台教育进社区活动】 2011年，加强了对涉台教育进社区工作的领导，一是成立了以县委统战部、宣传部、文明办、广电局、文化局、教体局、团县委、各办事处党委等有关人员组成的涉台教育进社区工作领导小组。二是制定出台了《郏县开展涉台教育进社区活动实施方案》。开展了形式多样的涉台教育活动。全年共设立涉台教育宣传专栏5个，制作对台工作宣传板报、墙报5期，组织相关图片展示，发放涉台宣传资料2000余份，组织居民群众观看涉台电教片6次。

【对台交流交往工作】 2011年，县台办以“信息、项目资金、服务”为重点，采取“走出去、请进来”的方式，切实发挥台办工作在全县的对外开放中的重要作用。一是在春节前，县台办都认真组织开展寄赠活动，向台胞寄赠贺年卡，进一步增进彼此之间的友谊，搭建两岸之间的交流平台。同时，县台办开展了“情暖台胞台属”活动，看望慰问困难及重点台属3户，送去了党和政府的关怀和温暖。二是进一步整合县的对台资源优势，积极挖掘对招商引资、招贤引智有价值的人才和信息。开展了对郏县籍重点台胞台属的全面调查摸底工作，并把在社会上有影响、参政议政能力强的6名台属推荐为市台胞台属联谊会第四次代表大会代表。三是积极引导广大台胞（属）关心家乡建设和发展，踊跃参与以“写好一封信，邀请一个朋友，落实一个项目，引进一笔资金，办好一件实事”为主题的“赤子杯”竞赛活动。四是6月份组团赴台参加“中原经济区合作之旅走进台湾”活动，县人大主任肖根胜在台湾先后与部分台商进行了座谈，并向他们介绍了郏县县情、投资环境等，同时，就有关光伏电子项目进行了推介。9月份，派人员随市商贸考察团赴台参加考察活动，进一步宣传、推介了郏县。

（王卿环　陈　沛）

群众（信访）工作

【概况】 2011年，县委群工部（信访局）紧紧围绕“领导干部接访、积案化解和体制机制创新”三个工作重点，以群众工作统揽信访工作，妥善化解社会矛盾，积极解决涉及群众切身利益的突出问题，不断提升信访工作服务大局的能力和水平。机制体制创新、对外宣传得到省市肯定，信访队伍建设、信访工作重心下移、信访110联动机制、依法处置非正常上访等做法先后在省市“信访工作交流”上转发，《浅谈信访干部的心理承受能力》被省信访局评为信访工作理论调研优秀成果奖，并授予“全省信访信息宣传工作先进单位”，先后被省信访工作领导小组授予全省“重信专项治理工作成效显著县（市、区）”及“2011年度信访工作优秀县（市、区）”等荣誉。

【信访稳定整体情况】 2011年，郏县信访稳定工作总体形势平稳、趋好，实现了赴京集体上访零登记、赴京非正常上访零登记、赴省5人以上重复集体访零登记，确保了上三级“两会”、建党90周年及国庆节等重大政治活动期间没有来自郏县的干扰。

【县级领导干部接访工作】 2011年，县级领导干部共接待群众来访3132起9598人，立案302起1615人，其中集体访63批次1206人，个访239起409人。现场解决121起479人次，交办138起；约访群众87起123人次，下访67人次，现场化解58起。不能现场解决的信访事项，要求责任单位成立专门工作组，定期汇报案件进展情况，督促责任单位尽快解决，使信访人稳定，防止了大规模越级访的发生。

【信访交办案件处理工作】 2011年，上三级交（转）办案件377起，其中京交办50起，占总量的13.3%，同比增长28.4%；省交办128起，占总量的33.9%，同比增长25.5%；市交办199起，占总量的52.8%，同比增长131%。交办案件中，国土资源占35%，同比增长133%，涉法涉诉28起占7.6%，同比增长133%，农村农业27起，占7.4%，同比增长20.6%，劳动社保39起，占10.6%，同比增长95%，纪检监察10起，占2.7%，同比下降37.3%，城乡建设56起，占15.3%，同比增长100%，其他76起，占20.7%，同比增长117%。所有案件均按期办结。

【疑难信访积案化解工作】 2011年，共完成省、市集中交办信访积案14起，并接受了省市专项督查、验收；4月份开展了集中化解信访积案专项活动，排查18起重点案件、32起一般性案件，按照“五个一”要求交办有关乡镇（街道）、县直单位，有关案件全部按时、按要求办结。办结率100%，群众满意率85%以上。使用疑难信访事项专项资金化解了宁爰、李西珍、崔花菊、张月侠等28起疑难案件，一批“无头案”、“钉子案”、“骨头案”全部停访息诉。

【群众评议化解制度】 2011年，县委群工部建立了群众评议化解信访事项制度。在全县社会各界推荐的263名人大代表、政协委员、党员干部、法律工作者中，筛选出96名评议员，并颁发为期2年的首届评议员聘书，建立了规范、科学的评议员人才库和评议员管理办法；制订了严密的评议程序，2011年共评议化解疑难信访事项7起，其中：1起当庭达成和解协议；6起的满意率达80%以上。群众评议化解工作的扎实开展，有力地推动了疑难案件的化解。

【双向责任追究制度】 2011年，县委群工部发挥综合协调和督查督办职能，落实“三位一体”（县纪委、群工部、督查局）的督查评查机制，督查督办案件135起，重点督办46起，均按期办结。开展政务短信提示，对上三级发生、登记的集体访、排查掌握的上访苗头、即将到期的案件等，通过政务短信提示有关县领导和责任单位领导，促进了化解、稳控工作。对因工作不力造成上访的9名责任人予以党政纪处分，对2个责任单位实行重点管理。依法处置缠访、闹访、非正常上访信访人86名，其中行政拘留42人，刑事拘留4人，训诫40人。

【信访工作机制体制创新】 2011年，县委群工部筹集50余万元对县群众工作接待服务大厅进行了全面的改造、升级，新增了领导约谈室、县直单位接待室、电子显示屏、声效监控等，实现了与市信访接待监控联通对接。整合公、检、法、司、民政、劳动、社保、国土资源、城建、交通、卫生等部门进驻群众工作接待服务大厅，开展联合接访，实行一站式接待，一条龙办理、一揽子解决的工作模式。成立6个行业（即交通事故、医疗纠纷、城市建设、土地纠纷、劳动争议、安全生产）专业调解委员会和1个流动调解庭，建立“信访110”联动机制，各专业委员会由政法委牵头、群工部协调、聘请行业专家、社会各界人士为委员，明确了各专业委员会的责任、处置流程等。加强第三方中立者身份参与调解社会矛盾纠纷，赢得了双方的认同。专业委员会运行以来，先后快速稳妥现场处置突发事件96起，有效避免了大规模越级集体上访和群体性事件的发生，维护了社会和谐稳定。“信访110”联动机制得到省市信访部门的肯定。

（马海霞）

党校教育

【干部培训】 2011年，县委党校深入贯彻党的十七届六中全会精神，全面深化干部教育改革，进一步落实干部教育培训规划，取得了显著成效。按照《党校工作条例》的要求，结合县委的中心工作，加大了领导干部和国家公务员的培训力度。共举办各级各类培训班12期近2000人次，其中有科级干部培训班3期，农村干部培训班3期，档案员培训班1期，积极分子培训班6期等，提高了领导干部的政治理论水平和驾驭复杂局面的能力，增强了党的凝聚力和战斗力。

【教学研究】 2011年，县委党校为提高教学质量，一是教学管理工作迈上科学化、规范化、制度化轨道，制定完善了一系列配套的规章制度，加强师资队伍建设，努力培养中青年骨干教师和学术带头人。二是积极改进教学管理方法。在教学管理过程中采取“一人讲，大家议，众人评”的方法，实行能者上，庸者下的动态教学管理。三是积极推进教学科研一体化，努力促进科研成果向课堂教学转化，形成了一批既有理论深度，又紧密联系改革开放特别是郏县实际的系列专题。并对《农村留守儿童》、《农村劳动力转移》进行了专题调研，发表专题论文6篇。

【学历教育】 2011年，县委党校全面落实县“十二五”干部教育培训规划，遵循“社会效益第一，教学质量第一”的办学方针，努力为郏县经济建设，社会繁荣服务。截至2011年底，培养中央广播电视大学本科学员106人、专科学员360人。并完成了2009级本、专科班的教学计划和毕业工作，完成了中央广播电视大学2011年秋季及2012年春季招生工作。

（秦亚锋）

老干部工作

【概况】 2011年，全县有离退休干部3800多人，其中离休干部175人（包括抗战干部4人）。离休干部按享受待遇分类：县级待遇38人；按所属单位或系统分类：县直单位64人，教育系统70人，乡镇机关22人，企业单位20人。按照“全面做好离退休干部工作”的要求，在落实好老干部政治生活待遇、推进离退休干部党建和思想政治工作、发挥老干部优势作用、加强老干部部门自身建设等方面，做了一些扎实有效的工作，较好地完成了全年的老干部工作目标任务。县连续多年被市委、市委老干部局评为“老干部工作先进单位”和“老干部工作达标先进单位”。

【工作机制健全】 2011年，县委、县政府和全县各单位都把老干部工作作为一件大事来抓，思想上高度重视，工作上大力支持，列入议事日程，较好地做到了“五个坚持”：一是坚持慰问看望制度。每年的老人节、中秋节、春节等重大节日，县四大班子和各单位的领导都要分组，到老干部家中进行集体慰问，尤其是老干部住院，不仅联系的领导前去探望，主要领导也往往集体到医院看望。各乡镇（街道）、各单位也都对离休干部进行了慰问看望，送去了党和政府的温暖。二是坚持通报工作制度。县委、县政府坚持做到“五个一定”，即重大决策一定听取老干部意见，重点工作一定邀请老干部视察，重大情况一定向老干部通报，重大活动一定请老干部参加，重大庆典一定请老干部坐主席台。全县的所有重点工程，如工业园区建设、林业、水利、工农业生产等，全都邀请老同志视察；县里重要工作，都征求老干部意见，接受老干部监督。每年的《政府工作报告》、经济工作要点等打印成册，逐一送到县级老干部家中，听取意见，请他们把关指正。县里召开的党代会、人代会、县委扩大会，请离退休干部代表参加，前排就座。2011年，县委、县政府采取不同形式向老干部专题通报工作4次，组织视察和重要活动6次。三是坚持听取工作汇报制度。县委主要领导高度关注老干部工作，县委定期召开专题会议，听取老干部工作汇报，及时帮助解决一些涉及全局性的问题，为各项老干部政策得到全面落实提供了有力的保障。为做好改制、破产企业离休干部服务管理工作，县委主要领导认真听取县委老干部局工作汇报，对老干部工作提出了“感情到位、工作到位、措施到位、资金到位”的要求，并对存在的问题和困难当场拍板，现场帮助协调解决。为进一步加强关工委建设，县委常委会研究制定了《关于充分发挥“五老”作用，进一步加强基层关工委组织建设的意见》，有力地促进了老干部工作和关心下一代工作的开展。四是坚持目标管理责任制。县委在年终考评时，坚持把老干部工作单独列为一项考核内容，与其他经济目标、精神文明建设目标一样，按百分制单独考评。县委组织部专门下发《关于对全县老干部工作实行目标管理责任制的通知》，明确具体责任，半年督查一次，年终全面考核，并把考核结果作为考察领导班子和领导干部的一项重要内容，鼓励先进，鞭策后进，确保了老干部工作各项目标任务落到实处。五是坚持联系老干部制度。县委根据人事变动情况及时调整县老干部工作委员会、完善县委常委联系老干部制度，对老干部工作的领导做到不空档、不断线，为老干部工作正常开展提供了坚强的组织保证。各单位也都按照县委要求成立了老干部工作委员会或领导组，建立了联系老干部制度，并自觉把老干部工作纳入本单位工作全局，统筹规划，同步推进，对老干部优先照顾，悉心关爱，切实做到“衣食住行乐，样样有人管；年年办实事，时时送温暖”，老干部们非常满意。

【老干部政治待遇落实】 一是加强离退休干部党支部建设和政治学习，以创先争优活动为契机，按照“支部班子好、党员队伍好、组织设置好、活动开展好、群众反映好”的标准，切实加强离退休干部党支部建设。首先抓好政治学习。按照“政治坚定、思想常新、理想永存”的要求，认真组织离退休干部深入学习邓小平理论、“三个代表”重要思想、科学发展观等理论成果，积极引导广大离退休干部党员不断增强党性修养，始终保持思想上与时俱进、永葆革命本色。其次抓好组织建设。在离退休干部党员达3人以上的单位，建立健全党支部或党小组，切实提高组织覆盖率。同时，按照“政治素质好、群众威信高、有党务工作经验、身体健康”的标准选准配好离退休干部党支部带头人，对个别软、瘫、散支部班子，进行适时适度调整，确保离退休干部党支部组织有力、制度健全，能充分发挥“服务、教育、管理”三位一体职能作用。再者加强培训。为进一步加强离退休干部党支部建设，发挥离退休干部党支部在推动发展、服务群众、凝聚人心、促进和谐等方面的作用，县委组织部、老干部局于2011年9月23日至30日组织了一期离退休干部党支部书记培训班，对全县离退休干部党支部书记进行了培训，着力提高他们服务发展、驾驭全局的能力和素质，为离退休干部党支部建设注入了新的活力和动力。各乡镇（街道）、县直大多数单位都成立了老干部党支部、党小组，普遍建立了“三会一课”制度、党员学习制度、民主评议制度、总结评比制度等。全县已建立老干部党支部38个，党小组123个。各个党支部以“创先争优”活动为契机，通过开展重点辅导学政治、扶贫济困送关怀、缅怀先烈忆党恩、文体比赛振精神等活动，不断激发老党员的积极性。茨芭镇老干部党支部与时俱进，创造性地开展工作，组织老同志在招商引资、劳务输出、捐资助学、化解纠纷等方面发挥优势，为农村政治稳定和山区经济发展出谋划策、保驾护航，成为农村基层组织建设的一面旗帜。针对改制、破产及困难企业离休干部党员管理问题，县委组织部下发了《关于加强和改进党员管理有关工作的规定》，依据“规定”，征求离休干部同意，县改制企业中的2名离休干部党员，一名转到居住地，另一名转入老干部局党支部，保证了他们都能参加正常的组织生活。为认真落实中组发〔2006〕12号文件精神，县委组织部在广泛听取意见的基础上，下发了《关于做好离退休干部党支部党费收缴、管理和使用工作的通知》，组织部每半年按50%的比例返还一次党费，委托县委老干部局负责管理并返还到各支部，为党支部开展活动提供了保证，有力地促进了支部活动的开展和党建工作。

2011年，通过举办报告会、读书班、专题讨论的形式，认真组织老干部学习党的创新理论和路线方针政策，及时传达县里的重大决策和重要会议精神。县委老干部局设立了阅文室、读报室、宣传栏等，为老同志阅读、学习提供服务。现职领导干部阅读的文件，送给同等级别的老干部阅读。全县各单位、乡镇（街道）也都注重从政治上关心老干部，较好地坚持了老干部例会、学习日、座谈会等各项行之有效的思想政治工作制度，并为老同志们订阅了报刊杂志，《老人春秋》达到了人手一份。

【老干部文体活动】 2011年，一是围绕庆祝建党90周年，开展系列活动。首先开展争创“三型”家庭活动。在全县范围深入开展了争创“学习型、健康型、和睦型”家庭活动，进一步调动离退休干部自我学习、自我教育、自我提高的积极性，使他们自觉增强党性意识，始终跟着党、拥护党、支持党，在维护社会稳定、构建和谐社会中积极发挥作用，影响带动离退休干部家庭成员和其他社会家庭逐步更新家庭建设理念，为家庭和美、邻里和睦、社会和谐做出积极贡献。在全市“三型”家庭评选表彰活动中，县退休干部文凤台家庭、李常德家庭、乔寿祯家庭作为全市“学习型、健康型、和睦型”家庭受到市委组织部、老干部局的表彰。其次开展“与党同呼吸、共命运、心连心”征文活动。通过召开经验交流会、组织参观等形式，激发老同志的创作激情与灵感，鼓励引导老干部们结合自己对今夕变化的切身感受，以纪念建党90周年为主题进行诗文创作，抒发爱党、爱国、爱社会主义、爱改革开放的深厚感情，展示乐观向上的精神风貌，达到“在学习中搞创作，在创作中受教育”的良好目的。第三组织离退休干部开展“入党为什么，发挥余热做什么”主题大讨论活动。通过深入讨论交流，引导广大离退休干部党员进一步坚定理想信念，牢记党员使命，切实做到“离休不离党、退休不褪色”，进一步激发“创先争优”的内在动力。第四开展“看发展、增信心”活动。鼓励各支部结合实际，组织离退休干部就近就地参观城镇建设、招商引资工程建设、新农村建设等，引导老同志们进一步开阔视野、增强信心，切实把思想和行动统一到党的决策部署上来，为全县经济社会发展做出力所能及的新贡献。第五开展“献一计、添光彩”活动。广泛动员离退休干部党员围绕“十二五”期间全县社会事业、经济发展、新农村建设等内容，积极思考、踊跃参与、建言献策、争做奉献。第六开展“献爱心、送温暖”活动。一方面以社区建设为依托，积极做好“四就近”工作，满足居住偏远老干部“就近学习、就近活动、就近发挥作用、就近得到关心照顾”的愿望和需求。另一方面，各支部结合实际建立帮扶机制，对家庭困难、生病住院或鳏寡孤独老干部定期开展走访慰问活动，对他们不间断进行心理疏导和精神慰藉，让他们感受到来自党支部大家庭的温暖与关爱，使其顺利度过难关，安享晚年生活。二是文体活动丰富多彩。县委、县政府高度重视老干部文化体育活动的开展。县里有活动中心一处，设有图书室、书画室、棋牌室、乒乓球室等，配有活动器材10余种，报刊8种，图书2000余册，购置文艺服装道具50余套，为满足室外活动的需要，中心还建有标准化门球场1个。截至2011年底，全县已建有26个标准化门球场，25支门球队，循环赛、友谊赛常年不断。门球运动已发展成为老同志强身健体的重要载体，在城乡得到了普及和推广。堂街镇堂东村和茨芭镇吴洞村也建起了门球场，成立了村级门球队，群众性的门球运动正在兴起。县委老干部局还根据老同志的兴趣爱好不同，组建了象棋协会、书画协会、“夕阳红”演唱队等，各类协会有组织、有计划地安排自己的活动，保证了老干部活动天天有内容，月月有赛事。“夕阳红”演唱队大唱爱国歌曲，唱响时代主旋律，并代表郏县参加了全市“永远跟党走”文艺调演活动，获得第三名的好成绩。演唱队成员还根据一些红色歌曲，编排了《东方红》扇子舞，戏曲等节目，经常活跃在休闲广场和社区，丰富了群众的精神文化生活。在县委老干部局的指导下，各乡镇（街道）和县直较大的单位都建成了中心老干部活动室。为方便居住分散及偏远乡镇的老干部参加活动，全县还建有72个不同类型的老干部家庭活动室，形成了县、乡、村三级老干部活动网络。郏县独具特色的老干部家庭活动室开展得有声有色，在宣传党的方针政策、传播科技知识、弘扬文明新风等方面发挥了积极作用。龙山办事处建立了花卉、电脑、书法、戏曲、垂钓五个类型的家庭活动室，满足了不同爱好老同志的需要。全县各家庭活动室还普遍制定了“五有”、“三定”、“两坚持”、“七必访”制度（“五有”就是有活动场地、有活动器材、有学习资料、有规章制度、有经常活动。“三定”就是定期向老干部工作部门、乡镇党委、村支部汇报活动情况；定期召开会议，研究解决工作和活动中出现的新情况、新问题；定期由党委参加活动日、及时解决活动室遇到的问题。“两坚持”就是坚持每月召开一次政治理论学习会；坚持每季召开一次老干部座谈会，老同志相互开导，相互勉励，沟通情感。“七必访”就是学习日不参加未请假者必访、家庭有困难者必访、农忙季节必访、重大节假日必访、家庭有纠纷者必访、老干部患病必访、老干部过生日必访），为老干部就近学习、就近活动、就近得到关心照顾、就近发挥作用创造了条件，同时也为充分利用社区资源、做好老干部“四就近”工作走出了一条新路，深受广大老干部欢迎。并联合县电视台开设专栏，对全县老干部家庭活动室的亮点和老干部工作的特色典型进行宣传，促进了老干部工作的顺利开展。

【老年教育得到长足发展】　自1984年在全县创办第一所老干部学校以来，已发展到现在的14所。截至2011年底，全县受教育人数近3000人，在校人数800多人。办学多年来，全县学员先后成立政策宣传组18个，教育督导组16个，民事调解组15个，关心下一代组织30多个，共处理调解民事纠纷1000多起，为青少年进行理想、传统、法制教育2000余场，受教育学生达50万人次，帮助失足青少年200多人。县老干部大学曾被市委老干部局授予“老年教育先进单位”荣誉称号。

【离休干部生活待遇】　一是抓好“三个机制”的完善和运转工作。2011年，全县离休干部“两费”均不拖不欠，“三个机制”运转正常，离休费（包括护理费）已发放到12月份，医药费报至第三季度。具体办法是：县财政全额供给的行政、事业单位的离休干部，离休费和医药费均由县财政负责，专款专用，确保按月足额发放和按规定实报实销。乡镇（街道）财政供给的离休干部，离休费从2003年开始实行乡筹县管，县财政每月将离休费拨至老干部局，由老干部局统一发放，年终县财政对乡镇（街道）财政进行统一结算，离休干部凭存折在居住地储蓄所就可以领到当月离休费。考虑到乡镇（街道）离休干部大多年事已高、来往不便的实际，离休干部可就近在本乡镇卫生院就医，医药费仍由乡镇财政按季度实报实销。企业离休干部，离休费纳入基本养老保险统筹，实现社会化发放；医药费通过“减一补一”办法，全部纳入县财政保障范围内，进一步完善了保障机制。同时，狠抓平时的督促检查，加大督查力度，确保了党的老干部政策的更好落实。二是做好离休干部的服务管理工作，开展亲情服务。对异地安置的离休干部实行“四统一”，由老干部局负责落实，即统一服务管理、统一组织参加活动、统一进行慰问看望、统一订阅报刊杂志。对改制和困难企业离休干部的服务管理采取四种模式：第一由企业原主管部门管理，第二由企业单位管理，第三由企业单位和老干部局共同管理，第四由老干部局管理。这样一来，全县企业离休干部都纳入到了服务管理范围内。2011年，县宇佳公司、三九公司、宝马公司等3家企业单位进入破产程序，县委老干部局在做好离休干部思想工作的同时，积极与破产小组沟通联系，与有关单位协调商议，按照党的老干部政策，维护3名离休干部的权益。宇佳公司林超伦、三九公司时万忠等两名离休干部的接收手续已经转入老干部局，他们的服务管理、组织生活都由老干部局负责落实，达到了老干部满意。应对老干部进入“双高期”的实际，在全县老干部工作者中开展“我为老干部办实事、解难事”活动。活动开展以来，全县老干部工作者进老干部家门、听老干部心声、帮老干部所需。县委老干部局还制作了“亲情服务卡”，将局办公室电话号码以及水、电、医院、液化气、火警、匪警等常用号码统统汇集到一张卡上，发放到全县离休干部手中，给老干部咨询问题、日常生活提供了方便，老干部亲切称之为“连心卡”。2011年，县老干部局与县出租车公司联合成立了“爱心车队”，免费为老干部服务，每到老干部大学开课，爱心车队就等候在门口，义务接送老干部上、下学，老干部高兴地说：“老干部局的亲情服务真是做到家了。”三是积极搞好社会优待服务和帮扶工作。每年初，县委老干部局都要专门下发通知，在单位职工和学生中开展“献爱心、送温暖”活动，为老干部办实事、办好事。同时，还邀请知名医学专家举办健康知识讲座和组织健康体检。县各大医院都很注重老干部病房建设，实行挂号、就诊、划价、付款、取药和住院六优先，并为老干部配有专职医护人员，为老同志治疗提供了良好条件。大多数单位在职责范围内都制订了对老干部的优惠政策。比如宣传部、教体局在组织文艺演出时请老同志优先观看；广电总台优先优惠为老同志安装有线电视；县休闲广场专门设有适合老同志活动的健身器材等等，让老同志切身感受到了来自全社会的关爱。对需要外出学习、就医的老干部，县委老干部局全力提供人员、车辆服务，不分星期天和节假日随喊随到。全县离退休干部的公用经费、特需经费和老干部工作部门的特支经费等，均能按规定实行单列，专款专用，保证了节日慰问、生病看望和开展各种活动的需要。对一些生活困难的老干部，采取财政支持、单位尽责、社会募捐的办法帮助他们度过难关。对一些患大病的老干部，县财政提前预支医药费，保证他们及时就医。各基层单位也都通过扎实有效的措施开展帮扶工作，关心关照老干部的生活。龙山街道党工委对大病住院的老干部，党工委领导除亲自探望外，还要送上1000—2000元不等的慰问金，以解老干部燃眉之急。薛店镇党委、政府优先给离休干部吴西海的残疾儿子办理了最低生活保障，村里还为他盖了住房。

【老干部作用发挥】 全县各级各单位把组织老干部发挥作用工作，纳入老干部工作的一个重要方面，积极为老干部走出家门、融入社会、再做奉献搭建平台。全县有老干部发挥作用组织300多个，有80%的离退休干部在不同领域发挥着作用。一是请离退休的领导参加关工委、老干部工作巡视组、老区建设促进会，用老领导的威望和优势，帮助开展老干部工作。全县已建立县、乡、村三级关工委组织近300个，2000多名“五老”人员依托各级关工委的引导，积极从事青少年思想道德建设等工作，形成了条块结合、城乡结合的关心下一代网络。老促会的同志紧紧围绕社会主义新农村建设开展工作，帮助老区群众解决行路难、吃水难和上学难问题。他们还多方寻求资金39万元，对禹郏抗日民主政府旧址进行了恢复重建、开发利用和历史资料的挖掘整理，建成了郏县爱国主义教育基地。他们深入边远山区调查研究，为改善山区群众生产生活提供了许多有价值的建议。二是组织退下来的科技人员组成“夕阳红”科技服务队，开展群众性的科技传播和普及活动，充分发挥老科技工作者在科教兴郏中的作用。全县已建立老干部科技咨询组14个。三是组织回农村的老同志积极投身富民工程，为改变农村面貌，建设社会主义新农村贡献余热。堂街镇请技术专长的“五老”出山，做科技示范、带领群众发展生产。该镇高级农艺师曹留套，发挥技术专长，义务指导群众发展林果业，他还把自己的2亩责任田作为林果实验园，试种成功后，推广传播给群众，然后再试验新的品种。在他的指导下，堂街镇共发展桃园400多亩、枣园200多亩，优良纯正的水果让300多户群众走上了富裕之路。安良镇退休教师高铁城，一直坚持以自己的行动，影响和带动周围群众义务修筑山路，10年间，家庭并不富裕的高铁城捐出近2万元，投工3000多个，依靠简陋的工具，发扬愚公移山精神，共修通了9条约15公里的山村道路，《大河报》、《平顶山日报》等多家新闻媒体曾宣传报道，赢得了“当代新愚公”的美誉，多次被表彰为省、市老干部发挥作用先进个人。四是组织老干部配合党委、政府的中心工作。有许多老同志不但为党委、政府的计划生育、烟叶收购、秸秆禁烧、招商引资等方面出主意、当参谋，而且积极配合参与，起到了模范带头作用。茨芭镇、白庙乡在老干部中开展“我为家乡发展贡献‘金点子’”活动，已收集到有价值的“金点子”30多条，受到乡镇党委、政府的表彰。五是组织离退休干部利用资历深、有较强号召力的优势，成立“老干部参事议事组”、“村级老年协会”等组织，积极参与社会稳定、信访民调等各项工作，为构建和谐社会贡献聪明才智。安良镇的老干部司法工作队，已调解各种经济民事纠纷22起，举办法律知识宣传13场，受教育群众5000余人次，群众称之为“普及法律的活广播、和谐社会的创造者”。渣园乡望月河村的老干部通过做好群众的思想工作，把一些小问题都消化在了萌芽状态，实现了“小事不出组，大事不出村”。薛店镇4名老同志被选聘到镇司法调解中心协助镇党委、政府做信访工作，他们亲临现场调查走访，讲政策，讲法律，耐心引导，巧解难题，在受理的土地纠纷、家庭财产继承等87起案件中，有46起得到圆满解决，把矛盾消化在了基层，受到领导和群众的好评。

（魏　巍）

县直机关工委

【概况】 2011年，县直机关工委在县委、县政府的正确领导和市直工委的关怀指导下，坚持以邓小平理论和“三个代表”重要思想为指导，认真学习贯彻党的十七届五中、六中全会精神，省委八届十一次全会精神、市委八次党代会和县委十二届一次全会精神，深入学习实践科学发展观，按照年初确定的工作计划和目标要求，紧紧围绕县委、县政府的中心工作，与时俱进，开拓创新，着力抓好机关党建工作，较好地履行了工委的工作职责和县委、县政府及市直工委交给的工作任务，在全省机关党的工作会上，被授予“2011年河南省先进县（市、区）直工委”。

【靠正气实干学习讨论活动扎实开展】 按照县委的统一部署，认真开展了靠正气实干学习讨论活动，全体同志集中学习了省委书记卢展工《用领导方式转变加快发展方式转变》署名文章，省长郭庚茂在平顶山调研时的讲话精神，省委常委、省纪委书记尹晋华在平顶山调研时的讲话精神，加快领导方式转变、推进中原经济区建设“十八谈”之平顶山篇《靠正气实干》和市委书记赵顷霖在全市干部大会上的讲话精神。通过学习讨论，每个班子成员都深刻反思了自己在转变领导方式中存在的问题和不足，查找出了工委领导班子需要正视和改进的问题，进一步修订完善了工委全年的工作目标，细化了各项工作措施，进一步增强了加快发展的责任感和紧迫感，为推动我县经济社会大发展、快发展、科学发展打下坚实的思想基础。

【“创先争优”活动深入开展】 按照县委的安排部署，紧紧围绕加强基层组织建设和党员队伍建设创先争优，提高党员干部推动科学发展、促进社会和谐的素质和能力，增强党组织的生机和活力。建立健全了领导干部联系点制度，针对县直机关行业和部门特点，加强分类指导，让广大群众切实感受到创先争优活动带来的新变化。按照党组织隶属关系和领导分工，开展了领导点评、党组织和党员公开承诺、先进典型库的筹备建立工作等等，认真总结创先争优活动开展以来的经验，查找存在的突出问题，明确努力方向和工作重点。2011年组织县直机关党组织重点学习宣传贯彻《中国共产党党和国家机关基层组织工作条例》以及省委《关于加强新形势下机关党的建设的意见》，把《条例》列入中心组学习的主要内容，并把《条例》作为县直机关党务干部培训班学习的主要内容。加强了县直机关党组织班子建设，坚持实行党组织班子成员任前考察制度，对2011年新成立的爱卫办党支部和林业局党总支以及调整班子成员设置的煤炭局党总支、县法院党总支和县委统战部党支部成员全部实行了任前考察和集体谈话。

【县直机关党组织建设】 2011年初，县直机关工委制定了《2011年县直机关党的工作要点》和《郏县2011年县直机关党建工作目标考评方案》，并在全县2011年度党务工作会议上以正式文件下发到县直机关各基层党组织，从党组织建设、党员队伍建设、工作业绩、群众反映等几方面，以百分制考核细则的形式细化了全年的党建工作，使县直机关基层党组织在抓机关党建工作过程中有重点、有头绪。年终还配合县委党务工作考核组对县直机关党建工作进行了考核评比。2011年，县直工委积极推进管理创新，强化了县直机关党组织班子建设，根据工作需要对部分党组织进行了调整。根据县委人事安排和各单位分管党务工作领导变动，调整了煤炭局机关党总支等5个基层党组织成员，新成立了爱卫办党支部等3个党支部。4月份举办为期3天的县直机关党务干部培训班，培训县直机关党务干部50名，提高了大家的业务水平和政治理论素养。5月份举办了为期3天的县直机关入党积极分子培训班，87名同志参加了培训，使他们接受了系统的党的基本知识的培训，深化了对党的认识。

【县直机关庆祝建党90周年系列活动】 2011年7月1日是中国共产党成立90周年纪念日，为隆重纪念这个伟大光荣的日子，县直机关工委精心筹备，组织县直机关开展表彰活动、座谈会、走访慰问、红歌会、参观爱国主义教育基地、上党课等形式多样的系列庆祝活动。一是组织县四大机关同志组成代表队积极参与县庆祝建党90周年“颂歌献给党”大型歌会。县直工委组织县四大机关同志组成100人规模的合唱队，经过认真排练，6月28日参加了县委、县政府主办的庆祝建党90周年“颂歌献给党”大型歌会，荣获“特等奖”和“组织奖”。二是召开县直机关庆祝建党90周年表彰大会，树立了一批先进典型。6月29日上午召开了县直机关纪念建党90周年表彰大会。大会表彰了县直机关近年来涌现出的20个先进基层党组织、30名优秀党务工作者和60名优秀共产党员，在县直机关树立了典型，弘扬了正气。三是开展各类主题实践活动。县民政局以“集中上党课，召开民主生活会、座谈会，走访慰问敬老院”等形式庆祝建党90周年。“七一”前夕，县档案局召开全体共产党员、退休老干部座谈会，缅怀党的光辉历史，展望美好未来，回顾了本单位近几年来的发展历程。

【县直武装工作】 2011年，县直机关工委认真贯彻“党管武装”的指导思想，认真做好县直武装工作，武装工作成绩显著，被县人武部评为先进基层武装部，县直工委书记张剑锋获“党管武装好书记”荣誉称号。圆满完成冬季征兵工作，通过宣传发动、兵役登记、体检、政审等程序，为部队输送合格新兵，为国防建设注入了新生力量。

（叶燕会）

机构编制

【县乡政府机构改革】 2011年，政府机构改革初见成效，一是理清了职能，通过“三定”，进一步调整、明确了各部门单位的职能，克服了多头管理、政出多门的弊端，实现了高效管理，推动了各项工作的发展。二是整合了力量，如将煤炭局、发改委的部分职责划入了工业和信息化局，精简了机构，壮大了工业和信息化局力量。文化广电局进一步转变了职能，理顺了与文化事业单位的关系，整合了原有文化广电执法队伍，加强了县文化市场执法队伍，统一领导、统一协调、统一执法，明确了职责，提高了工作效率。三是增强了选人用人的流动，这次县政府机构改革为广大干部职工搭建了一个施展才干、展现优势、公平竞争的平台，形成了良好的竞争激励机制。巩固深化了乡镇机构改革成果，进一步深化乡镇（街道）机构编制实名制网上公示工作，进一步推进乡镇（街道）机构编制管理的公开化，严格控制乡镇（街道）人员编制，确保乡镇（街道）机构编制和实有人员在“十一五”期间只减不增，确保乡镇（街道）干部队伍和社会稳定。同时对于部分乡镇（街道）分流下岗人员上访问题，及时给予了政策答复和处理意见。

【科学配置机构编制】 2011年，积极推进机构编制精细化管理，根据事业发展职责任务调整情况，按照管好总量、盘活存量、优化机构的要求，对部分事业单位进行了优化调整，机构有设有撤，编制规模有增有减。对人浮于事、效率低下、效率不佳，不能切合社会发展需要的事业单位，撤销建制，整合并入相关机构，对职能弱化、运行不畅，长期不出成果，空编较多且长期不用的事业单位收回编制，集中管理，统筹使用。优先配置到重点行业和重点领域，有效地提高了编制资源的使用效率。同时按照省、市编办的要求，县编办协调财政、人事、教育等部门对全县中小学校的教职工编制实有人数进行了调研，写出调研报告一份，并按时上报省、市机构编制部门。通过调查核实教育系统全县原有306所中小学校，通过整合合并了45所学校，剩余261所中小学校，规范了机构设置和编制的调整。

【机构编制实名制管理进一步完善】 2011年，加强对机关事业单位编制和人员动态监督，完善机构编制人员与财政预算相结合的管理体制，研究制订了用编审批的意见和办法，确保机构设置与按规定审批的机构相一致，实有人员与批准的编制和领导职数相对应。除部分经费自理的事业单位以外，机构编制实名制已经覆盖县乡两级，全部实行微机管理，按照省、市编办的要求建立了实名制档案和数据库。具体做了以下几项工作：一是扎实开展财政供养行政事业单位机构编制总量控制工作，严格执行机构编制法规和政策，从严从紧控制机构编制、规范管理机构编制，严格实行集中统一管理。从严核编，严禁行政事业单位超编进人，把好人员调配和招聘的关口，积极探索机构编制工作的新办法，探索变“养人”为“养事”的管理体制，有效地防止了盲目进人、超编进人，强化了人员的入口管理，提高了编制的使用效率和行政事业单位工作人员的素质。二是扎实开展机关事业单位人员编制调整核定工作。加强人员编制实名制管理，及时做好机构、人员变动更新，核销调往企业、县外和离退休人员的编制，并在机构编制台账上注销其编制。严格按照政策规定，认真审核每一名工作人员的编制，明确其编制的类型，编制不重不漏，认真做好全县党政机关事业单位的各类统计报表工作，为领导决策提供科学依据。通过实行机构编制实名制，进一步加强和规范了机关事业单位机构编制和人员管理，初步形成了“阳光编制”。

【事业单位法人年检登记工作】 2011年，全县共登记法人事业单位293家，年检率达到90%以上，主要措施：一是加强督促协调，促进工作平衡发展，为确保年检登记工作的顺利开展，制定了年检工作方案，并召开专题会议进行安排部署。同时，加强督促协调，深入到各单位，指导搞好自检自查，填报《年度报告书》，按照规定时间及时报县事业单位登记管理局办理年检登记手续，二是严格把关审核，紧紧围绕是否符合法人条件这个核心问题，按照《条例》的要求和上级精神严把“资格、材料、资金、审核”四道关口，对事业单位上报的年检材料进行全面审查，对不符合要求的，一律退回修改。登记事项发生变化的首先办理变更登记再办理年检。三是强化服务提高登记管理工作水平。在登记管理工作中，从加强协调、完善机制、强化监督入手，狠抓证书使用制度规范，提高法人证书的社会服务功能，及时实施网上登记制度，2011年4月份召开了全县事业单位网上登记专题会议，实现了登记管理工作由手工操作转变为微机化管理。

【中文域名工作成绩显著】 根据中央、省、市编办关于加强党政群机关和事业单位网上名称规范管理的要求，郏县编办于2009年8月开展了政务和公益专用中文域名注册工作，在工作中，多措并举，狠抓落实，在集中注册期间，一共报送政务和公益专用中文域名281个，在全市排名靠前，受到市编办的表彰。本年度，经续费后，全县有效注册政务和公益专用中文域名95个。

（仝军戈）

新农村建设

【建设成效】 2011年，郏县按照平顶山市委、市政府提出的“整合自然村、建设中心村、抓好示范村”的要求，在确定8个中心乡镇、83个中心村的基础上，以“突出重点、培育亮点、整体规划、梯次推进”的工作思路，扎实推进新农村建设。通过县抓“两个点”（县委书记、县长分包冢头镇、黄道镇的两个村），乡抓“两个村”（党委书记、乡镇长各分包一个村），起到了“做给群众看，带着群众干，抓点带面，典型引路”的良好作用，为一般中心村建设树立了标杆。继续按照“大干大补、快干快补”的原则，县财政拿出1700万元，对投入新农村建设的基础设施建设项目和公益设施建设项目实行以奖代补。同时，对按照规划建房的农户，每户财政补贴5000元或享受3万元3年期贴息贷款。在涉农项目上建立了涉农单位、涉农项目协调机制，项目整合办公室对各类涉农项目进行整合捆绑，集中向中心村镇倾斜。项目整合涉及五大类、七大项，整合资金3801万元。通过一系列的措施和激励政策的实施，起到了引导群众向中心村、镇聚集。争取以完善配套的基础设施，吸引更多的农民向新村集中建设新居。全县各乡镇结合实际，初步探索出了“老村改造”型、“空心村治理”型、“荒山荒坡利用”型、“新村整合”型等建设模式，强力推进中心村建设，形成了冢头前王庄村等一批亮点新村。前王庄、陈寨村、黄南村等3个中心村被确定为省级新农村示范村，17个中心村被确定为市级新农村示范村。7月12日，全省新农村示范村建设现场推进会在郏县召开。截至2011年年底，全县共启动建设新型农村社区（中心村）45个，占规划中心村总数的51.1%，累计建设新民居6418户（套）；累计投入基础设施建设资金8000余万元，带动社会各界投资达6亿多元，硬化道路41公里，开挖下水道5万米，建标准化卫生室22所、改（扩）建学校（幼儿园）8所、建污水处理厂4处，改造、建成4个电气化村，基础设施和公共服务设施的不断完善，中心村的承载力和吸引力进一步增强。

【经济发展】 2011年，因地制宜，通过政府引导，重点培育了一批有辐射带动能力的产业。全县已初步形成了一批农业产业化带动型、工业集聚区带动型、三产发展带动型，为农民增收致富打下了坚实的基础。通过抓产业化经营、土地流转和农民培训、全民创业等重点，增强中心村发展实力。积极发展烟叶、红牛、蔬菜、林果等优势产业。大力实施龙头带动战略，培育省、市级农业产业化龙头企业19家，总数居全市第一。发展“基地+农户”等各类专业合作组织，提高农民的组织化程度。冢头镇前王庄村通过“公司+基地+农户”模式，大力发展日本理想大根萝卜种植加工，产品直接出口日本、韩国等地，年创汇200万美元以上。开展“一户一个明白人”活动，进一步加大农村劳动力培训力度，推进全民创业，引导农民开展创业活动，有计划地开展劳务输出。县财政每年还安排一定数额的创业引导资金，用于创业贷款贴息、典型奖励等，积极引导农民创业，鼓励外出创业成功人士返乡创业。2011年，全县外出务工人员达到15万人，实现劳务收入12.5亿元。

【全省新农村示范村建设现场推进会在郏县召开】 2011年7月12日，全省新农村示范村建设现场推进会在郏县召开。副省长刘满仓，省委农办常务副主任张文深，以及省直有关部门负责同志，全省18个市分管副市长和相关部门负责同志，10个省直管县（市）分管领导和相关部门负责同志300余人出席会议，市领导赵顷霖、冯昕、张遂兴、王富兴、王天顺，县领导郑理、张国晓、陈银山、陈书欣、郭国顺参加会议。刘满仓在会上就推进全省新农村建设作了动员讲话，市委副书记冯昕致辞，并介绍了平顶山市新农村建设情况。刘满仓充分肯定了平顶山市新农村建设的成绩和做法。刘满仓指出，平顶山在新农村建设推进过程中，领导重视，注重统一各级干部思想，消除疑虑，示范引导，不搞一刀切，重视规划先行，有特色、有亮点，这些经验值得其他地市借鉴和推广。县委书记郑理在会上介绍了郏县推进新农村建设的做法，开封市、南阳市卧龙区、滑县、永城市作了交流发言。省发改委、省财政厅、省国土资源厅、省环保厅、省住房和城乡建设厅、省交通运输厅等单位作了支持新农村建设的交流发言。当天上午，参加会议的300多名同志驱车到白庙乡杨村，冢头镇柿园村、陈寨村、前王庄村实地观摩了新农村建设情况。

（邵志杰）

新华社评出2011年国内十大新闻（三）

（上接22页）

八、辛亥百年缅怀先贤 团结奋斗同心复兴

纪念辛亥革命100周年大会2011年10月9日上午在北京人民大会堂隆重举行。100年前，以孙中山先生为代表的革命党人发动震惊世界的辛亥革命，推翻清王朝统治，结束了统治中国几千年的君主专制制度，传播了民主共和的理念，开启了中国前所未有的社会变革。中国共产党人是孙中山先生开创的革命事业最坚定的支持者、最亲密的合作者、最忠实的继承者。缅怀辛亥革命先驱历史功勋，就是要学习和弘扬他们为振兴中华而矢志不渝的崇高精神，为实现中华民族伟大复兴而共同奋斗。

九、六中全会作出文化强国新部署 举国上下兴起文化建设新高潮

十七届六中全会2011年11月15日至18日在北京举行，审议通过《中共中央关于深化文化体制改革、推动社会主义文化大发展大繁荣若干重大问题的决定》，提出坚持中国特色社会主义文化发展道路，发展面向现代化、面向世界、面向未来的，民族的科学的大众的社会主义文化，培养高度的文化自觉和文化自信，推进社会主义核心价值体系建设，提高全民族文明素质，增强国家文化软实力，弘扬中华文化，努力建设社会主义文化强国。

（下接100页）

郏县人民代表大会

【概况】 2011年，县人大常委会紧紧围绕全县工作大局，忠实履行宪法和法律赋予的职责，不断探索创新监督工作方式方法。一是依法开展工作监督，先后对县委确定的重点工作以及全县经济发展、社会稳定等工作，进行视察、调研。听取了“一府两院”等10项工作报告。二是依法开展法律监督。全年共对《中华人民共和国审计法》、《中华人民共和国畜牧法》、《中华人民共和国环境影响评价法》、《中华人民共和国道路交通安全法》《流动人口计划生育工作条例》、《法官法》、《检察官法》、《警察法》等8部法律法规的实施情况进行了深入检查。三是依法开展司法监督，常委会第三十次会议听取和审议了县人民法院关于行政审判、县人民检察院关于侦查监督专项工作报告。同时，受理上级人大交办的群众来信22件（次），接待来访76起136人（次）。四是依法行使任免权，依法任免和决定任免国家机关工作人员12人（次）。五是加强理论宣传，全年共在市级以上发表稿件20余篇。同时，常委会的监督工作、代表工作、自身建设等日常工作取得新进展，参加全县经济活动，为改善民生、构建和谐社会、促进县域经济平稳较快发展作出了积极贡献。

【专项报告审议】 优化经济发展环境是县委的总体要求，更是常委会的工作重点。2011年，常委会重点听取和审议了信访局、交通局等28个政府组成部门“依法行政、服务经济建设”情况的专项工作报告。采取“视察走访调研、召开反馈会、票决重点报告单位、现场询问、满意度测评”等形式开展活动。活动的深入开展，使县政府各职能部门的依法行政水平、服务经济意识、工作作风得到不断增强。

【代表工作】 一是常委会不断学习，认真完善“三二四”代表工作模式。充分调动了人大代表干事创业的积极性，推动了县委决策部署的贯彻落实，加快了经济社会的快速发展，确保了民生的切实改善，促进了社会更加和谐，开创了人大工作的新局面。二是议案建议办理。常委会把加强代表建议、意见办理作为尊重代表权力、发挥代表作用的有效途径，对代表提出的建议、意见认真研究，制定办理方案，通过当面交办、重点督办、征询代表意见、组织代表视察、听取专题汇报等形式，加大力度，全程跟进。县政府高度重视建议、意见的办理工作，办理质量不断提高。县十三届人大五次会议上代表提出的建议已全部办理和答复完毕。

【县十三届人大五次会议】 2011年2月12日至15日，郏县第十三届人民代表大会第五次会议在郏县大酒店举行。县十三届人大五次会议应出席代表227人，出席会议222人。会议听取和审议了《郏县人民政府工作报告》、《郏县人民代表大会工作报告》、《郏县人民法院工作报告》、《郏县人民检察院工作报告》。审查和批准《郏县2010年国民经济和社会发展计划执行情况与2011年计划（草案）的报告》，批准《2011年国民经济和社会发展计划》；审查和批准了郏县《2010年财政预算执行和2011年财政预算（草案）的报告》，批准2011年县级预算。

【常委会会议】 2011年，县人大常委会共召开了8次会议。县人大常委会第二十三次会议1月5日在常委会会议室召开。会议免去乔义恩的县人民检察院检察长职务，任命徐遂根为县人民检察院副检察长、代检察长。会议听取审议并表决通过了县人民法院《民事审判工作情况的报告》和县人民检察院《反渎职侵权工作情况的报告》。县人大常委会第二十四次会议1月27日在县人大常委会会议室举行。会议作出了关于表彰2010年度人大工作先进单位、先进人大代表小组和优秀人大代表的决定，关于召开县十三届人大五次会议的决定。表决通过了代表资格审查报告，县十三届人大五次会议主席团和秘书长名单（草案），计划、财政预算审查委员会名单（草案），议案审查委员会名单（草案）。

县人大常委会第二十五次会议4月19日在县人大常委会会议室举行。会议根据县人民政府副县长李奎、县人民检察院代检察长徐遂根的提请，决定任命李益恒为县发展和改革委员会主任，免去冯建广、冯颖丽的县人民检察院检察员、检察委员会委员、副检察长职务。县人大常委会第二十六次会议6月29日在县人大常委会会议室举行。会议根据县人民政府常务副县长王宏希的提请，决定免去李国标的县交通局局长、张克民的县建设局局长职务，任命魏国强为县交通局局长、杨晓峰为县住建局局长。会议听取审议并表决通过了县人大常委会关于《审计法执法检查报告》、《畜牧法执法检查报告》和县卫生局《新型农村合作医疗工作情况的报告》。

县人大常委会第二十七次会议8月30日在县人大常委会会议室举行。会议听取审议并表决通过了县人民政府《关于郏县十三届人大五次会议代表建议办理情况的报告》、《2011年上半年全县国民经济和社会发展计划执行情况的报告》、《2010年决算和2011年上半年财政预算执行情况的报告》、《2010年县本级财政预算执行和其他财政收支情况的审计工作报告》。肖根胜作重要讲话。县人大常委会第二十八次会议10月14日在县人大常委会会议室举行。会议根据县人民政府常务副县长王宏希、县人民法院院长杨杰的提请，决定免去王长和、王新晓县人民政府副县长的职务，任命李国英为县人民政府副县长；任命杜军伟为县人民法院审判员、审判委员会委员、副院长。县人大常委会第二十九次会议10月28日在县人大常委会会议室举行。会议听取审议了县人大常委会关于《环境影响评价法执法检查报告》、《流动人口计划生育工作条例执法检查报告》、《三官法执法检查报告》；听取审议并表决通过了县人民法院《法官法贯彻执行情况报告》、县人民检察院《检察官法贯彻执行情况报告》、县公安局《人民警察法贯彻执行情况报告》。肖根胜作重要讲话。县人大常委会第三十次会议12月30日在县人大常委会会议室举行。会议根据县人民检察院检察长徐遂根的提请，决定免去县人民检察院齐友峰检察员的职务。听取审议并表决通过了县人民法院《行政审判工作情况的报告》、县人民检察院《侦查监督工作情况的报告》。决定县乡人大换届工作相关事宜。对市九届人大代表的述职情况进行了满意度测评。

（徐宏卫　申晓真）

新华社评出2011年国际十大新闻（一）

一、西亚北非局势发生剧烈动荡

2011年1月14日，执政23年的突尼斯总统本·阿里在民众示威浪潮中出逃。随后，其他一些西亚北非国家出现不同程度政治和社会动荡。2月11日，执政30年的埃及总统穆巴拉克下台。3月14日，沙特阿拉伯和阿拉伯联合酋长国等国出兵稳定巴林局势。3月19日，北约开始空袭利比亚，此后利比亚反对派力量不断壮大，最终促使卡扎菲政权倒台。10月20日，卡扎菲被打死。11月23日，也门总统萨利赫签署交权协议。目前，叙利亚政局前途未卜。这些陷入动荡的西亚北非国家正面临艰难的政治过渡。

二、中国经济总量跃居世界第二

中国经济保持平稳较快增长，2010年国内生产总值超过日本居美国之后排名世界第二。中国入世十年与世界共赢。世界经济格局发生深刻变化，以中国等新兴经济体为代表的发展中国家地位持续上升，对世界经济增长的贡献越来越突出。2011年4月14日，金砖国家领导人第三次会晤在中国海南三亚举行，南非作为正式成员参加，金砖机制实现首次扩容，在地域和经济格局上更具代表性和广泛性，新兴经济体群体性崛起的大趋势更加明显。

三、欧美债务危机冲击全球经济

2011年3月7日，穆迪投资者服务公司将希腊主权债务信用评级降至B1。此后，始于希腊的欧洲主权债务危机持续发酵，导致欧元区经济形势恶化，并引发爱尔兰、葡萄牙、希腊、意大利、西班牙政府相继更迭。8月，标准普尔公司将美国长期主权债务信用评级下调至AA+，这是美国历史上首次丧失3A主权信用评级。欧美主权债务危机严重冲击世界经济。在这一背景下，美国纽约9月17日爆发“占领华尔街”示威活动，抗议金融机构贪婪腐败。此后“占领”活动扩展到美国多个城镇以及其他一些西方国家，社会危机不断发生。

四、日本强震引发海啸和核泄漏

2011年3月11日，日本东北部海域发生里氏9.0级地震并引发巨大海啸，共造成15645人死亡、4984人失踪。地震和海啸导致福岛第一核电站多个机组发生放射性物质泄漏。日本政府将事故等级定为最严重的7级，与切尔诺贝利核电站事故等级相同。专家估计，核辐射在未来70年内难以消除。日本核泄漏事故引起各国对核安全的强烈关注。

五、美击毙本·拉丹重创“基地”组织

2011年5月1日，美军“海豹”突击队员乘直升机发动越境袭击，在巴基斯坦首都伊斯兰堡以北的阿伯塔巴德击毙“基地”组织领导人本·拉丹，使这一恐怖组织受到重创。10年前，美国发生“9·11”恐怖袭击事件，本·拉丹被美认为是策划袭击的头号嫌疑人。

（下接96页）

郏县人民政府

【综合经济实力】 2011年，全年完成生产总值117.6亿元，增长13%；县财政一般预算收入5.38亿元，增长20.5%，连续五年提前超额完成市定目标任务；全社会固定资产投资99.5亿元，增长42.7%；社会消费品零售总额28.3亿元，增长17.1%；农民人均纯收入6021元，增长17.7%；城镇居民人均可支配收入12770元，增长13.4%。

【工业经济】 2011年，开工千万元以上项目56个，其中，亿元以上项目10个，总投资115亿元，实际到位固定资产投资53亿元。争取到各类政策性项目93个，上级到位资金7亿元。荣获“全省招商引资工作先进单位”称号。产业集聚区建设实现新突破。围绕“全市领先、全省争先”和打造省级品牌产业集聚区的目标，按照“四集一转”的要求，举全县之力、集全县之智加快产业集聚区建设步伐。新修道路8.4公里，“五纵五横”的道路网络不断完善，实现了区内外道路互通和水、电、路、气、通讯网络全覆盖。建成区达到5.7平方公里，占规划面积的44%；新开工项目13个；建成标准化厂房25万平方米，开工建设了110千伏变电站等配套工程。完成固定资产投资66.8亿元，增长102%；营业收入45.8亿元，增长291%，增幅居全省第4位；综合排名居全省第25位。被省工信厅确定为“河南省新型工业化产业示范基地”。企业服务持续有效。建立了企业服务“110”平台，实现了服务企业的常态化、制度化。受理行政审批服务事项13.3万件，落实企业反映问题80个，办结率达到100%。积极开展城乡建设用地增减挂钩工作，拆旧复耕土地1369亩，报请上级批准用地3846亩，基本保障了全县经济社会发展用地需求。加强银企合作，扩大融资规模。恢复设立了工商银行郏县支行。金融机构新增各项存款8.2亿元，新增贷款9.3亿元。被省政府授予“河南省企业服务先进单位”称号。实现工业增加值68.6亿元，增长20%；其中，规模以上工业增加值48亿元，增长28%。

【基础设施建设】 2011年，编制完成了主城区控制性详细规划、城市远景规划和全县生态建设规划。城市建设扎实推进。完成投资10亿元以上，友谊路开通、文化路东段、兴业路南段等24项工程顺利完工，祥云路拓宽、中医院新址建设等31项工程顺利推进。城区新增绿化面积12万平方米，绿化覆盖率达到36.2%。实施了南后街社区、高寺社区等10处旧城改造，拆迁面积8万平方米，新建住房10.5万平方米。城市管理水平不断提升。持续开展争创国家级卫生县城、省级园林县城、旅游县城、文明县城等“四城联创”活动。顺利通过省级卫生县城复验，成功创建为省级园林县城。荣获“全市城市精细化管理先进单位”称号。小城镇建设稳步推进。着力实施小城镇建设“五个一”工程，全面提升基础设施建设水平。硬化道路22公里，建成文化广场10.9万平方米。顺利完成李口乡撤乡建镇工作。广天乡荣获全国文明村镇，王集乡荣获省级卫生乡镇。全县城镇化率达到32%。

【农村经济】 2011年，粮食生产再获丰收。全面实施粮食“百、千、万”高产创建工程，总产达到31.6万吨，单产继续保持全市第一。农业产业化经营取得新进展。积极开展“一村一品”创建活动，扎实推进农业产业园区建设。省、市级农业产业化龙头企业累计达到22家。新增各类农民专业合作社61家，总数位居全市第一。新增土地流转面积3.5万亩。烟叶收购完成980万公斤，实现税收4058万元，继续保持全省先进位次。新增规模养殖场65个、规模养殖户142户，建成畜牧养殖园区20个。营造林1.9万亩，超额完成市定目标任务。新农村建设成效显著。充分发挥典型引领和示范带动作用，努力改变农民生活方式和生产方式，提高农业效益和农民收入。新启动建设中心村17个，新建民居3114户（套），新修道路61公里，全省新农村建设现场会在郏县召开，荣获“全市新型农村社区建设优秀单位”称号。农村基础条件进一步改善。新增和改善有效灌溉面积3.2万亩，治理水土流失面积10平方公里。开工建设高标准农田示范工程项目1万亩，开发改造中低产田2.5万亩。解决了3.95万农村居民饮水安全问题。被省政府授予“红旗渠精神杯”竞赛活动先进集体。投资3243万元，建成农村公路40.9公里。

【和谐社会建设】 民生工程扎实推进。县政府把安全生产作为最大的民生，健全完善以行政首长负责制为主要内容的安全生产责任体系，创新安全监管措施，保持了安全生产的良好态势，荣获省、市安全生产目标管理先进单位。持续加大民生投入，全年投入民生改善资金8.2亿元，同比增长33.6%，占一般预算支出的比重达到50.8%，人民群众得到更多实惠。开工建设保障性住房11.3万平方米。发放城乡低保金4553万元、五保供养金417.6万元、城乡医疗救助金401万元、优抚款1432万元、新农合补助资金9680万元、“两免一补”资金6534万元。安置城镇新增就业8716人、下岗失业人员再就业2003人，城镇登记失业率控制在3.1%以内。新增劳务输出1.1万人，实现劳务经济收入14.6亿元。投入扶贫开发资金800万元，直接受益群众2.3万人，实现脱贫5900人。争取并实施了新型农村养老保险和新型城镇养老保险试点工作，在全省率先实现了城乡居民养老保险全覆盖。坚持把教育放在优先发展的战略地位，不断加大教育投入。投资7000万元建成了东城区学校。全面完成“普九”债务化解工作。改造中小学危房7750平方米。县职业中专被教育部授予“国家级重点职业中专”称号。新农合工作运行良好，参合率达到96.35%。全面落实国家基本药物制度，药价平均降低62.2%。销售“家电下乡”产品7.4万台，补贴资金2371万元。新建乡镇综合文化站9个、村级农家书屋198个。公映农村电影4332场次。旅游接待人数和总收入分别增长22%和26%。环境保护力度进一步加大，荣获“全市环保目标完成优秀单位”称号；秸秆禁烧工作继续保持全市先进位次。扎实开展扶残助残工作，荣获“全市创建全国残疾人工作示范城市集体二等功”。深入推进质量兴县战略，建成铸铁锅质检站。加大科技创新体系建设，保持了“全国科技进步县”称号。全面做好计划生育工作，人口自增率控制在6‰以内。广播电视事业扎实推进，有线电视数字化整体转换进展顺利。民族宗教工作成效明显，荣获“全市民族团结进步模范集体”称号。民主法制和精神文明建设全面加强。自觉接受人大及其常委会的法律监督和政协的民主监督，认真办理人大代表建议和政协提案。全面启动“六五”法制宣传教育和依法治县工作规划。廉政建设和反腐败斗争取得新成效。扎实推进思想道德建设和精神文明创建活动，大力弘扬“三平”精神和郏县精神，涌现出了马俊欣、徐克俭等一批先进典型。社会大局保持稳定。积极推进矛盾纠纷排查化解，信访形势持续向好。深入开展平安建设，依法打击各类违法犯罪活动，人民群众安全感进一步提升。荣获“全省平安建设工作先进县”、“全省重信治理成效显著县”和“全省信访工作优秀县”称号。

【郭庚茂在郏县产业集聚区和冢头镇调研指导工作】 2011年4月12日上午，省委副书记、省长郭庚茂带领省直有关单位负责人，在郏县产业集聚区、冢头镇调研指导工作。在市领导赵顷霖、陈建生等和县领导郑理、张国晓、陈银山、肖根胜、郭国顺等的陪同下，郭庚茂先后深入到圣光医药集团公司、平煤机高新技术产业园和冢头镇前王庄中心村、陈寨中心村进行调研，详细了解产业集聚区建设和新农村建设情况。他强调，郏县在产业集聚区建设上要抢抓机遇，扩大成果，强化主导产业，加快公共服务功能配套。在调整结构、发展现代农业、加快新农村建设的同时，要保证粮食安全，努力实现跨越式发展的良好态势。

【孔玉芳莅郏调研安全度汛工作】 2011年7月14日，省委常委、宣传部长、副省长孔玉芳带领省防汛办、省水利厅和省教育厅等有关部门负责人来到郏县，检查指导防汛准备工作。在检查中，孔玉芳强调，要坚持“安全第一、常备不懈、以防为主、全力抢险”的方针，突出重点工作，把握关键环节，强化工作措施，全力做好防汛防灾工作，确保今年安全度汛。市领导赵顷霖、唐飞、王富兴、王天顺，县领导郑理、陈银山、邢延松、康应振及市县水利部门负责人等陪同检查。孔玉芳等先后来到郏县北汝河治理工程现场，实地查看了工程进展情况，观看了北汝河治理、南水北调北汝河倒虹吸工程建设规划图及其防汛工作图片展，并详细听取了市委书记赵顷霖、县委书记郑理、县水利局负责人和南水北调北汝河倒虹吸工程施工单位负责人关于防汛准备情况的介绍。孔玉芳对郏县领导重视、措施得力、及早安排、精心组织，严格落实防汛责任制和各项防汛措施，加大防汛工程治理建设力度，落实防汛物资储备等做法表示满意。

【刘满仓莅郏调研新农村建设工作】 2011年4月20日，副省长刘满仓带领省委农办负责同志在郏县调研指导新农村建设工作。在副市长王富兴，市政府党组成员、副市厅级干部王天顺和县委书记郑理、县（市）区长级干部陈书欣的陪同下，刘满仓到黄道镇黄南村，冢头镇前王庄、陈寨、柿园中心村，进农户，访老农，详细了解新农村建设情况，仔细向农民群众询问对农村建设的意见和建议。调研中，刘满仓强调，要在农民自愿的基础上，通过政策激励、示范引导，按照规划坚定不移地推进新农村建设。

【刘满仓莅郏调研畜牧业和水利工程建设】 2011年8月5日，副省长刘满仓带领有关人员在郏县调研畜牧业发展及农田节水灌溉建设情况。市委书记赵顷霖，市委常委、秘书长张遂兴，副市长王富兴，县领导郑理、张国晓、陈银山、邢延松、李奎、康应振陪同调研。在郏县全民牧业有限公司、红牛良种繁育中心、河南古尔巴尼畜产品有限公司实地查看后，刘满仓对郏县引导农民发展养牛取得的成绩给予了充分肯定，并要求省、市有关部门要多关注郏县畜牧业发展，给予更多的帮助和支持。随后，刘满仓一行又来到郏县恒压高效节水示范园区工程管理处，参观了节水灌溉展览室及节水灌溉调配室，观看了节水灌溉操作演示和水利建设宣传片，听取了有关水利事业的情况汇报。刘满仓对郏县农田水利建设方面取得的成绩表示满意。

【刘满仓莅郏调研南水北调工程】 2011年9月1日，副省长刘满仓，省水利厅厅长、南水北调办主任、移民办主任王树山，省南水北调办副主任薛显林等一行5人，在市政府党组成员、副市厅级干部王天顺，市政府副秘书长张有正，市移民局局长夏应顺，县委书记郑理，正县级干部邢延松等陪同下，深入南水北调工程宝郏段实地考察调研。刘满仓查看和了解了宝郏段各个标段的施工现场情况，听取了各项目部工程建设方面的汇报，对整个工程建设情况表示满意。他要求，一是抓住汛期过后的有利时机，科学组织，合理安排，加快进度。二是各级政府要加强协调，营造环境，确保零障碍施工。三是各施工单位要把群众利益放在第一位，尽量减少施工对老百姓的干扰，妥善解决好“工扰民”问题。王树山对工程建设也提出了明确要求。

【陈建生莅郏调研产业集聚区工作】 2011年7月11日，市长陈建生，副市长黄祥利，市政协副主席、市发改委主任张弓等调研郏县产业集聚区发展和项目建设工作。县领导郑理、张国晓、宁和平、王宏希、卢根强陪同调研。陈建生来到圣光微创介入科技园、圣光医用制品有限公司、平煤机高新技术产业园进行了实地查看。陈建生要求企业一定要舍得下大力气进行科技投入，坚持依靠科技进步，来破解发展瓶颈约束，依靠创新研发提升产品的竞争力，依靠打响品牌提高市场占有率。陈建生强调，在产业集聚区发展中要做好土地整理工作，节约土地资源，集约用地，使产业集聚区快速发展，科学发展。张弓也对产业集聚区发展提出了具体意见。县委书记郑理作了简要汇报，并表示在今后的招商工作中，要主动出击，深入开展“大招商、招大商”活动，推动招商引资向“选资”转变，力争招国内500强、世界500强企业。

【全国硬笔书法大展开幕式在郏县举行】 2011年4月15日上午，由中国硬笔书法协会、河南省硬笔书法协会主办，县政府协办，县广阔天地知青书画院和河南省雷克铝箔有限公司承办的“全国硬笔书法广阔天地知青杯艺术大展”开幕式在郏县举行。中国书法家协会分会党组书记、驻会副主席赵长青，省人大常委会副主任张程锋，省九届人大常委会副主任亢崇仁，中国硬笔书法协会主席张华庆，市委书记赵顷霖，市委常委、秘书长张遂兴，市人大常委会副主任郑枝，省文联副主席、省书法家协会副主席司马武当，省书法家协会副主席李强等，以及县领导郑理、张国晓、陈银山、张华琪、刘军培、张贯钊、唐国颖等出席开幕式。开幕式由县委副书记陈银山主持。县长张国晓在欢迎词中介绍了郏县的历史文化和近年来经济社会发展情况。张华庆在致辞时代表中国硬笔书法协会，向为成功举办此次艺术大展付出辛勤努力的各级领导和各界人士表示衷心感谢，并介绍了全国硬笔书法近年来的发展情况。开幕式上，司马武当宣读了获奖名单，张程锋宣布了“全国硬笔书法广阔天地知青杯艺术大展”开幕。赵长青、张华庆、张程锋、赵顷霖、郑理、张国晓等为艺术大展开幕剪彩。

【县政府重要会议】 2011年3月7日，县政府召开全县国土资源工作会，会议的主要任务是总结2010年全县国土资源工作，安排部署第十一次土地卫片执法工作。会上，国土局通报了2010年全县国土资源管理工作，对2011年的工作任务进行了具体的安排，传达了《郏县第十一次土地卫片执法检查专项整治联合执法实施方案》，宣读了有关表彰决定、递交了目标责任书。县长张国晓强调3个方面的意见：一是肯定成绩，正视问题，正确把握当前我县国土资源管理工作面临的形势；二是主动作为，积极应对，切实提升我县国土资源管理水平；三是强化责任，健全机制，提高驾驭国土资源工作新能力。

2011年3月11日，县政府召开城市精细化管理动员大会，会议的主要任务是贯彻省、市城乡建设工作会议精神，安排部署县城市精细化管理的各项具体工作，动员全县各级各部门迅速行动，加快推进城市精细化管理工作，不断提升县城市建管水平。会上，县委常委、副县长王宏希宣读了《关于成立郏县城市管理委员会的通知》，住建局局长杨晓锋传达了《郏县城市精细化管理实施方案》，各责任单位都递交了目标责任书。对下步工作，县长张国晓强调3个方面的意见：一是统一思想，提高认识，切实增强搞好城市精细化管理工作的责任感和紧迫感；二是明确责任，把握重点，扎实推进城市精细化管理工作；三是创新理念，强化督导，着力构建城市精细化管理长效机制。

2011年3月11日，县政府召开全县安全生产工作会，会议的主要任务是：传达市安全工作会议精神，贯彻落实市政府关于安全生产工作的相关要求，安排部署2011年全县安全生产工作。会上，副县长谢中光通报了2010年全县安全生产工作情况，对2011年工作提出意见。县长张国晓强调3个方面的意见：一是统一思想，认清形势，进一步增强做好安全生产工作的责任感和紧迫感；二是明确重点，强化措施，确保安全生产工作扎实推进；三是强化责任，完善机制，切实把安全生产各项措施落到实处。

2011年4月20日，县政府召开第七次全体（扩大）会，会议的主要任务是，落实县委经济工作会议和县十三届人大五次会议精神，总结第一季度工作，安排部署下一阶段工作，进一步动员全县上下统一思想，坚定信心，以决战、决胜的姿态做好第二季度工作，确保时间、任务双过半，为圆满完成全年目标任务打下坚实基础。会上，县长张国晓结合省、市经济运行电视电话会精神，强调3个方面的意见：一是第一季度工作情况。二是下一步主要工作安排。重点做好5个方面的工作：进一步抓好招商引资和项目建设工作。进一步抓好新农村建设工作。进一步抓好城镇化建设工作。进一步抓好安全稳定工作。进一步改善民生。三是强力抓落实，为全年目标任务圆满完成提供保证。

2011年6月1日，县政府召开全县2011年防汛抗旱工作会，会议的主要任务是，安排部署2011年全县防汛工作，进一步动员全县上下统一思想，明确职责，强化措施，狠抓落实，确保安全度汛。会上，县政府党组成员、副县级干部康应振对2011年全县的防汛工作进行了全面安排和部署，县人武部部长张朝义就军民联防工作提出了意见，正县级干部邢延松传达市“三夏”秸秆禁烧的要求，通报了全县的情况，对下步工作进行了详细的安排，对2010年在防汛抗旱工作中的先进单位和个人进行了表彰。最后，县长张国晓强调5个方面的意见：一是总结经验，认清形势，进一步增强做好防汛抗旱工作的责任感、紧迫感；二是强化职责，严肃纪律，认真落实以行政首长负责制为核心的防汛责任制；三是突出重点，强化措施，全力做好2011年的防汛工作；四是切实加强合作与配合，形成防汛抗洪的强大合力；五是加强防汛督查工作，保证各项防汛措施落到实处。

2011年8月9日，县政府召开全县烟叶生产收购工作会，会上，县人大常委会副主任王庆生传达了县委、县政府《关于调整县烟叶收购指挥部成员的通知》，正县级干部李振华对烟叶收购工作进行了安排。为确保全面完成烟叶收购任务，确保烟农、烟草公司、政府三方共赢，确保烟农的利益得到保证，县长张国晓强调3个方面的意见：一是去年工作怎么看；二是今年工作怎么办；三是明年烟叶怎么保。

2011年12月20日，县政府召开全县依法行政工作会，会议的主要任务是贯彻落实全国和省、市依法行政工作会议精神，总结回顾国务院《全面推进依法行政实施纲要》颁布以来县依法行政工作情况，安排部署今后一个时期的依法行政工作。会上，县卫生局、地税局和广天乡政府分别从执法部门、乡镇政府的角度介绍了经验。县长张国晓就全面推进依法行政、加强法治政府建设工作强调3个方面的意见。一是肯定成绩、提高认识，切实增强推进依法行政工作的自觉性和主动性；二是突出重点、把握关键，全面推进依法行政工作再上新的台阶；三是加强领导、落实责任，确保建设法治政府任务落到实处。

2011年12月29日，县政府召开全县水利工作会，会议的主要任务是深入贯彻落实中央、省、市水利工作会议和中央、省委、市委1号文件精神，统一思想，提高认识，明确任务，强化责任，真抓实干，扎实推进县水利工作又好又快发展。会上县发改委、财政、水利等部门和白庙乡、堂街镇的负责同志分别表态发言，县长张国晓就做好全县水利工作，强调3个方面的意见：一是统一思想，提高认识，切实增强做好水利工作的责任感和紧迫感；二是明确任务，把握重点，全面做好水利改革发展工作；三是加强领导，强化措施，确保加快水利改革发展目标任务圆满完成。

【县政府常务会议】

2011年1月5日上午，县长张国晓主持召开县政府第29次常务会议。会议研究了郏县生物质能发电厂项目引进建设、安全生产、信访稳定等有关工作，讨论通过了对李学义等3人政纪处分的决定，安排了春节前相关工作。

2011年1月17日，县长张国晓主持召开县政府第30次常务会议，讨论修改拟提交县十三届人大五次会议审议的《政府工作报告（征求意见稿）》。决定行政监察事项。

2011年2月21日，县长张国晓主持召开县政府第31次常务会议。会议学习了《河南省实施〈中华人民共和国抗旱条例〉细则》，专题研究了郏县学前教育事业3年行动计划、2011年度林业生态建设工作意见、部分项目投资合作事宜及安全信访稳定等工作。

2011年2月28日，县长张国晓主持召开县政府第32次常务会议，传达全市国土资源工作会议和全市安全生产工作会议精神，安排部署全县国土资源工作和安全生产工作。

2011年3月7日，县长张国晓主持召开县政府第33次常务会议，会议传达了省政府和省煤矿安全监察局豫南分局专题安全工作会议精神，听取并研究了全县安全生产、新型农村合作医疗及城市精细化管理等相关工作。

2011年3月21日，县长张国晓主持召开县政府第34次常务会议，听取了县人口计生工作、“瘦肉精”专项整治工作、南水北调郏县段有关工作、督查工作和老城改造等情况汇报。

2011年3月28日，县长张国晓主持召开县政府第35次常务会议。会议研究了全县畜牧业发展、部分项目投资合作等有关事宜，讨论通过了对杨振锋等12位同志记个人三等功的决定。

2011年4月6日，县长张国晓主持召开县政府第36次常务会议。会议研究了县历史文化名镇名村保护工作、政府系统廉政工作、旧城改造、食品安全、县政府七次全会筹备等工作。

2011年4月18日，县长张国晓主持召开县政府第37次常务会议，听取并研究了保障性住房建设、部分项目投资合作事宜、安全生产和煤炭企业兼并重组等工作。

2011年5月9日，县长张国晓主持召开县政府第38次常务会议，听取并研究了行政服务、安全生产、事业单位岗位设置管理等工作，通过了行政监察事项。

2011年5月16日，县长张国晓主持召开县政府第39次常务会议。会议研究了县域经济发展问题和《郏县科学技术进步奖励办法》，调整了部分副县长分工，安排部署了其他工作。

2011年5月23日，县长张国晓主持召开县政府第40次常务会议。会议听取并研究了2011年普通高考、医药卫生体制改革和安全郏县创建等工作，传达和学习了《河南省关于加强城乡基础设施建设专项工作方案》。

2011年6月20日，县长张国晓主持召开县政府第41次常务会议。会议听取并研究了公开招聘中小学及幼儿园教师、提高机关公务员津贴补贴标准和2011年十大民生工程等问题。

2011年7月5日，县长张国晓主持召开县政府第42次常务会议。会议听取并研究了全县防汛、市政重点工程建设、锋达煤业公司申请返还部分款项、县级储备粮贷款利息偿还等工作。

2011年7月18日，县长张国晓主持召开县政府第43次常务会议。会议听取并研究了丹江口库区第二批移民搬迁、郏县城市绿地系统规划等问题。

2011年7月25日，县长张国晓主持召开县政府第44次常务会议，专题听取并研究全县安全生产工作。

2011年8月8日，县长张国晓主持召开县政府第45次常务会议。会议听取并研究了2011年烟叶收购、郏县城区规划等问题。

2011年8月15日，县长张国晓主持召开县政府第46次常务会议，听取并研究2011年考入大学贫困新生救助、城镇居民社会养老保险试点、煤矿兼并重组、烟叶收购、地方铁路建设、迎接省、市《廉政准则》贯彻执行情况专项检查等工作，通过了行政监察事项。

2011年8月22日，县长张国晓主持召开县政府第47次常务会议，听取并研究城中村改造房屋征收安置补偿、部分招商引资项目投资合作、万福源餐饮城和东方汝水美食城建设、公共卫生综合服务楼建设等工作。

2011年9月5日，县长张国晓主持召开县政府第48次常务会议，听取并研究县客运公司托管、柏堂路汝河大桥引线工程土地及附属物补偿、农业、水利等工作。

2011年9月19日，县长张国晓主持召开县政府第49次常务会议，听取并研究了县产业集聚区道路建设、9~12月份主要工作、招商项目和有线电视数字化整体转换等工作。

2011年10月10日，县长张国晓主持召开县政府第50次常务会议。会议听取并研究了县农办拟订的《关于鼓励社会化资金从事整村拆迁建设中心村（社区）加快新农村建设步伐的若干指导意见（草案）》，关于王集乡枣庄中心村建设、东城区学校、会议中心、文化中心、文化广场工程建设等工作。

2011年10月17日，县长张国晓主持召开县政府第51次常务会议，听取并研究了保障性住房建设、冬季征兵及教师晋升职称推荐等工作。

2011年10月31日，县长张国晓主持召开县政府第52次常务会议，调整了部分县政府领导分工，听取并研究了新型农村合作医疗有关工作。

2011年11月7日，县长张国晓主持召开县政府第53次常务会议，听取并研究了东城街道大屯村等6个行政村改制为社区及进一步加强法治政府建设等工作。

2011年11月21日，县长张国晓主持召开县政府第54次常务会议，简要通报了11月13日以来郏县党政考察团赴皖、苏等地考察学习情况，讨论修改了《县委、县政府2012年经济工作意见（征求意见稿）》。

2011年11月28日，县长张国晓主持召开县政府第55次常务会议，听取并研究了全县校车集中整治、进一步加强乡村医生队伍建设等工作。

2011年12月19日，县长张国晓主持召开县政府第56次常务会议，听取并研究了全县水利改革发展、林业建设、依法行政和法治政府建设、普法宣传及部分招商引资项目投资合作等工作。

【县政府重要文件】 2011年1月8日，县政府下发《关于印发郏县政府采购监督管理暂行办法的通知》（郏政〔2011〕2号）；1月16日，县政府下发《关于印发郏县行政事业单位国有资产管理办法的通知》（郏政〔2011〕3号）；3月1日，县政府下发《关于进一步规范我县新上项目投资管理工作的通知》（郏政〔2011〕6号）；3月10日，县政府下发《关于印发郏县城市精细化管理活动实施方案和郏县城市精细化管理责任分解及考核评分标准（试行）的通知》（郏政〔2011〕7号）；4月20日，县政府下发《关于切实加强农田灌溉工程管理的通知》（郏政〔2011〕17号）；5月3日，县政府下发《关于李口乡撤乡建镇的通知》（郏政〔2011〕18号）；5月18日，县政府下发《关于印发郏县历史文化名镇名村保护办法的通知》（郏政〔2011〕20号）；5月24日，县政府下发《关于加强税收征管实行综合治税的意见》（郏政〔2011〕22号）；5月24日，县政府下发《关于印发郏县综合治税工作管理办法的通知》（郏政〔2011〕23号）；5月23日，县政府下发《关于印发郏县科学技术进步奖励办法的通知》（郏政〔2011〕25号）；5月25日，县政府下发《关于印发安全郏县创建纲要（2011—2020年）的通知》（郏政〔2011〕26号）；5月31日，县政府下发《关于加快推进全县煤矿井下安全避险六大系统建设完善工作的意见》（郏政〔2011〕28号）；6月19日，县政府下发《关于印发郏县县城绿化管理暂行办法的通知》（郏政〔2011〕32号）；6月20日，县政府下发《关于印发郏县县城古树名木管理办法的通知》（郏政〔2011〕33号）；7月14日，县政府下发《关于印发郏县县级储备粮管理办法的通知》（郏政〔2011〕38号）；7月18日，县政府下发《关于印发郏县县城绿地管理暂行办法的通知》（郏政〔2011〕39号）；8月29日，县政府下发《关于印发郏县城中村改造房屋征收安置补偿暂行办法的通知》（郏政〔2011〕44号）；8月29日，县政府下发《关于印发郏县加快新型建材产业发展实施方案的通知》（郏政〔2011〕45号）；11月10日，县政府下发《关于印发郏县城乡居民社会养老保险试点实施办法的通知》（郏政〔2011〕48号）；11月23日，县政府下发《关于印发十二五节能减排综合性工作方案的通知》（郏政〔2011〕52号）；11月23日，县政府下发《关于印发十二五节能指标计划的通知》（郏政〔2011〕53号）；12月6日，县政府下发《关于加强法治政府建设的实施意见》（郏政〔2011〕56号）。

【重要通告】 2011年2月18日，县政府下发《关于县城经三路中段改造建设的通告》（〔2011〕2号）；4月18日，县政府下发《关于集中整治县城规划区违法建设的通告》（〔2011〕3号）。

（张　沛）

县政府办公室

【公文处理及时高效】 围绕县委、县政府年度《经济工作意见》和《政府工作报告》确定的目标任务，积极开展调查研究，多方收集整理意见、建议，全年共组织撰写《政府工作报告》、县委经济工作会议、政府全会等综合材料190余篇；编发《政府工作通报》10期、《领导参阅》26期、《政务信息》31期，审核印发县政府及办公室文件392份，有力地促进了县政府各项决策部署的贯彻落实。坚持快捷、高效、保密、优质的原则，认真办理各单位请示、报告和上级来文来电，全年共办理下级请示报告55件，处理上级来文510件、电报390件。政务信息工作实现新突破，向省市政府上报信息256条，被采用186条，居平顶山市各县（市、区）首位。其中《南水北调工程郏县段违法占地问题突出地方政府面临问责》等6篇信息作为《重要情况专报》上报省政府信息处并获主管副省长批示。

【信息化水平不断提高】 按照市政府电子政务建设要求，结合郏县实际，制定了电子政务外网扩建规划和技术方案，如期完成设备招投标、采购、安装调试、对接等外网升级工作。抓好网络平台建设，全年共改版栏目4个，为空栏目充实内容180篇，网站发布各类信息1.7万余条，发送政务短信近4万条。创立了《郏县网络舆情》和《郏县手机报》，分别编发了7期和101期，收集舆情20余篇，办理回复网民信箱留言42条，信息化办公水平不断提高。加大县政府办公局域网管理力度，指导残联等4个单位开通网站，对县直单位政务内网使用情况进行全面检查，及时排除故障隐患，保证网络运行畅通，全年无发生信息安全事故。

【应急热线工作严密有序】 坚持24小时值班制度和重大紧急情况处理报告制度，坚持领导带班和值班签到制、交接班制，不断完善值班日志等制度，抓好上情下达和下情上报工作。完善了应急预案体系建设，做好了突发事件的防范与处置工作。及时办理市长热线批件393件，办结率达到100%，满意率达到100%，有效解决了一大批关系群众切身利益的问题，树立了县政府办公室良好的“窗口”形象。

【各项工作统筹兼顾】 政府信息公开不断规范。年初，下发《政府信息公开考核细则》和《郏县政务公开实施方案》、《政务公开考核细则》，及时更新《政府信息公开目录》，全年公开政府文件80余件，政务信息800余篇。侨务工作取得新成绩。协调申请日本驻华大使馆“利民工程”无偿援助项目5个，总投资350万元，2011年3月成功举行了赠款签字仪式。党务、综治、计划生育、无线电管理、工农关系协调等工作也都取得了明显成绩。

（张 沛）

新华社评出2011年国际十大新闻（二）

（上接87页）

六、苏丹南方独立改变非洲版图

根据2005年苏丹北南《全面和平协议》和2011年1月苏丹南部地区公投结果，苏丹南部7月9日正式从苏丹分离，南苏丹共和国同日宣告成立。非洲面积最大的国家由此一分为二，非洲大陆版图发生新变化。7月14日，第65届联合国大会一致通过决议，接纳南苏丹共和国为联合国第193个会员国。

七、“非洲之角”干旱引发人道灾难

“非洲之角”地区以及周边的肯尼亚、乌干达等国今年发生数十年一遇特大旱灾，受灾人数超过1240万，其中索马里遭遇10年来最严峻的人道主义灾难。造成灾难的因素包括连年战乱、粮价高企，以及全球气候变化的影响。联合国粮农组织总干事迪乌夫将这一地区的饥荒称为“世界面临的最严重的人类灾难之一”。

八、全球人口超70亿加大发展压力

联合国人口基金的报告显示，世界人口总数2011年10月31日达到70亿。这表明科技和经济进步提高了人类生命的保障水平，同时，人口迅猛增长也给全球资源和生态环境造成巨大负担。老龄化、粮食安全、教育、医疗、就业等相关问题将持续考验人类社会。科学合理控制人口增长，成为各国实现可持续发展必须解决的问题。

九、伊朗西方对立加剧伊核危机

11月8日，国际原子能机构发表报告说，至少在2003年以前，伊朗有发展核爆炸装置计划并进行了尝试。尽管伊朗予以否认，但美、英、法等西方大国率先宣布加大对伊制裁力度。伊朗民众反对西方情绪随之高涨，示威者冲击英国驻伊使馆等外交驻地等，伊核问题陡然升温。

十、朝鲜最高领导人金正日逝世

朝鲜最高领导人金正日2011年12月17日逝世。朝鲜19日宣布成立以金正日之子、朝鲜劳动党中央军事委员会副委员长金正恩为首的国家治丧委员会。朝鲜发表《告全体党员、人民军官兵和人民书》说，金正日同志突然逝世是“朝鲜党和革命的最大损失，朝鲜人民和整个民族的最大悲痛”，并呼吁全体党员、人民军官兵和人民“忠于尊敬的金正恩同志的领导”，团结一心。

政协郏县委员会

【概况】 2011年，中国人民政治协商会议郏县委员会机关共有人员63名，其中在职人员43名，离退休人员20名，机关内设5委1室1中心：经济科技委员会、民主法制委员会、提案委员会、文教卫生委员会、学习文史委员会、办公室、机关事务服务中心。政协郏县委员会及其常务委员会在中共郏县县委的正确领导下，牢牢把握团结和民主两大主题，紧紧围绕县委提出的建设“特色经济县、生态宜居县”两大目标和“招商引资、新农村建设、城镇建设、安全稳定”四项重点工作，按照县政协八届五次会议确定的各项目标任务，团结带领全体政协委员，发挥协调关系、汇聚力量、建言献策、服务大局的重要作用，积极履行职能，为促进全县经济社会平稳较快发展做出了积极贡献。2011年县政协共召开常委会议5次，全体委员会议一次，组织委员进行调研、视察10余次，提出提案261件，有力地发挥了政协的职能作用。

【政协郏县八届五次会议】 2011年2月10日～2月14日，政协郏县八届五次全体会议在郏县大酒店召开，出席委员255名。会议听取并审议讨论了县政协主席李拴勤所作的第八届常务委员会工作报告和副主席唐国颖所作的提案工作情况报告。县委书记郑理和县长张国晓分别在开幕会和闭幕会上作了重要讲话。与会委员列席了县十三届人大五次会议，听取并讨论了县长张国晓所作的政府工作报告及其他各项报告。通过了《政协郏县八届五次会议政治决议》、《政协郏县委员会八届五次会议关于常务委员会工作报告的决议》和《政协郏县八届五次会议提案审查情况的报告》，安排部署了2011年县政协工作。会议自始至终洋溢着合作共事、民主协商、共谋发展的和谐气氛，会议圆满完成了各项议程，是一次统一思想、凝聚力量的大会，是一次民主求实、团结奋进的大会。

【政协常委会议】 2011年1月，召开政协郏县第八届二十次常委会议。会议主要议题：审议通过政协郏县八届五次会议议程、日程及委员变更情况；审议政协郏县八届常委会工作报告（草案）；审议政协郏县八届四次会议以来提案工作情况报告（草案）；审议通过政协2011年工作意见（草案）；审议决定召开政协郏县八届五次会议的有关事宜。

2011年2月，召开政协郏县八届二十一次常委会议，会议的主要议题：审议通过政协八届五次会议提案审查情况的报告（草案）；审议通过政协八届五次会议关于常务委员会工作报告的决议（草案）；审议通过政协八届五次会议关于常务委员会提案工作情况报告的决议（草案）；审议通过政协八届五次会议政治决议（草案）。

2011年5月，召开政协郏县八届二十二次常委会议，专题协商新型农村养老保险工作。向县委报送的《关于我县新型农村养老保险工作专题协商情况的报告》，提出了县委书记郑理和县长张国晓对报告中提出的意见建议做出专门批示，要求县政府“高度重视，采取得力措施，抓好落实，真正让百姓受益。”要求人事劳动和社会保障局要根据报告提出的意见建议，提出具体可行的改进意见，不断提升工作质量和水平。

2011年8月，召开政协八届第二十三次常委会议，专题协商县城镇建设工作。提出了要加大对规划的执行和宣传力度；城镇建设中要融入具有地域特色的文化元素；加快老城区改造力度；严控楼价上涨过快；强化质量监管和安全消防工作等意见建议，促进了城镇建设的健康科学发展。

2011年11月，召开政协八届二十四次常委会议，专题协商信访稳定工作。在全县农村两委换届、老城拆迁改造项目开工等各种社会矛盾凸显的关键时期，向县委、县政府报送了《关于对我县信访稳定工作专题协商情况的报告》，提出了要加强教育，不断提高各级干部对信访工作的认识；坚持科学民主决策，从源头上预防信访问题；解决群众合理诉求，从根本上减少信访问题等意见建议，多方位给力郏县的安全稳定工作。

【提案工作】 2011年，县政协高度重视提案工作，通过会前加强对委员撰写提案的指导，并根据县委、县政府确定的工作重点向委员编发提案参考目录、确定重点提案人，会中严格审查把关，提案质量进一步提高。在坚持交付办理、确定重点提案、主席包案督办等一系列行之有效的办理措施的同时，不断探索新的提案办理方式方法。一是在办理程序上进一步规范。县督查局首次向全县各有关单位下发了《关于对县人大议案建议和县政协提案办理工作的通知》，明确专人负责督促政协提案和办理，还特别将县政协8件重点提案实行台账式管理，分别明确了提案承办责任单位、责任人、答复时间、完成时间等，提升了提案办理的层次。二是实行政协专委会跟踪督办。将所有提案根据各专委会的职能进行分包跟踪督办。加强与承办单位的沟通交流，定期了解办理进度，及时收集、反馈委员建议，帮助解决办理过程中的困难和问题。三是充分发挥政协提案委、承办单位、提案人、新闻媒体等优势，实行提案委上门回访、承办单位与提案人协商办案、组织新闻媒体采访报道、公开办案成效等，多方推动提案办理的进度和质量。政协郏县八届五次会议期间共收到委员提案261件，经审查，立案256件。这些提案涉及全县经济、政治、文化、社会建设的方方面面，反映了人民群众的心声和要求，体现了广大政协委员强烈的责任心和主人翁意识。如县发改委和县国土资源局等部门在办理《加快产业集聚区建设，创建品牌集聚区》提案的过程中，认真听取委员意见，加大工作力度，高起点编制完成了产业集聚区《发展规划》、《土地修编规划》等6个规划并全部通过审评、正在付诸实施，这为县产业集聚区跻身省级名牌产业集聚区打下了坚实基础。正是由于采取了更为科学有效的提案办理措施，在各承办单位的辛勤努力下，256件提案已全部办理答复完毕，从收到的委员反馈意见来看，提案办理委员满意率为100%。

【调研视察】 2011年，围绕全县工作中心，根据年初制订的工作重点，选择对全县经济社会发展具有全局性影响的突出问题，精心组织，统筹安排调研、视察活动。一是调研农业产业化龙头企业发展。根据县委、县政府对农业提出的调结构、促转变战略，先后数次到农业局、有关部门走访，与有关专家、干部座谈，并深入10个农业产业化龙头企业进行调查研究。撰写的《关于农业产业化龙头企业发展情况》的调研报告，详细分析了县农业产业化龙头企业的发展现状及特点、存在问题，在如何实现企业转型提升方面提出对策建议，受到县有关部门高度重视；二是调研城镇建设。为建言城市发展，政协组织专门人员对全县老城拆迁改造工作进行了专题调研，就旧城改造中的规划及审批程序、土地管理、拆迁安置和补偿、优惠政策等方面提出了15条意见建议，向居民群众广泛宣传了老城拆迁改造的必要性，促进了老城拆迁改造步伐的加快。协助市政协对郏县优化经济发展环境、微型企业发展情况等工作进行调研，为上级党政部门决策提供了参考。本着创新性、规范性、灵活性原则，开展委员视察工作。先后组织委员对一区七园建设情况、北汝河河道治理和南水北调工程、检察院工作、物价管理工作进行了视察，产生了积极的影响和效果。

【围绕中心积极服务发展大局】 在文化旅游产业发展上履职尽责。2011年，县政协参与组织召开了郏县文化旅游产业领导组会议，按照县委、县政府《关于进一步加快旅游产业发展的意见》，对郏县2011年文化旅游产业发展做出详细安排部署。一是做好规划。其中三苏园、文庙国家重点文物保护单位规划已获国家文物局批准立项；三苏文化产业园旅游发展总体规划、知青园文化创业园规划分别编制完成；临沣寨中国历史文化名村保护及旅游规划并通过省级评审。二是加大开发建设力度。对景区技防设施进行了更新改造，景区综合办公楼建成并投入使用，完成了广场绿化、湖心岛美化，省市已顺利通过三苏园升国家4A级旅游景区的申报；知青园景区新展馆建成，按照布展文本完成了内部装修，室内陈列布展工作正在加紧进行，文化产业园、知青创业园和围绕工业的炊具产业园规划已完成；临沣寨景区对寨墙内侧进行修复加固，完成了朱氏古宅院落整体清理、修复，寨内红石路面铺设、通讯设施项目建设正在施工中，策划了“中原石艺博物馆”建设项目，已收集各个时代的石艺物品6000余件。三是大力宣传推介。与各大旅行社联系，与汝州风穴寺、怪坡等景区沟通，把三苏园纳入旅行社推介省级线路；举办了第三届清明“公祭三苏”活动；召开了三苏楹联研讨会；在郑尧高速设置大型宣传牌3幅；抓住“平顶山迎五一旅游精品产品展销会”和首个“中国旅游日”宣传机遇，大力推介三苏园、知青园；应邀组团参加了在江苏常州举办的中国第十七届苏轼学术研讨会，与各地代表团就“苏轼和谐理念和实践”，开展了广泛的研讨和交流。在民营企业发展上尽智出力。以政协民营经济发展促进会为抓手，从实际出发，把工作的着力点放在为企业提供实实在在的服务上。

【自身建设】 一是加强学习，打造学习型政协。在八届五次全会期间，专门举行大会讲座，对全体委员进行专题培训。为每个委员免费征订一份《协商论坛》杂志，发放了《政协知识读本》，并通过座谈会、报告会、测评会等各种形式提升委员的政治业务素质，使政协成为各界别委员互相学习、共同提高的大家庭。抓好政协机关的政治学习。每周二、五为机关学习日，学习由办公室安排，各委室负责人领学，实行签到制，以集中学习和个人自学相结合，认真学习党的各项方针政策和政协业务理论知识及法律法规，机关干部的业务能力和工作水平不断提升，党性修养得到进一步增强，作风进一步转变，为委员、为群众服务的水平进一步提高。二是加强建设，打造效能型政协。在机关认真开展了“决战十二五，我该怎么办”、“靠正气实干”和“学习马俊欣、岗位做贡献”学习活动，以“创先争优”活动为载体，在全体委员和政协机关干部中扎实开展“学、比、看”活动，三是加强联谊，打造和谐型政协。主动走出去，请进来，广泛开展内外学习交流和联谊。先后参加了市政协成立30周年系列活动和市政协组织的赴重庆调研微型企业发展活动；安排提案委参加省政协在北戴河举办的提案工作培训班、经科委参加了市政协组织的赴云南考察经济社会发展；组织机关干部赴广西、贵州友好政协学习交流。组织驻郏市政协委员到汝州开展了异地视察。做好了全国政协副主席陈宗兴、省政协副主席王训智、市政协主席裴建中莅郏调研文化旅游、新型城镇化、水利建设等服务工作。热情接待了在平顶山市参加中南13省市政协工作研讨会的领导及牡丹江市政协、邯郸市政协、北京西城区政协、新郑市政协和驻济源市省政协委员视察团莅郏视察、考察等工作。通过横向、纵向的联系，开阔了视野，启迪了思维，加强了联谊，学到了经验，提高了履行职能的水平和能力。同时，也从不同角度宣传了郏县，提高了郏县知名度，树立了良好对外形象，为构建郏县和谐的经济社会发展环境做出了积极贡献。四是注重创新，打造创新型政协。2011年，针对全会闭会期间，委员分散，政协在基层缺乏开展经常性工作机构的实际，积极运作，报请县委批准，在各乡镇（街道）、县直单位设立了政协委员工作小组。全县30个政协委员工作小组在县政协常委会和单位党委（党组）的领导下，活动有阵地，工作有制度，履职有特色，围绕中心，服务大局，积极作为。郏县在基层设立政协委员工作小组，受到全市第二次县（市）区政协工作研讨会的高度关注和评价，称“郏县的做法，开了全市政协工作的先河，是一项开创性的工作”。

【文史资料搜集】 2011年，认真做好文史资料的搜集整理工作。对政协成立以来出版的前14辑文史资料重新进行了认真的整理校对，汇总成上下两册，并结集出版，保护了珍贵的文史资源。回顾整理八届政协履职足迹，编纂出版了《履职、奉献、风采》八届政协纪念画册。举办了纪念祁建华先生诞辰90周年座谈会，深度挖掘了郏县这一历史文化名人的社会价值，引起了较大的社会反响。

【陈宗兴在郏县三苏园景区参观考察】 2011年5月1日下午，全国政协副主席、农工党中央常务副主席陈宗兴到郏县三苏园景区视察工作。陈宗兴参观了广庆寺、三苏祠、东坡碑林、三苏坟院等景点，与市政协主席裴建中、县委书记郑理进行交谈，询问三苏园的文物保护、旅游开发等有关情况。在参观东坡碑林时，陈宗兴指出，东坡碑林是中国当代名家书法艺术荟萃之地，必将为弘扬中华民族传统文化、陶冶人们的情操发挥积极作用，一定要加强保护。陈宗兴还建议将碑文内容印制成册，供书法爱好者选购。在听取了汇报后，陈宗兴对郏县依托文物资源发展旅游产业，抓住当前全国大力发展旅游产业的有利时机，强力推进景区建设，促进郏县第三产业发展，带动地方经济发展的做法给予了充分肯定。县委书记郑理，县政协主席李拴勤，县委常委、办公室主任郭国顺，县委常委、政法委书记李捍卫，县政协副主席黄学彬等陪同考察。

（李金星）

新华社评出2011年国内十大新闻（四）

（上接84页）

十、扶贫标准大幅度提高 惠及上亿低收入人口

中央扶贫开发工作会议11月29日在北京召开。中央决定将农民人均纯收入2300元（2010年不变价）作为新的国家扶贫标准。这个标准比2009年提高了92%。按照这一新标准，中国至少有上亿低收入人口将享受到国家的扶贫优惠政策。

社会团体

郏县总工会

【“两个普遍”落实情况】 一是依法推动企业普遍建立工会组织。继续广泛开展“广普查、深组建、全覆盖”建会集中行动，坚持目标分解、重点督察、定期通报，加大非公企业建会数据库推广使用，做到了企业个数清、建会企业清、职工人数清、基层工会作用发挥情况清。2011 年全县共新建工会组织 297 家，其中，独立建会 220 家，联合建会 77 家，共涵盖法人单位 1263 个，发展会员 22438 人，其中农民工会员 21840 人，分别占全年任务比的 297%、448%、873%，组织建设工作在全市率先实现了全覆盖。二是依法推动企业普遍开展工资集体协商制度。以“四项机制”、“四个层次”为突破口强力推进工资集体协商工作，在全市率先实现了企业、产业集聚区工资集体协商全覆盖，2011 年，全县共签订工资集体协议 271 份，覆盖企业 777 家，覆盖职工 70713 人；签订女职工权益保护专项集体合同 423 家，覆盖女职工 12169 人。省总、市总主要领导莅临郏县调研企业工资集体协商工作，并给予高度评价，东城产业集聚区在省、市产业集聚区和行业性工资集体协商工作推进会上作了典型发言，县总荣获全市推进工资集体协商工作优秀奖。

【困难职工帮扶工作】 2011 年，全县各级工会不断拓展帮扶工作新领域，积极探索帮扶救助新途径，帮扶范围、帮扶成效实现了双突破。一是认真做好帮扶救助工作，全力维护下岗职工、农民工的切身利益。为 1580 名困难职工建立了详实、准确的微机档案，合格率达到了 100%；全县 15 个乡镇（街道）建立了帮扶工作站，形成了良好的帮扶工作格局；在全县范围内深入开展送温暖活动，对下岗困难职工和困难农民工实行帮扶全覆盖，切实为下岗职工及农民工做好事、办实事、解难事，帮助他们解决在劳动就业与培训、社会保障、子女就学等方面的实际困难。

帮扶中心争取、筹集资金 60.8 万元，帮扶困难职工 2701 人，其中，医疗救助 254 人，生活救助2447 人。二是多渠道开展技能培训，帮助下岗职工、农民工实现就业再就业。利用郏县再就业培训基地及社会资源，举办电脑、家政维修等各类技能培训班 15 期，培训下岗失业人员和农民工 780 人，其中培训技术工人 230 名，培训人员全部建立台账，并输入微机管理；乡镇（街道）帮扶工作站及乡镇培训机构培训农民工 2180 人，依托培训机构多方联系用工单位，提供用工岗位信息 3000 余人次，成功就业 1273 人。三是继续开展“爱心助学”活动。各级工会密切配合，进一步加大工作力度，共筹集救助金 11.5 万元，并严格按照救助程序，对 55 名被大学录取的困难职工、困难农民工子女进行了现场救助，为家境贫困的寒门学子圆了大学梦。

【构建和谐劳动关系扎实推进】 为进一步提高全县厂务公开、民主管理的质量和水平，使之规范化、系统化、制度化，从而构建和谐劳动关系。一是强化宣传，营造良好的氛围。有计划、有重点、分阶段地做好推行厂务公开制度的宣传教育工作，提高社会各界的认知度和影响力。二是摸清底数，实行动态管理。县厂务公开领导小组把全县各企业名称、类型、负责人和拟实行厂务公开的时间统一登记造册，实行动态管理，区别不同类型企业，加强调查研究，确保工作进度。三是督导检查，建立通报制度。县厂务公开领导小组制订重点企业联系制度，抓关键、促全局，不定期派出督察组深入企业巡回检查。坚持把职代会制度建设作为职工民主管理的重要载体，放在工作首位，狠抓工作落实，推进《创建先进职工代表大会活动实施方案》的全面实施。四是明确责任，建立奖惩机制。实行厂务公开目标责任制，对没有按期完成责任目标或不按规定实行厂务公开的企业，予以一票否决。五是设立举报电话，严防假公开。县厂务公开领导小组办公室设立举报电话。对应公开而不公开、半公开、或者欺下瞒上搞假公开的企业，一经查实，一律在电视台曝光。为了及时解决创建工作中出现的情况和问题，法律援助中心开展法律宣传 3 次，接待职工来信来访 9 起，涉及职工 67 人次，化解了不稳定因素，防止了群体事件的发生，收到了良好的社会效果。

【工会“大学校”作用充分发挥】 一是组织开展文体活动。组织圣光医药制品有限公司、马亮磨具有限公司、国税局等单位举办了职工篮球赛，参赛职工 230 人次。广泛开展了放电影、游泳、演讲等 10 余种职工消夏活动，丰富了职工精神生活，陶冶了职工情操，使广大职工度过了一个充实、欢快的夏季。“三八”前夕组织二十余名女干部代表召开座谈会，大家畅所欲言，共谋发展大计。总工会主要领导还深入城建环卫队、经二路女子警亭等工作一线，亲切慰问了一线职工，为他们送去了矿泉水、毛巾、洗衣粉等夏令用品，让他们在炎炎夏日中感受到工会组织的深情关爱。二是以读书自学活动和“双创双争”活动为载体，开展职工书屋建设。新创建市级“模范职工书屋”1 家，县级标准职工书屋 5 家。三是切实做好宣教工作。为进一步提高工作成效，使基层工会更好地了解信息，掌握政策，提高水平，2011 年县总组织乡镇（街道）工会干部进行专题培训，提升了基层工会干部的业务水平和工作能力；同时，加大工会工作推介力度，共向省、市级报刊投稿 21 篇，其中，省级报刊采用 1 篇，市总采用 8 篇，市级报刊采用 6 篇。

【职工经济技术创新活动深入开展】 一是认真组织劳动竞赛。在全县企事业单位、广大职工中深入开展“创文明、促和谐”系列活动。通过活动的开展，全县职工提高了业务技能，提出合理化建议 956 条，创经济效益 1820 万元，在一定程度上节约了能源，减少了污染，企业效益稳中有升。二是积极开展“安康杯”竞赛活动。全年各参赛企业共纠正违章行为 230 人次，查出事故隐患 183 起，接受安全培训达 5307 人次。三是全面做好安全生产监督工作。

依据省委、省政府两办关于加强安全生产群众监督工作的意见要求，组织召开全县安全生产群众监督工作会议，下发了关于加强安全生产群众监督工作的意见，对安全生产群众监督工作作了认真安排和全面部署。全县各乡镇（街道）、企业、相关行政事业单位成立了领导小组，制定了工作制度，并组织职工广泛参与到安全生产监督工作中。四是认真做好市五一劳动奖章、奖状的推荐评选工作。按照评选要求，由基层工会推荐，经职代会通过，县工会把关，2011 年王国申荣获全国五一劳动奖章，李延锋等 4 人荣获市五一劳动奖章，计生委、公安局户政科、110 呼救中心荣获市五一劳动奖状，电力公司调控中心荣获工人先锋号。

【工会自身建设】 2011 年，县总工会在全县范围内深入开展“创先争优”活动，坚持靠正气实干，学先进、比创新、看实效，充分发挥工会组织先进集体、先进个人的模范带头作用，强化创新意识、责任意识，用心思考、用心研究、用心落实，做到在思想上想干事，在方法上会干事，在成效上干成事，不断提高工会自身建设科学化、规范化水平，着力打造学习型机关、服务型机关、创新型机关、高效廉洁机关，着力提升服务大局、服务基层、服务职工的能力，工会组织的凝聚力、向心力、影响力有了明显提升。机关建设进一步改善，为各部室配备了电脑，为全体工作人员更换了办公用具，实现了机关办公自动化。积极开展“地税代收工会经费”工作，做好沟通协调，不断完善机制，深挖潜力，加大力度，工会经费收缴率有了新的提高。不断深化“经审工作规范化建设达标年”活动，经审工作质量和效率不断提高。党风廉政建设、老干部工作、工运理论研究、工会信息、工会统计、机关建设等各项工作都取得了新的成效，在服务工会全局工作中发挥了积极作用。

（赵亚辉）

共青团郏县委员会

【基层组织建设】 2011 年，团县委高举中国特色社会主义理论武装全团，教育青年，进一步加强和改进各项工作。一是坚持以“创先争优”活动促进党建带团建，全县各级团组织根据统一部署，采取分类指导、专项整治等有力措施，扎实开展基层团组织“创先争优”活动，逐步形成了县、乡、村三级团组织层层创建、整体联动的良好态势，有力的促进了团的基层组织建设。二是团县委为总结经验、发扬成绩、表彰先进，5 月份召开了纪念五四运动 92 周年暨表彰大会，决定授予龙山街道团工委等 15 个团（工）委“五四红旗团委”荣誉称号，评选了 30 个“五好团支部”，37 名模范团干部，73 名优秀团员，同时按照“学先进、比创新、看实效”的工作要求，评选表彰了“第八届郏县十大杰出青年”。三是 7 月份，全县党建带团建暨乡镇（街道）团的组织格局创新工作推进会顺利召开。按照党建带团建的总体要求和团省委的总体部署，进一步统一思想，坚定信念，创新机制，强化措施，扎实有序推进全县乡镇（街道）团的组织格局创新工作。四是实施农村战线团干部“一带一”工作联系点制度，重点开展好、组织好一次活动，解决一个困难，培养一个典型，总结一条经验，撰写一份调研报告，写好一本团情笔记的“六个一”活动，以此巩固和加强乡村两级团的传统组织体系，带动和影响农村团的工作整体活跃，探索和创新农村基层组织设置方式，把农村青年内在的、客观的沟通方式作为组织载体，推行在专业组织、农村社区、专业市场、园区建团，探索各种有效的联建模式，着力解决农村基层团组织建设问题。

【团委自身建设】 2011 年，团县委在开展团的各项工作的同时，不断加强自身建设、制度建设，狠抓部门建设，充分调动团干部的积极性，以良好的工作作风，积极主动投身团的工作。一是抓学习建设。积极响应建立学习型机关的号召，在团县委机关建立学习型部门，采取理论与实践相结合、个人自学与集体学习相结合、日常学习与集中学习相结合，切实加强科学发展观和团的业务知识等的学习。二是加强制度建设。积极响应建立服务型机关的号召，在工作中狠抓服务质量，不断提高部门同志的意识。按照项目细化、工作量化、结果优化的原则，有力地促进全县团务工作的发展与进步。

【青少年思想道德教育工作】 2011 年，持续深入开展青少年思想道德教育和社会实践活动。重视少先队组织建设，在少先队建队日，各学校根据自己的情况，组织吸收大量的优秀学生入队，进一步提高县少先队的数量和质量；按照中央关于加强未成年人思想道德建设的要求，在全县少年儿童中广泛开展争当“四好少年”活动，使广大少年儿童从小养成良好的道德习惯，培养对党和社会主义祖国的朴素感情；为响应县委提出的“决战十二五，我该怎么办?”活动号召，2 月份，团县委组织全县团干部召开“决战十二五，我该怎么办?”大讨论活动，带领全县广大团员青年查找差距、明确目标，形成比学赶超的良好局面，展现郏县青年昂扬向上的精神风貌；3 月 5 日，围绕全县的“创建”工作，团县委组织青年志愿者、各基层团组织在雷锋日前后相继开展了“弘扬雷锋精神，共建和谐郏县”主题活动，弘扬了“奉献、友爱、互助、进步”的志愿精神；3 月 12 日，团县委组织带领全县团员青年赴眼明寺森林公园进行植树活动；清明节带领学生走进烈士陵园，通过举队旗、戴队徽、敬队礼及给烈士纪念碑敬献花圈等形式，深切缅怀革命先烈的丰功伟绩，向广大学生进行爱国主义教育；5 月 13 日，全县开展了纪念建党 90 周年党史报告会，培养广大团员青年对党和国家的朴素感情，树立热爱祖国、热爱党的正确历史观；5 月 17 日，积极开展青少年爱国主义读书教育活动，通过全面回顾中国共产党 90 年来的成长历史和伟大成就，全面展示中国共产党 90 年来涌现的优秀人物，帮助青少年增强对党的认识，增进对党的感情；6 月份，在全县召开青少年安全自护教育会议，进一步把青少年思想道德建设，特别是当前的安全自护教育工作纳入共青团少先队工作的整体规划，加强了“青少年法律授助中心和青少年维权中心”建设的力度；6 月 29 日，团县委举行“激扬青春，信念追随”庆祝建党 90 周年红诗朗诵比赛活动，号召青少年勤奋学习勇于开拓，在实践中学习新知，不断提高自我；10 月份，团县委举办了“祖国发展我成长、我看郏县新变化”为主题的庆祝中国少年先锋队建队 62 周年暨颁奖晚会。

【青年就业创业工作】 2011 年，为贯彻落实党的十七届五中、六中全会和团的十六大会议精神，围绕党政工作大局和农村青年的实际需求，团县委与人劳局联合开展“青春建功”新农村就业创业培训活动，对农村青年特别是返乡青年农民工开展有针对性的使用技能培训，对农村“两后生”（农村初、高中毕业后未能继续升学的人员）进行劳动预备制培训。截至 2011 年 5 月底，全县农村春季培训行动共培训青年农民工 1000 余人，提高了农村青年就业和创业能力；2011 年，全县共建立青年就业创业见习基地 3 家、青年就业创业培训基地 2 家、大学生社会实践基地 4 家，为广大农村青年特别是返乡青年农民工提供了更多的见习岗位；按照团省委、团市委的要求，在县委组织部、团县委、各乡镇（街道）与邮储银行郏县信贷部的共同努力下，“青年就业创业小额贷款”活动得到了顺利开展，截至 2011 年 12 月份，累计发放贷款 500 余万元，惠及 150 余人，带动就业人数达 700 余人。

【非公有制经济组织团建工作】 2011 年，为进一步加强非公有制经济组织团建工作，促进非公企业的健康发展，中共郏县县委组织部、共青团郏县委员会联合下发了郏青联字［2011］10 号文件，充分强调了加强非公团建工作的重要性。5 月份，在非公有制团组织中大力开展

"青年文明号"、"青年安全示范岗"等创建活动，使活动直接辐射到企业的团员青年，进一步动员和带领广大青年职工为促进企业发展和社会文明做出新的更大的贡献。

【基层团干部培训工作】 2011年，积极贯彻落实团市委出台的各项政策精神，提高团干部业务素质水平。一是团县委组织全县团干部召开专题会议，认真学习传达市委青年工作会议精神，就如何转变团干部作风及理顺基层组织关系方面做出安排部署。二是深化实施团干部能力提升工程，积极争取把团干部的培训纳入到党的干部培训规划，创新培训形式，拓展培训领域。三是按照团干部培训成长规划，继续在全县团干部中推行实施素质拓展训练和业务培训，不断提升团干部素质。

【希望工程活动进一步拓展】 2011年，为扩大筹资与资助规模，弘扬奉献、友爱、互助、进步的志愿者精神，不断深化实施希望工程活动。一是深入开展"温暖冬天·希望工程爱心大动员"活动。1月7日，团省委副书记郭鹏在市委副书记冯昕，团市委书记王玉娟，县长张国晓，县委常委、组织部部长林胜国的陪同下带着爱心物资深入堂街孔湾希望小学慰问，通过活动开展进一步推动希望工程事业长期稳步发展。二是为深化实施青少年素质教育，不断提高学生们的综合能力。5月18日，由团市委援建的"希望音乐室"在茨芭镇棋盘小学成立，"希望音乐室"重点配置有电钢琴、鼓号队乐器等，价值三万余元。三是5月19日，团县委在一高举行了希望工程启动仪式，并向全县发出了向苗月珊老师捐款的倡议。四是9月份，通过"希望工程·圆梦行动"活动的开展，共救助一高、二高考上名牌大学的学生16名，并每人发放3000元助学金。

（谷　源）

郏县妇女联合会

【概况】 2011年，郏县妇联在县委、县政府的正确领导和市妇联的精心指导下，认真贯彻落实党的十七大、十七届五中、六中全会精神，坚持以科学发展观为指导，围绕妇女儿童中心工作，突出重点，创造性地开展妇联工作，为县经济社会又好又快发展做出了积极贡献。郏县妇联荣获河南省妇联基层组织建设"3+1"工作先进集体；河南省农村妇女"两癌"检查工作先进集体；河南省"三八"红旗集体；平顶山市"三八"红旗集体；平顶山市信息工作先进集体；平顶山市妇联系统新闻宣传工作先进单位。

【巾帼创业先进事迹报告会】 2011年，县妇联向全县广大妇女发出了《决战"十二五"巾帼建新功》的倡议书。为展示新时期郏县创业妇女的创业事迹和风采，激励引导更多的妇女投身创业实践，为郏县经济社会发展做贡献，3月和11月县妇联分别举办了巾帼创业先进事迹报告会，报告团成员从不同的角度讲述了自己的创业经历和创业过程中如何克服种种困难取得成功的感人故事，体现郏县创业女性不怕困难、顽强拼搏、积极进取的精神。录制播放"巾帼风采"电视专题片、举办巾帼创业风采版面展，在《河南日报》、《平顶山日报》、《郏县信息报》等新闻媒体上大力宣传创业妇女先进事迹等举措，大力宣传各行各业创业妇女典型，对激励、引导全县妇女投身经济发展起到了典型带动作用。

【巾帼科技培训】 2011年，县妇联组织依托各类巾帼科技示范基地、专业合作社、半边天家园开展实用技术培训、职业技能培训。全年共举办科技培训84期，培训农村妇女8000多人次，帮助280多名妇女新上了致富项目。

【巾帼创业活动】 2011年，县妇联与劳动、金融等部门建立联动协调机制，大力推动小额贴息贷款政策落实，为创业妇女解决资金难题。共为198名妇女协调小额贴息贷款1153万元。积极引进、推广适合妇女特点的致富项目。采取创业能手和农村妇女牵手结对的形式，向农村妇女推广食用菌种植、手工编织、绢花加工、针织钩锈、特种养殖、特色种植、生态养殖等项目，帮助农村妇女增收致富。

【留守妇女互助组建设】 2011年，县妇联狠抓互助组的规范管理和队伍壮大工作。全县所有互助组均按照“五有”标准建档立册。新成立留守妇女互助组150个，新增成员1200多人，壮大了留守妇女互助组的队伍，促进了互助组的发展。4月20日~21日，省妇联调研组来县就留守妇女互助组工作进行了深入调研。省妇联调研组充分肯定了郏县关爱留守妇女儿童工作的成绩，对郏县创新工作、组建留守妇女互助组的做法给予了高度的评价，《中国妇女报》也对郏县妇联创新工作模式、组建留守妇女互助组的做法进行了报道，在社会上引起了较大反响。

【留守儿童援助活动】 县妇联举办城乡儿童手拉手活动。3月26日，县妇联组织县西街小学51名学生到茨芭镇苏坟村的东坡学校举办“你我手拉手，成长心连心”活动。活动中，孩子们手拉手结成了长期关爱对子，并相继表演了节目，共同植下了一片“爱心林”。这次手拉手不仅使留守儿童开阔了眼界，也为城乡孩子搭建了相互交流学习的平台。针对全县留守儿童的实际情况，在全县开展了“代理家长”活动。10月18日，供电公司“电力爱心萤火虫”团队来到冢头镇李渡口小学给那里的70多名留守儿童送去了学习用品和体育器材，向杨宇翔等同学赠送了帮扶卡、棉衣等生活用品，并和杨宇翔、李园园等10名家庭条件比较困难的留守儿童结为“一对一”帮扶对象。县妇联与县检察院在安良镇高楼小学援建留守儿童亲情家园，为高楼小学每个教室都配备了VCD、电视、电脑等价值五万元的学习设备，为留守儿童营造了良好的学习环境。

【农村妇女宫颈癌免费普查】 2011年，县妇联与卫生局联合开展了以宣传宫颈癌防治知识为目的的春日行动、健康知识讲座等活动，编印宫颈癌防治知识宣传册10000多册。采取集中宣讲和走访农户相结合的方式，发放《致农村妇女的一封信》、《常见妇科疾病的症状及危害》科普资料30000份，向广大农村妇女宣传宫颈癌等妇科病的重要性，推广宫颈癌防治科普知识。自2009年农村宫颈癌免费普查项目开展以来，3年共为82242名35~59岁农村妇女进行了免费宫颈癌检查，对检查对象建立了健康档案。筛选出患生殖道疾病人数52571人，患病率为63.92%；宫颈癌癌前病变人数150人，癌前病变发生率18.24/万；宫颈癌19人，宫颈癌发病率2.31万。对发现的癌前病变和宫颈癌患者，均已进行规范治疗，圆满完成了农村妇女宫颈癌免费普查工作。5月22日，《人民日报》记者以郏县开展宫颈癌免费检查为例进行了报道。11月初，县妇联得知全国妇联筹集到“两癌”妇女救助基金准备救助患癌贫困妇女时，县妇联在第一时间带着全县宫颈癌贫困妇女的救助申请赶到省妇联积极申请。同时将患癌贫困妇女的家庭情况向省妇联反映，通过积极申报和省妇联的审核，争取到全国妇联“贫困妇女两癌救助基金”20万元，救助资金已全部发放到患癌贫困妇女手中。

【妇女维权建设】 县妇联坚持以服务全县妇女儿童，维护社会稳定为己任，认真细致地做好妇联系统的信访工作。积极为受困妇女排忧解难，帮助她们通过理性合法的方式表达利益诉求。设立专门来信来访接待档案，指定专门的来信来访接待员。对来信来访所反映事件进行跟踪服务指导。家住郏县东城区大屯社区的李柿纹，因加油站起火造成全身79%面积的烧伤，形成了四级伤残。县妇联根据其案情特点，积极为其寻求法律援助，并多次与县法院进行沟通协调，督促法院对其做出了公正公平的判决。6月1日，县妇联还组织法院、计生委、国土资源局等单位来到李柿纹家中进行慰问，为其送去了玩具、书籍以及3000元慰问金。在妇联的带动下，东城区、大屯社区也为李柿纹送去了5000元慰问金。县妇联共接待妇女来访案件32起，这些案件经协调均得到了处理，有效维护了妇女儿童的合法权益。

【妇女儿童维权站】 2011年，县妇联还与公检法等部门联合，针对妇女儿童权益的维护开展了维权周宣传，通过宣传活动，让更多妇女学会运用法律武器维护自己的合法权益。县妇联联合综治部门依托妇女之家等活动阵地，在15个乡镇（街道）分别成立了“妇女儿童维权站”，实现了维权站全覆盖，开展普法宣传、权益维护、心理疏导等贴心服务。

【文明新风活动】 2011年，县妇联突出妇联特色，举办“夸媳妇、贺娘家”活动，大力弘扬中华民族传统美德，促进社会和谐发展。“夸媳妇、贺娘家”活动在内容上有了新的内涵和时代特色，活动贯穿营造和谐家庭氛围和发展家庭经济两条主线，评选尊老敬老的“孝贤媳妇”和学用科技，勤劳致富，积极参与农村经济发展的“科技媳妇”。10月19日，县妇联在广阔天地乡邱庄村召开“夸媳妇、贺娘家”活动现场推进会，为梁晓丹等46名“孝贤媳妇”、“科技媳妇”颁奖。全县15个乡镇（街道）积极组织“夸贺”活动。在全县形成人人孝老敬老、家家和睦相处、村村平安繁荣的和谐景象。《中国妇女报》、《河南日报》（农村版）、《平顶山日报》等新闻媒体也对郏县“夸媳妇、贺娘家”活动进行了报道。

【基层妇联组织建设】 一是狠抓妇女之家规范建设。按照党建带妇建、创先争优的工作精神，2011年，在县妇联的努力下，全县377个行政村实现了“妇女之家”统一挂牌，设立了专门的“妇女之家”活动场地和档案，推动“妇女之家”规范化、制度化建设，最大限度的发挥好“妇女之家”在宣传教育、妇女维权、帮扶救助、科技培训、心理辅导、开展活动等方面的功能。二是做好社区妇代会主任助理的招聘工作。为了充实基层妇联组织队伍，扩大基层妇代会工作的覆盖面，从而更好的为妇女儿童服务，县妇联与劳动部门形成联动协调机制，积极推行社区妇代会主任助理的招聘工作，出台了《关于开发城市社区妇联主任助理公益性岗位工作的方案》。

（杨景燕）

郏县工商业联合会

【教育宣传】 2011年，县工商业联合会认真传达贯彻学习了中共中央、国务院《关于加强和改进新形势下工商联工作的意见》（中发〔2010〕16号文件）精神。组织全县民营企业家代表参加在江西井冈山举办的非公有制经济人士培训班，通过培训，提升了民营企业家的自身素质和管理水平。及时收集、整理、编发、上报有关非公有制经济发展方面的信息，全年上报68条信息，上报调研材料6篇，在省、市以上刊物发表文章20余篇。

【公益事业】 2011年，进一步强化“百企帮百村”活动。在原来帮扶14个中心村的基础上，2011年新增13个中心村，以启动基础设施建设和引导村企产业对接为重点，进一步落实帮扶企业、明确帮扶内容。全县27个帮建示范村共建成新民居580套，新修农村公路28公里，建成休闲广场12.5万平方米，新建村室49间，修建小学教室46间，企业直接或间接注入资金4800万元，落实帮扶项目36个，安置就业5000余人。省长郭庚茂，省委常委、纪委书记尹晋华，原省委常委、统战部长刘怀廉等到郏县视察工作时，均到帮扶示范村调研并给予充分肯定。2011年12月，郏县被评为平顶山市“百企帮百村”工作先进单位。持续开展“光彩助学”活动。举办了2011年光彩助学捐助仪式，共募集到捐款154万元，资助贫困学生540多人。其中圣光集团捐资120万元继续资助郏县一高“圣光班”的400多名学生；郏县恒发建筑安装有限公司捐助资金6万元在郏县二高设立“恒发班”，对50名贫困学生，进行集中性、连续性帮扶。组织配合平顶山市第二届“感动鹰城·十大光彩助学人物”评选活动，在县电视台开设“光彩助学人物”访谈专栏，进行深入宣传报道，树立了广天建安集团、圣光集团等郏县光彩助学典型。建立大学生创业基地，积极组织工商联会员企业开展招聘大学生暑期实习、高中生暑期实践活动。全年共安排600多名学生到企业锻炼；继续组织民企开展招聘周活动，全年新增就业8000多人。认真组织了“迎新春送温暖”活动，1月25日，县工商联组织部分副主席、常委，深入到东城区、龙山办事处等地，进行访贫问苦送温暖活动。

【招商引资】 2011年，积极参与组织“闽商鹰城行”活动。签订了投资2亿元的福建火旺彩印包装项目和投资1.2亿元的福建宏磊石材项目。由港商投资、占地面积7万多平方米的福万城项目开工建设。全年会员企业共引进县外投资项目8个，投资金额达24.2亿元。全县非公有制经济发展势头迅猛，受到各级领导和各地客商的关注，原省委常委、统战部长刘怀廉，香港中华总商会会长林铭森等先后到郏县调研考察。全市非公有制企业座谈会在郏县召开。

【工商联八届六次执委会】 2011年1月24日，郏县工商业联合会八届六次执委会议召开。县委常委、统战部长宁和平，副县长王新晓，县政协副主席、县工商联主席薛国强出席会议。宁和平在会上充分肯定了2010年县工商联工作取得的成绩，同时要求县工商联要充分认识中共中央、国务院《关于加强和改进新形势下工商联工作的意见》颁布的重大意义，对照《意见》要求，认真查找和梳理工作中存在的突出问题和制约因素，提出加强和改进工作的意见建议和具体措施，真正把《意见》精神落到实处。王新晓在会上通报了郏县2011年《政府工作报告》（征求意见稿）。薛国强代表八届常委会向执委会作工作报告。

（张成涛）

郏县残疾人联合会

【项目引进】 一是强化领导，明确责任。一把手负总责，主管副职具体抓，明确办公室主任为工作联络人。每月召开一次例会，收集招商信息，有的放矢地开展招商引资工作，在单位上下形成合力招商的浓厚氛围。二是积极参加团队招商。2011年6月，与县领导赴江苏省宿迁市考察、商谈招商引资项目。在企业进驻过程中，想企业所想，急企业所急，为企业打好前站，提供优质服务。2011年4月27日，引进的贰仟家一站式汽车服务郏县恒通店隆重开业。该企业总投资1600万元，其中固定资产投资1100万元。

【残疾人社会保障和服务状况与康复需求两项调查】 2011年，县政府成立组织，出台方案。成立了郏县推进残疾人社会保障体系和服务体系建设工作领导小组（郏政文〔2011〕22号）；下发了《郏县人民政府办公室关于印发〈郏县加快推进残疾人社会保障体系和服务体系建设实施方案〉的通知》（郏政办〔2011〕29号）。全县各乡镇（街道）共成立专门调查队377个。历时2个月，认真开展了残疾人社会保障和服务状况及残疾人康复需求两项调查活动，共调查、登记录入各类残疾人或疑似残疾人33220人，占全县总人口的5.81%。共登记录入有康复需求的残疾人11530名，占全县总人口的2.02%。

【残疾人培训就业】 2011年，共举办残疾人培训班4期，投入资金38万元，共培训残疾人863名，完成市定任务820名的105%。帮助512名残疾人实现了多形式就业：其中集中就业47名，按比例就业38名，灵活就业427名，完成市定任务410名的125%。8月11日，举办了残疾人就业招聘专题洽谈会，来自郑州、孟州、新乡、汝州等地的5家社会福利企业代表参加了洽谈会。共有207名残疾朋友入场应聘。当日，有87名残疾人与招聘企业签订了就业意向书。8月17日，首批42名残疾人胸戴大红花，在副县长李彩霞、县残联领导及厂方代表的送迎下，有序登车前往新乡、汝州、郑州、孟州等地企业就业。对全县221个用人单位按比例安排残疾人就业情况进行了年审，对达不到残疾人就业法定比例的用人单位，依法征收残疾人就业保障金。

【残疾人救助和社保工作】 2011年，共救助贫困残疾学生118名，救助金额共9万元，完成全年50名任务的236%。发放残疾人机动轮椅燃油补贴16.04万元，惠及15个乡镇（街道）的481名残疾人。实施“阳光家园计划”，为残疾人提供托养服务，规范一个残疾人集中托养中心，有80名残疾人在县残疾人托养中心接受托养服务；对100名居家托养的重度残疾人每人发放补助金500元；为1434名重度残疾人参加城乡居民养老保险缴纳了最低参保费用。为1044名重度残疾人缴纳了新型农村合作医疗保险费用。临时救助180户贫困残疾人家庭，户均救助现金、物品折合人民币350元。为100户农村贫困残疾人实施了危房改造，完成市定任务80户的125%，市、县各匹配危改资金20万元，户均4000元。

【残疾人文化周活动】 2011年，与县文化局联合举办第二届残疾人文化活动。开展了电影巡回放映、残疾人体育比赛、庆祝建党90周年主题征文等活动。6月21日，县残联组织300多名残疾人在县职业中专参加了电影首映仪式，观看了大型红色故事片《刘胡兰》，活动期间共放映电影20场（次）。

【走进直播间为残疾人解疑释惑】 2011年6月8日，朱小民理事长走进县电视台直播间，为电视机前的观众朋友介绍了县残联的基本情况、工作职责、上级的惠残政策、常年开展的主要业务等，现场接受了栏目主持人的采访、耐心解答了观众朋友的咨询和投诉。为尽可能扩大社会参与面，提前一周向社会公布了栏目热线电话。当天，热线电话火爆，广大残疾人热情参与，社会反响强烈，收到了良好的社会效果。

【康复服务工作】 2011年，全县15个乡镇（街道）依托当地卫生院均建立了残疾人康复室，全县377个行政村均建立了残疾人康复站；分期分批对160名康复协调员进行了轮训。输送24名肢残儿到市湛河区骨伤医院免费做矫治手术；资助26名脑瘫儿童到汝州金庚医院接受康复训练。完成47例假肢装配任务；为402名白内障患者实施了复明手术；为62名低视力患者配戴了助视器；帮助70名盲人进行定向行走训练；帮助12名聋儿进行听力语言训练，帮助6名成人残疾人进行听力康复训练；投资6万多元为12名0～7岁儿童免费装配助听器24例；为650名精神病患者提供综合性防治康复服务；帮助12名智残儿童进行康复训练；为残疾人供应辅助器具650件。

【基层残疾人组织规范化建设】 2011年，乡、村两级全部选配了残疾人专职委员，乡、村两级残疾人专职委员的配备率、实名登记率、工作补贴落实率、培训率均达到100%。实行残疾人专职委员例会制度，下发了《残疾人专职委员管理办法》，有效地激发了残疾人专职委员的工作积极性。

【扶残助残】 2011年，全县承诺的扶残助残任务共6项，共投入资金67.22万元，惠及7712人。一是慰问、救助、扶持残疾人家庭200户，共投入资金12万元，惠及800人；二是为23户残疾人家庭进行了无障碍改造，投入资金3万元，惠及88人；三是开展康复知识普及教育，发放了宣传单和相关书籍，投入资金6万元，惠及1980人；四是为农村重度贫困残疾人缴纳医保金，投入资金5.22万元，惠及1044人；五是为残疾人提供优诊服务，投入资金35万元，惠及3600人。六是开展“631”科技助残活动，投入资金6万元，扶持45名残疾人发展养殖、农副产品加工等庭院经济，惠及200人。

【新一轮残疾人状况监测工作】 按照省残联统一部署，2011

年10月至11月，在白庙乡团西村和安良镇王楼村监测样本点，开展了残疾人状况监测工作。张贴宣传标语50张，悬挂宣传横幅25幅。通过对两个调查小区212户、814人的调查摸底，共筛查出疑似残疾人40人，经残联评定符合持证标准的11人。填写上级残疾人状况监测问卷35份。工作中把入户监测工作与宣传党和政府的惠残政策相结合、与换发中华人民共和国第二代残疾人证相结合。运用人性化工作方式，为监测对象送去了洗衣粉、洗衣液和雨具等生活用品，对行走不便的重度残疾人上门检查，深得残疾人好评。

【创建全国残疾人工作示范城市检查验收工作】 郏县自2008年开展创建全国残疾人工作示范城市活动以来，县政府与各乡镇（街道）及相关创建单位分别签订了创建工作任务书，对创建工作的69项指标进行量化分解和明确分工，创建工作由点到面全面推开，至2010年底全县创建工作全面完成。2011年3月29日至31日，中国残联验收组对平顶山市创建工作进行了实地检查验收。对包括郏县在内的创建工作给予了充分肯定。

【第二十一次全国助残日活动】 一是组织召开全县残疾人工作暨爱心助残会议，表彰了35个残疾人工作先进单位和25名残疾人工作先进个人；二是救助贫困残疾学生30名，每人救助600元；三是开展“真情报党恩，爱洒残疾人”扶残助残专项募捐活动。县领导带头捐款，15个乡镇（街道）和部分企事业单位踊跃捐款，现场捐款6万多元；四是县领导带队分两组，深入到王集、冢头、长桥3个乡镇的贫困残疾人家中走访慰问，每户救助现金、物品折合人民币400元；五是组织轮椅捐赠活动。6月10日，在县残联门前，来自全县15个乡镇（街道）的160名肢残人接受了轮椅捐赠。全年共发放轮椅268辆。

（张永青）

郏县科学技术协会

【科普惠农兴村专项行动计划】 2011年，县科协根据县委、县政府2011年十项民生工程及责任单位的通知，组织实施“科普惠农兴村专项行动计划”，对一批有突出贡献、较强区域示范作用、辐射性强的农村专业技术协会、科普示范基地、农村科普带头人等先进集体和个人，开展科普惠农活动进行一定补助和奖励”列入民生工程，通过科协多次汇报、协调与沟通，促成两办以郏办［2011］36号文印发《郏县“科普惠农兴村计划”实施方案》，领导亲自带队对所有农技协、科普示范基地实地查看、现场指导，创先达标。5月15日组织农技协、科普示范基地的领办人和技术骨干在平顶山的河南质量工程职业学院参加中国科协“三农”网络书屋及农村信息技术培训班。9月19日至23日县科协与农技协、基地负责人和科普带头人赴新乡、鄢陵县等地参观考察，学习当地农村专业技术协会、科普示范基地工作开展、运作状况。经过几个月宣传发动，经各乡镇（街道）推荐，科协筛选、评比，经县委、县政府研究决定，对3个先进农村专业技术协会和2个先进科普示范基地各奖补人民币2万元，对5名农村科普带头人各奖补1万元，共计15万元。县委办、政府办以［2011］46号文下发了文件。

【《全民科学素质行动计划纲要》实施】 《全民科学素质行动计划纲要》的主要任务是，重点宣传普及节约资源、保护生态、改善环境、安全生产、应急避险、健康生活、合理消费、循环经济等观念和知识，倡导建立资源节约型、环境友好型社会，形成科学、文明、健康的生活方式和工作方式。以四项行动、四大工程（未成年人的科学素质行动、农民科学素质行动、城镇劳动人口科学素质行动、领导干部和公务员科学素质行动，科学教育与培训基础工程、科普资源开发与共享工程、大众传媒科技传播能力建设工程、科普基础设施工程）为抓手，13家成员单位联合实施，共举办培训班60次，培训5900人次，举办科普讲座15次，科普讲座受众11350人次，发放书籍2600册。4月8日至4月29日租四辆车奔赴15个乡镇（街道）开展《科学技术普及法》与《全民科学素质行动计划纲要》宣传活动，印刷《农村专业技术协会积极发挥在农村经济中的作用》、《积极争当新型农民，探索经济发展方式》、《生猪的规范养殖》、《玉米优良品种的选择》等宣传资料8000份。

【科学技术普及活动】 2011年，举办科普展览28次，展览受众人数15100人次；开展科技下乡15次。发放包含养生、保健、新品种介绍、养殖技术、加工、土地耕作等内容科普宣传资料65000份（册），开展春季白菜防抽薹措施、大棚番茄温度湿度干预、桃树嫁接管理、无籽西瓜种植、烟田起垄机推广、烟叶平顶与抑芽、稀植与密植玉米品种合理选择、强大牌养猪饲料（预混料）五大优势、长毛兔剪毛技术、鸡舍建造注意事项、养生从良好生活习惯做起等内容科技咨询176次。

【学术交流活动】 2011年11月22日至23日，县科协组织召开科技人员联谊会，农、林、牧、医、水利、教育等行业的科技代表46名，以及各单位负责人8名出席了联谊会，围绕郏县被确定为“河南省2011年度新型工业化产业示范基地重点培育对象”，科技人员如何担当重任以及如何提高全县全民科学素质进行座谈，会上交流论文21篇。

（丁继红）

郏县文学艺术联合会

【文艺创作及活动】 2011年，作协方面，共有31人荣获各类文学奖项28项，出版诗集、诗词集、长篇小说、纪实文学等文学专著12部，其中肖根胜、马继军、时伟创作的报告文学《生命的赞歌》获2011年全国短篇报告文学三等奖。李国俊的诗歌《破冰的船》荣获国内最大的文学网站《起点中文网》“建党九十周年征文”二等奖，新增出版书籍有王艳萍的《我家有个小丫丫》，王星联的《攀缘集》，肖根胜的《走进台湾》、《创造奇迹的人们》等。4月24日至4月29日，郏县文联与县委宣传部共同承办了河南省首届“非虚构文学”培训暨创作笔会，来自全省的70多名文学爱好者参加了培训，会上，郏县被省作协，省文学院命名为“河南省文学创作（郏县）基地”。书画方面，春节期间的一年一度的书法进万家义写春联活动如期举行，共为各界群众义写春联200余幅（对）。3月初，成功举办第十届“华佗杯”书画展；4月，成功举办全国硬笔书法大赛；6月，成功举办“庆七一中联天广杯”摄影展活动；9月，成功举办“迎国庆首届马亮杯”临帖书法大展赛，并邀请省市书协领导及外地知名书法家张建峰、云平、司马武当、张华静、王乃勇、樊子阳等来县出席活动并指导交流和培训。截至2011年底，县有国家级会员4人，省级会员50人。获得荣誉奖项分别有市建党90周年书画摄影15人入展，省文联20届群众展中15人获优秀奖，全国第五届中小学生书法节教师组1人获优秀奖，河南·山西两地展1人获奖，2人入展，全国首卷展唐国颖入展，邓石如杯书展陈高杰入展（国家级），全国王铎杯书法展李俊旭、赵纯杰入展，第二届中日议员书法作品展唐国颖入展，平顶山市建国60周年书画展入展15件，平顶山市建党90周年书画展参展作品4件，平顶山市人大书画展选送作品15件，山东首届黄河杯2人入展，第五届全军书法展1人入展，第二届轩袁杯1入展，仓颉杯1人入展等等。舞蹈方面，邵晓燕编排的节目《精舞扇魂》在中国舞协第93届舞蹈展演中获一等奖。梁利华编排的《炫舞迎春》、《中国酷娃》参加河南省电台少儿春晚“春动中原”栏目获“优秀表演奖”。音乐方面，黄金永创作的歌曲《莱阳梨花香四海》在“音乐·中国2011大型音乐展示选拔活动”中荣获金奖。黄金永创作的歌曲《畲乡三月三》

获得全国第八届群众创作歌曲大奖赛金奖，黄金永创作的歌曲《英雄劫》收入《二十一世纪华人音乐家优秀词曲新作精选》一书，黄金永创作的歌曲《宁远吹来清新的风》荣获全国征歌二等奖，黄金永创作的歌曲《一生歌唱》发表于《中国原创音乐》2011 第6期。黄金永创作创作的歌曲《不能忘却的纪念》在全国征集董存瑞歌曲活动中获得第四名。

【文艺阵地建设】 一是围绕出作品、出人才、树形象，扩大文联影响，强化队伍团结，注重新人培养。县文联始终把文艺队伍的团结和梯队建设作为繁荣文艺事业的关键。尽力为文艺工作者做好联络，服务工作，倡导协会与协会之间、会员与会员之间，互相尊重、互相学习，互相激励，互相提携，共同提高。大力倡导文人相亲、文人相助的和谐之网，引导高成就作者帮带扶持新人，鼓励新人向老同志请教。倡导协会之间交流融合。书法家协会，美术家协会，亲如一家，共同举办活动。二是开门办文联，扩大文联的社会影响力。始终把开门办文联，在“联”字上作文章作为工作的突破口。多年来，县文联利用多种形式，组织丰富多彩的社会性文艺活动，提高了文联在社会上的知名度，扩大了文联的社会影响力。借助社会力量，主办、承办、联办、协办大型文艺活动20次，参与中小型文艺活动近百次。在社会上引起广泛好评。三是加强阵地建设，壮大文联实力。始终把阵地建设作为壮大文联实力的基础抓紧抓好，县文联是县委领导下的群众团体，搞好阵地建设十分重要，《万花山》杂志是县文联联合郏县中联天广水泥有限公司综合文学双月刊，已成功出版11期，受到了社会各界的广泛关注和好评。另外还组织创办了一个文艺月会阵地，每两月举办一次，几十名文学作者相聚在一起，交流创作体会，评价新人新作，十几年坚持不懈，形成了独具特色的文学现象。对推动全县的文学创作起到了积极的作用。

（吴朝娅）

郏县归国华侨联合会

【宣传调研工作】 2011年，县侨联围绕县委、县政府中心工作及经济和社会发展的重大问题和人民群众关心的热点难点问题，采取定期召开座谈会、进行走访等形式，深入开展调研，积极运用提案参政议政，建言献策。认真撰写提案8件。撰写《围绕中心发挥优势积极兴办社会公益事业》调研文章1篇。并及时搜集上报有关信息，全年共上报信息40余条，被中国新闻网采用1条，省委统战部根在中原网站采用8条，被市委统战部、市侨联采用20条。

【海外联谊工作】 2011年，开展了郏县籍台胞台属、海外“四有”（政治上有影响、社会上有地位、经济上有实力、学术上有造诣）人物、海外留学归国人员的全面调查摸底工作，并进行登记造册，实行动态管理。通过发电子邮件，打电话等形式，向海外华人华侨详细介绍郏县县情及优势资源和各项优惠政策，请他们引介有价值的投资信息和合作项目。积极组织全县中小学生、特别是侨心学校学生和归侨侨眷子女参加第十二届世界华人学生作文大赛活动，征集上报稿件50余篇。经过宣传、发动共征集书法、美术作品30余幅参加由河南省归国华侨联合会与河南省文化艺术界联合会共同举办的第二届海内外知名书画家作品邀请展暨“侨光艺术奖”评选活动，并荣获铜奖1名，优秀奖19名。举办了郏县籍印尼总统大学留学生经验交流会，推选2名县优秀高中毕业生免费到印尼总统大学留学。推选10名男优秀特困初中毕业生就读平顶山市一中珍珠班，并获得了浙江省平湖市台湾新华爱心基金会的资助。

【海外招商工作】 2011年，争取和建成了一批海外爱心捐助项目。由香港同胞陈国威、陈徐凤兰夫妇捐资300万元建设的陈国威侨心中学教学楼建成竣工，他们亲自到郏县参加落成典礼。经过实地考察，决定再无偿捐资70万元建设冢头镇陈国威侨心小学和安良镇国威小学综合办公楼项目；4月份，马来西亚汉联机构有限公司首席执行董事刘国强等一行到郏县考察，决定捐资100万元建设冢头镇刘南辉侨心小学。

（王卿环　陈　沛）

郏县老区建设促进会

【老区调研】 2011年，县老区建设促进会及时掌握老区的最新发展成果，深入了解老区在发展过程中遇到的困难，及时向党委政府建言献策是老促会的基础工作。把调查研究工作看成是老促会关心老区群众生活，支持老区发展的一大法宝，贯彻始终。年度工作中围绕2个主题，组织开展了3次调研工作，撰写各种调查资料11种，搜集调查数字近百个，形成调查报告4篇，向党委和政府提出了7条合理化建议。4月初，在市老促会指导下，深入冢头镇前王庄村，对该村积极发挥党的基层组织作用，依靠发展特色产业推动新农村建设，开创出一条节约土地、成本低廉、群众满意的新农村建设成功之路进行了调研。4月中旬，在老区乡镇妇工委的配合下，组织妇工委的同志对老区留守妇女和儿童的生产生活状况进行了入村入户调查。8月，对冢头镇陈寨村关于孝道文化与新农村建设相结合的经验进行了专题调研。10月份，按照市老促会《关于进行老区基本情况调查的通知》精神，配合市老促会，对全县老区乡镇的经济、社会快速发展情况进行了调查走访。通过调查总结，形成了《建设新农村致富奔小康》、《传统文化与新农村建设同行》、《关于郏县老区妇女生存状况的调查》、《郏县老区乡镇经济社会发展状况调查》4篇调查报告。

【老区宣传】 一是认真经营管理曹沟革命纪念馆，在管理、服务和队伍建设上继续进一步增加投入，提高质量和水平；积极申请国家三级博物馆和3A级景区，完成了市级文物保护单位的申报和评审工作，被市委宣传部评定为“平顶山市爱国主义者教育示范基地”。6月，在县政府支持下，对现有设施进行了全面修缮保养。全年共接待各类游客8000余人。二是联系老区工作，及时撰写郏县老区工作亮点和老促会工作动态，做好信息传递工作，做到上下互动，渠道畅通。引领外界传媒和社会各界到实地感受老区生活，学习和了解郏县革命斗争史，感受郏县老区的发展和变化，通过传媒把老区工作带出去，把郏县的老区精神带出去。全年撰写宣传稿件32篇，省、市、县媒体发表郏县老区稿件19篇。三是编辑出版了《老区新貌》一书，成立专门编写小组，搜集革命历史，总结成功经验，树立模范典型，指导全县老区建设工作。全书8万余字，图文并茂，深受老区人民喜爱。订阅《中国老区建设》杂志152份，初步达到县乡两级和重点老区村补空缺，无老区宣传盲点。

【老区帮扶】 2011年，县老区促进会积极为老区人民群众办实事，帮助老区群众解决生产生活中的难题，为老区加快发展创造条件。一是共为老区上报和协调项目2个，跟踪落实项目2个，落实项目资金138万元，落实招商引资项目一个。二是关注老区妇女儿童，年初，深入茨芭、安良、白庙等乡镇，看望了一批多年从事妇女工作的基层妇女干部；六一儿童节前夕，组织开展关爱老区留守儿童活动，在市老促会妇工委支持下，深入薛店镇等乡镇基层，走访老区妇女生存状况，发放各类儿童生活用品和文具600多套。三是开展送科技下乡活动；邀请农业科技专家叶松枝、林英杰等，深入全县老区，传授农业科技，共组织各种讲座11次，参加妇女800人次。推广小麦、玉米种植和烟叶花叶病防治等7项技术。四是培育妇女创业典型。通过积极工作，发现了一批老区妇女创业典型，像郭巧枝、张俊英等，她们积极发扬革命传统，创业致富，各显身手，为推动老区发展做出了积极贡献。

（李志洁）

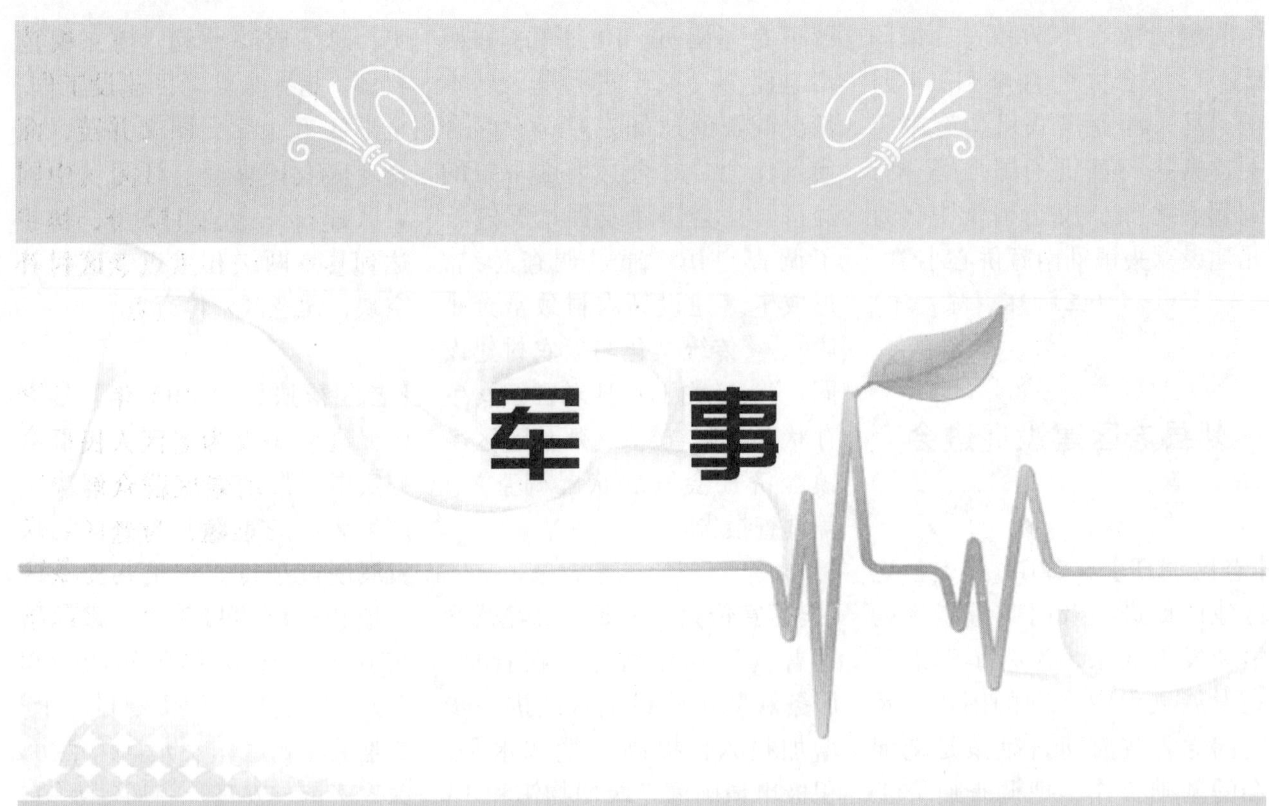

郏县人民武装部

【党委自身建设】 2011年，郏县人武部在平顶山军分区党委和县委、县政府的正确领导下，部党委把提高班子成员的能力素质作为抓好党委建设的基础，着眼增强创造力、凝聚力、战斗力和党委集体领导能力，依据《军队党委工作条例》，不断强化党委成员的责任意识、大局意识。围绕“抓规范打基础，抓重点求突破，抓养成树形象，抓安全促稳定”的工作思路，真抓实干，创先争优。坚持“四个不放松”：一是在强素质上不放松。突出提高党委班子领导水平、增强专武干部武装意识、培养职工独当一面能力。通过素质提高，确保事事有人干，人人有事干，并不断提升党委决策和工作落实的质量；二是在抓落实上不放松。把抓落实具体化为坚决执行上级指示、具体化为着力创造特色工作、具体化为努力争创一流成绩；三是在正风气上不放松。继续高度重视风气建设，通过强化教育、领导带头，使“四种风气”深入人心，形成自觉；四是在抓安全上不放松。坚持教育为先、严格到底、营造和谐，确保安全稳定。2011年底，郏县人武部被省军区表彰为军事训练先进团级单位，被军分区表彰为先进人武部。

【政治工作】 坚持把中国特色社会主义理论体系武装作为首要任务，突出学习贯彻胡锦涛主席“七一”重要讲话和十七届六中全会精神，积极适应新的形势任务要求，全面加强思想政治建设。为庆祝建党90周年，开展了重温入党誓词、上党课、民主评议党员和“人武部要发展，我该怎么办”大讨论等活动。先后开展了“加强党性修养、锤炼思想作风”教育整顿活动、“崇尚军人荣誉，维护军队形象”专题教育、学习贯彻《廉政规定》“三查三评一改”活动，作风建设更加务实有效。积极搞好拥政爱民活动，组织机关干部职工积极开展“爱心助残”和“捐资助学”活动，先后捐款5000多元。进一步推广“汤阴经验”，协调地方公检法司机关，认真做好军属的维权工作。认真搞好新闻报道工作，省级以上新闻媒体用稿13篇，其中《中国国防报》和《黄河民兵》用稿各1篇。

【战备训练】 2011年，部党委始终把战备训练工作作为提高战斗力的有效途径，作为经常性中心工作抓实抓好。一是民兵组织整顿工作贴近实际。去年，我们结合民兵整组，投入30余万元，购买了装备器材，建立了县民兵应急连连部和器材室，解决了民兵应急连硬件建设问题。重点对卫生防疫分队和电力抢修分队进行了检查验收。3月份在民兵整组验收中，获得了军分区首长和机关的充分肯定。二是军事训练取得实效。省军区组织五支队伍集训比武，人武部精心准备，积极拼搏，取得了较好的成绩。部长和政委参加了省军区组织的主官比武，军分区获得第五名；长桥镇武装部长朱卫党和白庙乡武装部干事王军锋参加了省军区组织的专武干部比武，军分区获得第四名；在军分区组织的重点应急队伍干部骨干比武中，获得集体第二名。现役干部坚持按纲施训，深入开展“兴武建功”活动，部长张朝义被省政府、省军区表彰为“兴武建功先进个人”，政工科干事吴亚涛被军分区表彰为“军事训练先进个人”。民兵军事训练扎实有效。根据分区赋予的训练人数和任务，结合实际，制定了合理的训练计划，分期分批进行了训练。从5月5日至5月20日，对应急分队、民兵干部、通信分队、工兵分队、勤务保障队伍、应急维稳分队、应急救援分队等296人进行了训练。三是战备工作真抓实备。按照实战化要求，对年度战备方案进行了修订完善，绘制了郏县基本情况图，对道路、河流、水库、兵力部署等进行标注，为完成防汛、处置突发事件、防雹等任务提供了便利。依法开展军事设施保护和国防工程维护管理，对辖区16条国防坑道进行了认真细致的普查。认真贯彻市、县防汛工作会议精神，结合县实际，制定了《防汛方案》，组建了1400人的防汛分队、125人的应急抢险分队、800人的机动防汛大队、300人的防汛预备队。7月20日，与水利局一起组织300名民兵在渣园乡寺街水库进行了防汛演练。四是安全管理工作扎实有效。始终把安全稳定工作摆上重要位置，坚持常抓常议、形成制度、狠抓落实，确保了人武部的安全稳定，被军分区表彰为“四无”活动达标单位。严格按条令条例抓管理、促养成、正秩序，深入开展“学条令、查隐患、促安全”教育整顿活动，进一步强化了干部职工的条令法规意识。以人、车、枪弹、财、密为重点，从加强人员管理入手，突出条令法规学习，做好经常性思想工作，增强了大家的条令意识和组织纪律观念，提高了正规化管理水平，确保了部机关的安全稳定。

【征兵工作】 2011年，针对兵役制度改革出现的新情况、新问题，县委、县政府高度重视，召开了征兵工作专题办公会，将农村义务兵家属的优待金标准提高到6020元，城镇义务兵家属的优待金标准确定为11400元。县人武部周密筹划，扎实推进，及早着手，深入宣传，层层签订目标责任书，在全县营造了浓厚的报名应征氛围。全县登记适龄青年，按照“优中选优”的原则，确定预征对象。全县应征青年达到征集指标数的2.25倍，体检合格达到任务数的1.36倍，高标准的实现了省军区提出的标准，郏县人民政府征兵办公室被省政府、省军区表彰为“征兵工作先进单位”，圆满地完成了年度兵员征集任务。

【民兵作用发挥】 2011年，紧紧围绕省、市和县委的经济发展目标，积极探索民兵在发展县域经济主战场上的方法和途径，大力实施助推中原经济区建设“五项行动”，通过组织民兵参加急难险重任务，既为地方经济建设排忧解难，又锻炼了队伍。4月1日晚，安良镇大刘山国有森林失火，县人武部迅速启动应急机制，组织民兵上山，深入火灾一线进行扑火，成功扑灭一道山火，并拍回火场的大量照片，为指挥所的决策提供了依据，得到了县委、县政府的肯定。面对南水北调“国字号”工程，县人武部及时动员100余名人武、专武干部及民兵预备役人员，积极参与移民搬迁，配合县委、县政府共接收安置南水北调丹江口库区淅川县盛湾镇马湾村第二批移民77户，共311人。

【全民国防教育】 积极搞好全民国防教育，“八一”前夕，组织全县科级以上领导过“军事日”，召开了座谈会。第十一个“全民国防教育日”当天，组织各基层武装部，在县城行政路举办了国防教育宣传展览，悬挂国防宣传横幅30余幅，展览国防法规宣传板40余块，还设立了国防知识宣传点。2011年底，县卫生局被市国防教育领导小组和军分区联合表彰为关心支持国防建设“先进单位”；县长张国晓被市国防教育领导小组和军分区联合表彰为关心支持国防建设“先进个人”。

【后勤建设】 2011年，积极推进经费标准一体化、差旅费货币化支付和空余房地产租赁改革，后勤管理和保障水平得到提升。加强后勤战备建设，进一步修订完善了后勤战备方案和保障计划，完善了国民经济动员潜力数据库。积极开展后勤保障方法研究，认真撰写学术文章。大力开展资源节约活动，严格经费管理和审计监督，坚持党委理财，压减行政性消耗开支，精打细算，真正把有限的经费用在刀刃上，提高了经费保障效益。对营院进行了绿化、房屋进行了维修，为干部、职工创造了一个拴心留人的工作、生活环境。2011年，郏县人武部营院建设被市评为“园林先进单位”，郏县人武部后勤科被军分区后勤部评为后勤管理先进单位。

（吴亚涛）

消防大队

【社会应急救援能力明显增强】 2010年9月，政府依托消防大队成立了应急救援大队，大队投资150万元，购置移动排烟机、移动照明灯、移动供气源、钢筋速断器、双向切割机等特勤器材60余件（套），个人防护装备120余件（套），加强一专多能的应急救援训练，部队战斗力明显增强。2011年，县消防大队共接警出动170起，抢救人员52名，保护和抢救财产价值1.2亿余元，无亡人火灾和较大以上火灾，火灾形势整体平稳。先后成功处置了“3·2”苯罐车侧翻等事故，大队官兵过硬的战斗素质和优良的战斗作风受到了郏县党委政府和社会各界的广泛赞誉。

【消防监督管理水平显著提升】 2011年，提请县政府出台了《郏县构筑消防安全“防火墙”工程三年规划实施方案》等规范性文件，在政府网站开辟了“防火墙”工程建设专栏。分别举办了公安派出所长和乡（镇）长、街道办主任消防安全培训班，依法防控水平有了大幅提高。定期深入社会单位开展消防宣传教育，组织单位员工培训，指导灭火应急疏散演练。辖区消防安全示范单位全部达标，重点单位100%达到“三会三化”建设标准，社会单位“四个能力”全面提升。全县15个乡镇（街道）中12个实现网格精细化管理，完成率达到85.7%，80%的社区（村）达到“四有”、“五有”标准，70%的“九小”场所实行标牌化管理。

【火灾隐患排查力度持续加大】 2011年，先后开展了“守护中原”系列行动、“清剿火患”战役，对全县“九小场所”、高层地下建筑、建筑消防设施、学校及周边环境进行全面排查治理，对发现的重大隐患，采取刚性措施，敢于动真碰硬。全年大队共检查单位1802个，下发责令限期改正通知书943份，责令“三停”98家，临时查封136家，罚款14.13万元，拘留45人，有效地净化了辖区内消防安全环境。

【消防宣传能力明显提高】 2011年，大队投资20万元为多功能消防宣传车配置宣传器材及装具，对全县乡镇长（办事处主任）、派出所长、学校和大型企业、人员密集场所消防安全负责人等800余名人员进行了安全培训；积极开展消防宣传，连续播发消防宣传公益广告和消防警示提示字幕1200余次，在40余块户外视频、多媒体显示屏不间断播发消防宣传片，发送消防安全警示短信20余万条，大队出动消防宣传车96台次，向社会单位和群众免费发放消防宣传资料15.6万份，悬挂消防条幅标语320余条，群众消防安全意识进一步提高。

（申铭铭）

武警郏县中队

【概况】 2011年，武警郏县中队以贯彻落实科学发展观为指导，以《军队基层建设纲要》和《基层正规化管理规定》为依据，以“树一流标准、建一流班子、创一流业绩、带一流部队”为目标，全体官兵在上级党委和县委、县政府的正确领导下，始终牢记军队的性质、宗旨和使命，发扬军队的优良传统和作风，坚持把思想政治建设摆在首位，紧紧围绕“培育当代革命军人核心价值观”这一主题，落实依法从严治警，严格要求，严格管理，严格训练，科学建队，圆满完成了以执勤和处置突发事件为中心的各项任务。通过全体官兵的不懈努力，中队安全稳定，管理秩序正规，内外部关系和谐；官兵士气高昂、作风严谨、奉献和进取的意识强；中队全面建设得到全面提高，经受住了重重困难和考验，出色完成了上级交给的各项工作任务，为确保郏县社会治安稳定和人民生活安居乐业做出了应有的贡献，7月份，中队党支部被总队表彰为“先进基层党支部”。

【执勤训练】 2011年，中队严格落实《执勤规定》、《执勤设施建设标准》和《中华人民共和国人民武装警察法》，坚持以从严治勤为切入点，狠抓执勤制度的落实，确保了中心任务的圆满完成。5月份，中队投资8万余元，完成了执勤目标钢网墙和蛇腹型刀刺网建设，在勤务值班室安装了红外触一体机，进一步完善了执勤信息化建设。10月份，代理排长祝健在河南总队执勤教练员比武考核中取得了第一名的成绩，并代表总队参加了总部执勤教练员比武考核。年终，中队被平顶山市支队评为“军事工作先进单位”、“安全管理工作先进单位”和“后勤工作先进单位”。全年，中队共出动官兵80余人次，配合公安机关和有关部门完成押解、处突和临时勤务15次，以实际行动有力地维护了郏县社会治安的稳定。执行任务中，官兵以良好的自身形象和组织纪律赢得了地方政府和群众的好评。

【思想政治建设】 2011年，全体官兵深入贯彻落实科学发展观，以密切内部关系为切入点，突出“培育当代革命军人核心价值观”主题教育，针对官兵思想实际，狠抓经常性思想工作、营区政治环境建设、文体活动和拥政爱民工作，不断打牢了官兵做忠诚卫士的思想根基，始终坚持思想教育与官兵日常执勤、训练、管理相结合，较好地发挥了政治工作的服务保障作用。

【双拥工作】 2011年，全体官兵始终坚持服务人民的优良传统，把驻地当故乡，视人民为父母，想方设法为驻地群众做好事、办实事。中队定期打扫“八一路”街道，长年照顾孤寡老人婉庆玲，受到驻地政府和群众的高度赞誉。“八一”建军节，中队与县有关单位进行了走访，联合举办了一场军民联欢晚会，进一步融洽了警政警民关系。中队还成立了“爱心基金会”，长期救助郏县一高两名贫困学生，官兵踊跃捐款，献爱心，帮助解决他们的实际困难，使他们能够顺利完成学业。8月份，中队为县一高、二高学生进行了军训，使广大学生接受到爱国主义教育，增强了为国争光的荣誉感。

【后勤保障】 2011年，中队认真贯彻落实《后勤管理十一项制度》，强化后勤管理，进一步完善“四项设施”建设，不断提高综合保障能力。在财务管理上，严格实行双人联签制度，大项经费开支能够召开支委会研究，及时请示报告，确保经费开支合理，将有限的经费用在中队建设上，杜绝消耗性开支，达到“三好五无”的目标。在伙食管理上，严格落实伙食管理五项制度，搞好伙食调剂，加强对炊事员的教育培训，不断提高炊事技术和服务意识，利用休息日，把炊事员送出去进行培训，较好的调剂了中队伙食花样，满足了官兵不同口味的需求。

（贺　林　陈冠宇）

人民防空

【概况】 根据《郏县人民政府机构改革实施意见》（郏文〔2010〕23号）文件精神，人防办为正科级单位，经费实行财政全额预算管理。2011年7月19日，郏县人防办挂牌成立。增设了办公室，同时配制了电脑、摄像机、打印机等必备的办公设备，办公条件极大改善。同时组织人防办全体人员先后到汝州、宝丰、鲁山、禹州等地学习考察人防工作先进经验，并结合县实际，修订完善了《战备训练制度》、《保密制度》、《人防办主要职责和岗位职责》、《人防易地建设费收缴工作流程》等制度，根据市级“准军事化”建设达标任务细则，进一步强化了战备值班工作，保证了反应迅速，政令畅通。购置了应急救援包10套，作训服8套，防毒面具10套。积极参加全市人防工作培训和县行政执法人员培训，机关人员素质和业务工作能力明显提高。及时主动挖掘上报有价值的工作信息，12月20日《河南经济报》报道了郏县人防办认真宣传教育“五进”工作。全年被省级报刊采纳信息1条、市人防办采纳信息2条。

【人防宣传】 一是人防知识进学校宣传。在县实验中学和城关一中积极开展人防教育，粘贴宣传瓷砖，安装不锈钢宣传栏，为学校发放教材3000余本，全县有10000多名初中生接受人防知识教育。二是人防知识进社区宣传。在县城金爵世家等几个小区认真组织人防知识宣传活动，使小区居民对人防知识有进一步了解。三是做好网络宣传。人防办投资1万余元，开设了郏县人民防空办公室网站。四是做好领导宣传。为县领导订阅了《中国人民防空》、《国防》等杂志，并在党校开设人防知识宣传教育课。五是做好企业宣传。借助企业修建人防工程之际，在企业内进行人防知识普及宣传。六是做好社会宣传。全年共出动宣传车30余辆（次）、张贴通告200余份、发放宣传手册1000余本，面向社会进行人防宣传。在人防警报试鸣日，与县人武部联合举办国防人防知识宣传活动，悬挂横幅80余条，制做版面100余块，取得了良好效果。

【人防警报建设】 2011年，城区警报器达到了5台，全部实现了统控，城区人防警报音响覆盖面积达到了90%以上。指定专人定期检查维护警报设备，保证了各类设备运行正常。在国防教育日进行警报试鸣，鸣响率达到了100%。

【人防工程建设】 一是增强部门联动，严把人防审批关。对新建民用建筑，没有县人防办的审核批准，县发改委不予立项，县住建局不予发放《规划许可证》、《施工许可证》，县消防大队不予进行消防审核，对不按规定，擅自批准办理的，由监察部门进行严肃查处。二是认真开展人防工程清查，加大易地建设费收缴工作。召开了人防工程清查专题会议，明确各单位职责，要求各建筑项目单位，主动申报办理人防手续。对全县在建项目进行了全面清查，三是为圆满完成市目标任务，加大工作力度，争取各方支持，积极向房地产开发企业宣传、协调、沟通，全年郏县新批建2个人防工程共5051平方米，超额完成了市政府下达的2011年的目标任务。四是积极参与城市总体规划，将人防工程规划纳入城市总体规划之中，县财政共投入22万元人防规划编制资金。已与解放军总参三所签订合同，全县人防总体规划编制工作正在进行中。

【人防工程质量效益年活动】 为使活动开展得扎实有效，严格按照《平顶山市人民政府办公室关于开展全市人防工程质量效益年活动的通知》（平防办〔2011〕31号）要求，郏县人防办高度重视，采取得力措施，精心组织实施，取得了明显成效。一是成立了由县人防办主任为组长、相关负责人为成员的郏县开展人防工程质量效益年活动领导小组，具体负责活动的组织领导和协调指挥工作，并进一步细化任务，明确责任，夯实措施，确保活动的各项任务落到实处。二是召开了活动动员会议，传达上级会议及文件精神，统一思想，明确任务，落实责任。三是全面检查，认真总结。按照全省人防工程质量效益年活动转段视频会议、豫防办明电〔2011〕9号文以及市人防办的要求，县将近年来所有审批过的人防工程进行了认真统计，并利用5天时间对全县已建和在建的人防工程进行了拉网式检查，同时进一步加强了人防工程规划、审批、建设等环节的建章立制工作，使全县人防工程建设的全过程均做到有章可循，使人防工程质量效益年活动取得实实在在的效果。

【人防法制建设】 2011年，依照年初制定的《依法行政实施方案》，切实履行法定职责，严厉查处违法行为，强化人防工程施工环节监督，确保工程质量。进一步明确了行政许可申请、受理程序和行政处罚程序，严格落实行政执法责任制。强化执法队伍建设，对执证人员进行定期的法律法规知识培训。根据上级要求，对全年的人防案卷进行了全面清查，查漏补缺，使执法行为更加规范。

（李运锋）

郏县人民防空办公室揭牌仪式

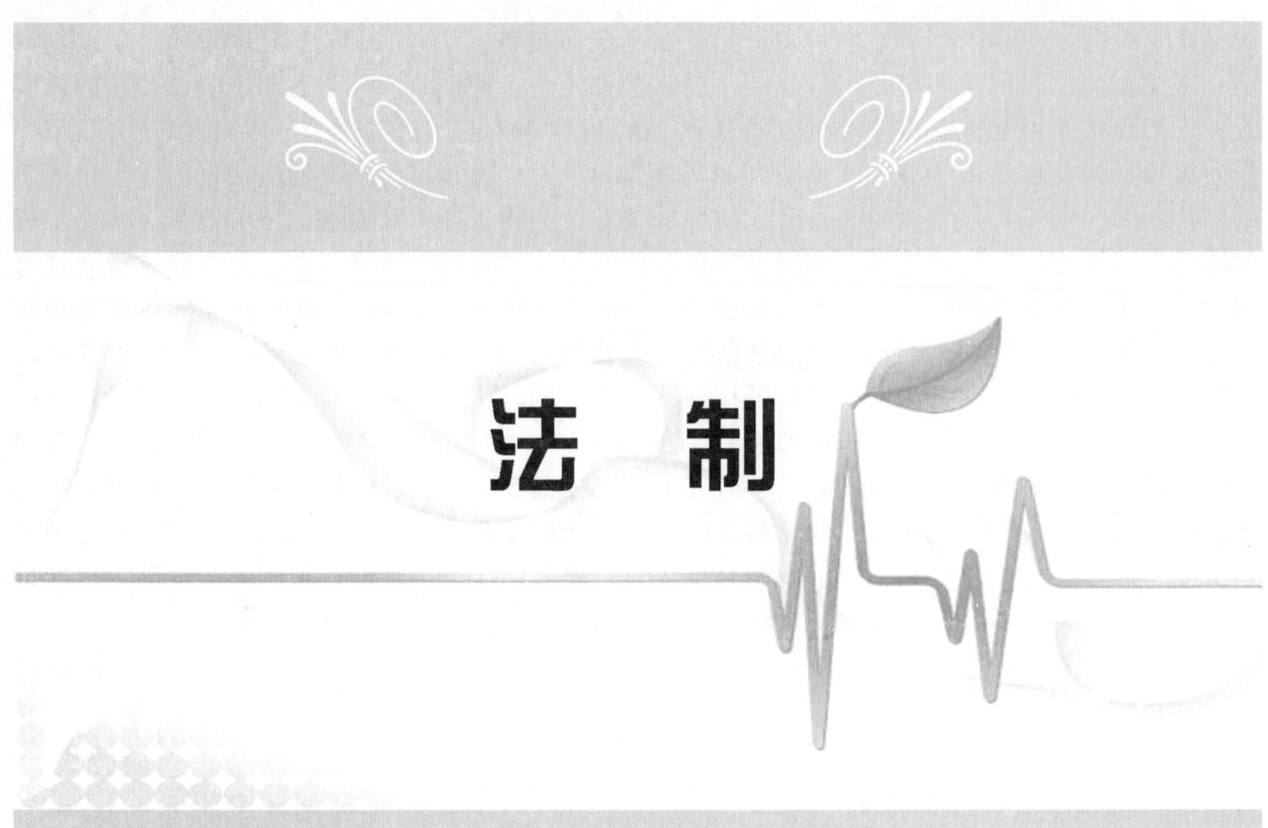

法制

政法委员会

【概况】 郏县政法委员会是中共郏县县委的一个重要组成部门，县社会治安综合治理办公室与政法委合署办公，主要职责是对全县的政法工作进行统一部署，协调公、检、法、司各单位在工作中的具体事宜，同时对公检法司民股级干部进行考核任免。政法委下设办公室、政治部、执法监督科、610办公室、维护稳定办公室、纪工委等科室，在职干部职工19人（含综合治理办公室）。2011年，我县荣获“全省平安建设工作先进县”、“全市平安建设工作优秀县”等荣誉。

【社会稳定工作】 2011年，强化对敌斗争意识、强化矛盾排查化解、强化高危人群管控，重大敏感时期没有发生来自郏县的干扰。一是加强社会矛盾化解。建立完善了行业专业调委会、人大代表政协委员收集社情民意、“五老”余热调解矛盾纠纷等制度，“三调联动”工作在薛店镇、广天乡、白庙乡试点，全县推行，社会法庭在15个乡镇（街道）全部成立，形成了人员联通、程序联动、手段联调的“大调解”工作格局。二是强化涉法涉诉信访案件化解工作。建立健全了月考评、挂牌督办、“情、理、法、疏、帮、济”六字工作法等长效机制，解决了一批疑难信访案件，化解了一批重大不稳定因素。2011年，涉法涉诉信访案件总量同比下降67%。三是积极开展维护稳定工作。出台了《维护稳定工作制度》、《重大社会稳定风险评估办法》、《处置群体性事件应急处置预案》，做好了企业军转干部、复退军人、原计划外民师等特殊群体的稳控，没有发生重大群体性案事件，敏感时期没有发生来自郏县的干扰。四是深化防范和处理邪教工作。通过组织开展家庭拒绝邪教、无邪教宣传进校园等活动，连续11年保持已转化法轮功习练人员无一例反复，15个乡镇（街道）全部被市委防范办命名为无邪教乡镇（街道）。

【基层基础建设】 一是建设乡镇综治中心“一站式为民服务平台”。全县15个乡镇（街道）都建成了集综治、信访、公安、法庭、司法、武装、计生、民政等职能为一体的社会治安综治工作中心，2011年共接待群众办事来访7万多人次，为群众办实事5.5万起，其中调处矛盾纠纷3800起。二是实施政法干警联村“221工程”。为进一步联系群众，服务基层，在每个中心村都设立了“两队两员一室”（“两队”，即一支5人的政法工作小分队、一支10人的治安巡逻队；“两员”，即一名综治维稳工作信息员和一名矛盾纠纷调解员；“一室”，即警务室）。2011年，联村政法干警共为群众办实事、好事1300多件，密切了干群、警民关系。三是构建县乡村三级防控网络。投入资金500多万元建成了视频监控系统，基本实现城区技防全覆盖；实施了“警灯闪烁”工程，安装街头闪烁警灯120个，震慑犯罪效果日益显现；设置治安卡点6个，形成了城区治安防控外围防线；在城区、各乡镇（街道）和每个行政村都组建了专职或兼职治安巡防队，形成了县乡村三级巡防网络。

【严打整治斗争】 适时开展“百日追逃”、“重点治乱”、“清网行动”、“城区社会治安集中整治”、“打黑除恶”、打击“两抢一盗”等专项行动，形成了“整体联动、月月有行动”的工作态势，严打各类刑事犯罪，严控社会治安面，实现了命案必破和发案率降低，群众安全感继续保持全省第一方阵，在“中原卫士杯”竞赛中名列全市前茅（其中，“命案攻坚”和“百日追逃”竞赛活动成绩均列全市第一）。2011年，现行命案发6破6，并破获命案积案4起，抓获外省命案逃犯3人，抓获本地命案逃犯8人；全县共受理各类刑事案件971起，同比下降25.8%；打掉各类犯罪团伙71个，抓获各类违法犯罪人员927人（其中，追逃230人，逮捕356人，公诉341人）。

【社会管理创新】 一是在流动人口管理方面，在人口较多的乡镇（街道）设立了流动人口服务管理站，通过实有人口采录管理抓获各类逃犯61人。二是在预防青少年违法犯罪方面，重点整治了违规经营的网吧和不健康“口袋书”。三是在刑释解教人员安置帮教方面，237名刑释解教人员安置帮教率达到100%。四是在校园及幼儿园周边安全整治方面，通过开展校园、校车安全大排查，细化落实各项制度，确保了校园及幼儿园周边治安环境安全和校车使用管理到位。五是在网络舆情监测方面，在全县83个互联单位设立网络安全员，实行网络24小时巡查，全面掌握舆情动态，在维护网络秩序方面成效明显。

【政法队伍建设】 一是搞好教育培训。通过开展技术比武、集训练兵、业务培训、以案析理等活动，有计划、分层次地培训政法干警53期1260人次，干警的宗旨意识、民生意识、责任意识进一步增强。二是加强作风建设。通过开展干警“大走访、大排查、大整治”、“开门评警”、“民主评议政风行风”、“反腐警示教育月”、“为民办实事”等活动，规范干警公正廉洁执法行为，切实做到失责必问、失责必究。三是培育先进典型。结合创先争优和政法干警核心价值观主题教育活动，总结培育了“全国模范检察官”马俊欣等身边的典型，全县政法系统组织开展了学习活动，在典型的引领下，全县政法干警精神面貌、工作作风、执法理念有了新的提升，得到了社会的认可。2011年，共有50余名干警获三等功以上荣誉（其中2名干警记一等功），30个政法单位荣获市级以上先进集体。

（魏栋杰　李梁崇）

政府法制

【依法行政工作责任目标的落实】 一是及时召开全县依法行政工作会议，研究和安排依法行政工作，解决工作中存在的问题。二是坚持依法行政工作情况定期报告制度，加强督促和指导。三是县政府每半年对各单位依法行政工作责任目标完成情况进行一次检查，及时发现和解决存在的突出问题，有效地推动全县依法行政工作的顺利开展。

【规范性文件审查备案制度逐步完善】 2011年，县政府法制办共审核规范性文件19件，提出审查意见56条；就招商引资、重大投资项目等出具法律意见书23份。规范性文件法制审核率达到100%。所有规范性文件全部向市政府进行了备案，备案审查合法率达100%。同时，县政府法制办加强了对各乡镇政府、县政府各部门制定的规范性文件备案审查工作，全年共审查报送备案的规范性文件15件，备案审查率达到100%。

【行政执法进一步规范】 一是加强对全县行政执法单位行政处罚的指导与监督，进一步规范行政处罚行为，提高执法水平。二是积极落实重大行政处罚备案制度。2011年，县政府法制办共收到报送审查备案的重大行政处罚案件6件，依法进行审查6件，备案审查率达到100%。三是做好行政执法人员培训和行政执法证年审工作。举办了全县行政执法部门分管法制工作的领导和法制机构负责人行政执法业务培训班，结合行政执法证审验，又对全县行政执法人员进行培训考试，提高了执法人员的法律素质和法制水平。

【行政复议】 2011年，县政府共收到行政复议申请35件，决定受理28件，全部按照法定的时限办理。已审结25件，其中维持1件，撤销2件，经协调或调解，当事人撤回复议申请22件。法定期限内审结率为100%。复议后的案件，无一起提起行政诉讼。

【仲裁制度】 2011年，认真开展行政诉讼和行政复议案件应诉工作，大力推广仲裁制度。2011年，县政府法制办及有关部门受县政府委托，共办理行政诉讼应诉案件16件，已结10件，其中维持6件，撤销1件，撤诉2件，胜诉率90%。办理市政府受理的行政复议应诉案件3件，已结3件，维持3件，胜诉率100%。仲裁办事处共受理仲裁案件2件，已审结2件。

（秦志邦）

公安

【概况】 郏县公安局设刑事侦查大队（副科）、交通警察大队（副科）、国保大队、经侦大队、治安大队、巡特警大队、保安大队、禁毒大队、网监大队、消防大队十个大队；设办公室、政治处、宣传科、户政科、控申科、法制科、行管科、监察室、督察大队、纪检委、出入境管理科、科技通信科、审计室、110指挥中心、看守所、拘留所、老干部17个科室所。刑警大队下设“九队一室一中心”，即：7个刑侦中队、警犬中队、技术中队、办公室、法医检验鉴定中心。交警大队下属有办公室、宣传科、车管科、事故处理科、交通秩序科及四个公路巡警中队。同时，县公安局还代管武警中队。公安局派出机构，设14个户籍派出所及公路、水利两个专业所，在税务、烟草、工商、文化、电力系统分别设立治安室。县公安局设立党委，党委下设纪委、局党委等16个党支部，全局共有民警387名，其中，在编民警237名，不在编民警150人，授衔民警282人，未授衔人员105人，离退休民警92人。

【社会政治稳定工作】 2011年，以维护社会政治稳定为首要任务，不断强化政权意识和国家安全意识，多措并举，狠抓落实。一是不断提升情报信息搜集研判能力，努力挖掘深层次的情报信息，及时反映社会各界动态，为党委、政府决策提供参考依据。二是科学调配警力，不断提升大型活动安保、处置突发性事件工作能力。认真做好了2011年春节、元宵节、南水北调工程及禹亳铁路等各项活动的安保及警卫工作，圆满完成了第二批马湾新村移民搬迁工作。三是不断提升公安信访问题化解能力，进一步强化了预防处置信访问题长效机制建设。全年共受理群众来信来访案件85起，结案73起，结案率为85.8%；受理各级交办信访案件35起，已全部办结（其中疑难案件13起），停访息诉率达100%。

【严打整治工作】 2011年，为了严厉打击各类刑事犯罪，县公安局及早谋划、及早安排，连续组织开展了冬季严打、春雷行动、夏季风暴、百日会战、重点治乱、打四黑除四害等多个专项斗争，取得了显著成效。全年共受理各类刑事案件1012起，较上年下降了26.5%，打掉各类犯罪团伙70余个，抓获各类违法犯罪人员1220人，其中逮捕356人，公诉341人，劳动教养23人，强制戒毒16人，抓获各类网上逃犯230人，治安处罚397人。“中原卫士杯”破案追逃破案竞赛成绩居全市第二名，并获得了全市平安建设先进单位荣誉称号。在命案攻坚方面。按照秦玉海副省长提出命案侦破整体作战法的具体要求，狠抓“一个理念，五个体系”的落实，引领打击刑事犯罪向纵深发展，从力量、经费、技术、装备等各方面向命案侦破倾斜。共成功破获现行命案6起，实现了现行命案“发一破一”，并破获命案积案4起。打黑除恶方面。本着“有黑打黑、无黑除恶、无恶铲霸、无霸打痞”的指导方针，全年共打掉黑恶势力犯罪团伙14个，涉案50余人。其中，刑警大队成功打掉了一起以杨某为首，涉案十余人，涉嫌寻衅滋事、故意伤害、强买强卖、聚众赌博等多项罪名，曾经横行乡里，危害一方，严重影响当地社会稳定的黑势力犯罪团活。打击“两抢一盗”方面。“两抢一盗”等多发性侵财犯罪历来是人民群众关注的治安热点问题，县公安局党委采取了一系列工作措施，特别是针对街面“两抢一盗”犯罪，成立了打击“两抢一盗”专业队，周密组织，严格监控，抓现行、打团伙，全年共破获“两抢一盗”等侵财案件360余起，抓获违法犯罪嫌疑人员200余人，其中抢劫团伙案件11个。破获现行案件60余起，当场抓获各类违法犯罪嫌疑人50余名。“清网行动”方面。“清网行动”是公安部组织开展的一项重要工作，对网上逃犯实行“定领导、定人员、定任务、定时限、定奖惩”，一包到底的“五定一包”责任制，提升了追逃综合效能。行动中，109名网上逃犯已到案93名，其中，命案逃犯8人，撤网率达到了85.32%，命案逃犯撤网率达到36.36%。同时，还深入开展了以“让社会更平安、让群众更满意”为主题的大走访开门评警爱民实践活动，敞开大门访民意，打开心扉听民声，营造了警爱民、民拥警、警民心连心的浓厚氛围。

【治安防控工作】 县公安局始终坚持“打防结合、以打开路、筑牢防线、注重实效”的科学打防观，在一手抓好打击的同时，另一手把治安防范工作摆上突出位置。在城区，通过整合警力资源，完善工作机制，建立了以110指挥中心为中枢，以巡特警专职巡逻队为主力，以交警治安卡点盘查堵控为补充，以刑警大队、派出所联合打击为切入点，形成点、线、面策应、整体联动的打防控网络，保持对“两抢一盗”犯罪的严打高压态势。在农村，基层派出所在治安防范中发挥龙头作用，切实加强对治保组织和专、兼职巡防队的指导，积极协调党委、政府，新招录协警200人，大部分分配到了基层派出所工作，各乡镇（街道）组建了一支15人左右的专职巡防队伍，在民警带领下开展工作，有效防范了农村盗窃机动车、电动车、大牲畜、“三电”设施等“十类可防性”案件的发生。

【公安队伍正规化建设】 2011年，郏县公安局党委高度重视队伍建设工作，并深刻认识到新形势、新任务对公安队伍建设提出的新要求、新挑战，准确分析公安队伍建设和思想政治工作中存在的突出问题和主要矛盾，以服务保障“三项重点工作”和“人民警察法执法检查”为中心，积极探索能力素质培训、队伍教育整顿、从优待警工作、和谐警营建设以及群众工作等方面的新机制和新方法，充分发挥鼓舞士气、激励斗志、凝聚警心的作用，全面推进了各项工作的顺利开展。一是大力加强思想政治工作，保持公安队伍忠诚为民的政治本色。以开展“发扬传统、坚定信念、执法为民”主题教育实践活动为载体，以提高民警政治素质为根本，本着正面教育、重在实践、分类指导、务求实效的原则，组织广大公安民警弘扬革命传统，坚定理想信念，践行执法为民要求，着力提升公正廉洁执法水平，全力打造一支政治坚定、业务精通、作风优良、执法公正的过硬公安队伍；二是积极开展民警培训工作，不断提升公安队伍的职业能力和素质。以落实“三个必训”为前提，认真贯彻落实“轮值轮训，战训合一”的训练模式，全年共组织培训民警100余名，进一步增强了公安机关的整体战斗力。三是努力加强公安宣传工作，营造和谐警民关系建设氛围。局党委坚持文化育警，成功举办了庆祝建党90周年，讴歌党的丰功伟绩演讲比赛，进一步增强了党组织的创造力和战斗力，激发了全体党员和广大基层民警开拓创新、勇争一流的热情，进一步丰富了警营文化，陶冶了民警的文化情操。四是坚持落实从优待警，不断增强队伍凝聚力。不断加强和谐警营建设，着力加强民警身心健康保护，切实做到政治上关心民警，精神上鼓励民警，工作上爱护民警，生活上体恤民警，全力把从优待警各项措施落到实处。全年共有47个单位和个人获得各项荣誉称号，其中21人获得个人三等功，3人获得个人二等功，1人获得个人一等功。

（姚树豪）

检　察

【刑事检察】　2011年，县检察院积极参与了县委部署的专项行动，坚持提前介入重大、恶性刑事案件，及时引导侦查机关收集、固定证据，依法从重从快打击各种严重暴力犯罪、黑恶势力犯罪和其他严重刑事犯罪。共审查批准逮捕297件403人，提起公诉300件419人，切实维护了社会大局稳定，增强了人民群众安全感。同时，积极探索实施逮捕必要性证明制度和刑事和解、附条件不起诉制度。对未成年人犯罪、初犯、偶犯和轻微刑事案件，在犯罪嫌疑人认罪悔过、向被害方履行民事赔偿并得到被害方谅解的情况下，依法作出不批捕、不起诉决定，最大限度地减少社会矛盾，促进社会和谐。

【反贪污贿赂渎职“侵权”】　2011年，县检察院坚持“多办案、办大案”，通过实施“跨岗办案”和“侦、捕、诉、监”一体化联动办案机制，集中全院力量，从人民群众反映强烈、社会影响巨大、严重损害党和政府形象的领域和问题入手，加大职务犯罪案件查办力度。共立案查办贪污贿赂职务犯罪案件13件27人，“渎职”、侵权职务犯罪案件12件12人。成功办理了河南省新华书店原总经理周某某（正县级）、平顶山市国土资源局原局长李某、平顶山市交通局副县级调研员张某某受贿案；成功查办了县某村党支部书记张某某等13人贪污犯罪窝案，有力震慑了犯罪。与此同时，从保护干部的目的出发，把预防职务犯罪作为减少犯罪的手段，树立“办好案件是政绩，抓好犯罪预防是更大的政绩”的观念，组织自侦、预防部门到发案单位以及职务犯罪易发的行业、领域，深入开展预防调查和警示教育，最大限度地预防和减少职务犯罪。反贪工作在2011年全省163个基层院中排名第一，反渎工作名列全市第一。

【执法监督检察】　2011年，县检察院从满足人民群众对司法公平的需求出发，切实强化法律监督职能。加强刑事立案和侦查活动监督。积极完善对侦查机关不应当立案而立案和应当立案而不立案的监督程序，切实加大监督力度，共监督立案4件4人。加强审判监督。坚持检察长列席审判委员会制度，建立办案和法律监督同步运行工作机制。对刑事审判活动中程序违法情况提出纠正意见5次。加强民事行政检察监督。共受理民事行政申诉案件件，对认为确有错误的民事行政判决（裁定）提请抗诉8件，切实维护了案件当事人的合法权益。加强刑罚执行和监管活动监督。进一步完善落实减刑、假释、暂予监外执行等制度，确保刑罚执行活动的顺利进行，维护监管场所的正常秩序。

【检察队伍建设】 2011年，县检察院始终把打造一支对党和人民忠诚、业务精通、作风优良的检察队伍，作为推动检察工作健康长远发展的根本保证，多措并举，提高检察队伍整体水平。一是坚持党的领导，自觉接受人大监督和社会监督。自觉把检察工作置于党委领导和人大监督之下，主动向人大及其常委会报告工作，认真办理人大交办的议案，并按时报告办理结果；自觉接受人大对检察工作的专项评议、视察，深入推进“检务公开”，认真组织“检察开放日”活动，主动邀请人大代表座谈、指导工作，听取社会各界对检察工作的意见和建议；稳妥推进人民监督员工作，不断拓展监督范围；创新实施了检风检纪监督员制度，公开选聘了40名检风检纪监督员，着重就检察干警执法执纪、工作作风、廉洁自律、检容形象等方面开展监督。创新实行检风检纪监督员制度的做法在《河南法制报》刊发，工作经验也被最高人民检察院向全国检察机关推介。二是实施“文化育检”，培育干警良好职业道德素养。总结提炼“海纳百川、尚法明理、唯正行止、追求卓越”的郏县检察文化核心价值理念，大力推进检察文化建设。着力推进检察“素质文化”建设。坚持“学习型检察机关”创建，开展“为干警送书”活动，深入开展岗位练兵，建立健全学习制度和奖学机制，营造崇尚学习的浓厚氛围；着力推进“环境文化”建设。从加强基础设施建设入手，升级改造办公办案区的软硬件设施，并以检察文化为主题，建成“检察文化长廊”，提升机关文化品位，改变干警精神状态，营造饱含检察韵味的文化环境；着力推进“制度文化”建设。实现制度全覆盖，注重制度落实，以制度管人管事，增强干警规范执法的自觉性。三是强化案件管理，着力提高案件办理质量。坚持把提高案件质量作为检察机关公正执法的生命线，深入开展了“案件质量年”、“办铁案、树形象”等活动，增强全体干警的质量意识。2011年，加强业务监管，进一步细化了评查程序、标准，并创新实施了案件质量“六步评查法”，将案件质量评查由年度抽评改变为全面月评，实现了案件质量评查规范化、常态化，有力促进了案件办理质量的全面提高。相关工作经验先后被河南省人民检察院、最高人民检察院转发。四是坚持典型引路，创设浓厚创先争优氛围。2011年，县检察院以开展“发扬传统、坚定信念、执法为民”主题教育实践活动为契机，组织开展了“讲、评、树”活动。活动中，发现、培养、挖掘、整理、推出了身残志坚、忠诚履职、爱岗敬业的先进典型马俊欣同志，用先进典型占领精神高地，弘扬正气，引导激励干警创先争优。

【服务经济发展】 2011年，县检察院切实把“服从党委领导、符合人民期盼、适应发展需要”作为检察工作的最高目标，不断强化大局意识、转变执法理念、创新工作举措，努力为经济社会发展提供有力支持。一是把服务发展作为“第一要务”，积极为县域经济发展保驾护航。围绕产业集聚区建设，充分发挥职能作用，依法从重从快打击各类违法犯罪；围绕净化企业发展环境，持续开展“服务企业发展12345”活动，创新工作方法，推行检察机关服务企业联席会议制度和检察官联系企业挂牌服务制度，主动为企业提供法律咨询服务。组织人员先后到圣光集团等20多家企业，以及南水北调等工程一线开展集中走访、调研活动30多次，了解企业投资发展环境、生产经营状况和工程建设情况，交流服务思路，拓宽服务渠道，有力保障了县域经济健康较快发展。二是把服务稳定作为“第一责任”，努力为化解基层矛盾探索新路。牢固树立政治意识、忧患意识和责任意识，围绕“平安郏县”建设，认真落实检察环节各项社会治安综合治理措施，全力化解社会矛盾。先后组织开展“举报宣传周”和“大排查、大走访、大整治”等活动，组织检察干警深入田间地头和群众家中，听民声、察民情、消民怨、解民忧，最大限度地把矛盾解决在基层、解决在萌芽状态；同时，积极畅通群众诉求渠道，认真落实点名接访、联合接访、领导包案、信访问责等工作制度，完善首办责任制和检察长接待日制度，建立、健全处理涉检信访长效机制，妥善处理涉检信访积案。另外，从巩固党的基层政权稳定出发，充分发挥检察职能，探索实施防范农村干部职务犯罪“两创新两完善”机制，积极维护农村稳定。工作经验先后被平顶山市人民检察院、河南省人民检察院、最高人民检察院转发，并在《检察日报》头版头条刊发。三是把人民满意作为“第一目标”，切实为基层群众解决实际问题。把检察工作的落脚点放在切实解决人民群众最关心、最直接、最现实的问题上。认真办好向社会公开承诺的“十件实事”，切实落实各项利民、便民措施；坚决查办涉及民生领域、侵害农民利益的职务犯罪，努力做到“护民利、保民生”。2011年，以“关爱留守儿童”为切入点，建立“关爱留守学生服务基地”，让检察官与“留守学生”结对子，为留守儿童送温暖，受到了社会好评。《河南日报》以“不让一个留守儿童的合法权益受到侵害”为题对我院此项工作的做法进行了报道。2011年，县检察院17项单项工作有13项获得全市先进，其中有8项工作位居全市第一，被评为“全市先进基层检察院”。

（贾光普）

审　判

【概况】 2011年，郏县法院共受理各类案件2163件，审（执）结2139件，结案率达到98.9%。

【刑事审判】 2011年，以构建“平安和谐郏县”为目标，坚持“严打”方针不动摇，深入开展打击“两抢一盗”、“打黑除恶”专项斗争，依法审结了一批社会影响大、危害严重的恶性案件。共审结刑事案件264件，判处犯罪分子363人，有力打击了犯罪分子的嚣张气焰，维护了社会稳定，增强了人民群众的安全感。

【民事审判】 2011年，以“审判管理年”活动为载体，进一步强化调解工作。坚持“调解优先、调判结合”，共审结民事案件1099件，审判监督案件12件。其中，调撤结案784件，调撤率达71.3%。推行“马锡五审判方式”，深入城镇社区、田间地头，把法庭开到离老百姓最近的地方。截至12月底，全院巡回审判449件案件。

【行政审判】 2011年，共审结行政案件319件，结案率为99.4%，行政撤诉率达96.2%。依法保护行政相对人的合法权益，做好诉讼指导、法官释法和风险提示，积极探索行政案件协调处理机制，充分做好协调、释疑和解劝工作，实现胜败皆服、案结事了。

【案件执行】 2011年，加强立案、审判、执行的协调配合，从各个环节预防和减少执行积案的发生。截至12月共受理执行案件445件，执结445件，执结率达到100%。通过采取公告执行、悬赏执行、媒体曝光等有效措施，利用限制高消费、限制出境等手段严厉制裁规避执行行为，切实保护债权人合法权益。

【审判公开】 2011年，积极开展“群众观点大讨论”主题实践活动，邀请社会各界群众到法院参观，深入了解法院工作；大力推进人民陪审团工作，切实让人民陪审团成员参与到案件审理的全过程，体现审理的全程监督、公开透明。全面推行裁判文书上网，公布符合条件的裁判文书360份，裁判文书上网率达100%。2011年，成功完成庭审网络直播试点，部分案件实现网络直播，累计直播案件45件，广大网民通过互联网可以远程旁听案件审理。

【法官队伍建设】 一是狠抓思想政治建设。2011年，坚持“三个至上”，深入贯彻落实科学发展观，通过开展创先争优和“发扬传统、坚定信念、执法为民”主题实践活动，“群众观点大讨论”实践活动和“人民法官为人民”主题实践活动，使全院干警牢固树立了“忠诚、为民、公正、廉洁”的司法核心价值观，增强了干警队伍的大局意识、服务意识、责任意识、为民意识。二是狠抓司法能力建设。2011 年，全市法院办案系统信息管理与应用培训班在县法院顺利开展。通过培训，全市法院的业务人员能够熟练掌握系统操作流程，增强了业务人员的司法办案能力，简化了案件办理程序，提高了办案质量和效率。同时，及时组织干警学习现行颁布的法律，不断完善法律知识，提高干警职业素质，增强司法办案能力。三是狠抓司法作风建设。2011 年，通过开展“一村一法官”活动、干警“大走访、大排查、大整治”活动和“百名法官进百家企业”活动，不断创新工作机制，改进工作作风，提升工作能力。法官深入基层、深入群众，体察民情、倾听民意、关注民生，切实解决群众反应的热点、难点问题，增进了干警与群众的联系，提升了司法公信力。

（刘晓军）

司 法

【法制宣传教育】 一是认真制定下发 2011 年全县普法依法治理工作要点、年度责任目标，明确了全年目标任务。二是将法制宣传教育和依法治理工作纳入平安建设和精神文明建设。三是为全面落实《平顶山市法制宣传教育和依法治理工作第五个五年规划》，弘扬法治精神，展示法治建设成果，进一步推动平顶山市“六五”法制宣传教育和依法治理工作的深入开展，市委宣传部、市依法治市办公室、市司法局在全市范围内组织开展了首届“鹰城十大法治人物”评选活动。郏县的杨少卿、丁发顺分别被评为“十大”法治人物和“十大”优秀法治人物。四是积极组织各种法制宣传教育活动。为深入开展法制宣传教育，推进依法治县进程，提高全县各级领导干部，企业经营管理人员，农民、青少年学生的法制观念，法律素质和法律意识，为全县经济健康有序发展营造良好的法治环境，县司法局、县依法治县办公室从 5 月到 11 月，集中开展维护司法公正，服务中原经济区建设宣传活动，着重开展“法律进乡村”和“法律进学校”的活动。五是认真组织开展了“12·4”全国法制宣传日宣传活动。12 月 4 日，县委宣传部、县司法局、县依法治县办公室组织全县各单位在县城行政路集中开展了以“深入学习宣传宪法，大力弘扬法治精神”为主题的“12·4”全国法制宣传日宣传活动，着重宣传了《宪法》、《人民调解法》、《土地法》、《婚姻法》、《环境保护法》等有关法律法规，营造了浓厚的学法用法氛围。六是认真做好“五五”普法总结工作，启动“六五”普法工作，12 月 20 日，在县政府会议中心召开了全县“六五”法制宣传教育和依法治县工作会议，总结了“五五”普法工作，表彰了一批在“五五”普法工作中涌现的先进集体、先进个人；安排部署了“六五”普法依法治理工作，有力促进了“六五”普法顺利实施。七是顺利通过市普法依法治理工作检查。12 月 28 日，市人大法工委主任周留柱一行五人对郏县 2011 年普法依法治理工作进行检查，通过听取汇报和实地考察，市考核组对郏县的普法依法治理工作给予高度评价。

【人民调解】 全县县、乡、村、组四级调解网络健全，充分发挥作用。2011 年共调处各类民间纠纷 1123 件，成功调处 1078 件，调成率 96.2%。其中防止民转刑案件 6 件 9 人，制止群众性械斗事件 3 起，防止群体性上访 5 批 70 人。卓有成效的人民调解工作为促进基层社会稳定、服务经济建设做出了巨大贡献。

【“三调”联动工作扎实推进】 一是为深入贯彻《人民调解法》充分发挥人民调解在维护稳定中的作用，制定下发了《关于开展“人民调解质量年”活动实施方案》（郏司字［2011］

20号文)。二是行业专业调委会组建工作。全县的医疗事故、城市建设与拆迁、土地纠纷、安全生产4个行业专业调委会和1个流动调解庭的硬件建设和调委会成员人选已初步完成。

【刑解人员安置帮教工作】 2011年，全县刑释解教人员共计192人，其中刑释人员163人，解教人员29人，全部得到安置帮教。全县15个司法所都配备了电脑，与县局统一联网，安置帮教工作实现信息化、规范化管理。

【基层法律服务】 一是法律服务工作不断取得新成效。2011年来共代理各类案件417个，为当事人挽回经济损失1250多万元。同时积极参与信访工作，在服务全县经济发展和维护社会稳定方面发挥了重要作用，有力地配合了全县工作大局。

【法律援助】 一是认真贯彻《关于进一步加强法律援助推进应援尽援工作实施意见》精神，不断扩大法律援助案件的受案范围，降低援助案件的受理门槛，努力推进法律援助“应援尽援”，在全县建立16个规范的法律援助受理点（工作站），大力推进便民利民措施，为困难群众提供便利条件。“12348”法律援助业务咨询电话充分发挥作用，为广大人民群众提供优质的法律援助。2011年共办理各类法援案件340件。二是为推进法律援助应援尽援，在县法院设立法律援助律师值班室，在县审批中心设立法律援助接待室，进一步推进法律援助工作。

【律师公证工作】 一是律师、公证业务扎实开展。2011年，律师共完成各类诉讼代理253件，为社会稳定和经济发展提供优质高效的法律服务；县公证处共办理各类公证536件，有力地发挥了公证法律服务作用。二是不断加强律师、公证法律服务队伍建设，强化依法诚信执业意识，不断提高业务工作水平，2011年没有发生律师、公证投诉案（事）件。

【司法鉴定工作】 2011年，为认真贯彻全国人大《关于司法鉴定管理问题的决定》，县专门研究出台了郏县司法鉴定工作管理意见（试行），进一步加强司法鉴定工作规范化管理。

（宋献岭）

新华社评出2011年国内十大文化新闻（一）

一、文代会作代会召开

2011年11月22日，中国文学艺术界联合会第九次全国代表大会、中国作家协会第八次全国代表大会在京开幕，中共中央总书记、国家主席、中央军委主席胡锦涛发表重要讲话。中国文联和中国作协产生了新一届领导机构，孙家正连任中国文联主席、铁凝连任中国作家协会主席。

二、六中全会通过文化发展决定

2011年10月15日至18日，中国共产党第十七届中央委员会第六次全体会议在北京举行，研究深化文化体制改革、推动社会主义文化大发展大繁荣问题。全会听取和讨论了胡锦涛同志受中央政治局委托作的工作报告，审议通过了《中共中央关于深化文化体制改革推动社会主义文化大发展大繁荣若干重大问题的决定》。

三、广电总局加强电视播出管理

广电总局10月下发《关于进一步加强广播电视广告播出管理的通知》，规定自2012年1月1日起，全国各电视台播出电视剧时，每集电视剧中间不得再以任何形式插播广告。广电总局10月底下发《关于进一步加强电视上星综合频道节目管理的意见》，提出从2012年1月1日起，34个电视上星综合频道要提高新闻类节目播出量，同时对部分类型节目播出实施调控，以防止过度娱乐化和低俗倾向，满足广大观众多样化多层次高品位的收视需求。 （下接168页）

农 业

种 植 业

【综述】 2011年，县农业部门以科学发展观为指导，全面贯彻落实中央、省、市关于“三化”协调发展和县委、县政府“四项”重点工作等总体部署，以确保农业稳定发展、农民持续增收为目标，把“农业增效、农民增收”作为主要任务，强力推进农业现代化，转变农业发展方式，加快农业结构调整步伐，提升农业产业化水平，优化农业发展布局，为建设特色经济县、生态宜居县做出更大贡献。2011年农民人均纯收入达到6021元，比上年的5114元增长17.7%；全县新增土地流转面积3.8万余亩，累计流转15.8万亩，占耕地总面积的23.7%。粮食总产达31.6万吨，比上年净增0.2万吨，实现了“八连增”，单产保持全市第一、总产增幅全市第二。

【粮食生产】 积极实施以“百、千、万”工程为主要内容的高产创建活动。坚持县抓重点方、乡抓千亩方、村抓百亩方。夏、秋两季，县分别创建小麦、玉米重点示范方各6个，其中万亩示范方2个、千亩示范方2个、百亩示范方2个，经市专家组测产验收，达到了高产创建目标要求。通过“百、千、万”工程的示范带动，全县粮食生产整体水平明显提高，2011年全县粮食总产达31.6万吨，比上年净增0.2万吨，实现了“八连增”，单产保持全市第一、总产增幅全市第二。一是继续开展了百名科技人员包百村活动，技术人员包村入户，宣传技术指导生产；二是普及优良品种，建小麦玉米品种展示田2个，分别展示小麦玉米品种各20多个。引进小麦新品种2个，玉米新品种3个，主要粮食作物良种普及率100%；三是推广测土配方施肥技术；四是坚持以防为主，综合防治，积极开展病虫害统防统治；五是立足抗灾夺丰收、抗旱除涝两手抓，为粮食高产创建奠定了良好基础。

【项目争取工作】 一是继续实施“项目年”活动，全年共争取到政策性项目11个，争取资金2860.37万元，比上年增438万元，是有史以来争取政策性项目资金最多的一年（市沼气建设项目51万元；玉米、棉花、小麦良种补贴项目863.4万元；退耕还林项目284.97万元；阳光工程项目91万元；测土配方项目25万元；农场危房改造项目150万元；旱作节水项目350万元；农业结构调整项目150万元；农副产品加工项目两个190万元；农民专业合作社项目25万元；农村一事一议财政补贴项目680万元）。二是招商引资工作。通过努力，今年与冢头镇共同引进的河南省格润得（创佳）食品有限公司（原平顶山年顺农业开发有限公司和山东青果食品有限公司合股）在冢头镇建设蔬菜生产加工项目，截至2011年底，占地130亩的加工厂一期工程8000平方米生产车间已基本建成，已完成投资7200万元。同时，该公司在郏县新流转租赁土地6000余亩建设绿芦笋等蔬菜示范基地。

【农业产业化】 一是抓龙头企业。以增加数量、扩展规模、提升级别和辐射带动为目标，采取“招商引资扩大一批、择优扶持壮大一批、产业带动催生一批”的办法，培育和发展龙头企业取得了明显成效，2011年全县市级以上龙头企业已达22个，其中，省级4家，总数位居全市第二，同时，新培育发展市级产业化龙头企业11家，已上报待批。二是抓农产品加工，以工业理念发展农业，拉长农业产业链条，全县新发展了2家产值百万元以上农副产品加工企业，使产值百万元以上农副产品加工企业由原来的20家增加到22家。三是抓农业产业园规划建设。根据县委经济工作会议和政府工作报告的要求，在认真调研的基础上，制定了《郏县农业产业园规划建设意见和考核办法》草案，各乡镇高度重视，不等不靠，渣园、冢头、薛店、龙山、安良、李口、姚庄、广天、王集等乡镇（街道）都在规划建设之中，并初见成效。四是农民专业合作社发展迅速。2011年，在工商局注册登记62家，累计169家，总数位居全市第一。荣获省、市级示范社5家，为合作社的规范管理、健康发展起到了较好的示范带动作用。全县合作社辐射带动农户达6万户。

【农业结构调整】 2011年，在抓好粮食安全，巩固烟叶等传统产业的同时，大力发展特色高效经济作物，发展品牌农业、设施农业，不断加快农业结构调整步伐。一是大力发展特色高效生产基地。如冢头北三郎庙绿芦笋基地、冢头陈寨的苗木花卉基地、安良航星蔬菜种植专业合作社蔬菜基地、冢头达理王大棚蔬菜基地、渣园乡二十铺日光温室、冢头高村日光温室蔬菜基地、长桥烟叶萝卜接茬种植示范基地、安良肖河任庄的温室大棚蔬菜及食用菌等一大批特色高效农业基地，实施精品亮点工程。二是全面规划建设《农业产业园》，以工业集聚区的理念、现代农业的标准、新的农业发展方式来谋划农业，从而打造示范园区，促进农业结构调整。三是实施倾斜政策，对发展前景好，示范带动能力强、有社会责任感的基地园区在项目资金、技术等方面优先安排，捆绑扶持，从而带动结构调整。

【农业标准化】 2011年，全县无公害基地新增3个，总数达到24个，基地面积新增0.2万亩，总面积达到10万亩，产地产品一体化认证增加3个，总数达到15个。完成玉龙山生态农业发展科技有限公司征订无公害标志7万枚。申报绿色农产品基地1个，产品3个，填补了郏县没有绿色农产品的空白。工作中，一是积极宣传、培育和发展重点对象，进行重点支持；二是加强指导服务和监督管理，完善制度，落实技术标准，发挥示范带动作用；三是认真抓好质量升级工作，不断巩固和扩大成果，产品由无公害向绿色有机迈进；四是积极探索和制定适合县土壤、气候特点的农作物生产技术标准，并通过招商引资，参观学习，引进和推广一批外地先进标准和经验。

【沼气建设】 一是通过宣传发动，依托项目支持，全县新建户用沼气池1753座，提前完成1700座的市定任务。二是新申报500立方米大中型沼气工程一处，项目地点在安良塔林坡规模养殖场，12月底已完成主体工程。同时正在实施县级沼气服务中心一家、村级服务站14家（累计已达64家，可覆盖沼气户1.2万户）。沼气服务站的建成将为全县沼气用户提供更为便捷的服务。

【农业科技推广】 一是以推广良种良法和科技成果转化为重点，以农业增效、农民增收为目的，适时因地因事制宜，开展农业实用技术培训。2011年共完成了农村劳动力实用技术培训10550人，占全年培训任务的105.5%，使全县农村劳动力接受培训比例达到54%以上。二是大力开展百名科技人员包百村活动，下发了包村活动行动计划，重新调整了包村技术人员，制作了包村活动明白墙，发放技术明白卡10.5万份，入村开展技术指导1120次。培训结合农时农事安排培训内容，针对性强，师资层次高，广泛运用了多媒体授课等先进手段，上课现场深入乡镇村第一线，取得了较好的培训效果。三是完成2011年阳光工程培训任务2000人，按要求完成了职业技能鉴定任务。

【农民负担监督管理】 一是依据省、市统一部署，2011年全县启动了村民“一事一议”筹资筹劳财政奖补工作。累计申报136个村，补助资金860万元。二是公示了各主要涉农收费部门的收费情况，接受群众的监督，增强了涉农收费的透明度，维护了农民的合法权益。三是全县共发放农民负担监督卡14万余份，收放率达到98%。四是县农监办、县纠风办组成联合检查组，对全县15个乡镇（街道）的农民负担情况进行了抽查。通过检查，农民负担明显减轻，农民收入有较大提高，干群关系相对稳定，全县没有发生因加重农民负担引起的案事件。2011年5月，郏县被评为全省28个农民负担监督管理工作优秀县之一。

【农资市场管理】 在加强《种子法》、《农产品质量安全法》、《农药管理条例》等法律法规宣传基础上，重点加大农资市场的规范检查力度。2011年种麦季节联合公安、工商、质检等部门重点加大对假冒伪劣小麦种子的查处打击力度。对全县农资市场进行拉网式排查10次，对186家种子经营户、189家农药经营户进行检查。共查处超范围经营玉米种子3个品种600公斤、无审定玉米种子两个品种300公斤、无审定小麦种子1500公斤、假冒伪劣种子4500公斤、假冒伪劣农药2个品种10件（100公斤）。案件已按照有关法规分别进行了处理。全年没有因假劣农资引发的案事件，切实维护了农民的利益，促进了农村社会的稳定。

（李建平 鲁延会）

农业综合开发和扶贫开发

【概况】 2011年，县开发扶贫办紧紧围绕建设“特色经济县、生态宜居县”两大目标及四项重点工作，精心组织，开拓创新，扎实工作，圆满完成了承担的各项目标任务。其中，农业综合开发建成高标准农田面积10000亩，中低产田改造面积10000亩，完成产业化经营项目1个；扶贫开发整村推进项目新修高标准水泥道路5.4万平方米，“雨露计划”项目完成技能培训500人，生态移民项目完成搬迁61户，252人；争取市以上财政资金2519万元，比上年增长150%；解决5900个农村贫困人口的脱贫问题。

【土地治理】 2011年，实施土地治理项目2个，一个是高标准农田建设项目，一个是中低产田改造项目，建设面积均为10000亩。高标准农田建设项目实施地点位于长桥镇，涉及阎楼、李程庄、花里赵、坡马、坡赵、坡河、王庄7个行政村，总投资1371万元（中央投资857万元，省配套343万元，群众自筹171万元）。新打机井146眼，维修旧井35眼；埋设农用地埋线路75公里；新建桥涵301座（平板桥35座，漫水桥1座，生产涵265座）；埋设地下输水管道70公里；开挖及整修沟渠15公里（其中，硬化排水沟1公里）；植桐树1.3万株，女贞树0.3万株；新开及整修田间生产道路30公里（混凝土硬化9公里，砂石硬化21公里）。中低产田改造项目实施地点位于茨芭镇，涉及竹园沟、齐村、东姚村、天成洼、清泉五个行政村。总投资910万元（中央投资800万元，群众自筹110万元）。共新打配机井63眼，整修机耕路25公里（其中硬化15公里），修排灌站1座，新建排灌站3座，整修硬渠2公里，新建硬渠3.1公里，输变电线路配套45公里，埋设管道53公里，建桥涵85座等。土地治理项目的建成，大大改善了项目区的农业生产条件，把过去低产地变成了旱涝保收的高产田，使项目区农民人均纯收入增加350元以上。

【整村推进】 2011年，实施整村推进扶贫项目5个，新修20公分厚水泥路面5.4万平方米，建文化广场5个。其中王集乡侯店村投省财政资金60万元、修水泥路面13335.5平方米，县财政配套5万元、建广场1个；茨芭镇竹园沟村投省财政资金55万元、修水泥路面11130平方米，县财政配套5万元、建广场1个；安良镇安西村投省财政资金45万元、修水泥路面10140平方米，县财政配套5万元、建广场1个；冢头镇陈寨村投省财政资金45万元、修水泥路面9860平方米，县财政配套5万元、建广场1个；薛店镇青西村投省财政资金45万元、修水泥路面9936平方米，县财政配套5万元、建广场1个。整村推进项目的顺利完成，彻底解决了项目村人民群众的行路难问题，明显改善了当地群众的生产生活条件，加快了贫困农民脱贫致富奔小康的步伐。

【劳务培训】 2011年，实施"雨露计划"扶贫培训项目1个，共培训贫困农民500人，省级财政投资30万元，每生补助600元。培训基地经省扶贫办研究确定为平顶山市远征驾驶员培训学校，培训对象为全县适龄贫困农民。通过对贫困人口的扶持、引导和培训，把人口压力转化为资源优势，加快了贫困农民脱贫致富步伐。

【生态移民】 2011年，实施巩固退耕还林成果生态移民项目1个，总投资506万元，其中中央专项资金126万元，县财政配套及群众自筹380万元。共建民房61套、7656平方米，搬迁61户、252人。通过项目的实施，不仅巩固了搬出地区的退耕还林成果，而且进一步改善了搬迁群众的居住环境和生产生活条件。

【科技扶贫】 2011年，实施茨芭镇空山洞村优质核桃基地建设项目1个，投省财政资金15万元。引进推广优质核桃树苗1.2万株，建成一个占地200亩的优质核桃果园基地，直接扶持科技示范户100户（全部为贫困户）390人。

（周真伟）

【综合经济效益】 2011年，企业两烟销售收入达到5.34亿元；实现毛利1.49亿元，同比增加498万元，增长3.5%；实现税利8651万元；全年实现利润总额4697万元，企业经营基础得到进一步巩固，经济运行质量继续保持了良好的发展态势。

【卷烟经营】 2011年，销售卷烟16360箱，同比增加360箱，增长2.25%；实现销售收入2.67亿元，同比增加5443万元，增长25.59%；单箱销售收入达到1.63万元（不含税），同比增长24%；实现毛利7001万元，同比增加1598万元，增长29.58%。在卷烟销量稳定的情况下，销售收入、经营毛利等各项指标呈现大幅增长。

【烟叶生产经营】 2011年，全县共落实种烟面积计划7.9万亩，在烟叶生产遭遇前期干旱、中期病害和中后期雨水较多等诸多不利因素影响下，收购烟叶19.85万担、投放金额

1.84亿元，实现烟叶税4057万元。烟叶收购量、投放金额、烟叶税三项指标继续保持全省先进位次。

【专卖市场管控】 2011年，共查办两烟违法违规案件319起，其中端掉制假窝点1个、售假窝点3个，查获万元以上非法运输案件2起（烟叶、卷烟案件各1起），查扣卷烟2754.9条，缴获卷烟机1台，接嘴机1台，涉案标值30余万元；查处内部违规案件1起。市场净化率、持证率均保持在95%以上。

水 利

【概况】 2011年，全县新增和改善有效灌溉面积6.2万亩、旱涝保收田1.6万亩、洼地除涝面积3.5万亩。改造中低产田1万亩。治理水土流失10平方公里。完成河道治理4000米。解决2.1万农村居民和0.4万农村师生饮水安全问题。被省委、省政府授予全省抗旱应急灌溉工程建设先进县和“红旗渠精神杯”。

【水利项目实现历史性突破】 2011年，共争取到国家和省、市资金1.75亿元。已实施项目10个，涉及资金6809万元；已批复和确定年内开工项目6个，涉及资金10730万元。一是水利项目工程建设有较大进展。首先完成了投资2755万元的北汝河治理一期工程，使城区段北汝河防洪标准提高到十年一遇。其次，完成投资680万元的抗旱应急灌溉项目工程。投资300万元，完成全国水利专项县工程，新增节灌面积4000亩。投资117万元完成广阔渠灌区水毁修复工程，增强了广阔渠通水能力。争取中央投资200万元，完成了400多台（套）抗旱机具和设备的应急采购工作。投资60万元，在茨芭、薛店、渣园等山丘区乡村打深井3眼，引山泉一处，解决了4200人农村临时性饮水困难。另外，完成了投资488万元的山头赵水库除险加固工程。主要建设任务是对大坝、溢洪道、输水洞等进行维修改造，提高水库防洪标准。同时，实施了争取项目资金500万元的视频到县、音频到乡的山洪灾害非工程措施项目。二是水利项目争取实现历史性突破，2011年已批复重点项目4个：投资2250万元的北汝河郏县河段治理，投资1170万元的农村饮水安全项目，投资212万元的纸坊水库，192万元的竹园水库除险加固项目，已完成招投标。已确定新批重点项目2个：投资3600万元的全国小型农田水利建设县中的全国高效节水灌溉试点县，投资1600万元的广阔渠灌区续建配套节水改造项目。分两年实施。

【抗旱浇麦】 2011年，县遭遇了持续严重干旱，自9月7日起连续170天无有效降雨，严重影响小麦的正常生长发育。县防汛抗旱指挥部各成员单位，充分发挥职能，在做好天气预报预测、水源配置、加强麦田管理、确保抗旱能力保障等方面，加强协作，有力调动了广大干部群众抗旱浇麦的积极性，使抗旱浇麦工作取得了较好成绩。全县共出动抗旱机具设备5200台（套），投入抗旱资金400多万元，使全县可以灌溉的33.8万亩麦田得到了适时灌溉；不具备灌溉条件的14.7万亩麦田，采取政府扶持、部门帮扶、应急引水等有效措施，累计扩大灌溉面积2万亩。郏县的抗旱浇麦工作由于早安排、早行动，成效明显，为保障粮食安全和实现夏粮丰收奠定了坚实基础，在省市处于先进行列，得到了各级领导的充分肯定。

【防汛工作】 针对近年异常气候和极端天气频繁发生的天气形势，在2011年的防汛工作中，县委、县政府及早部署，科学应对，全面落实以行政首长负责制为核心的防汛责任制。全面落实了防汛指挥调度体系建设、物资储备和应急度汛经费、抢险队伍等防汛准备工作，实现全年安全度汛。

【水资源管理与保护】 根据中央和省、市一号文件要求，按照省、市统一部署，2011年县政府开展了全县河道砂石集中整治和保护水资源专项整治行动，研究出台了《郏县河道砂石集中整治行动实施方案》、《郏县保护水资源专项整治实施方案》，深入开展了专项整治活动。实行严格的水资源管理制度，严厉打击非法采砂、非法用水行为，严格控制超标准、超计划用水行为。依法炸毁非法采砂船只2艘，取缔无证采砂户11个。各用水户按照要求正在办理用水许可证。全县现有自备井取用水户261户，已办取水许可证22户、安装计量设施196户。

（张国旺）

农业机械

【概况】　2011年，县农机部门采取有效措施，强化农机管理，提供优质服务，推动工作落实，圆满完成了各项目标任务，促进了农机化事业持续、健康发展。农田机械作业面积和农机服务范围逐步扩大，农机化整体水平不断提高，农机总动力稳中有增。全年共完成机耕42.71千公顷，机播55.26千公顷，机收45.07千公顷，农机总动力新增2.45万千瓦、已达到48.26万千瓦。

【农机装备】　2011年，全县农机固定资产总值达到3.07亿元，较上年底增长9.3%；农机总动力达到48.3万千瓦，增长率为5.5%；各种农用拖拉机9114台，增长率为2.5%；大中型拖拉机达到1787台，年新增170台，增长率为10.5%；联合收割机达到498台，年新增33台，增长率为7.1%；秸秆还田机达到642台，年新增87台，增长率为15.7%；旋耕机达到715台，年新增126台，增长率为21.4%。

【农机作业】　2011年，耕、整地环节、小麦播种、收割环节在基本实现机械化的基础上，作业质量继续改善。全县机耕作业面积达到42.71千公顷，机耕地程度达到96%；小麦机播面积32.33千公顷，机收面积45.07千公顷（含玉米机收），机械化程度均达90%以上。全县机播玉米达到18.03千公顷，增长率为6.2%；秸秆还田面积36.4千公顷，增长率为3.1%；全县共完成机电灌溉面积37.28千公顷，机械植保面积20.3千公顷。全县综合机械化水平高于全国平均水平。

【农机专业合作社建设】　2011年，县农机部门认真贯彻落实《中华人民共和国农民合作社法》，高度重视合作社的规范化建设，在对全县农机大户进行调查摸底，登记造册的基础上，筛选出质量高、能力强的农机大户引导和鼓励他们成立农机专业合作社，全县已注册农机专业合作社40家，拥有大中型拖拉机490台，联合收割机171台，资产总值达8375万元，年经营收入达3061万元。为加快全县农机合作社发展，进一步提高农机社会化服务水平，2011年省财政安排专项资金，对农机合作社基础设施、维修、信息、服务等方面予以支持。根据《河南省2010年农机合作社发展项目》的精神要求，认真筛选出质量高、业务能力强的俊涛、红伟、得数合作社作为扶持对象，帮助他们完善硬件设施，扩大组织规模，开拓作业领域，增强凝聚力和可持续发展能力，扩大示范效果和辐射带动作用。为做好农机深松整地作业补贴工作，根据省财政厅和省农机局共同制定了《2011年河南省农机深松整地作业补贴工作实施方案》豫财贸〔2011〕127号精神，按照科学化精细化管理要求，切实加强组织领导，增加服务意识，搞好宣传，加强协调，确保农机深松整地作业有序进行。补贴资金60万元全部发放到农户手中。

【农机推广】　2011年，县农机部门实施项目带动战略，找准农机事业发展和农村经济发展的结合点，大力推广先进新型农业机械。县农机推广站全年共推广各类农机新机具1057台（件）。全县大中型拖拉机新增151台、已达到688台，大中型联合收割机新增33台、已达到481台，其他机具及配套机具已达到20417台（件）。县农机推广站被河南省农机推广站评为全省农机推广系统先进集体，站长王永利被评为全省农机推广系统先进个人。

【农机培训】 2011年，县农机部门为了加快推进县农业机械化进程，进一步提升农机从业人员的整体素质和业务水平，加大新购机农民的技术培训力度，根据平顶山市农机局有关培训工作精神，并结合县实际，制订了《郏县农业机械化教育培训大行动2012年工作方案》。培训对象为农机系统在职人员、农机化技术人员和农机服务人员。主要包括各乡镇（街道）农机技术员、农机维修工、农机合作社人员、农机大户、新购机农民和农机操作手等。培训内容侧重于农机驾驶操作、维修保养、安全生产和经营管理知识等。全年采取在校举办培训班、送教下乡、开现场演示会等形式，培训各类农机人员2568人次，其中培训农机管理人员56人次，农机技术员120人次、拖拉机及联合收割机驾驶员180人次，新购机农民500人次、农机作业服务人员及其他人员1712人次，超额完成了全年的培训任务。通过培训，有效地提高了全县农机从业人员的经营服务能力和技能水平，使农机化技术使用效果和农民科学种田意识、安全生产意识得到进一步增强。开展“农村劳动力培训阳光工程”，11月3日至12月1日共举办培训班3期，每期培训班7天时间，分农机操作和农机维修两个专业，共培训农民学员401人，圆满完成了县阳光办下达的培训任务。

【农机安全监理】 2011年，县农机安全监理站严格按照《农业机械化促进法》、《道路交通安全法》、《农业机械安全监督管理条例》、《河南省农业机械安全管理规定》及各级政府赋予农机部门的职责，深入乡村、田间地头、家庭场院精心指导农机驾驶操作技术，开展机车源泉管理。农机局与各二级单位、各农机专业合作社、农机大户签订了安全生产责任书；农机安全监理站把农机监理业务与安全生产工作紧密结合，实行分片包乡、定责到人目标管理责任制；并注重加大田检路查力度，整治“黑车非驾”，切实搞好机车检审和入户办证工作。以开展“安全生产宣传月”活动为契机，开展了农机安全生产大检查，搞好农机法规和安全知识等农机安全宣传教育，增强机手安全防范意识，确保了省级“文明监理，优质服务”示范窗口荣誉。全年共完成拖拉机及联合收割机检验506台，新入户305台，新办证301人。

【农机供应】 2011年，全县各农机销售网点围绕服务“三夏”、“三秋”农业生产，广开门路，广开货源，多方筹措资金，采取灵活多变的经营策略，积极引进“外资”，大力开展厂家直销或个人代销业务，开展送产品到乡、送服务到户活动，提高信誉，促进销售，保证农民所需，保证市场供应，全力做好各种农业机械的销售、供应统计工作。农机部门还组织农机“三包”服务技术人员深入生产一线，检修、维修农机具，确保机具运行良好、安全生产，深受广大农机手和农民群众的欢迎。

【小麦联合跨区机收】 2011年，为确保“三夏”机收会战扎实开展，县农机局提前多方联络考察，积极引进外地联合收割机来郏县作业，制定了小麦机收会战实施方案，组建了三个分包各乡（镇）小组分包到线。明确职责和任务，责任到人，主要领导亲临一线，身先士卒为机手服务，确保了会战期间秩序良好，机收工作顺利有序进行。从河北省曲周县、肥乡县、灵寿、山东高密以及河南省的范县等地引机55台，加上农民引进和自发来的240余台联合收割机，会同县内的480台联合收割机，有近800余台联合收割机驰骋郏县麦田，确保了夏粮及时颗粒归仓。依照县政府的安排，农机局协调石油公司为联合收割机发放“三夏”生产油料“农机优惠卡”500张，一方面保障油料保质保量、及时满足供应，一方面给予一定的价格优惠，每升优惠0.07元。油罐车把油料送到了田间地头，减少了作业机械来往奔波。为提高机车利用率、增加农机手收入，积极与山东、河北及省内县（市）联系，签订外出作业协议；通过召开农机合作社理事长座谈会、农机手培训会、发手机短信等多种形式进行宣传；还积极为机手代办保险、跨区作业证、机车牌证等有关手续，并加强对新机手技术培训，保证他们安全、顺利作业。县机收会战结束后，引导协调郏县光大、金牛等7家农机专业合作社组织230多台小麦联合收割机赴山东省阳谷县、河北魏县及省内的内黄县、清丰县等地进行外出作业，支援友好县（区）的夏收工作，取得了较好的社会效益和经济效益。

【三秋农机作业】 2011年，是全县大力推进玉米机收工作的第三年，为完成市政府下达的玉米机收率达到80%的目标，县农机部门一是加大玉米联合收获机的推广力度，充分利用农机补贴政策，鼓励、扶持农民购置玉米联合收获机，凡在9月20日前申请购买玉米联合收获机的农户，可以享受县级财政累加补贴10%的优惠政策，2011年新增16台，全县保有量已达122台。二是召开玉米机械化收获现场演示会。起到了以点带面、示范带动的作用。全年全县共完成玉米机收面积19.95万亩，玉米秸秆还田率达到了98%。为做好机收工作，县农机部门免费举办各类农业机械技术操作人员和合作社人员培训班，为他们解决技术难题，而各个合作社也积极投入到农业生产中，其中光大合作社组织15台联合收割机实行合同作业，并免费为困难户排忧解难实施农田作业，为郏县的粮食丰收做出了贡献。

【机务管理】 2011年，县农机部门按照农业部及省、市农机局的安排部署和要求，继续对全县农机修理网点和农机修理工进行排查摸底，掌握经营状况和从业人员情况，统计相关资料和数据，分类排队，登记造册。继续开展农机修理网点资质认证宣传和农机职业技能鉴定宣传工作，为下步对农机修理网点进行整治、验收发证，农机职业技能人员专业培训、鉴定发证和对经营农机配件门市部验收颁发《农机经营许可证》奠定了基础。

【农机补贴】 2011年，农机补贴操作模式由农机部门一家变为农机、财政两部门联合实施，也是郏县作为省财政直管县实施的第二年，县农机部门争取的两批中央财政农机购置补贴资金共669万元；其中第一批385万元，第二批284万元。县级财政对小麦免耕播种机实行了累加补贴，补贴资金20.672万元。补贴资金与上年相比有了大幅度增加，将重点补贴6大类12小类24个品目机具。为使这项工作做到公开、公平、公正，一是建立了农机补贴领导小组，具体负责指导、监督农机购置补贴工作；二是利用电视台、广播、宣传车、张贴公告等形式，对2011年的购置补贴工作进行广泛宣传，达到家喻户晓；三是严格按照省市县农机、财政部门要求和实施程序，对申请购机者和核实结果进行两公示，做到阳光操作。按照省、市农机局《关于提前启动抗旱机具补贴工作的紧急通知》要求，自2月5日提前实施抗旱机具补贴工作，共补贴漯河四通泵业有限公司生产的潜水泵370台，落实补贴资金16.45万元，受益农户达370家，浇小麦6万余亩。全县全年已实施农机补贴资金669万元，共补贴各类农机具1058台，其中：补贴各类配套农机具398台，玉米收获机械17台，大中型拖拉机171台，小麦联合收获机17台，潜水泵393台，秸秆切碎机1台，秸秆收获机1台，深松机27台，茎块挖掘机1台，733家农户从中受益。

【保护性耕作项目】 2011年，是郏县实施河南省农机局下达保护性耕作项目第四年。为确保小麦生产阶段实现增产5%的目标，县农机部门认真做好小麦每个生产阶段的跟踪监测工作，组织土肥、栽培、植保、农机等相关专家，分别于3月小麦返青期、4月初小麦拔节期、4月底小麦抽穗期、5月底小麦成熟期进行了相关数据监测，并写出了检测报告。据监测，在大旱之年保护性耕作区小麦与常规播种的小麦相比增产83.28kg/亩，增产幅度达21.59%，超额完成了项目合同中的各项目标任务。为实施好2011年度的保护性耕作项目，从8月开始就积极深入到项目区开展技术指导、宣传培训，尤其是利用国庆长假组织相关技术人员走村入户落实机具和面积，为保护性耕作顺利开展打下了坚实基础。全年共推广保护性耕作机具268台，在李口镇的张店村建成1000亩方1个，在安良镇的西安良村以及冢头镇仝村、龙山街道南街、茨芭镇吴寨村分别建成300亩方各1个，新增保护性耕作面积3.2万亩，全县保护性耕作面积达6.9万亩。

【农机信息宣传】 2011年，县农机局在编辑、维护好《郏县农机信息网》的同时，积极从深层次、广角度收集、挖掘、整理农机方面的信息宣传材料，并及时上报，为领导决策提供科学依据。全年在《郏县农机信息网》编发86篇，上报各类信息宣传材料580多篇（次），采用205篇，其中省级以上新闻媒体136篇，市、县新闻媒体69篇，提高了农机知名度，展示了农机新形象。

【招商引资】 2011年，郏县农机局高度重视招商工作，引进的“郏县农机交易大市场”项目，由平顶山市煌龙农机公司与郏县诚信农机商行共同出资，项目总投资6000万元，其中固定资产投资4000万元，约占地40余亩，选址在郏县县城南环路汽配城西邻。项目实施后，年可上交国家税金800万元。

（于战胜 邢乐乐）

畜 牧

【概况】 2011年，县畜牧局紧紧围绕以发展郏县红牛为主的畜牧产业化生产，建立健全畜牧兽医6大服务体系，深化郏县畜牧兽医体制改革，强化行政执法队伍建设，增强综合服务功能，使全县畜牧业得到健康、稳定和快速发展，畜牧业已成为农民增收和振兴郏县农村经济的支柱产业。2011年底，郏县红牛存栏25.3万头（其中奶牛存栏2.1万头）、出栏9.6万头；山绵羊存栏28.2万只、出栏30.2万只；生猪存栏46.2万头、出栏60.2万头；家禽存栏732万只、出栏1020万只。全县肉类总产7.6万吨，禽蛋产量2.8万吨，奶产量4.2万吨。2011年畜牧业产值为16.07亿元，比2010年的14.16亿元增长13.5%。

【畜牧产业结构调整】 一是以退耕还林还草政策为契机，通过推广草畜饲养配套技术，引进紫花苜蓿、黑麦草、甜高粱、墨西哥玉米等优质牧草，实现人工种草13500亩，加快了“粮经”二元种植结构向“粮经饲”三元结构的调整步伐。二是畜禽良种结构进一步改善。引进了夏洛莱、西门塔尔、利木赞、南德温、红安格斯、杜洛克、长白、大约克、皮特兰、波尔山羊、爱维茵、伊莎、罗曼等30多个优良畜禽品种，全县建成人工授精改良站（点）52个，大力推广猪、牛、羊人工授精及杂交改良技术。开发了郏县红牛、大尾寒羊等地方良种，为郏县畜牧业发展备足了后劲。三是畜产品结构趋向合理。牛、羊肉占肉类总产值的比重达27.8%。郏县畜牧业正朝着名、优、特、新方向发展。

【优质畜产品生产和加工基地建设】 一是在加快优势产业开发的同时，积极扶持畜产品加工龙头企业，在牛肉加工方面采取了两条腿走路，一方面利用牧工贸集团五香牛肉加工生产线生产真空软包装牛肉销售，该生产线年生产能力1000吨，采取胴体冷藏—分割—机注香料腌制的溶液—机械滚揉—蒸流蒸煮—真空包装—高压灭菌—包装装箱生产工艺，改变了传统的生产方式。一方面发挥县独具民族传统生产工艺的肉牛加工厂优势，积极创新、推介独具风味的牛肉品牌。郏县牛肉加工业形成了龙山和姚庄两大加工基地，全县有河南古尔巴尼畜产品有限公司、帅华食品厂现代加工企业和龙山、姚庄等传统牛肉加工企业64家，年屠宰加工肉牛8.9万头。为郏县红牛走向国际市场奠定了基础。二是加大招商引资力度，县政府与河南古尔巴尼畜产品有限公司签订了2万头肉牛屠宰加工项目，该项目计划投资1.12亿元，占地80亩，该项目于2011年10月21日开工建设，已投入资金 3400 万元。郏县优质畜产品生产加工基地建设步伐加快。三是大力发展规模养殖场和养殖小区，建成正达畜禽养殖公司、绿源蛋鸡场、郏县喜德宝万头猪场、郏县红牛保种场、郏县顺达养殖公司、郏县乳源牧业有限公司奶牛养殖园区、郏县发展牧业有限公司奶牛场等一批畜牧规模养殖企业，2011 年全县新建规模养殖场 68 个，规模养殖户 152 户，建成畜牧养殖小区 22 个，新发展红牛养殖专业村 3 个，3 个专业村郏县红牛存栏 5878 头，2011 年新增郏县红牛养殖 1262 头。四是大力发展奶牛养殖，2011 年主要抓好花园村第四奶牛养殖园区建设，该园区占地 80 亩，拟建牛舍 10 栋，青贮池 3000 立方米，该项目于 11 月底竣工，2012 年计划购入奶牛 1000 头，总投资 2000 万元。2011 年全县奶牛存栏达到 2.1 万头。

【畜牧产业化进程】　一是为了充分发挥郏县红牛的品牌资源优势，加快郏县红牛特色产业的发展，2011 年底已建成的 41 个场，红牛存栏 3615 头，2011 年肉牛出栏 7565 头。2011 年利用国家财政资金 500 万元拟建年出栏 1000 头红牛育肥场 10 个，现正在组织实施，已初具规模。二是抓瘦肉型猪基地、大尾寒羊基地、家禽生产基地和奶牛生产基地建设已初显规模，如南大洼利用牧草饲料丰富的优势，创办了畜牧养殖公司，现饲养波尔山羊 720 只，饲养肉兔 7200 只，走出了一条林草牧三元立体养殖之路；堂街镇建成的肉鸭生产基地，现存栏肉鸭 39.6 万只，走出了一条订单式农业，信息化生产，产供销一条龙的生产模式；冢头黄阜岗养殖园区，存栏生猪 2.96 万头，走出一条公司加农户发展之路；郏县全民牧业，现存栏郏县红牛 392 头，年出栏肉牛 1230 头，存栏生猪 2860 头，年出栏生猪 7200 头，走出一条畜牧养殖综合发展之路。三是抓郏县万头奶牛奶源基地建设，在搞好冢头三个奶牛养殖园区和王集奶牛养殖场的基础上，2011 年又建成了第四奶牛养殖园区，全县奶牛规模场（户）136 个，新增 12 个，全县奶牛存栏 2.1 万头。四是抓郏县红牛牛肉加工，在牛肉加工方面，姚庄乡的五香牛肉产品、城关北街宋三牛肉产品、薛店宋向军的牛肉产品除供应本地市场外、还销往郑州、洛阳、西安、平顶山、漯河、武汉等大中城市，郏县牛肉食品深受客商欢迎。五是抓畜牧龙头企业，2011 年郏县建成省级龙头企业两个：郏县红牛良种繁育中心、郏县发展牧业有限公司，建成广地饲料、三鼎牧业、安良玉龙绿色养殖公司、郏县红牛良种繁育中心、郏县畜牧养殖协会、郏县发展牧业、郏县正达畜牧养殖公司、郏县乳源牧业有限公司、郏县全民牧业、郏县顺达养殖公司、河南古尔巴尼畜产品有限公司、郏县喜德宝养殖场市级龙头企业 13 个，从而加快了畜牧产业化进程。

【防疫检疫工作】　一是全面贯彻落实《动物防疫法》、《河南省实施〈动物防疫法〉办法》，动物防疫实行“六位一体”工作法，2011 年县政府与各乡镇（街道）、畜牧、技术、执法、规模养殖场签订防疫目标责任书 134 份，并及时组织疫苗对全县畜禽进行强制免疫注射，有效地控制了高致病性禽流感和五号病等重大动物疫情的发生，保障了郏县畜牧业的安全。2011 年全县共防猪瘟 63 万头，密度达 100%；口蹄疫 63 万头，密度达 100%；防新城疫 720 万只，密度达 98%；防禽流感 760 万只，密度达 98%；防高致病性猪蓝耳病 60 万头，密度达 96%；防狂犬病 4.5 万只，密度达 86%；防猪流行性乙型脑炎 6.4 万头。猪、鸡病死率分别控制在 3.2% 和 8.1% 以内。二是搞好防检结合，强力推行免疫标识制度。首先加大了畜禽免疫标识制度的宣传力度。其次为提高防疫人员整体素质，2011 年举办防疫培训班 10 期，在原有 102 名村级防疫员的基础上重新招聘 62 名，新招聘的 62 名村级防疫员专业技术知识普遍得到提高。再者建立动物疫情测报网络，2011 年郏县建立以县、乡为主干，以村级防疫员为支点的三级监测网点 30 个，完成免疫检测任务 2400 头（份）。另外采取春秋季集中免疫与月月补防相结合的方法，有效地控制了动物疫病的传播。并组建了县级防控中心和6个动物区域防检中心，强化产地检疫、屠宰检疫、运输检疫，加大督查力度，促进动物免疫标识制度的推行。同时县动物卫生监督所与全县畜禽规模养殖场（小区）、屠宰场及畜产品生产经营单位实行签约式管理，严格报检制度，确保上市肉品检疫率100%，从而达到以防促检，以检促防之目的。三是大力推广免疫工作新机制。2011年对全县规模养殖场（户）实行兽药、饲料购销台账，建立免疫档案，强化动物疫病可追溯体系建设。2011年全县共发放免疫档案2500本，发放畜禽免疫证2.5万张，免疫耳标98万枚，发放免疫告知书15万张，建固定免疫明白栏102个，发放免疫明白袋6万个，张贴免疫通告3000份，发放宣传彩页7000份。2011年共出动宣传车100辆（次），组织技术人员36人，下乡入村到场到户进行宣传，从而使动物免疫工作达到家喻户晓，人人皆知，有效地推动了动物防疫工作新机制的贯彻实施。四是搞好重大动物疫情应急演练。2011年按照市应急演练方案，畜牧局印发了《郏县突发高致病性禽流感应急演练实施方案》，县政府下发了《关于调整郏县重大动物疫病应急指挥部组成人员的通知》，县重大动物防控指挥部组建了一个指挥部和四个分指挥部，成立了现场处置应急指挥部，做到分工明确，责任到人，确保重大动物疫情防控车辆、人员、物资三到位，2011年组织突发高致病性禽流感应急演练1次，确保全县无重大动物疫情发生。

【畜禽良种推广】　2011年，在牛的品种上继续坚持以利木赞、夏洛莱、西门塔尔改良郏县红牛的同时，又引进了南德温、红安格斯冻精颗粒在全县推广。全年共引进肉牛颗粒5.5万粒，完成肉牛改良5万头。为搞好郏县红牛提纯复壮，创郏县红牛品牌，2007年在姚庄乡建成了郏县红牛保种场，2011年底存栏纯种郏县红牛种公牛22头，郏县红牛能繁母牛225头，2010年利用招商引资在广天乡桃园铺村兴建郏县红牛保种繁育场，该项目总投资3000万元，占地30亩，项目建成后，年存栏郏县红牛5000头，年出栏1500头。该项目2010年6月29日开工建设，一期投资1500万元全部到位，已建成办公及生产用房4000平方米，建成2000立方米青贮氨化池两座。在奶牛改良方面，大力推广奶牛人工授精技术，积极推广优质奶牛细管冻精，全县奶牛人工授精普及率达95%以上。在生猪改良方面，确立了美系杜洛克、大约克、长白作为当家品种，进一步完善杜长大三元杂交体系，2011年新建猪人工授精点2个，完成猪人工授精7.2万头。在山绵羊改良方面，在搞好大尾寒羊保种选育的同时，重点发展波尔山羊改良本地山羊的计划，在全县范围内建成22个波尔山羊人工授精点。全县猪、蛋鸡、肉鸡的良种覆盖率分别达到98%、86%、95%以上。

【秸秆青贮氨化和牧草种植】在牧草种植方面，2011年引进了优质牧草紫花苜蓿、黑麦草、甜高粱、墨西哥玉米等品种，建立了牧草示范基地。在秸秆青贮氨化方面，结合政府秸秆禁烧政策，大力宣传秸秆青贮氨化的好处，积极推广秸秆青贮技术，2011年全县新建100立方米以上青贮氨化池25个，为规模养殖场购置割草机29台，全年完成氨化秸秆6.7万吨，青贮秸秆30万吨，实现人工种草13500亩，在发展牧业、南大洼等新发展52个100亩连片种草典型，在发展牧业、三鼎牧业、红牛保种场发展秸秆养畜和种草养畜典型各1个。

【畜产品质量安全管理】　一是2011年县畜牧局建成了县级畜产品质量安全检测中心，加强畜产品质量安全监督管理。二是认真组织落实《郏县人民政府关于开展畜产品市场准入工作的实施意见》和县政府3号《公告》，从2010年3月1日起在郏县城区严格实施畜产品市场准入制度，建立健全各项制度，严把六个关口，大力推行畜产品安全全程可追溯体系建设，确保全县人民吃上放心、健康、安全的畜产品。全市畜产品市场准入现场会在郏县召开，市政府对郏县畜产品市场准入工作给予充分肯定，并在全市推广。

【畜牧综合执法】 针对畜牧业生产及市场经营中存在的突出问题，2011年，县畜牧局加大了对种畜禽市场、饲料市场、兽药市场及使用“瘦肉精”等违禁药品的专项治理活动，全年查处饲料、兽药、种畜禽违法案件36起，结案36起。一是加强生物制品的管理，严厉打击销售假冒伪劣生物制品的经营者，按照《动物防疫法》的规定，做到发现一处、查处一处，发现一起、查处一起；二是加强种畜禽管理，根据省、市统一部署，4月份对全县种畜禽生产经营进行了专项整治；三是完善郏县畜牧兽医服务体系建设，加大动物检疫力度。2010年在王集乡、渣园乡、薛店镇、堂街镇、白庙乡和龙山街道分别建成了郏县动物防检区域中心站，使郏县畜牧兽医卫生监督工作向着正规化、规范化方向发展。2011年查处违法案件53起；无害化处理病害动物产品3600公斤；消毒动物、动物产品运输工具0.25万辆次；“瘦肉精”监测15800头份；奶牛监测6批次；上市肉品检疫率100%，从而有效保护了畜牧业健康发展，保障全县人民吃上“放心肉”。

【优质无公害畜产品生产基地建设】 一是按照国家、省建立无公害畜产品基地规划标准和《郏县无公害畜产品工程实施方案》，规划了5大无公害畜产品生产基地和两大加工基地。从生产环境、投入品、生产过程、包装标识和市场准入等五个环节加强监管。二是对规模养殖场（户）加强疫病防治、疫病监测、严禁违禁添加使用“瘦肉精”等违禁药物，控制疫病发生和兽药残留。三是与畜产品加工企业和饲料兽药经营企业签订承诺书。要求不准加工病害畜禽，不准生产经营违禁药物和饲料添加剂，使全县畜产品加工和饲料兽药经销企业达到国家或行业规定的无公害标准。四是抓好病死动物弃尸井建设，2010年按省市文件要求在全县建成63个病死动物弃尸井，2011年通过市级验收，已全部投入使用。加强病死动物无害化处理，可有效切断疫病的传播途径，保障畜牧业健康发展。五是2011年全县举办标准化养殖模式培训班5期，从而加快了郏县畜牧业科学化、标准化生产的步伐。2011年全县完成无公害畜产品产地一体化认证7家，累计完成无公害认证37家。

【畜牧项目引进和政策性资金争取工作】 在畜牧项目引进上，一是引进河南古尔巴尼畜产品有限公司2万头肉牛屠宰加工项目。该项目占地80亩，总投资1.12亿元，其中固定资产投资6000万元。该项目于2011年10月21日开工建设，已到位资金3400万元，12月底完成全部建设任务；二是引进郏县冢头镇李子楼牛场建设项目。该项目是由北京今日日新家具装饰设计有限公司总裁李自奇在冢头镇李子楼村投资建设，该项目占地30亩，2011年6月开工兴建，总投资2400万元，其中固定资产投资1600万元，计划建牛舍3000平方米，建成后年出栏肉牛1500头。截至12月底已完成投资875万元；三是引进郏县顺达养殖有限公司建设项目。该项目是由禹州市顺达瓷业有限公司的温国顺先生在安良镇塔林坡红石岩自然村投资兴建，占地30亩，总投资2100万元，其中固定资产投资1100万元，建成后年出栏肉牛1000头以上，截至12月底已完成固定资产投资1100万元。四是争取到2011年中央投资肉牛项目资金500万元，在全县规划建设年出栏1000头以上的郏县红牛育肥场10个。五是争取到2011年农业产业结构调整项目资金150万元。六是争取到2011年生猪标准化建设项目资金140万元。七是争取到能繁母猪补贴308万元。2011年通过招商引资引进项目资金5375万元，争取到国家政策性资金1098万元。

（李兆华）

林　业

【林业生态建设】 2011年，

全县共完成水源涵养和水土保持林工程、村镇绿化工程、生态廊道网络工程、农田防护林改扩建体系工程、林业产业工程、封山育林工程、中幼林抚育及低效林改造等7项林业工程，累计完成林业生态建设19610亩，占市定目标任务11500亩的170%，占县定任务13500亩的145%。通过宣传引导，全县林业结构调整步伐加快，土地流转工作迅速推进，林果基地建设发展迅速，涌现出一批规模性的优质林果基地。

【眼明寺森林公园建设】 2011年，县委托河南省林业调查规划设计院专家，编写《眼明寺森林公园总体规划》。5月9～10日，赴宜阳县和新安县考察森林公园建设，提交了《关于森林公园建设的考察报告》。春季在眼明寺建立县级义务植树基地，共种植20多个树种11000多株，累计完成造林8000多亩，绿化工作已取得初步成效。

【集体林权制度改革】 2011年，县林业部门报请县政府成立了“林改工作领导小组”，与各乡镇（街道）签订《集体林权制度改革目标管理责任书》；共出动宣传车430多台次，印发林改宣传资料20000余份，在各乡镇、各行政村，并在主要路口、村政务公开栏等醒目位置进行张贴，县电视台开设“集体林权制度改革政策讲解咨询专栏”，详细讲解、宣传上级林改政策；县林改办抽调骨干力量，抽调5名科级干部、10名股级干部和15名农村工作经验丰富的同志，组成5个工作组，指导各乡镇（街道）认真开展调查摸底，做到方案公开、勘界准确、决策透明，实现了工作稳妥推进、社会大局稳定。经自查，全县完成林改面积12.69万亩，其中：均分到户113416.67亩，承包经营13483.53亩；签订承包合同2374份，涉及林地2374宗；办理林权证1394份，涉及林地1446宗120533.58亩，平均宗地面积53.5亩；全县林地均分到户率86.4%，纠纷调处率100%，勘界准确率98%，合同签订率100%，登记合格率98%，林权证发放率95%，群众满意率97%，档案管理98分。9月28日～30日，顺利通过省政府集体林权制度改革验收。

【森林防火】 2011年，坚持对全县涉林纠纷进行详细排查，实行重点监控，杜绝了重大信访事件的发生。坚持不懈抓好以森林防火为主的各项安全工作，与各乡镇签订了《森林防火安全目标责任书》，积极参加“5·12”防灾减灾宣传、“6·12安全月”、“12·4法制宣传日”等活动，共悬挂横幅6条，制作版面6块，印发防火挂历和科普资料8000多份。在4月1日国有郏县林场大刘山林区森林火灾扑救工作中，迅速启动应急预案，避免了人员伤亡事故和森林资源重大损失。

【森林公安建设】 森林公安局正式挂牌成立后，从抓队伍正规化、执法规范化、警务信息化入手，以信息化为引领，深度应用整体作战法，重拳出击、重点突破，2011年查处各类涉林案件204起，其中：行政案187起、刑事案10起、治安案件7起，处理违法犯罪人员210余人，其中：刑拘7人、逮捕5人、取保候审13人、移送起诉9人、监视居住1人、治安拘留10人、警告4人。3月7日，县委政法委发出了《关于在全县基层政法单位开展向森林公安局学习活动的通知》；4月11日，在全省森林公安执法业务工作会议上介绍经验；6月10日，头版头条对森林公安工作进行了专题报道。9月30日，在全省“亮剑行动”中被省林业厅评为先进单位。

【林业有害生物防治】 2011年，印发了《病虫害监测防治计划》和《防治预案》，不断加强对森林病虫害的监测防治。2月份在堂街镇运用拦虫虎防治草履蚧200亩；5月份在王集乡和龙山街道集中防治杨树食叶害虫、春尺蠖2100亩；7月19日～25日，首次开展了飞机喷洒药物防治杨树病虫害工作，范围涉及冢头、王集、堂街、白庙、广天、渣园、薛店等乡镇和龙山、东城街道范围内的高速公路两侧林带、汝河林带、速生丰产林基地、森林公园等，总面积1.8万亩。整个飞防作业共完成25个架次，喷洒药液5000公斤。共编写森防信息17期，接待群众咨询300余人次，发放农药200多公斤，下乡指导林农防治100余次，累计防治各类病虫害28000亩，有效控制了森林病虫害的发生及蔓延。

【依法行政】 严格按照法定权限和程序行使职权、履行职责，不断完善行政执法程序，保障了行政相对人的合法权益。对规定的行政许可项目，严格执行法律规定的程序，在行政审批、审核中，严格执行审批规程。2011年，共接待办理和咨询人员8300余人次，核准签发林木采伐许可证480份，林木凭证采伐率100%，木材运输证500份，木材检疫证400份，办理木材经营加工许可证32份，全部按时办结。

（辛旭利）

气象

【概况】 郏县气象局隶属平顶山市气象局管理。内设办公室、基础业务股、科技服务股。主要进行地面气象观测、农业气象观测、气象服务、天气预报，同时做好人工影响天气和防雷减灾工作。2011年，县气象局把提高业务内在质量，以社会需求引领气象服务作为全年的立足点和着力点，切实加强测报、预报、公共气象服务、科技服务等业务技术人员的培养，积极推进现代业务体系建设，努力提升公共气象服务的能力，不断拓宽气象工作领域，全面做好气象防灾减灾和应对气候变化工作。气象业务质量和业务人员综合素质稳步提高，年内地面测报错情率0.0‰。

【公共气象服务】 2011年，坚持“以人为本、无微不至、无所不在”的气象服务理念，重点做好气象灾害特别是极端天气事件的监测、预警以及春运、春播、两会、小麦产量预报、三夏、高考、秸秆禁烧、汛期、麦播等关键时段气象服务保障工作，公共气象服务领域不断扩展。公共气象服务产品有《一周天气预报》、《农业气象周报》、《重要天气预报》、《专题气象服务》、《中长期气候预测》、《气候影响评价》、《雨量信息》、《苗情墒情遥感分析》等，为领导决策提供依据。

【人工影响天气】 2011年2月26日0时30分、14时县气象局在薛店镇、茨芭镇、安良镇、冢头镇、堂街镇、长桥镇成功实施人工增雨（雪）作业。增雨区域普降小到中雨（雪），25日～28日县城实测降水量16.6毫米，有效缓解了前期干旱。为小麦返青后生长创造了极为有利的墒情条件。

【防雷减灾工作】 2011年，重点是对全县的避雷设施进行年检和对新建建（构）筑物防雷图纸的审核。年内重点检查易燃易爆场所、重要公共设施。对全县中小学的防雷设施进行了普查，对存在的问题提出了整改建议，确保学生人身安全。2011年完成全县第一批22所中小学防雷安全隐患整改工作。

【2011年天气气候概况】 郏县县境地处北温带南部。气候属温带大陆性季风气候。主要特征是四季分明，日照时间较长，热量比较充足，自然降水偏少。2011年年平均气温14.4℃，比标准气候值低0.1℃，年最高气温42.0℃，出现在6月份，年最低气温-9.8℃，出现在1月份，均无突破历年记录值；年降水量826.0毫米，比标准气候值多121.4毫米；年日照时数1769.2小时，比标准气候值少400.9小时。全年出现暴雨天气过程2次；大雾天气3天；大风天气6次，最大风力21.0米/秒；37℃以上高温天气4天；无霜期232天。

（樊艳萍）

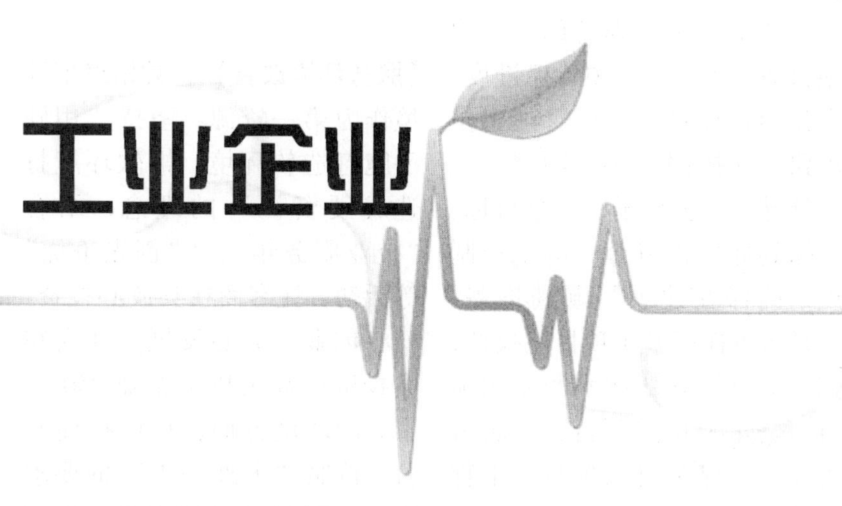

招商引资

【概况】 2011 年，全县固定资产投资千万元以上项目 85 个，总投资 134.63 亿元（完成全年目标任务的 224%），固定资产投资 115.16 亿元，实际到位 45.53 亿元（完成全年目标任务的 91%）。其中，新开工固定资产千万元以上项目 57 个（完成全年目标任务的 114%），总投资 87.77 亿元，固定资产投资 79.27 亿元，实际到位 28.38 亿元（完成全年目标任务的 94%）；续建固定资产千万元以上项目 28 个，总投资 46.86 亿元，固定资产投资 35.89 亿元，实际到位 17.15 亿元（完成全年目标任务的 85%）。新开工亿元以上项目共 12 个（完成全年目标任务的 120%），主要有：禹亳铁路郏县段、煤神机械项目、圣光集团孵化园项目、德科机械项目、大唐风力发电等项目。并获得市政府 2010 年度平顶山市对外开放工作第一名、平顶山市招商引资工作先进单位；县委、县政府被市委、市政府授予招商引资工作优秀单位以及市委举办的“学、比、看”活动先进集体荣誉称号等。

【政策措施】 一是先后研究出台了《优化经济环境的九条规定》、《招商引资工作实施意见》、《招商引资工作考核办法》、《各职能部门服务招商引资的工作要求》等文件。二是建立“三个会议”制度。定期召开项目预审会、四大班子项目推进会和项目联审联批会，对全县固定资产投资千万元以上的项目实行统筹布局。针对重点企业、重大项目在建设生产中遇到的实际困难和问题，县主要领导当场研究决策，形成会议纪要，分头实施，督查局跟踪督查。三是健全职能单位服务评议制度。每季度组织人大代表、政协委员对职能单位进行视察评议，排名在后三名的单位负责人在县电视台公开表态，明确改进措施和时限。四是建立跟踪督办工作机制。由县督查局和县招商局人员组成跟踪督办工作组，建立工作台账，每月对招商引资工作的推进情况进行通报，季排名、半年初评、年终总评，推进了招商引资各项工作的大落实。

【项目推进】 2011 年，紧紧围绕“洽谈项目抓签约、签约项目抓开工、开工项目抓进度、在建项目抓投产”的管理工作思路。并按照“一个项目、一名领导、一套班子、一个目标、一抓到底”的五个一的工作制度，确保在建项目顺利进展。一是重点抓好开工项目促投产，如：平煤机高新技术产业园项目、圣光孵化园项目、大唐风力发电、煤神机械项目、生物质能电厂、禹亳铁路郏县段、东升矿产品开发等项目。二是重点洽谈储备了一批项目，如：三一重工与平煤机合作、西门子与圣光孵化园、华润北京医药集团、日本米沙瓦医疗科技、台湾广德利集团、台湾元晴集团、林华医疗器械等项目的洽谈储备。另外，主动出击，积极开展招商活动。按照省、市、县招商活动要求，收集有效信息，积极走出去与大企业、大财团洽谈项目。先后赴经济发达的浙江、江苏、山东、安徽以及省内发展快的长垣、临颍、洛宁等地区考察学习，重点学习他们近年来推进科学发展的新理念、新成就、新变化，更新了理念，理清了思路。并把机械医用制品作为两个主导产业，确定了今后发展的六大产业。并成功组织了 2011 年杭州（郏县）承接产业转移推介会暨项目签约仪式，多次组团参加了河南省承接产业转移、平顶山市承接长三角转移等活动，在各类招商活动中共签约项目 13 个，总投资 81.8 亿元，已开工 5 个项目，实际到位资金 13 亿元。

【服务环境改善】 县始终把环境作为第一资源，坚持“用硬手腕打造软环境，把软环境打造成硬资源”的理念，结合“企业服务年”、“创先争优”等活动，让客商在县放心投资、安心创业、舒心发展。外商在县投资的规模以上企业 250 多家。硬环境方面，积极搭建平台。按照“七通一平”的要求启动园区基础设施建设，做到边建设边招商。县产业集聚区 6 个规划全部得到审批、执行，并已达到了“三规合一”。同时已完成基础设施投资 3.5 亿元。新修建道路 26 公里，配套的水、电、路、气等基础设施较为完善，初步形成了“五纵五横”的道路网络，实现了区内外道路互通。此外，各乡镇（街道）财政也加大了对 7 个园区建设力度，已相继投入资金 2.9 亿元，不断完善“一区七园”基础设施建设，提高了园区的承载力，同时，立足产城互动、相互依托的原则，实行产业集聚区基础设施与县城共享，实现了城市建设与产业发展的良好互动。

（石五一）

产业集聚区建设

【概况】 郏县产业集聚区是 2008 年 12 月经省政府批准确定的 180 个产业集聚区之一，规划面积 13 平方公里，2011 年，建成面积已达 5.7 平方公里，主导产业为机械装备制造和医用制品物流。按照“四集一转”和“提升水平、完善机制、加快发展”的总体要求，以“创优争快晋强”打造省级品牌产业集聚区为奋斗目标，不断提升产业集聚区的承载能力、支撑能力、吸引能力、带动能力和保障能力，推动产业集聚区建设提速度、扩规模、上水平，实现健康快速发展。园区已入驻企业 31 家，其中固定资产投资亿元以上项目 27 个，总投资 105 亿元。县产业集聚区先后被河南省政府授予“发展又好又快产业集聚区”、“全省十快产业集聚区”、“河南省示范产业集聚区”，被省工信厅确定为“河南省新型工业化产业示范基地”，在全省 180 个产业集聚区中综合排序第 25 名，在全市产业集聚区综合评比中位居第一名。

【基础和配套设施建设】 2011 年，不断完善基础和配套设施投资建设，全面提升产业集聚区的配套服务能力和综合承载能力。总投资 11 亿元，修建道路并进行了水网、电网、绿化等配套设施建设，初步形成“五纵（紫云路、和平路、兴业路、友谊路、祥云路）五横（凤翔大道、龙山大道、行政路、东坡大道、文化路）”的道路网络，基本实现了区内外道路互通。为集聚区配套的38公里天然气管道已完工并投入使用。建成标准化厂房25万平方米，为集聚区配套的第一污水处理厂、220KV变电站、第三人民医院、东城区学校等已建成完工。

【服务环境优化】 优化服务环境，围绕“在谈项目抓签约，签约项目抓开工，开工项目抓投产”的工作要求，对入驻项目实行“五个一”制度（一个项目，一名领导，一套班子，一个目标，一抓到底），“三个零”（用地企业与群众零接触，部门为企业服务零距离，行政审批费用零成本）承诺，墙内事情企业办，墙外工作政府管。定期组织区内企业评议县直相关单位，把评议权交给企业，服务好不好，企业说了算，通过评议使干部在政治上有待遇，经济上不吃亏。真正为企业发展提供“零障碍、低成本、高效率”的服务，形成项目前期审批“一条龙”，中期建设“全方位”，后期投产“经常性”的服务模式。

【龙头企业培育】 2011年，对园区内平煤机和圣光两大龙头企业，重点进行培育，规划建成了机械制造产业园和医疗器械孵化园两大专业园区。围绕机械制造产业园，以商招商，产业集聚区共引进总投资29.5亿元的煤神机械、艾通机械等11个煤矿机械制造企业入驻机械制造产业园，提高产业关联度，实现产业集群发展。医疗器械孵化园以圣光集团为产业龙头，建设标准化厂房，筑巢引凤、以商招商。操作模式为“四四二”：“四个利用”“四项统一”“两方共赢”。“四个利用”即：利用圣光品牌、利用圣光批号、利用圣光销售网络、利用圣光厂房；“四项统一”即：统一采购、统一生产、统一管理、统一销售；“两方共赢”即：圣光集团“借鸡下蛋”，迅速壮大规模，投资伙伴“借船下海”，快速发展。圣光集团承诺，凡到孵化园投资者，资金回报率不低于30%，若达不到则由圣光予以补偿。圣光孵化园模式，减小了外来投资者前期征地、建厂、手续办理等成本，企业可以直接入驻，快速投产，确保投资回报。圣光集团以取得的一次性灌肠器、无菌塑柄手术刀、医用创可贴等57个新产品进行孵化招商，现已入驻企业30多家，逐渐形成医药医疗产业集聚基地，实现医用制品产业的集群发展。在实现产业集群发展的同时，产业集聚区还积极促进平煤机与三一重工，圣光集团与德国西门子、日本米沙瓦、台湾富医等国际国内知名企业的合作洽谈，努力把产业集聚区打造成为中原地区重要的机械制造生产基地，全国重要的医药物流产业基地和中原地区最大的医用制品生产基地。

【招商选资】 招商引资是吸引资金、聚集项目、吸纳人才、加快发展的一个重要途径，是应对困难局面最直接、最有效的手段。在招商引资工作中，2011年，坚持全民招商与专业招商相结合，进一步完善招商引资领导保障机制、用地保障机制、工作推进机制和督查奖惩机制。一举应多变、一招求多效，举全县之力，深入开展“大招商、招大商”活动，推动招商引资向“选资”转变。开展以商招商、以情招商、以诚招商，招大引强，力争使产业集聚区在引进世界500强、国内100强和行业龙头企业上取得更大突破。

【管理模式创新】 2011年，成立产业集聚区管理委员会，下设联席办，总体负责区内的规划建设、招商引资、服务管理、协调、宣传推介等。报经省政府批准成立东城街道办事处，把产业集聚区所辖6个村庄划入办事处，实现行政区划套合。东城街道办事处具体负责产业集聚区征地、村庄城乡一体化改造，群企关系、安全稳定等工作。为加大协调力度，又把发改委、国土资源局、住建局等19个县直部门列为管委会成员单位，并明确成员单位负责人，制定了管委会成员单位每周一次的重点工作推进会、

郏县产业集聚区效果图

管委会成员单位工作职责等工作制度。全年共召开重点工作推进会35次，解决问题162件。形成了管委会统一领导、东城街道办事处和相关职能部门高效、协调推进产业集聚区建设的工作格局。省长郭庚茂，省委副书记、组织部长邓凯，省委常委、常务副省长李克，省委常委、省纪委书记尹晋华，市委书记赵顷霖，市长陈建生等省市领导先后到产业集聚区视察调研，对产业集聚区发展壮大寄予厚望。

（刘超杰　李栋锋）

工业和信息化

【概况】 2011年，全县规模以上工业完成增加值51.1亿元，增长25.8%。县被市委、市政府授予"2011年度发展县域经济先进县（市区）"荣誉称号。郏县中联天广水泥有限公司、河南省广天建安集团有限公司、平顶山佳瑞高科实业有限公司、河南圣光集团医药物流有限公司、河南省广天铸件有限公司、河南省通联安晟汽配有限公司、平顶山市中金置业有限公司、河南省豫花苑炊具有限公司等8家企业被市委、市政府授予2010年度"优秀民营企业"荣誉称号。平顶山市马亮磨料有限公司、河南华耐矿石研发有限公司、河南华邦电器炊具有限公司和郏县中奥磨料有限公司等5家企业被平顶山市委、市政府授予2010年度"高成长型民营企业"荣誉称号。

【工业经济平稳较快发展】 一是加强工业经济运行情况监测，适时监测全县工业运行状况，提高运行的平稳性与协调性。二是鼓励企业自主创新，促进产业结构调整和产品优化升级。河南华邦电器炊具有限公司通过自主研发高档铁锅，使产品销售价格从每口10多元提升到100多元。河南郏县中联天广公司投资6694万元的9MW纯低温余热发电项目2011年节省资金2300万元。三是引导企业创新管理模式。中联天广水泥有限公司全面实施"三五"管理模式，全年为企业节约各项成本费用1000多万元。河南圣光医用制品有限公司采用ERP（企业资源计划）管理模式，确保产品质量安全稳定，产品合格率达到100%。

【融资服务工作】 一是确保了小额贷款公司及担保公司稳健运营。2011年全县担保公司及小额贷款公司累计担保和贷款2.2亿元。郏县中小企业信用担保有限公司已于2011年8月获得省工信厅颁发的《融资性担保公司经营许可证》。二是开展全县担保机构规范整顿工作，完成了违规宣传广告及分支机构的清查清理。三是开展了金融生态环境问卷调查。四是开展了中小企业融资情况调查。五是召开银企洽谈签约会。全县各商业银行分别与19家企业签订了5.1亿元的贷款协议。六是帮助企业申请低息贷款。2011年共为4家企业争取贷款1200万元。

【企业服务活动】 一是制订了2011年企业服务活动工作意见。二是认真贯彻落实各级政府支持企业发展的各项优惠政策。三是开展了轻工业经济运行情况调查、耐火粘土萤石情况调查、水泥行业淘汰落后产能情况调查、民营企业经营情况调查。四是积极帮助企业申请上级资金支持。上报马亮磨料有限公司年产1200万平方米高档涂附磨具项目为省技术改造项目，获得省财政专项补助50万元。五是开展了企业培训和专业技术人才推荐工作。六是加强了全县食品化工企业生产监管。督促企业加强诚信体系建设，强化质量安全自检，并切实加强了化工企业生产监管。七是确定重点服务企业50家，建立了企业服务台账。八是进一步优化企业发展环境，落实减轻企业负担政策。设立企业服务“110”，健全完善投诉举报受理机制，保护企业合法权益。被省政府授予“2011年度企业服务工作先进单位”。

【原县属企业信访稳定工作】 2011年，工信局党组高度重视信访稳定工作，每周召开一次信访稳定汇报会，汇报本周的信访稳定和遗留问题处置情况。找出存在的问题和不足，提出下一步的解决办法。国家、省、市、县“两会”以及重大节日期间没有出现一起越级上访事件，为全县信访稳定大局做出了贡献。

（王宁博　张国旗）

供　电

【概况】 2011年，郏县供电公司干部职工386人，下设18个职能部室，辖13个供电所。郏县电网现有1座220千伏变电站，总容量15万千伏安；2座110千伏变电站，总容量12.6万千伏安；9座35千伏变电站，总容量9.565万千伏安。

【电网建设】 2011年，郏县供电公司深入推进以加强智能电网为核心的电网发展方式转变，着力提升供电能力。滚动修订“十二五”电网发展规划、新农村电气化建设规划，做好电网项目科学储备；高效完成了新一轮农网改造一批工程任务，新建10千伏线路89千米、配变88个，完成了62个低电压台区的治理任务，进一步夯实农村供电基础；开工建设110千伏新城输变电工程，完成35千伏李口变、茨芭变增容改造，新建35千伏郏堂线，电网架构进一步优化；对全县电网进行无功现状调查，做好了无功规划的编制上报工作，完成了35千伏茨芭试点变电站无功优化可行性研究论证，为电网无功优化的全面实施提供了依据和保障。

【安全生产】 2011年，始终坚持安全第一的方针，扎实开展春检春查、迎峰度夏、秋检度冬“三个百日”安全活动，安全管控能力不断提升；层层签订安全生产责任书，加大监督考核力度，狠抓安全生产责任制落实；加强职工安全技能培训，举办安全知识培训讲座7次，每月组织学习公司系统事故通报，提升职工安全防范意识和能力；强化设备隐患排查治理，先后开展设备隐患专项排查治理活动6次，查处安全隐患76项；深化线路通道专项治理，清理各类树障、违章建房等2000余处；开展三线搭挂治理工作，处理线路隐患70余处；加强煤矿等高危和重要客户的安全供电管理，配合政府做好卫片执法、节能减排、煤矿整合等检查的停送电工作，圆满完成了高考、全省新农村建设现场会等重要活动、重要节日的保电任务，确保了重要用户、群众生活的可靠供电。截至2011年12月31日，实现连续安全生产7016天。

【科技创新取得突破】 2011年，制定了《创新型企业建设实施方案》，建立工作任务“周报制”，促进科技创新任务落实；印发了《专业技术人才选聘管理办法》，选拔了公司技术尖子，为他们搭建技术攻关平台，发放津贴，调动了专业技术人才参与科技工作的积极性，为科技创新工作开展提供了人才支撑。2011年，共完成7项QC成果，2项科技成果通过市级鉴定，7项专利成果被国家专利局受理，成果数量和质量均实现历史性突破。

【综合管理成效显著】 2011年，深入推进以人财物集约化管理为核心的公司发展方式转变，管理效能得到有力提升。在经营管理方面，建立经济运行分析月度例会制度，分析预算和计划完成情况，提升预算管理的管控力和执行力；开展清产核资、清仓利库专项行动，掌握资产现状，盘活有效资源，提升资产效能。深化“三节约”专项行动，完善业务招待费、文印费等管理办法，机关用电量下降18.8%，业务费用下降12.3%。在营销管理方面。建立公司、专业组、供电所三级营业检查常态工作机制，先后查处用电性质不符300余户、窃电36起，挽回经济损失20余万元；强化“三率”小指标管理，加强过程控制，各项指标持续优化；加强抄核管理，10千伏表计实抄率、准确率达到100%，坚持对关口表计和大宗用户表计实施现场校验，现场校验率、合格率均达到100%；在审计管理方面。以审计检查、财务监督专项行动为载体，深入排查治理突出矛盾和问题，加大内部审计渗透力，规范经营行为，提高了依法治企水平。公司被河南省电力公司授予审计工作先进集体，“万丰公司经济责任审计”荣获省公司2011年度“十大优秀县级审计项目”荣誉称号。

【行风评议再获桂冠】 2011年，深入推进为民服务创先争优活动，树立“你用电、我用心”服务理念，认真履行服务承诺，改进工作作风。一是全力服务招商引资。以服务郏县产业集聚区为重点，先后投资150余万元，搬迁（改造）供电线路5.2千米，安装宣传牌、路灯专用配变5台，铺设电缆9.5千米，有力支持了园区建设。开展供电服务质量提升专项行动，开通“绿色服务通道”，为平顶山煤神矿产机械等6家企业的基建用电免费提供大容量变压器，成为全省电力企业开展供电服务的亮点工程。二是努力服务新农村建设。完成了雨霖头、陈寨、黄南等16个村庄的电气化建设；加大农田机井通电工程建设力度，新建灌溉台区50个，涉及30个行政村48个自然村，解决641眼机井32.5万亩耕地的抗旱用电问题。三是着力服务城镇建设。完成了南环路电缆入地、郏18板和23板线路搬迁改造等工程，并配合县、乡政府，做好城镇建设的电力规划工作。四是加强服务监督。聘请行风建设监督员，召开行风建设座谈会，全方位接受社会监督。不断转变作风、改进工作，实现服务能力和行风水平“双提升”，公司行风评议连续6年荣获全县公共服务行业第一名。

【企业组织建设持续推进】 以开展为民服务、创先争优活动为主线，以“争金牌、创佳绩”活动为载体，先后组织“靠正气实干”大讨论、庆祝“建党90周年”系列活动、“向江小金同志学习”主题教育活动，突出抓好思想政治教育，先后有10名公司职工被上级党委授予先进个人荣誉称号。在各支部开展争创“学习型党支部”、“电网先锋党支部”等活动，有效发挥了基层支部的战斗堡垒作用。高度关注团员青年工作，组织“迎五四”主题征文、青年志愿者服务、“讲党史、忆党恩”等活动，鼓励青年职工岗位成才。公司团委分别被市、县授予“五四红旗团委”荣誉称号。

【文化建设不断深化】 在国庆、元旦、春节等重要节日，积极举办趣味浓厚、喜闻乐见的文娱活动，丰富了职工的文化生活，增强了企业的向心力、凝聚力。公司合唱队在郏县建党90周年红歌大赛上荣获唯一“金奖”。积极做好舆情监控工作，公司全年无发生负面事件，较好地维护了企业形象。

【队伍建设全面加强】 以“四好班子”建设为龙头，以“队伍建设年”主题活动为载体，以职工队伍素质提升为目的，努力加强队伍建设。班子成员坚持每月两次中心组理论学习，带头学习《党建》、《河南日报》等党报党刊的理论文章，提升政策理论水平；坚持对中层干部进行业绩考核，提升中层团队的管理水平；建立班组长以上人员月度培训机制，发放专题学习书籍，提高班组长综合素质；落实年度培训计划，先后组织各类培训26期，开展知识竞赛6次，全员培训率达到80%。公司职工在市公司组织的知识竞赛、技术比武活动中多次取得优异成绩，女工委员会荣获省级“巾帼文明岗”荣誉称号。同时，全面贯彻落实《职工民主管理纲要》，关注并满足职工诉求，完善职工代表大会管理机制，推进民主管理；落实“四个关爱”，开展“双节”送温暖活动，成立“电力爱心萤火虫”服务队，对留守儿童，孤寡老人进行帮助；完成信访稳定工作任务，营造了和谐奋进的企业氛围，为公司健康发展提供了坚强保证和有力支撑。

（蒋国辉）

中联水泥

【管理整合】 2011年，为了提高公司员工整体素质，公司组织员工集中进行了技能培训、安全培训、班组长培训、全面质量管理培训、岗前培训等，使全体员工整体素质得以明显提高。通过培训，大家的业务能力及专业水平都得到了较大提高。2011年公司在融入河南区域中联企业对标的同时，按照集团公司的要求，对公司各部门职能和岗位职责进行了确定，完成了质量、环保、职业健康安全的“三体系”认证。

【财务管理】 2011年，健全财务制度、完善财务监督，使水泥的综合成本比去年同期有大幅度的下降。按照《中国联合水泥财务管理手册》要求，统一财务管理制度以及会计核算标准，实现与河南区域中联企业联网，初步建立财务、资金管理系统，达到实时查询、适时调度，合理安排运转资金，实现资金查询、调度信息化，有效降低财务费用、资金成本，提高资金运转效率。

【质量管理】 2011年，出磨生料KH合格率达到了80%以上，已达到全国同行业最先进水平。参加省及全国水泥品质指标检验大对比，成绩优异、在2009~2011年度全国水泥品质指标检验大对比中，荣获由国家水泥质量监督检验中心颁发的“全优单位”称号。

【安全管理】 2011年，郏县中联与平顶山市安委会签订了2011年《平顶山市安全生产目标责任保证书》，郏县中联始终坚持“安全第一、预防为主、综合治理”的方针，全面落实安全生产责任制，不断加强安全生产工作监管机构建设，深入开展安全生产“三项行动”的专项整治，并根据生产实际，采取缴纳双向保证金等有效手段，从而提高了职工的群体安全责任意识，收到了良好的效果。2011年，郏县中联相继在中国联合水泥及平顶山市的年度安全目标考核中取得了较好的成绩。

【节能减排】 在节能减排方面，为切实做好节能减排工作，郏县中联高度重视节约能源和保护环境工作，公司专门成立了节能减排领导小组。制定和完善了公司各项规章制度，建立了三级节能管理组织网络，取得了明显成效。一是公司拥有4500t/d新型干法熟料水泥生产线及9mw余热发电项目，每年可为公司供电5708.6万kw/h，由于余热锅炉的设置，对原水泥生产工艺系统废气的含尘有一定的降尘作用。二是公司选用辊压机联合粉磨系统替代球磨机的高效粉磨设备技术，其电量消耗占水泥生产综合电耗的62~68%。三是公司使用水泥助磨剂，提高细粉颗粒的分散度，提高磨机台时产量10%~25%，降低粉磨电耗25%左右，提高水泥强度3~5兆帕。四是对电机拖动系统变频调速进行节能改造。五是公司把一线窑尾，二线窑头电除尘器改造成高效袋式除尘器，达到减少粉尘节约资源的效果。六是提高水泥质量，实现“以质代量”节能，达到减少熟料用量的目的。七是对脱硫石膏等固体废弃物及生产线用水循环资源的综合利用。八是对主要耗能设备重点控制。对辊压机、球磨机、回转窑、大型风机、大型破碎机实行能耗重点控制，达到随时掌控其变化量，减少浪费。由于在节能降耗方面工作突出，公司相继被评为2008年及2010年度“河南省节能减排先进单位”荣誉称号。

【科技创新】 为了加大科技创新力度，2011年，郏县中联工程师于守仁的两项科研成果已分别获得国家知识产权局颁发的实用新型专利证书，一是

《石墨块自动润滑装置》，二是《轮带间隙在线测量指示器》。另外，他的《燃烧器端部结焦清理装置》，已上报国家专利局受理。这两项证书的颁发和一项专利的受理，标志着郏县中联申报的专利成果正式获得国家知识产权局的授权。郏县中联多项国家专利的申报与获取，提升了公司核心技术的竞争能力。

【供应工作】 2011 年，中联水泥公司按照中国联合水泥“五统一”的要求，围绕“控制成本、采购性价比最优”的工作目标，根据生产及销售情况合理调整购进计划，严格按程序办理，做到规范采购与简便高效相结合。确保集中采购活动公开、公平、公正、高效。实现公开透明的阳光采购策略。针对原材料价格变动幅度较大的情况。公司实行“比价采购”，“集中采购”，2011 年，全年购进各种原燃辅材料共计 313 万吨，圆满地完成了全年购进任务，有效地保证了生产的正常运行。没有统一招标采购的物资采取对计划中的各种材料进行市场询查，做到货比三家，在质优价廉的前提下在合格供方内定点采购，从而大大降低了采购成本。

【销售工作】 一是紧盯效益，由“量本利”向“价本利”转变。紧盯利润，从而达到利润最大化。二是市场协调，价值回归，避免价格恶性竞争，为行业的价值回归做出贡献。三是紧抓“三大”，提升销量。抓大工程，先后开发了周口商砼市场。签订了新农村建设、南水北调、禹亳铁路等一批大订单。加大直销力度，使销售结构趋于合理。四是做好产品品牌的宣传工作。2011 年在销售区域内共制作门头广告牌近 300 幅，墙体广告 2 万平米，更新了漯河道路灯塔广告牌，提高了中联水泥产品的知名度。

【企业文化】 2011 年，公司为宣传企业，先后编发企业内刊《新天广》报纸 12 期，编发《万花山》文化双月刊 6 期，公司作者在《中国建材报》等海内外媒体发表各类稿件 169 篇，丰富并拓展了企业文化的内涵，提高了企业的知名度和美誉度。为了切实提高员工的“幸福”指数，2011 年，公司投入数十万元，对职工餐厅进行了装修、改造，对职工宿舍也统一配置了空调，对公司分步进行了绿化和美化，为办公区域添置了花卉盆景，使公司面貌大为改观。同时，还为职工办理了企业年金，为在岗职工提供了养老的保障。

（石群良）

郏县牧工贸集团

【概况】 郏县牧工贸集团总公司，是由原商业、粮食、外贸的部分企业组合而成，是集加工、贸易为一体的集团化国有企业。2011 年，下属二级企业有：食品公司、康迪食品厂、饲料厂、孵化厂四个企业，职工 423 人，账面资产 5668 万元。按照公司模拟股份制的要求，公司自 2007 年开始建立了两个基金，第一“发展基金”，从每年的经营收入中提取一定比例，对各乡镇（街道）定点屠宰场进行有计划的改造。2011 年投资 30 万元，在郏县肉联厂的基础上，按照商务部“定点屠宰资质等级 A 类认定标准"进行了规范化改造，到 2011 年底，全县 12 个定点屠宰场已有 10 个达到 B 类，2 个达到 A 类论证，使全县居民都吃上了“放心肉”。第二“养老基金”，从发放的工资总额中提取相应比例，为达到法定退休年龄的职工支付企业应负担的部分，解决了广大职工的退休养老之忧，有利于保持企业的稳定发展。

【生猪定点屠宰及饲料加工】 郏县食品公司是经省商务厅批准的生猪屠宰加工企业，负责全县的生猪定点屠宰和外调外运，并为养殖户提供市场供求信息。2011 年共屠宰生猪 6.5 万头，生产饲料 230 吨，公司销售总额 8750 万元。

（冯自正）

综合经济管理

国民经济发展和改革

【工业经济运行情况】 2011年，全县规模以上工业增加值累计完成72亿元，增速19%。认真贯彻落实国家产业政策，提高工业项目备案质量，积极服务企业，认真做好项目备案核准工作。为切实掌握全县已备案项目的进展情况，对近三年已经备案项目建立了工作台账，随时跟踪项目进展情况。

【政策性投资项目争取】 2011年，发改委抓住国家扩大内需拉动增长的政策机遇，加大政策性资金的争取力度，加紧前期项目申报争取步伐，加快新上和在建项目建设进度，政策性项目建设实现了新的跨越。一是争取政策性资金工作稳步推进。2011年全县共争取政策性资金项目93个。年底上级到位资金7.1亿元。在实施过程中，首先是领导重视。成立了领导小组，始终把项目建设作为我县加快发展的第一要务，抽调一名同志专职到省发改委投资处工作，及早捕捉政策信息，掌握国家产业政策和投资导向，全力以赴向上级争取项目和资金，多次到中央、省直有关部门汇报衔接，沟通交流。领导的高度重视，是确保政策性项目资金争取得显著成效的关键。其次是部门联动，形成合力。在政策性项目资金争取工作中，各部门能够打破常规，配合联动。发改委积极指导，组织协调，县直单位能够主动配合，及时沟通联系，特别是在项目前期手续完备上，县直相关职能部门特事特办，限时办结，使项目申报工作赢得了主动。再者是项目完备，对接充分。与省发改委及省直其他有关部门保持联系，搭起了与国家有关部委司局联系的桥梁，国家、省最新投资政策导向、资金分配动态都在第一时间拿到了草案或讨论稿，并据此迅速调整工作方案和工作重点，针对性地筛选、完善、上报项目，确保了申报项目的质量和成功率。二是加大中央投资项目稽查力度，保证项目资金安全使用。截至2011年底，独立和配合市检查组先后对中央扩大内需的4批投资项目进行了项目稽查。通过稽查，了解到郏县2008年以来的4批中央投资项目基本上操作比较规范，项目建设顺利，投资效果良好。但也有少部分的项目在计划执行项目招投标、工程监理、工程质量、资金拨付等方面存在一些问题，需要在下步工作中认真进行整改。

【产业集聚区建设情况】 一是城东产业集聚区，2011年，产业集聚区入驻亿元以上项目13个，总投资62亿元。标准化厂房建设完成13万平方米。二是其他产业集聚区，1、规划、审批进展情况，截至12月底，已有广天、安良2个产业园完成了规划的编制、评审、报批、批复，被定为市级专业产业园。茨芭、薛店、黄道、白庙4个产业园正在申报县级产业园区，已经通过了县、市组织的专家对接，正在修改完善。2、基础设施建设进展情况，截至12月底，7个产业园已完成基础设施投资16500万元，修建园区道路23.65公里，开挖下水道19.5公里，栽植绿化树木19600多棵。3、项目建设情况，截止12月底，7个产业园新入驻项目65个，项目总投资26.56亿元，已完成投资9.65亿元。4、产业园经济发展情况：截至12月底，7个产业园已有企业198家，完成销售收入56.65亿元，利税4.75亿元，安排就业3.23万人。

【电力监管】 2011年，指导供电公司做好电网规划和建设工作，使全县电网建设始终走在了经济发展的前面。认真做好电力监督和管理工作，确保了全县全社会的供用电安全，对煤矿、非煤矿山等高危电力用户进行了全面检查，对检查出来的安全隐患下发了整改通知书，要求企业限期整改。并按照市、县政府要求对存在安全隐患、违法占地的免烧砖厂、证件不全的洗煤厂、违规生产的地方煤矿、小冶炼小铸造的钢铁企业及国家政策关停的煤炭行业实施了停断电、拆除或者限期整改。

【节能减排】 2011年，按照市政府要求编制县节能自查报告，督促各乡镇（街道）报送2011年节能目标责任书，下发了县政府《关于切实做好2011年节能工作的通知》。坚持每月到企业检查节能减排情况。编制县节能自查报告，迎接市政府节能目标考核组对县政府的节能目标考核评价工作，受到市政府节能目标考核组的高度评价。抓好节能重点工程建设。整理有关资料，积极开发风电工程，对县境内紫云山、中蛇山、大刘山、二刘山等山峰考察风力资源，为县建设风电项目做好前期准备工作。加大淘汰落后产能力度，对于高耗能企业进行断电关闭。

（杜自俊）

工　商

【概况】 2011年，郏县工商局现有公务员117人，工勤人员1人，省属事业编制9人（消协5人，个协4人），退休人员61人，离休2人。基层单位有：经检队、城东工商所、城西工商所、堂街工商所、安良工商所、王集工商所、薛店工商所、茨芭工商所、专业管理所、市场工商所；局机关内设机构为办公室、财务股、人教股、注册股、监管股、消保股、法制股、监察室、个协、消协。2011年，郏县工商局继续保持了省级文明单位的称号。城西工商所、王集工商所荣获全市工商系统先进集体。

【服务企业6项承诺】 2011年，在全系统推行6项服务企业承诺制。一是实行政务公开。在各工商窗口和行政审批大厅公开工商部门的办事项目、依据、条件、流程、时限及收费标准，方便企业办事。二是帮扶重点企业。及时、准确地为重点企业提供政策信息、法律、法规咨询，切实帮助企业协调解决生产经营过程中遇到的困难，真正做到“能办的事立即办，不能办的事帮助办”，努力为企业发展提供方便。三是实行“首次只纠不罚”。对企业特别是重点企业因缺乏相关法律法规知识，初次在经营活动中产生工作疏漏，未造成严重后果的，对企业免于行政处罚，坚持以教育为主，及时帮助企业纠正错误，增强法制意识。四是开辟年检绿色通道。在年检工作中做到“政策咨询一口清、资料发放一次清、初审核审一站清”，使服务对象“一来便办、一看便知、一问便明、一查便懂、一办就成”。五是改进服务理念。实行“不让政策在窗口截流，不让差错在窗口发生，不让时间在窗口浪费，不让企业在窗口冷遇，不让法律在窗口走样，不让群众在窗口失望，不让权力在窗口私化，不让形象在窗口受损”的服务准则，严格落实首问负责制和一次性告知制度，将相关手续一次性告知企业办事人员。六是实行提速限时服务。凡申请登记注册的企业，在手续齐全的情况下，开业、变更登记由法定30天提速为5个工作日完成，名称核准当场办理完毕。

【市场监管工作】 一是在7月份开展的“查处取缔无照经营专项执法月活动”中，在县政府支持下，召开了查处取缔无证无照经营工作联席会议，建立了相应的工作机制，提出了“底数清、气氛浓、措施硬、效果明”的工作要求，悬挂横幅，印发宣传材料，出动宣传车，实行了班子分包和部门联系工商所制度，形成了“引导办照”和“查处无照”两手都比较硬的局面，全局上下吃大苦、流大汗、受大累，加班加点，倒排工期，积极引导，克难攻坚，使全辖区查无工作取得了质的飞跃，持照率创历史新高，为进一步从根本上规范市场经营秩序创造了良好的条件。二是深入开展了乳制品、食品添加剂、瘦肉精、肉类等食品市场专项整治，以乳粉和乳制品为重点，有针对性地开展食品质量抽样检验，在流通领域商品质量检测中取得了新的实践和探索。三是通过采取积极措施，引导各类市场经营主体快速发展，2011年，县局新注册登记各类企业168户（累计1115户），新登记个体工商户1120户（累计7078户），新注册农民合作社73个（累计177个），市场经营主体年度办照数是2010年的3倍，办照数和持照率创出历史高点。四是出台措施确保农资市场秩序。根据郏县农资市场的现状，县局与各所签订了农资监管及红盾护农目标责任书，以所为单位分片包干，层层签订责任书，明确监管任务及达到的效果，对全县212户农资经营进行了三次全面彻底的农资商品排查，并且在此基础上建立完善两账两票一卡一书制度，对农资经营户进行定期巡查，发现问题及时解决，确保农资安全。开展了春季打假冒保春耕、秋季农资市场专项整治行动。五是规范户外广告登记发布，严格查处违规违法广告。开展了为期一个月的户外广告清理工作，清理拆除13处违规广告，规范14处广告行为。登记、发布46件广告，责令改正11起广告业务，查处3起广告虚假宣传案件，2起商标侵权案件。六是做好网吧专项治理工作。加大了对黑网吧整治的力度，采取有效措施，要求各工商所对本辖区网吧进行拉网式排查，不能漏掉一户；并书面通知网通、电信等部门停止对全县所有网吧停止供应信号；对验收合格的网吧，在登记时重点审查前置审批的文件的有效性和场地是否在校周围200米以内，是否在居民楼内，并由辖区工商所调查后入档。共查处取缔黑网吧6家。通过治理整顿，黑网吧泛滥的现象得到了有效的遏制。七是加强12315维权体系建设，进一步提速“两站五进”工程，全年共受理消费者投诉12件，其中，受理举报1起，接受消费者咨询1次，在县电视台公布消费者警示3次，办结率达到100%，为消费者挽回损失31350元。八是加强行政执法，进一步净化市场环境，在打击假冒伪劣、“傍名牌”、不正当竞争、传销和社会治安综合治理等多项工作中取得明显成效。

（李国俊）

统　　计

【概况】 2011年，是“十二五”规划的开局之年，县统计局紧紧围绕县委、县政府工作会议精神，全体职工精诚协作，以科学发展观统领经济社会发展全局，认真贯彻省、市统计工作会议精神，按照国家、省统计局关于统计改革和建设的工作思路，进一步解放思想，实事求是，与时俱进，开拓创新，强化统计服务、统计改革、统计法制、统计信息化建设、统计基层基础建设和统计实务工作，全面推进了全县各项统计工作的顺利开展，充分发挥了统计信息、咨询和监督的整体功能，为全县社会经济发展作出了积极的贡献。县统计局先后被国家统计局平顶山调查队评为“先进集体”；被县委、县政府授予“党委系统办公室工作先进单位”；连续3年被县委、县政府授予“人口与计划生育先进单位”、“平安建设工作特殊贡献单位”等荣誉称号。

【统计制度方法改革】 根据国家、省、市关于对“一套表”和联网直报工作要求。2011年，通过加强组织领导，加强工作机制建立、加强直报能力建设、加强业务培训指导等措施，积极稳妥推进“一套表”改革工作，取得良好成效，为改革工作全面推进奠定了基础。

【1%人口抽样劳动力调查工作】 按照省、市文件精神，2011年10月召开了15个乡镇（街道）、377个行政村、3个国家点和52个省级点的人口和劳动力调查培训会，经过小区图划分、调查摸底、入户登记、数据审核、手工录入等工作，高质量完成了调查任务。

【统计服务水平进一步提升】 2011年，县统计局努力拓宽服务领域和提升统计服务水平。一是为“两会”提供统计服务。“两会”期间，为参会人员发放《领导干部统计知识手册》一书500余册，为“两会”提供优质的统计服务。二是撰写了“郏县十一五”发展回顾、2010年统计公报和编辑印发了《郏县2008－2010统计年鉴》。三是紧紧围绕县委、政府对经济工作的总体要求，充分利用统计调查和统计资料的权威性，对经济发展敏感指标进行专项调查研究，及时、多角度、全方位收集统计信息。密切跟踪监测经济运行中出现的新情况、新问题，有针对性地加强分析和研究，反映现实情况，提出合理的意见和建议，及时提供给县委、政府领导及相关部门参阅。提升了郏县统计服务水平，开创了统计服务工作新局面，受到全县各级党政领导、社会各界的一致好评。

【统计法制建设】 统计法制工作是县统计工作的弱项，为此，县统计局注重从法制教育入手，采取自学、集体学习、辅导等多种形式，有组织、有计划地开展宣传教育，切实提高统计干部、调查对象对贯彻执行《统计法》和《统计违法处分规定》的认识和依法查处统计违法违纪案件的能力。同时，结合“六五”普法在3～4月开展了自查和组织查等形式的执法大检查工作，加大了对迟报、瞒报、漏报等统计违法行为的检查力度。并根据县统计工作的实际，制定切实可行的工作方案，扎实组织开展各项工作，得到了上级部门的充分认可。

（陈秋敏）

物　价

【概况】 郏县物价局是县政府管理全县价格工作的职能部门，有办公室、收费管理股、价格管理股、物价检查所、乡镇物价检查所、市场物价检查所、价格认证中心、价格调节基金办公室、法制办、财务室共10个股（室）所。2011年，物价局被省发改委授予“河南省价格调控工作先进单位”、被市委、市政府授予“市级文明单位”、被县委、县政府授予“全县招商引资先进单位”等荣誉称号。

【价格法律法规宣传】 2011年，为保证物价法律、法规、政策及时得到贯彻落实，扩大宣传覆盖面。首先把物价检查与宣传工作相结合，利用检查工作之机，宣传《价格法》、《价格违法行为行政处罚规定》等法律法规，形成了检查与教育相结合的工作方法。二是加大价格法律法规的宣传力度，营造浓厚的舆论氛围。5月8日，在县城行政路中段组织开展了声势浩大的《价格法》宣传活动。宣传活动的重点是《价格法》、《价格违法行为行政处罚规定》等法律法规以及价格调节基金征收、价格认证、收费管理等价格政策。此次活动共设置咨询台6个，悬挂横幅10条，发放宣传单3000多份，设置宣传版面10块，活动期间共现场受理、接听价格咨询举报17起，已全部处理。同时还组织宣传车6辆，在县城的主要街道、小区、大型超市、医院进行广播宣传，通过开展宣传活动，在全社会形成了浓厚的宣传氛围，切实起到了很好的宣传效果。三是大力推行明码标价制度，规范明码标价行为。为了创造规范的市场价格环境，从全面实行明码标价入手，对“明码标价四个一工程”进一步巩固和加强，对经二路、八一路农贸市场、通信行业、福盈门超市四个示范点（行业）进行了重点规范，共发放标价签20000多张，基本上达到一货一签，货签对位，并以点带面，推动全县的明码标价工作，使县商品和服务收费明码标价普及率达到90%以上，准确率达95%以上，为全县的价格诚信工作做出了积极的贡献。四是加强信息工作管理，提高上报信息质量。为更加有力地宣传价格工作，全年共向市级以上新闻媒体、市物价局、县委、县政府报送各类价格信息40多篇，被县级新闻媒体采纳8篇，其中被县政府《郏县政务信息》采纳3篇，被《郏县工作信息》采纳5篇，有力地宣传了郏县物价工作。

【物价监督检查】 2011年，县物价局着重开展了以下3次专项检查，共查处价格违法案件48起，违价金额300多万元，上缴财政专户88.50万元。一是开展医药卫生服务价格大检查。检查的重点是大型医院、药品经营门店、乡镇卫生院、个体诊所等，对自立名目收费、超标准、超范围收费进行了纠正和处理，这次大检查理顺了医药价格秩序，改善了医患关系，切实减轻了患者负担。二是开展涉农专项检查。重点检查了林业、殡葬业、农机管理、盐业、成品油、教育等行业，进一步规范了涉农价格和收费秩序。三是大力开展了农副产品及重要日用品市场价格专项监管工作，对发现的串通涨价、恶意囤积、哄抬价格等违法行为采取了先提醒、后处罚的原则，促进经营者自律。落实节假日市场巡查制度，不间断地派人做好节假日特别是国家法定假期的市场价格巡查工作，防止出现突发性价格异动事件。

【治理乱收费工作】 2011年，收费年审工作采取集中调账与进驻单位审验相结合的方法，对卫生、邮政、电信、土地、城建、工商、税务、教育等95个单位及所辖事业单位，410多个的行政事业性和76个经营服务性收费项目进行了审验，换发收费许可证130多套、执收公务证236本，年审资金2000多万元。在一些收费项目的审批上，一直本着对群众负责的态度，严格按照价格法律法规和政策，手续不全、依据不充分的坚决不予办理，不钻法律空子，不打擦边球。

【价格管理工作】 根据市政府办公室《关于切实做好稳定物价工作保障群众基本生活的紧急通知》，为进一步发挥价格监督、检查、监测、服务等职能作用，维护市场价格基本稳定，县物价局着重做了以下几点：一是市场价格监测实行日报制。派专人每天定时定点对粮、油、肉、蛋、菜、气等居民生活必需品以及农资、石油等价格进行采集、分析、对比、上报，密切关注市场价格变化。二是为农副产品流通环节保驾护航。对公路收费、动物检疫、石油、集贸市场摊位收费等相关部门价格和收费政策的落实情况进行实地监督检查，确保国家的各项方针政策落到实处。三是加大价格违法案件的打击力度。派3个专项检查组对全县的各大超市、集贸市场、县城主要路段进行重点检查，着重查处恶意囤积、哄抬价格、变相涨价等不正当价格行为。共查处价格违法行为10起，现场纠正不正当价格行为15起，有效规范了市场价格行为。2011年，承担了全县的9个烟草种植户和9个奶牛养殖户的成本调查直报工作，整理规范了农户和养殖户各个环节的用工和费用情况，为上级合理制定有关涉农价格政策提供了详细准确的一手生产成本资料和价格信息，受到农户的好评。

【价格事务工作】 为更好地服务于全县涉案物品的价格鉴证、评估和拍卖工作，按照“客观、公正、合法、科学”的原则，面向社会为生产经营者、各类组织和公民提供价格政策、市场行情咨询以及各类价格认证工作，2011 年，共受理涉及交通事故车辆损失价格、刑事案件赃物罚没物、老旧车辆拍卖价格等鉴证委托 260 起，其中车物定损 160 起，涉案物品价格鉴证 100 起，涉案金额达 870 多万元，为公安、司法机关定罪量刑提供准确的价格依据。

【价格调节基金征收】 2011 年，加大了对价格调节基金征管工作的宣传力度，明确征收价格调节基金的法律依据和法律地位，让广大人民群众真正了解到价格调节基金制度对于平抑物价，稳定市场，安定民心所具有的不可替代的重要作用。为确保年终圆满完成价调基金的征收任务，年初及时召开了各代征单位会议，明确了代征任务，落实了目标责任，在价格调节基金的管理上，从健全各个环节的财务和会计制度入手，强化内部监督，严格按照“收支两条线”的规定，加强收支管理，全年共征收入库 60 多万元，较好地完成了价格调节基金的征收工作。

【农村物价工作管理】 为切实解决农民关心的热点、难点问题，2011 年，县物价局充分发挥三级价格网络的作用，与价格监督站和村级价格监督员多联系、多沟通，完善了各乡镇（街道）监督站工作制度、联络制度，使价格监督检查工作在乡村取得了明显的社会效果，稳定了农村市场价格秩序，减少了因乱收费增加农民负担现象的发生。

【价格服务进万家活动】 在近几年来开展的“价格服务进万家”活动基础上，2011 年，有针对性地选择了以企业、农户、社区为进驻重点，在价格服务进企业活动中，免费为全县各重点企业发放《郏县涉企收费项目一览表》150 多套，《企业缴费登记卡》500 份，提高了企业抵制乱收费的自觉性，价格和收费公示工作透明度也得到进一步提升。同时为了给企业提供更加准确的价格信息和咨询服务，加强与企业间的交流与沟通，县物价局加大了对与企业生产相关的商品价格的监测分析力度，并通过郏县价格信息网（http：//pjx12358. com）及时准确地为企业和农户免费提供相关信息，为企业生产和盈利提供价格依据。在价格服务进农户活动中，多次派人对各乡镇（街道）的涉农价格公示栏进行了现场查看，监督了涉农价格的落实情况，完善了农产品价格信息的公布制度，为农民改变种植结构，盈利增收提供一手价格信息资料。在价格服务进社区活动中，价格执法人员利用节假日深入到全县几个较大的社区，宣传价格法律法规，开展价格咨询，设立了价格咨询台、举报电话和举报箱，接受社会监督，价格服务进万家活动在全局同志的共同努力下得到进一步的巩固和加强。

【涉农价格和收费公示率达 90% 以上】 为进一步扩大收费公示成果，提高收费的透明度，加大价格监管力度，制止各种乱收费，切实减轻企业和广大人民群众的负担。2011 年，结合收费年审、价格监督检查多次对涉农价格和收费公示工作的落实情况进行检查，对个别不按公示内容进行收费或自立项目收费的价格违法行为依法进行了处理。还专门组织人员对涉农收费项目进行摸底检查，整理归类，对公示内容需要变更、取消的，及时予以调整，提高涉农收费公示工作的准确率和透明度。

（门永刚）

质量技术监督

【概况】 2011 年，郏县质监局紧紧围绕县委、县政府经济发展大局，按照“抓质量、保安全、促发展、强质监”的工作方针，深入推进“质量兴县”

战略，全面履行综合管理和行政执法职责，狠抓食品质量安全和特种设备安全监管，不断开拓创新、积极进取，各项工作取得了新的成效，被县政府授予“安全生产工作先进单位”、“烟叶生产收购突出贡献单位”等荣誉称号；被平顶山市质监局授予“目标管理优秀单位”、“执法打假优秀单位”等荣誉称号。

【质量管理工作】 2011年，一是开展了县长质量奖评审工作。聘请3名政府质量奖评审专家于8月7日~8月11日对申报县长质量奖的企业进行了资料评审和现场评审；9月23日，组织质量兴县工作领导小组成员单位组成评审委员会召开评审会，听取参评企业的现场报告，并对申报企业进行了合议评审，最终推荐了河南省中原红饮料有限公司、平顶山市秦新民食品有限公司、河南省郏县广阔天地砂轮厂这3家企业；11月9日，县政府组织召开了郏县质量工作会议，郏县人民政府县长（质量兴县工作领导小组组长）张国晓在会上作了重要讲话，并对在质量兴县工作中表现突出的企业给予了表彰。二是开展了名牌产品培养申报工作。根据河南省名推委征求意见稿的要求，申报了“十二五”河南省名牌规划并结合县域企业实际对名牌规划进行了补充。7月份，邀请平顶山市质量技术监督局质量科及相关质量管理专家对培养的名牌产品企业郏县广阔天地天龙砂轮厂进行帮扶指导，并于8月份向河南省名推委递交了名牌产品申报材料。三是开展了宏观质量分析工作。建立了质量状况分析报告制度，每季度按时对全县的产品质量状况进行分析，形成分析报告4期，并及时报送到县政府，为县政府及时掌握全县产品整体质量状况，进行宏观决策提供了依据。四是抓好质量管理基础工作。组织带领企业参加平顶山市质量技术监督局举办的卓越绩效评价准则（质量奖评价标准）培训班一次，为企业培训卓越绩效评价自评师4人，引导并帮助企业开展质量改进小组建设（QC小组），建立QC小组5个，带领企业参加QC发布会1次，县供电公司的QC小组项目获得省优质质量改进小组1个、市优质QC小组1个，郏县广阔天地天龙砂轮厂的两个QC小组获得市第三名。为7家生产许可证获证企业（6家砂轮生产企业和1家水泥生产企业）建立了生产许可证企业监管档案，帮助符合办证条件的广阔天地方圆砂轮厂收集资料、完善制度，申报并取得了全国工业产品生产许可证。落实日常巡查等措施，监督企业严格按照《许可证实施细则》要求组织生产，严把原材料进厂、生产过程控制、产品出厂检验质量关，对在监督工作中发现的各类质量安全隐患，协助企业查找分析问题、积极进行整改。全年共检验产品347批次，合格339批次，不合格8批次，批次合格率为97.7%，比2010年提高了0.3个百分点，产品质量监督检验计划执行率达到100%。

【计量监管工作】 2011年，加强了强制检定计量器具的周期检定，全年共检定各类计量器具2196台（件），检定合格率达100%，受检率96%，比2010年提高了1个百分点，保证了辖区量值传递的准确可靠性；强化日常计量监督管理力度，开展了对全县定量包装产（商）品和用于贸易结算、环境监测、医疗卫生、安全防护等领域在用计量器具的监督检查，保证了贸易结算的公平、公正；严厉打击计量违法行为，专门抽调执法人员，开展了对医用计量器具、夏粮与烟叶收购用衡器、加油机等涉及民生类计量器具的专项整治，共检查乡镇卫生院等单位14个，集贸市场2个，商店超市12家，眼镜店3家，加油站20多家，粮食收购点20多个，查处计量违法案件12起，查处未经检定的计量器具100多台（件），维护了广大群众的合法利益。

【标准化工作】 2011年，共换发组织机构代码证书681个，年审311个，年审率为60%，达到了省质监局代码中心的要求。帮助供电公司准备标准文本，完善软件，使企业一次性通过省质监局组织的“服务企业标准化示范单位”复审验收；

帮助郏县迎良微肥厂、郏县永利塑料制品有限公司，郏县燎原机械厂等6家企业完善各种资料，使两家企业的产品标准顺利通过市质监局的审查并予以备案，4家企业的产品标准通过县质监局的审查并予以备案；帮助郏县昊源养殖有限公司等两家企业申办了商品条码；帮助河南华邦电器炊具有限公司等14家企业的商品条码按时完成了续展。对原有的《铸铁锅》行业标准QB/T3648－1999进行了全面修订，制订了新的铸铁锅地方标准，该标准DB41/T667－2010通过省质监局批准于2011年3月1日起发布实施，新标准的实施对于提高郏县铁锅企业产品质量、促进整个行业健康发展将起到积极的推动作用。

【两大安全监察工作】 2011年，为了切实抓好两大安全的监管工作，郏县质监局率先在全市质监系统推行了新的监管模式，把食品抽样、食品监管、食品执法职能进行合并，成立了新的食品股；把特种设备安全监管与特种设备执法职能进行合并，成立了新的特种设备安全监察股。同时明确安全监管责任，并在人员、经费、车辆等方面给予倾斜，从而筑牢了食品和特种设备安全监管基础。在食品安全监管工作方面，举办食品安全知识培训班两期，为企业培训质量管理人员58人次，提高了企业的质量管理水平。对全县食品生产加工业进行了细致的普查摸底，在摸清食品生产加工业底数的同时掌握其安全状况，完善食品生产加工企业档案和食品安全动态监管网络，使所有的食品生产企业都处于监管状态，并与全县27家取得食品生产许可证的企业和14家小作坊签订了质量安全承诺书，签订率达到100%。开展了监督检验，抽检食品生产企业产品15批次，合格率80%，通过督促检查，不合格企业整改率达到100%。开展了调味面制品治理周行动和元旦、春节等节假日食品安全专项整治行动，查处食品案件10起，关停面制食品加工点7家，全年未出现一起食品安全事故。在特种设备安全监管工作方面，开展了特种设备普查，澄清了特种设备底数。开展了“3·26”与6月安全生产月宣传教育活动，提升了广大群众对特种设备安全监察工作重要性的认识。开展了培训教育工作，培训出合格司炉工46人，起重工12人，压力容器操作工26人，电梯操作工8人。开展了特种设备定期检验工作，共检验蒸汽锅炉45台，电梯40台。对全县在用特种设备进行了安全大检查，全年累计检查企业87家，下发特种设备安全监察指令书42份，查处各类不安全隐患184条次，经督促复查，整改率达100%，消除了人的不安全行为和物的不安全因素，确保了辖区内特种设备的安全运行。

【执法打假工作】 2011年，县质监局坚持“从源头抓打假”的工作方针，认真落实打假责任制，在加强日常监督检查的同时，深入开展了食品、农资、煤炭、建材、特种设备等专项整顿活动，全年共查处各类违法案件68起，其中立案39起，查处假冒伪劣产品总标值70余万元，有力地打击了制假售假分子，净化了市场环境。

【河南省铸铁锅质检中心建设】

按照筹建任务书的要求，已做好了验收考核前的各项准备工作。建成的实验室达到了通风排风、恒温恒湿、环保安全等环境条件，能够满足检验检测的要求；投入140万元购买了检测仪器设备并已全部安装到位，具备了对铁锅原材料、铁锅物理指标及涂层有害成分等标准要求指标的检验条件；组织检测人员参加了专业技术培训，检测队伍的整体水平有了明显提升，检测人员已能够独立开展检验工作。2011年6月份，质检中心与洛阳市工艺材料研究所进行了比对试验，检验结果完全符合要求。

（张政权）

安全生产监督管理

【事故控制指标完成情况】 2011年，全县共发生各类伤亡事故48起，死亡9人，同比分别减少22.39%和55%。其中，道路交通事故33起，死亡9人；消防火灾15起，无伤亡。工矿商贸企业实现零死亡。

【安全生产责任制落实】 2011年，县委、县政府从贯彻落实科学发展观的高度，切实加强安全生产工作。一是严格落实政府领导责任。坚持每月至少召开一次政府常务会议、每季度至少召开一次安委会成员单位扩大会议，专题研究安全生产工作，及时解决安全生产工作中存在的重点问题。按照“谁主管、谁负责”的原则，从政府主要负责同志和分管领导做起，严格落实“一岗双责”为核心的安全生产责任制，对安全方面的工作亲自研究、亲自安排、亲自检查、亲自落实。二是严格落实部门监管责任。强化安全监管部门的综合协调职能，切实履行好安全监管责任，对重点单位、重点隐患紧盯不放，跟踪监督检查、落实，强化行政管理部门的行业监管责任，做到责任落实到位、监管措施到位、隐患排查整治到位。三是严格落实企业主体责任。督促企业持续加大企业安全投入，健全安全管理机制、完善管理制度、落实到每个生产环节、做到不留死角、不留盲点。生产措施到位，在做好重点行业、重点领域、重点部位安全生产监督管理的同时，及时下发了《郏县人民政府安全生产委员会关于进一步明确和落实安全生产工作责任制的通知》（郏安委［2011］1号）文件，在县政府的统一领导下，按照“谁主管、谁负责，谁审批、谁负责”的原则，对本辖区内的各生产经营单位实施专业监管，通过安全生产属地管理，将安全生产工作的管理关口下移，增强乡镇政府（街道办事处）和各村委会（居委会）的监管职能。

【隐患排查】 为进一步深化隐患排查，确保全县重大危险源控得住、看得牢、不出事，下发了《中共郏县县委、郏县人民政府关于进一步明确安全生产隐患排查治理责任的通知》，要求各部门、各单位对本部门、本系统范围内安全生产工作中的重大危险源和重大事故隐患实行登记、报告、整改和销案制度，对重大危险源实行挂牌督办制度，并实行定人、定时、定责，确保重大事故隐患整改到位，整改率达100%；对普查登记的重大危险源加强管理和监控工作，认真做好日常检查记录，时刻严密监测监控，防止发生事故。县安委会坚持每月召开例会，听取各成员单位汇报，对安全生产工作中的重大问题及时解决，制定措施，杜绝事故隐患的发生。2011年，采取企业自查、部门抽查、政府督查的办法，组织全县38个安委会成员单位和15个乡镇（街道），对“双节”、“两会”期间、烟花爆竹销售旺季、春季事故易发特殊时期、春季、夏季、“五一”和“十一”期间开展安全生产大检查，共检查生产经营单位704家次，查出各类事故隐患986处，整改975处，隐患整改率达99%以上，打击无证或证照不全从事建设、生产、经营的158起，有效防范和遏制了各类事故的发生。

【煤矿安全生产工作】 一是精心组织煤炭企业兼并重组工作。煤矿方面：按照省、市部署，扎实推进煤矿兼并重组工作，以此作为提高煤矿安全生产能力和安全生产水平的根本途径。全县煤矿由2005年的34座整合重组到目前的14座。按照“政府统一领导，部门依法监管，企业全面负责”的要求，以强化矿井安全监管、煤炭企业兼并重组为重点，全面做好煤矿安全工作。一是落实制度。坚持定时召开政府常务会议，听取煤矿安全监管部门工作汇报；实行煤矿安全生产联席办公会议制度，专题研究解决煤矿安全生产工作中存在的问题。二是部门联动。成立了由县纪委、安监、煤炭、公安、国土、监察等部门组成的县煤炭企业兼并重组期间安全监管督查组，采取不定期、不定时、明察暗访等形式，对煤矿企业的停工停产状况、10人包驻矿小组的履职情况进行督查。三是强化建设。全面加强了煤炭安监队伍建设，配备了足量的专业技术人员，建立健全了内部安全机构，在经费上给予支持和保障，确保煤矿安全监督管理的职责落到实处。四是实施分类监管。对尚未完成安全主体责任移交，仍处于停工停产的煤矿，继续落实副县级领导包矿、科级领导及乡镇和职能部门人员驻矿的10人包（驻）矿监管责任制，监管小组坚持24小时驻矿监管，做到了“两到位”；通过采取控制矿井供电负荷、控制矿井火工用品供应、拆除矿井井口20米内的道轨，砌筑水泥墙，拆除主井天轮，焊死主井罐笼，拆除主提升绞车电机、皮带电机，严格控制每班入井人数等“五控制”措施。确保煤矿企业不发生违法违规行为；对完成安全生产主体责任移交煤矿，由县煤炭局派驻3~5名专业技术人员组成监管工作站，实行“一矿一站”式监管。监督煤矿严格按照批准的隐患整改计划进行施工。坚决杜绝超人员入井、超计划安排整改项目等违法违规行为。

【专项整治工作】 2011年，按照国家、省、市、县要求，结合住建、交通、公安、公安消防等部门开展了对全县煤矿、非煤矿山、危险化学品、烟花爆竹、道路交通、建筑施工等重点行业、重点领域开展专项整治。其中，非煤矿山方面：根据《河南省矿产资源勘查整合总体方案》，按照“禁采区关停、限采区收缩、开采区聚集”的要求，合理调整矿山开采布局，严格控制矿山数量和规模，全力推进非煤矿产资源开发整合，经过努力，全县非煤矿山数量由52个压减到9个；矿山生产规模化、集约化水平大大提高，夯实了安全生产基础。在日常管理中，进一步规范爆炸物品监督管理，依托民爆公司对非煤矿山民爆物品实行“统一储存、统一运输、统一监管爆破作业”，有效预防了各类事故的发生。对关闭矿井采取定期不定期检查，发现问题及时查处，严防死灰复燃，对生产矿井进行GPS定位检查开采状况，做到及时发现，及时查处。认真执行隐患排查治理的各项制度，对防范措施落实不到位、隐患整改不彻底的非煤矿山企业，依法依规追究相关人员责任。2011年，共检查非煤矿山企业102家次，实测非煤矿山15矿次，封堵铝土坑口9个，制止驱散无证开采8起，查处非法开采铝土、耐火黏土3宗，拆除设备5台件，查出一般事故隐患489处，整改率100%。道路交通方面：一是强化路面管控，严查交通违法行为。按照上级的安排部署，及时组织开展了“集中整治客车超员超速及农用车违法载人专项行动”、预防重特大交通事故“百日行动”、“校车集中整治”等专项行动。采取流动巡逻和固定卡点相结合的方式，强化路面管控，严厉查处各类交通违法行为，形成严管高压态势。2011年，大队共出动警力38000人次，警车13000台次，查处各类交通违法行为65218起，其中醉酒驾驶追究刑事责任3起，酒后驾驶27起，客车超员38起，行政拘留100人。二是围绕创建平安畅通县活动，积极排查事故隐患，对排查的隐患点段，危险路段采取施划交通标线6万米，渠化路口20个，安装信号灯8套，人行横道信号灯32套，刷新、增补交通标识牌66块，在城区实行“高峰岗”和“护学示范岗”制度，有效减少和预防了交通事故的发生，确保了人们群众出行安全。三是强化源头管理，严格落实客运企业主体责任。交通、安监、教育、公安交警大队等部门对辖区内客车进行逐一排查，对排查出的202台客车逐一建立档案，排查出的336条违法行为，下发18份整改通知书，督促客运场站及时整改，对客运车辆安装和使用GPS动态监控系统情况开展全面检查，确保监控系统正常运行。四是开展接送学生车辆集中整治。自10月20日开始，县教体局、县公安交警大队联合组成校车专项检查组，深入全县中小学、幼儿园，不漏一校一园、不漏一车，见车见人，不留死角进行全面排查，共排查出接送学生车辆177台，租赁社会车辆303台，其中专用校车3台，并将排查情况逐一建立档案，县公安交警大队与各中队负责人签定了《校车安全管理责任书》，把校车管理责任落实到中队、民警，严格责任追究。从12月5日起，在郏县电视台开展“加强校车整顿，确保校园安全”专栏，公安、教体、交通、安监和各乡镇（街道）按照各自职责公开承诺，公开举报电话，确保校车规范化、制度化、常态化。县政府拿出100万元作为举报基金，对举报校车超员，经核查属实，对举报人奖励现金100～500元。危险化学品方面：在做好日常监管的同时，分别于6月份、11月份由安监、公安、消防大队、住建、商务、工商、质监、交通等单位组成联合检查组，依法对成品油市场和液化气市场进行专项整治。共检查危险化学品经营单位260家（次），查出各类隐患619条，已全部整改，取缔小加油站点3家，查扣加油设施2套，治安拘留1人。烟花爆竹方面：在做好对烟花爆竹仓库和销售点管理的同时，加强对非法生产、储存、运输、销售、使用等各个环节的监管，共检查烟花爆竹经营单位36家，排查隐患156条，已全部整改。按照《郏县集中开展严厉打击非法烟花爆竹生产经营行为专项行动实施方案》，11月25日，在渣园乡召开“打非”现场会，对烟花爆竹传统生产村庄进行逐户排查，依法取缔非法生产烟花爆竹窝点2处。建筑施工方面：结合平顶山市人民政府安全生产委员会办公室关于在全市开展工程建设施工安全专项督查的通知，成立了郏县安全生产委员会工程建设施工安全专项整治活动领导小组，制定工作方案，围绕安全生产和建设施工等法律法规、标准规范和规章制度的贯彻执行情况，建设施工企业安全生产投入、隐患排查和按要求整改情况等12项内容检查督查。专项整治活动领导小组通过听取所检查督查乡镇、相关职能部门关于工程建设领域隐患排查治理及安全生产大检查工作情况汇报，查阅相关文件、记录和资料、实地检查，对检查督查中发现的问题进行严格执法，能当场解决的，当场解决；不能当场解决的，提出整改要求和时限，限期整改。整改不彻底，责任不落实，存在严重安全隐患的工地立即停工。此外，其他与人民群众相关的供水、供电、供气、医院、学校、旅游景点等部门，也都加强监督检查、检修和维护工作，确保全县安全生产形势稳定。

【安全生产行政许可工作】 为了认真贯彻落实《行政许可法》、《安全生产许可证条例》等法律法规，严把安全生产准入关，从源头上禁止不具备安全生产条件的企业进入市场，重点加强对煤矿、非煤矿山、危险化学品、建筑施工等生产经营单位实施安全生产许可证制度，协调安全评价机构对企业进行安全评价，严格安全生产许可证的审核和发放工作。截至12月底，全县已取得安全生产许可证的企业10家，其中：非煤矿山2家，危险化学品生产企业1家，经营企业58家，烟花爆竹专营中心1家，建筑施工单位8家。重点行业安全许可证申报率达100%。

【社会安全意识宣传教育培训】 认真组织开展了“3·26安全日”、6月份“安全生产月”活动，广泛深入的宣传安全生产的目的、意义。使安全知识真正进入家庭、进入社区、进入企业、进入学校、进入农村。形成人人参与、齐抓共管、共同防范、同享和谐的浓厚氛围；在郏县电视台新闻联播节目后黄金时段、广场大屏幕等有效载体、媒体宣传安全生产知识；举办安全管理人员培训班。5月份，举办了郏县安全管理人员培训班，聘请行业专家进行授课，各乡镇（街道）、县直有关单位和各重点企业主抓安全生产副职和安监办主任140多人参加了培训。共对358名（煤矿208名）特种作业人员和590名普通工人进行了培训。

【建立健全事故应急救援体系定期组织演练】 建立健全事故应急救援体系，完善事故应急救援预案，结合我县实际，适时制定郏县重特大事故救援应急预案，各乡镇（街道）、县安委会成员单位、各生产经营单位也都相继制定了救援预案，进一步提高了各生产经营单位处置突发事故的应急能力。6月份各单位分别进行了应急救援演练，县安委会成立了两个督查组，对全县15个乡镇（街道），48个安委会成员单位事故应急救援演练情况进行了督查，县政府并于6月29日，9月16日分别组织消防大队、郏县供电公司在郏县供电公司开展了2011年综合反事故演练。

（石红亮）

行政审批服务中心

【概况】 郏县行政审批服务中心位于郏县郏宝路口西北角，建筑面积近3000平方米，中心属正科级事业单位，人员编制11名，人员工资套改参照公务员管理，内设业务股、督查股、技术股、办公室，经费实行财政全额供给。大厅进驻单位38个，进驻项目374项，窗口工作人员89名，配备电脑打印机等办公设备63台，中心建立有局域网，并与互联网实现了互联互通，个别窗口还实现了“三网合一”。2011年，郏县行政审批服务中心被平顶山市人民政府评为“全市行政服务工作优秀单位”。2011年，郏县行政审批服务中心共受理办理各种来件131891件，办结131891件，办结率100%，金融窗口收费807.65万元，垂直单位收费102.07万元，税收3.78亿元。

【服务企业优化经济发展环境】 2011年，为更好的强化行政审批服务中心的职能，优化经济发展环境，服务全县招商引资工作。采取措施优化经济发展环境。一是多措并举征求社会各界的意见建议。为了进一步提高行政审批效能，提升服务水平，郏县行政审批服务中心在2月份认真组织学习河南省委书记卢展工关于“用领导方式转变加快发展方式转变”的论述，并结合郏县开展的“决战十二五，我该怎么办?”大讨论活动，采取多种形式征集社会各界对审批中心的意见和建议。进一步解放思想，更新观念，理清思路，在注重服务企业、服务群众、务求实效上下功夫。二是针对收集到的社情民意及查找到的问题，行政审批服务中心进行归纳汇总，制定措施集中整改。首先把2011年做为大厅窗口“创新服务年、优化发展环境年”，组织开展“我为创新服务年、优化发展环境年做什么”大讨论活动，始终将行政审批服务中心工作置于经济社会发展大局中来把握、来定位；其次是把人民群众根本利益作为工作的出发点和落脚点，为经济社会发展提供一个良好的服务环境。三是创新服务、提高效率、让群众企业满意。郏县行政审批服务中心实行“直通车”服务。首先是通过外出参观学习，借鉴外地经验，强力推行大厅联合年检、年审工作，解决部分企业反映的年检年审手续繁琐问题。全年共为全县682家内外资企业进行了联合年检。其次是进一步推进联审联批工作制度化，不断提高工作效率，为企业和群众提供全方位服务。郏县开心日用品商行到大厅办理好营业执照后，公安、质监、国税、地税四个部门仅用两个工作日即办完所有手续，受到了企业的一致好评。另外，最大限度提高办事效率。在依法办理的前提下，减少环节、压缩时限。充分发挥中心行政审批资源集中优势，千方百计为企业提供代理服务。推行变企业办事到大厅为大厅服务到企业，为更好的服务招商引资企业，促进县域经济快速发展，指派一名副职与平顶山国邦光伏科技有限公司一道前往大厅发改委、工商局、税务局、公安局、水利局、住建局、土地局、消防队、环保局等窗口办理相关手续，对于办理过程中出现的棘手问题，当场予以协调解决。3月和4月份分别由郏县兴业园艺农作物种植专业合作社企业法人和郏县冠博广告工作室负责人制做锦旗专程到审批中心表示感谢。截至9月底，共协助64家企业办理了相关审批手续。四是让真情服务覆盖所有办事对象。为了把“为民服务，创先争优”引向深入，7~9月份在大厅集中开展了“学七一讲话、比服务态度、看办事效率”活动，活动中在大厅组织进行了“两查、三比、三看”，即查窗口项目进驻有无体外循环，查工作人员是否用真情主动为群众服务；比工作作风，比服务态度，比办事效率；看群众评价，看工作业绩，看获得荣誉；通过查，查出问题，查出差距；通过比，比出干劲，比出精神；通过看，看出成绩，看出目标。活动中，通过上门服务、召开企业老板座谈会或回访的形式收回197份大厅窗口满意度调查表，收集11条意见建议。23个窗口进行了公开承诺；在大厅建立并落实了涉企窗口每周二例会制度、跟踪回访制度、上门服务制度和全程代办制度，设置了大厅项目代办处，拓宽了代办服务范围，建立了代办服务日志，有效地方便了企业和群众；还组织了以“学比看”活动为主题的演讲比赛，开展了评选“红旗窗口、岗位标兵和党员示范岗”活动，在大厅形成了向岗位标兵学习，向红旗窗口看齐，真情服务、爱岗敬业、创先争优的浓厚氛围。五是印制行政审批服务中心办事指南，并发放了致办事群众的一封公开信，利用网站、电子显示屏等现代化的办公系统，对行政审批服务项目的设立依据、办事程序、收费标准以及中心的服务职能等进行多渠道的公开，为企业提供全方位的政策咨询。六是组织召开优化经济发展环境座谈会。9月23日上午，县优化办和县行政审批服务中心在县政府会议中心二楼会议室，组织召开优化经济发展环境座谈会，并发放问卷进行调查，全面征求乡镇基层一线工作人员和企业老板对优化经济发展环境工作的意见和建议。

【行政审批大厅工作环境优化】

大厅管理主要有两个方面，即：业务办理的管理和人员管理。在业务管理方面进一步制订完善了11项大厅规章制度，对大厅各窗口单位的业务办理情况，每周进行统计，及时跟踪监督，发现有异常现象或群众投诉，及时查找原因，找准症结，然后会同优化办与单位协调予以解决。在人员管理方面，一是强化学习，提高大厅人员综合素质。始终把学习放在重要位置，形成“创先争优”的氛围，努力培养大厅工作人员树立优质高效的审批服务理念。二是强化管理，树立了行政审批大厅的良好形象。为了认真落实市、县纪委有关精神，在坚持大厅各项规章制度和每天“两签到（上下班指纹签到签退）、两查岗（上下午检查在岗在位情况）、两通报（当天出勤情况、查岗情况在大屏幕上通报）”的基础上，又明确了一、二楼大厅主任，划分小组责任到人，中心管理人员与窗口工作人员一道工作，倾听同志们的要求和呼声，掌握了解大厅各方面的情况，及时改进我们的工作，努力使窗口单位与中心形成一体，心往一处想，劲往一处使，以良好的作风、饱满的热情更好的服务于企业和群众。

（张俊昌）

国土资源管理

【规划管理】 2011年，县国土资源局严格实施新一轮《土地利用总体规划》，要求非农业建设项目选址必须符合土地利用总体规划，否则报件不予受理。全年共申请13个批次计划，申请建设用地计划指标4143亩。

【耕地保护】 2011年，认真落实耕地保护目标责任制，把全县66.88万亩耕地保护责任目标签订到乡镇政府和中心所，实行量化考核。从严执行基本农田“五不准”，除法律规定的国家重点建设项目之外，非农业建设一律不准占用基本农田，确需占用的，严格落实基本农田补划制度。同时严格控制农用地转为建设用地，落实耕地占补平衡措施，全年补充耕地4852亩。截至2011年底，全县基本农田面积稳定在60.5万亩以上，耕地保有量稳定在66.88万亩以上。

【矿业权管理】 2011年，认真做好采矿权、探矿权管理工作。一是按时上报县级矿产资源规划。县第二轮矿产资源规划已通过市局评审并上报省厅。二是圆满完成非煤矿产资源整合工作。依据《郏县非煤矿产资源整合实施方案》，全面完成非煤矿产资源整合工作，把全县54家水泥用石灰岩和建筑石料用灰岩企业整合为6家，经县非煤矿产资源整合领导小组验收后办理了采矿许可证。三是认真做好矿产资源储量动态监测工作。2010年度煤矿企业动态检测工作已顺利完成，编制的14家煤矿（全部为甲类矿产）储量动态监测报告于6月全部通过专家评审，并报市局备案。四是坚持矿山年检制度，4月底前完成了全县29家矿山企业2010年度年检工作，完成了矿产资源勘查年检工作，9个勘查单位全部参检，矿产资源开发利用年检率、勘查年检率均为100%。五是积极协调省厅、市局为4家招商引资企业办理采矿许可证延续手续，为河南鸿宇硅微粉有限公司、港鑫矿业有限公司、郏县大众建材有限公司、郏县鸿磊石材有限公司等4家矿山企业办理了采矿登记手续。

【建设用地报批与管理】 为全力保障经济发展用地需求，2011年，县国土资源局积极协调省厅、市局报批土地，全年共上报各类建设用地9184.7亩：一是经省政府批准征收2010年度上报的3个城市批次、1个城市补办手续批次、1个乡镇批次，总面积1496.9亩。二是经市政批准办理5个批次乡镇建设用地转用手续，总面积703.9亩。三是上报省厅6批城乡建设用地增减挂钩规划，总面积2373.3亩（已经省厅批准1个批次，面积417.27亩）。四是上报2011年7批城市建设用地，总面积3195.9亩；1个单独选址项目（禹亳铁路）用地，面积1324.3亩；1个乡镇批次征收用地，面积90.4亩；全部通过市政府审批并报省厅、省政府审查，为禹亳铁路、西气东输、保障性住房、三立国际学校、产业集聚区等重点项目、招商引资、民生工程、城市建设、新农村建设提供用地保障。

【土地利用】 2011年，按照“有偿有序、供需平衡、结构优化、集约高效”的原则，积极推进土地和矿产资源利用方式转变。国土资源有偿使用制度改革进一步深化，市场配置资源的力度继续加大。全年共供应土地45宗，其中协议出让2宗，挂牌出让19宗，划拨24宗，上缴财政土地出让金2.72亿元。共挂牌出让采矿权3宗，上缴价款33万元。

【地籍管理】 一是严格土地登记程序，依法办理土地登记手续。全年共办理国有土地使用证98宗。二是完成了全县725.8平方公里的外业调查和内业建库工作。农村部分于5月份顺利通过省厅预检，成果已应用于建设用地报批、土地利用总体规划等方面和农业、水利等领域；城镇部分正在建数据库，旧城改造等方面已使用此成果。三是完成了2010年度土地变更调查与遥感监测工作，更新了郏县土地利用现状库。四是完成了城镇地籍调查外业调查工作，正在申请省级预检。五是认真做好农村宅基地管理工作。按照县委、县政府“严格农村宅基地管理，规范宅基地批划行为，放开中心村，管住一般村”要求，对规划撤并的村庄和城市规划区，停止宅基地审批工作，有效地遏制了农村宅基地管理混乱的局面。六是大力开展增减挂钩工作。提请县委、县政府出台了《郏县2011年城乡建设用地增减挂钩实施方案》，将3500亩拆旧任务分解到除东城、龙山以外的13个乡镇，由各乡镇对83个中心村以外的农用地进行综合整治，将整治出的指标与招商引资等项目用地挂起钩来，采取成立13个督导组吃住在乡镇进行督导、定期召开推进会等形式，督促、指导各乡镇开展工作。至2011年底，全县共拆旧复耕土地面积1368亩。

【地质勘查】 2011年，积极协助做好辖区内国家出资的地质勘查项目开展工作。全县共有勘查项目9个，其中国家出资的地质勘查两权价款项目6个，自筹资金项目3个，已有的6个国家出资勘查项目，应延续的勘查项目2个，已协助其完成地质勘查项目延续工作。

【执法监察】 2011年，为理顺执法体制，提请市编委撤销原土地执法队，升格为副科级国土资源执法监察大队，已获批准。执法队和各中心所认真实行动态巡查制度，对各种违法占用耕地和基本农田的行为进行严厉打击，发现一起，查处一起，真正做到“严查一案，稳定一片”。全年来共查处各类违法占地58宗。采取有效措施，不断加强对矿山企业安全生产监督管理力度，坚持煤矿井下实测和非煤检查实测制度，严厉打击无证开采、滥采乱挖、越层越界等非法采矿行为，共封堵铝土坑口3个，黑毛土井口9个，查处非法开采铝土、耐火黏土3宗，无证私挖滥采现象得到有效遏制，维护了良好的国土资源管理秩序同时，认真开展第十一次卫片执法检查迎检工作。通过对符合规划的新农村建设、招商引资企业、重点工程等66宗、1470亩土地补办手续和对不符合规划的违法占地集中强制拆除，违法占地比例由74.6%降到9.47%。在卫片执法工作中，共组织集中强制拆除行动11次，强制拆除违法用地42宗，涉及土地面积259亩，复耕土地面积223亩。

【矿产资源补偿费征收】 2011年，积极推进矿产资源有偿开采制度。面临煤矿兼并重组和停产整顿等多种不利因素，采取措施，多方努力，入库矿产资源补偿费59.34万元，做到了足额征收，应收尽收，规范管理，全额入库。

【地质灾害防治】 2011年，编制了《郏县2011年地质灾害防治方案》，切实加强汛前地质灾害的排查工作，不断完善群策群防体系，加大资金投入力度，全年共投入资金1366万元。黄道镇西黄道村、老庄村、大桥村地面塌陷区群众搬迁安置工作稳步推进。郏县堂街镇龙王庙滑坡应急勘查治理项目经省厅批准，资金规模450万元，正在组织招投标工作。由于成效明显，郏县被国土资源部命名为地质灾害群测群防“十有县”。

【土地信访】 以县信访工作领导小组文件向各乡镇党委、政府和街道党工委、办事处下发了《关于进一步做好全县国土资源信访工作的通知》，成立了以县主要领导为组长的县国土资源信访工作领导小组，按照“属地管理，分级负责”的原则，将国家和省、市国土资源部门登记的信访事项纳入全县信访月考评，对问题属地（乡镇、办事处）考核计分。形成了各级党委、政府高度重视，相关职能部门齐抓共管，一级抓一级，层层抓落实的国土资源信访管理机制。全年共受理来信来访案件67起，息访62起，有效地维护了全县社会大局的稳定。

【土地估价】 2011年，大力开展新一轮城区基准地价更新、调整工作，完成了城区32.27平方公里范围内的土地级别和基准地价进行更新、调整，通过省、市评审验收；全年共评估土地38宗，面积12.55万平方米，资产量7.16亿元。

【法律法规宣传】 借助“3·19”矿法宣传日、“4·22”地球日、“6·25”土地日等机会，采取出动宣传车、悬挂横幅等各种方式加强国土资源管理法律法规的宣传，特别是“3·19”矿法宣传日和“6·25”土地日期间，组织全系统干部职工在全县范围内开展了声势浩大的宣传工作，举办了铜器、秧歌舞表演。通过广泛宣传教育，在群众中营造了良好的国土资源法制舆论氛围，增强了广大干部群众依法用地、保护资源的意识。

（牛洪桥）

煤炭工业管理

【概况】 2011年，郏县煤炭工业局紧紧围绕全县四项重点工作，牢固树立安全发展理念，严格按照“政府统一领导，部门依法监管，企业全面负责”的要求，以矿井安全监管、煤炭企业兼并重组为重点，严格履行政府安全监管责任，督促煤矿企业全面落实安全生产主体责任，狠抓隐患排查治理，扎实推进全县煤矿兼并重组工作，全县煤炭企业兼并重组工作基本完成，实现了安全生产“零”事故，确保了全县煤矿安全形势持续稳定。

【煤炭企业兼并重组工作】 2011年，县煤炭局继续按照省、市、县党委、政府煤炭企业兼并重组的工作部署，在县煤炭企业兼并重组指挥部的领导下，积极与县兼并重组主体企业河南省煤层气开发利用有限公司（以下简称省煤层气公司）、中国平煤神马集团能源化工集团有限责任公司（以下简称平煤神马集团）沟通洽谈，坚持

“政府引导、企业自愿、市场运作”的原则，严格按照《郏县煤炭企业兼并重组实施方案》的要求，依法稳步推进煤炭企业兼并重组工作。截至12月底，全县14座煤矿中，5座矿井与兼并主体企业签订了《煤矿关闭退出协议书》，已按照“矿井关闭五条标准”自行关闭到位；8座煤矿签订了《平顶山兼并重组煤矿安全生产主体责任移交协议书》，已完成安全生产责任移交；1座矿井已完成相关证照变更，正在完善实质性控股协议的签订和主体责任的移交手续。具体进展为：由省煤层气公司兼并重组的6座煤矿中：一是郏县兴鸿基煤业有限公司、郏县金兴煤矿与兼并主体企业于2011年7月1日、30日签订了《煤矿关闭退出协议书》，自愿退出煤炭开采领域，并分别于2011年7月7日、9月13日按照“矿井关闭五条标准”自行关闭到位。二是河南东升煤业有限公司、河南龙润煤业有限公司（原郏县龙祥煤业有限公司）、河南先锋煤业有限公司（原郏县锋达煤业有限公司）3座煤矿分别由省煤层气公司控股52%、51%、51%，煤矿的“五职矿长”和安全管理团队已全部到位，“六证”（工商营业执照、采矿许可证、煤炭生产许可、安全生产许可证、矿长任职资格证、矿长安全资格证）已换发完毕，分别于2010年12月16日、2011年3月24日、7月27日签订了《平顶山兼并重组煤矿安全生产主体责任移交协议书》，完成安全生产责任移交。三是河南广发煤业有限公司（原平顶山长安煤业有限公司会发矿）的“五职矿长”已派驻，已完成工商登记、采矿许可证变更，正在完善实质性控股协议的签订和主体责任的移交手续。由平煤神马集团兼并重组的8座煤矿中：一是平煤神马集团所属平顶山天安煤业股份有限公司六矿兼并重组的郏县杏树口二矿、平顶山长安煤业有限公司分别于2011年7月28日、8月28日与兼并主体企业签订了《煤矿退出关闭协议书》，自愿退出煤炭开采领域，并分别于2011年11月13日、11月15日按照“矿井关闭五条标准”自行关闭到位。二是由平煤神马集团所属平顶山天安煤业三矿有限责任公司兼并重组的郏县通平煤业有限公司（原郏县富通煤业有限公司），由平煤三矿控股51%，煤矿的“五职矿长”和安全管理团队已全部到位，“六证”已换发完毕，于2011年6月18日签订了《平顶山兼并重组煤矿安全生产主体责任移交协议书》，完成安全生产责任移交。三是由平煤神马集团所属平顶山大庄矿实业有限公司兼并重组的河南省景家洼煤业集团有限公司的5座矿井中，其中鑫源煤业有限公司于2011年5月28日与大庄矿签订了《煤矿关闭退出协议》，于2011年6月13日按照“矿井关闭五条标准”自行关闭到位；郏县大兴煤业有限公司（原大刘山煤业分公司）、郏县金安煤业有限公司（原金源煤业有限公司）、郏县宏泰煤业有限公司（原宏安矿业有限公司）等3座矿井分别由大庄矿控股95%，三座煤矿“五职矿长”和安全管理团队已全部到位，“六证”已换发完毕，分别于2011年10月25日签订《平顶山兼并重组煤矿安全生产主体责任移交协议书》，完成安全生产责任移交；郏县景昇煤业有限公司（原河南景家洼煤业集团）由大庄矿控股51%，“五职矿长”和安全管理团队已全部到位，“六证”已换发完毕，已完成安全生产主体责任的移交。

【煤矿复工复产工作】 县煤炭局在县煤炭企业兼并重组指挥部的统一领导下，高度重视，加强组织协调，坚持“成熟一个，验收一个”，严格执行“谁验收、谁签字、谁负责”的原则，高标准，严要求，积极组织协调县国土、安监、公安、劳动、工商等职能部门分别会同省煤层气公司郏禹分公司、平煤神马集团三矿对东升煤业、龙润煤业、先锋煤业、通平煤业等4座煤矿的各大系统、各个环节严格按照复工复产标准进行了联合初验。截至12月底，东升煤业、龙润煤业、先锋煤业3座矿井已经市政府和省煤层气公司联合组织复产验收，其中龙润煤业、先锋煤业已经批准进入井下维修整改，其余2座矿井正在做复工复产前的地面整改工作。

【煤矿安全监管】 2011年，县煤炭局按照上级党委、政府关于煤矿兼并重组期间关于安全生产的一系列指示精神，认真做好煤矿企业停工停产整顿工作。一是加大安全监管力度，对全县煤矿实施分类监管。其一对尚未完成安全主体责任移交，仍处于停工停产的煤矿，严格落实副县级领导包矿、科级领导及乡镇和职能部门人员驻矿的10人包（驻）矿监管责任制，监管小组坚持24小时驻矿监管，采取控制矿井供电负荷、控制矿井火工用品供应、控制主提升系统、控制每班入井人数、控制矿灯发放等措施，严格做到“两到位、五控制”；其二对已完成安全生产主体责任移交的8座煤矿，按照市政府要求，逐矿派驻3～5名专业技术人员组成监管工作站，实行“一矿一站”式监管，对矿井的安全管理实施全程监管，严防煤矿发生违法违规行为。二是全面进行安全大检查。根据年初制订的煤矿安全工作计划，结合煤矿安全工作现状和季节特点，以一通三防为重点，组织开展了“春季煤矿安全大检查”、“安全事故警示教育”、“安全生产月”大检查、雨季“三防”及防治水专项执法检查、秋季安全大检查、冬季安全大检查等活动，重点对煤炭企业停工停产期间的通风系统、瓦斯监控系统运行情况、机电装备及安全仪器仪表的校验情况和雨季三防应急预案的编制、地面防汛物资的储备、塌陷区排查、井下水仓清挖，防水设施维护及煤矿兼并重组政策落实情况、兼并重组煤矿安全主体责任落实情况和停工停产煤矿措施落实情况等进行全面排查。截至12月底，共检查127矿次，发现各类安全隐患376条，已整改到位368条。通过不间断地开展安全执法检查，使煤矿安全隐患得到及时整改，确保了煤矿安全。三是强化煤矿督查巡查工作。由煤炭、公安、国土、电力、安监、监察等部门参加的郏县煤矿兼并重组期间安全监管督查组，对煤炭企业停工停产状况、10人包驻矿监管组履职情况进行督查，采取不定期、不定时，明察暗访等形式，全面开展督查工作；严格施行“四个一律”，即凡发现矿井有违法违规行为的，县级包矿领导一律通报全县批评，并上报市委；驻矿科级领导一律免职；驻矿监管人员一律开除；矿井矿级领导一律拘留。截至12月底，共督查100余矿次，突击夜查45矿次，有力地促进了安全监管工作的顺利开展。四是组织开展火工用品专项联合检查。为确保全县煤矿火工用品的有效管控，积极联合公安局、安监局开展打击非法火工用品专项行动。通过排查，未发现煤矿私自存放火工用品。

【安全生产教育】 2011年，县煤炭局相继在全县煤矿企业开展了“4·26”、“11·17”煤矿警示教育活动和以“安全责任，重在落实”为主题的“安全生产月”活动，期间通过召开座谈会、咨询日宣传、发放宣传单等形式，认真吸取县2006年“4·26”、2008年“11·17”事故教训，让“安全发展”的理念深入人心，使全县煤炭行业从业人员安全意识得到了提高。

【安全培训】 2011年，县煤炭局按照《河南省煤炭企业从业人员准入资格管理规定》的要求，对东升煤业、龙润煤业的作业人员分两期进行了集中培训。期间，共培训208名特种作业人员和390名普通工人，截至12月底，已有176名特种作业人员取得了合格证，209名普通工人办理了入井证。

（刘俊峰）

审 计

【概况】 2011年，共完成审计项目72个，查出违规违纪金额30890.38万元，提出审计建议28条，帮助被审计单位完善健全各项制度16项，提交审计工作报告、审计结果报告、审计调查报告及信息80多篇，采用审计信息48篇。

【“同级审”】 在对本级预算执行情况审计中，县审计部门坚持做到以真实性、合法性审计为基础，加强对财政资金的监督，注重规范财政收支行为，优化财政支出结构，促进财政资金更加合理、有效地使用，减少损失浪费。在审计工作中，围绕政府工作中心，从加强宏观管理和宏观调控的高度，对财政预算资金的收缴、分配、拨付、使用等情况进行审计，对本级预算执行审计中发现的带有普遍性、倾向性的问题进行了调查和分析，通过审计，共查出违规违纪金额19306.33万元。审计后向县财政局、地税局提出了审计意见和建议，并分别向县人大和县政府提交了工作报告和审计结果报告，受到了县人大和县政府的充分肯定和好评。针对审计查出的问题，县财政局以正式文件下发了整改意见，对整改情况逐项进行解释说明。

【乡镇财政决算审计】 2011年，共对全县15个乡镇（街道）进行了财政决算审计。共查处违规违纪资金2240万元，提出意见和建议8条，帮助被审单位完善制度10项。通过审计，规范了乡镇（街道）财政收支管理和收费行为，揭露了内部监督管理不严及损失浪费的问题。

【行政事业审计】 2011年，对农业局、中医院、保健院、交通局、公路局、县委党校、卫生局、商务局等44个行政事业单位2010年度财务收支情况进行了审计，共查出违规违纪金额4639.95万元，提出审计意见或建议18条。通过审计，规范了财务收支行为，查处了损失浪费行为，有效提高了财政资金使用效益。

【经济责任审计】 2011年，按照市委组织部安排，由市审计局抽调县局人员，对县委统战部、宣传部、组织部、县纪委原任领导任期经济责任情况进行了审计。受县委组织部委托，对工信局、龙山街道办事处原任领导任期经济责任情况进行了审计。经济责任审计共查出违规违纪资金379.1万元。通过审计，对党政领导干部任职期间，对所在乡镇、部门、单位财政财务收支的真实性、合法性、效益性，以及有关经济活动应当负有的责任，包括直接责任和主管责任，给予恰当、客观的评价。

【专项资金审计或审计调查】 2011年，对抗旱应急灌溉工程专项资金和郏县红旗渠水库、水磨湾水库除险加固工程、农家书屋工程专项资金进行了审计和审计调查，查出违规违纪金额4325万元。促进了被审计单位进一步完善制度，确保了专项资金安全运作，提高了专项资金使用效益。

【完成上级交办的审计任务】 政府债务审计。根据国务院办公厅《关于做好地方政府债务审计工作的通知》的要求和市审计局工作安排，县审计局派出审计组，自2011年3月1日至4月12日，对宝丰县人民政府1997年、1998年、2002年和2007年至2010年8个年度政府债务情况进行了审计；根据市审计局统一安排，抽调3名业务骨干配合市局对平煤集团进行了审计。

（张建光）

新华社评出2011年国内十大文化新闻（二）

（上接128页）

四、第八届茅盾文学奖揭晓

2011年8月20日，第八届茅盾文学奖的5部获奖作品在北京揭晓，张炜《你在高原》、刘醒龙《天行者》、莫言《蛙》、毕飞宇《推拿》、刘震云《一句顶一万句》等获奖。本届茅盾文学奖最大亮点一是评选首次采用实名制，主办方希望最大程度实现透明；二是首次吸纳网络小说参与评奖。

（下接174页）

商业贸易

商务管理

【内外贸工作】 一是外贸进出口工作。2011年，市定目标326万美元，截至12月底，全县已完成外贸出口328.7万美元，占目标任务326万美元的100.8%。二是实际利用外资工作。2011年，市定目标800万美元，截至12月底，已完成910万美元，占年度目标任务的113%。三是消费品市场持续繁荣。2011年，市定社会消费品零售总额同比增长16.5%，截至12月底，全县社会消费品零售总额已完成28.8亿元，同比增长16.9%。

【招商引资】 通过“走出去招商”与“以项目招商”相结合的方式，2011年，新引进平顶山市运兴煤炭储运有限公司项目，该项目由市煤炭局、市市场中心投资，由县商务局和李口乡共同引进，总投资1.3亿元，占地436亩，已于2011年3月10日在李口乡开工建设。已到位资金1500万元。万客来商贸有限公司配送中心项目已于2011年11月11日在广天乡开工建设。

【外贸出口】 一是帮助企业申请展位，使其积极走出去参加国内外贸易展销活动，广交会河南省共有展位715个，新增企业5家，郏县就占2家。二是组织华邦电器炊具有限公司、马亮磨料磨具有限公司、鸿马磨料公司相继参加了第109届和110届广交会，并且获得很好的效果。其中，华邦铁锅一鸣惊人，与韩国客商签订销售合同120万美元，与俄罗斯、德国等国家新签订销售意向600多万美元，并向俄罗斯直接出口3万美元。马亮公司与越南签订了供货合同。三是强化外贸出口企业服务工作，引导帮助企业办理出口手续。积极指导帮助马亮公司、华邦公司、鸿马公司商品出口报关。

【重点工程建设】 2011年，鸿丰汽配城续建前期用于货车修理的56间车间已建成并投入使用。一期工程已累计到位资金1.2亿元。续建4栋厂房，已竣工。

【市场监测运行工作】 2011年，每周及时上报全县生活必需品、重要生产资料等监测数据；对县食用盐脱销情况，在万客来连锁超市、宏宝石购物广场设立食用盐监测网点，及时准确上报库存、单价、销售情况；以“信息准确完整、数据上报及时”圆满完成了市场运行监测工作。在6月份召开的全省商务工作会议上，被省商务厅评为“市场监测和商务预报工作先进单位”。

【“家电下乡”工作】 2011年，全县的家电下乡按照国家商务部的统一安排，11月底，已圆满结束。全县已销售家电下乡产品76606台，补贴资金1930.6万元，已全部直补到位。

【“家电以旧换新”工作】 2011年，按照省、市、县家电以旧换新工作领导小组的统一安排，2010年10月启动了家电以旧换新工作。截至12月底，共有13家家电以旧换新回收兼销售网点，已销售以旧换新产品3500台，已通过审核的有1700余台。

【生猪屠宰】 2011年，以搞好生猪屠宰行业建立食品安全信用档案为重点，认真做好生猪定点屠宰管理工作，切实提升肉品卫生质量安全水平，确保人民群众吃上放心肉。开展了“瘦肉精”专项整治、生猪屠宰环节打击非法添加剂和滥用添加剂专项整治、严厉打击生猪私屠滥宰、制售注水肉、病害肉违法犯罪行为专项整治等以建立食品安全信用档案为重点的专项整治工作，通过制订方案，召开会议组织实施，特别是通过企业自查，主管部门的检查督促，使专项整治工作的各项措施落到了实处，企业的整体面貌发生了较大的变化和提升。为了保证上市肉品质量，明确企业责任，认真抓好屠宰企业的内部管理，帮助企业完善了各项管理制度，建立健全了统一规范的《生猪收购登记》、《生猪进场检验登记》、《生猪屠宰和肉品品质检验登记》、《无害化处理登记》等台账，并积极协调安装生猪屠宰监控系统，使企业做到有宰必检，有检必严。同时加强了对屠宰企业的监督检查力度，每月定期检查一次，发现问题及时纠正，切实保证了上市肉品质量。使全县的定点屠宰率达到了98%，肉品检验率达到了100%，合格肉品上市率达到了100%。确保了广大人民群众吃上“放心肉”，受到了省定点屠宰检查组的好评。

【散装水泥管理】 2011年，严格按照《国务院对进一步加快发展散装水泥意见的批复》国家商务部等七部局〔2004〕第5号令颁布的《散装水泥管理办法》的要求，认真抓好了散装水泥管理工作，并取得初步成效。一是大力推广散装水泥使用，截至2011年底共安装使用散装水泥罐、流动罐车70个（辆），散装水泥使用率达到38%。二是严格按照散装水泥管理规定，依法征收、管理和使用散装水泥专项基金。由于各项工作扎实有序，2011年5月份郏县被省散装办评为“全省发展散装水泥先进单位”。

【市场流通管理】 一是认真开展整顿和规范市场秩序的专项整治工作。2010年11月～2011年6月开展了为期8个月的打击侵犯知识产权和制售假冒伪劣商品专项整治工作，制订了行动方案，并进行了各部门联动的检查治理工作，有力地净化了我县市场秩序环境。二是开展了药品流通行业的调查摸底和分类指导。在推进药品流通行业结构调整，指导药品流通企业改革，推动药品流通方式的发展上，重点帮助圣光集团企业做大做强。三是进一步落实《酒类流通管理办法》，严厉打击酒类非法经营。全年共办理酒类流通备案登记815家，备案登记工作完成95%以上，双节期间，组织执法人员，对15个乡镇（街道）的酒类经营网点进行一次拉网式检查。共检查商户256家，查扣不合格白酒360余件，大大净化了全县的酒类经营市场。确保广大人民群众喝上“放心酒”。四是加大了成品油管理力度，规范了成品油市场。坚持科学规划、合理布局、分步实施的原则，对申请建设的加油站严格程序，认真受理，搞好服务。截至2011年底，全县已发展加油站

49家，最大限度地满足县域经济的发展和人民群众生产生活的需要。为促进加油站行业的长足发展，及时制订了《郏县“十二五”加油站行业发展规划》，为促进郏县“十二五”期间的经济发展打下了坚实的基础。

【生猪储备管理】 2011年3月份起，根据平顶山市商务局、财政局《关于下达2011年全市猪肉储备计划的通知》精神，积极行动，深入企业实地考察。通过认真筛选，层层把关，选定了郏县鼓台养殖专业合作社为活体储备企业、郏县食品公司为生猪储备屠宰销售企业。猪肉储备专项资金已落实到位。与此同时，督促承储企业完善了各项储备管理制度。生猪储备工作的开展，为县委、县政府加强副食品市场的宏观调控、应对自然灾害、重大疫情、各类突发事件等引起的市场波动，提供了保障平台。

（王力强）

市场发展服务中心

【概况】 2011年，市场中心全体职工凝聚力、向心力进一步增强，各项工作都上了一个新台阶。首先，从机构建设入手，市场中心机构设置、人员岗位进行有机调整，能者上，庸者下，充分调动了同志们的工作积极性，各项工作都有了较大的进展。其次，加强队伍建设，实行素质教育，不断提高全体干部职工的素质修养和工作能力。再者，注重“人心建设”，从解决“三金”问题入手，深入职工生活，解决职工困难，增进干职感情。

【市场建设】 2011年，县市场中心紧紧抓住县招商引资的大好机遇，以加快全县经济发展为目标，努力改建大坑集贸市场、新建农副产品交易市场、新旧钢建材交易市场，城市建设成绩显著，受到了县委、县政府的一致认可，被评为“城市建设先进单位”。2011年，续建了汝槃钢建材交易市场、创建万福源特色饮食广场项目，圆满的完成了年度县定目标。

【汝槃钢材建材交易市场】 郏县所有经营钢、建材商户都是在东、北二环路一带经营，其经营状况杂乱无章、占道经营、没有规矩，严重影响县城市规划、美化和绿化，更是给郏县的对外形象带来较坏影响。因此，建设钢、建材市场已经迫在眉睫。新建钢、建材交易市场是一个集新旧钢、建材、铁艺加工等经营为一体的综合性市场，计划投资约7200万元，建营业房460间，设固定商户180户，设经营大棚6个，可容纳所有钢、建材、铁艺加工等商户入驻经营。自2010年下半年确定该项目以来，市场中心与相关部门进行了钢材建材交易市场的相关问题的协商工作、市场征地工作等一系列的前期工作。2011年1至2月，针对该市场征地相关准批手续的办理、市场围墙的圈盖等做了相关工作。3月份，市场中心与该市场投资商河南东方宇亿有限公司洽谈市场工程开工的相关事项，通过沟通与协商，具体事项达成一致。3月29日，举行了钢材建材交易市场的开工奠基仪式。4月份正式开工建设，12月底该项目正式建设完毕。按县定目标圆满完成该市场的建设工作。

【万福源特色饮食广场】 万福源小吃一条街位于老安良路，但其地处居民区内，道路狭窄，车辆无处停放，加之其经营特点所致，脏、乱、差现象特别严重，给当地居民带来了极大不便和困扰，是广大群众反映的重点问题之一，鉴于此况，克服原夜市弊端，建设高标准饮食广场已迫在眉睫。自2011年初该项目确定以来，市场中心党组高度重视，组织人员对外地的此类市场做了考察，同时结合县实际情况，针对该市场前景进行考察、论证，形成了理论性文件和效果图，上报了县政府，县政府常务会议研究通过。通过不断努力，2011年底，该市场建设用地已经征收完毕，圆满完成了该市场建设年度县定目标任务。

（李琳琳）

粮　食

【概况】　2011年，粮食系统有在职干部职工207人，其中局机关29人，设股（室）9个，所属购销企业15个。2011粮食收购完成5410万公斤，占市局下达年度目标的100.19%；粮食销售4880万公斤，占市局下达年度目标的101.67%；储粮安全率达100%；城镇连锁经营及农村服务网点增加3个，占市局分配任务的100%；购销企业实现利润60万元，占任务的100%；加大了《粮食流通管理条例》的宣传力度，保持了全县粮食市场大局稳定；廉政建设无重大违纪违法案件，并按责任书进行了严格考核；招商引资继续推进，完成了市局及县委县政府下达的目标任务，安全工作无重大事故发生；信访工作无越级上访事件；保持了省级卫生先进单位、市级文明单位，完成了市粮食局、县委、县政府临时交办的各项任务。

【小麦收购】　随着粮食收购主体的多元化和粮食流通市场的复杂化，2011年，小麦托市收购价格没有启动，加之金融部门贷款难，粮食收购工作面临严峻形势，为了维护农民利益，全面落实国家惠农政策，按照县政府“粮食出手，钱到手，实现农民增产又增收”的指示精神，粮食收购工作抓好了6方面：一是做好行情分析，多方努力筹资。根据行情分析，预料小麦托市收购无法启动，在上级对收购工作尚未部署的情况下，为满足农户卖粮需求，局领导多次找到县政府汇报工作，争取资金支持。正县级领导干部邢延松多次召集粮食、财政、农发行等有关部门召开协调会议，商讨粮食收购问题。在多方努力下，协调收购资金2800万元，为做好夏粮收购奠定了坚实基础。同时，全局上下全员发动，干部职工集资4800万元，确保了收购工作顺利进行。二是抓住早字，提前动手。基层购销企业在收购期间抓住一个“早”字，早备仓，早培训人员，早检测仪器、设备，在提高服务质量、完善收购措施上下功夫。三是明确任务，责任到人。基层购销企业层层分解任务，党委班子和科室人员分片包点，深入基层加强监督和管理，做到优质优价，钱随粮走，协调解决收购中的问题。四是履行职责，加强市场监管。县局组织粮食行政执法队伍不定时巡回全县各个乡村检查，严禁不法商贩扰乱市场，杜绝任何企业和私商粮贩危害农民的行为。五是创先争优，粮食员工高度敬业。收购过程中继续开展“为民服务示范岗”、“为农服务示范标兵”活动，广大干部职工特别是基层职工变压力为动力，迎难而上，以高度的责任感、危机感投入到收购工作中，用实际行动打赢了收购工作的硬仗。

【仓储管理】　2011年，按照安全保粮责任书的内容，继续坚持了一、三、七粮情检测制度和仓储检查各项制度。并把安全保粮与防汛工作紧密联系在一起，责任到人，落实到位，确保了粮食安全储存，为粮食经营奠定了良好基础。县级储备粮实行专仓存放、专人管理、及时轮换，满足了政府搞好宏观调控和调节市场平衡的需要，在上级的多次检查中，储粮安全率均为100%。

【市场管理】　按照《粮食流通管理条例》及《粮食市场监管办法》，2011年上半年，调整充实了市场管理领导小组，扩大了粮食执法队伍，为执法人员办理了执法证件，对全县所有收粮企业、个人重新认证、审核、验收，整顿了收购市场，严肃了收购纪律，确保了粮食市场规范有序和居民粮油食品安全。

（张慧贞）

供销合作社

【概况】　2011年，郏县供销合作社辖14个基层供销社和8个直属公司，机关干部职工40人，内设办公室、财务科、人事科、业务科、审计科、保卫科，为县政府直属事业单位，核定编制10名，经费实行财政全额预算管理。商品总购进，完成3.3亿元，占年计划3亿元的110%。商品总销售，完成3.9亿元，占年计划3.5亿元的111%。综合经济效益，全年实现46万元，占年计划30万元的153%。

【社员股金兑付】 截至2011年底，通过争取上级专项借款的途径，共组织了12次兑付，兑付总额为1541.3万元，清户2412户，下余未兑付股金540.7万元，涉及股民1473户。已兑付部分占原有社员股金的74%，实现了股金总量和股民数量的同步下降。

【招商引资】 按照2011年的招商引资目标任务，根据供销社的实际情况，改变招商思路，通过联合招商的形式与县文明办共同努力，成功引进了清水湾度假村投资项目。该项目位于广阔天地乡，是郏县籍在洛阳经商的老板返乡投资兴建的，项目总占地面积116亩，总投资2450万元，其中固定资产投资1600万元，是一个聚餐饮、度假、娱乐健身、园林、垂钓为一体的综合性服务项目。

（姚国庆　王俊科）

石　油

【概况】 2011年，郏县石油分公司下设办公室、业务科、财务科、农网科等科室，大小加油站32座，其中IC卡加油站7座，农村网点23个。主要经营97#、93#、90#乙醇汽油0#、-10#柴油和高低档次的润滑油。2011年实现销售总量25739吨，占年计划23071吨的111.56%。润滑油销售36吨，占年计划30吨的120%。

【“三夏”保供工作】 2011年“三夏”期间，认真落实市公司《2011年保障三夏供应服务国家粮食安全活动保供服务方案》和市、县两级“三夏”会议精神，公司各加油站全体员工团结奋斗、扎实工作，较好地完成了“三夏”保供任务。为全面落实市公司“三夏”保供方案和县“三夏”指挥部的要求，将有限的柴油资源最大限度的服务好麦收工作，公司制订了具体工作措施：一是建立公司领导值班和包站制度；二是提高站长在站率，站长离站3小时以上向公司经理请假；三是严格强调经营纪律，对收割机加油不限量；四是做好“三夏”期间的安全工作，加强安全自查和巡查，发现问题和隐患，及时督促整改，确保“三夏”期间不出现安全事故；五是把服务工作提高到新的层次，加油站免费为农机手提供开水、绿豆水、急救药品和防暑降温物品，佩戴市公司统一制作的绶带引导车辆，营造出良好的服务氛围；六是主动给县政府汇报，与商务、农机及公安等部门配合，提供“三夏”保供措施，争得了政府及相关部门的大力支持，确保“三夏”保供任务的顺利完成，“三夏”保供工作受到社会各界的好评。

【成品油管理】 一是数量管理。每个加油站都设有计量员、记账员，每月盘点一次，做到账账相符、账物相符。并有动转罐前后计量，非动转罐三天计量等措施的配合，使数量管理误差不超过+-3‰。加油机由郏县技术监督局每个季节校对一次，误差不能超过+-3‰。二是质量管理。质量管理工作始终放在各站工作的重中之重，一是培训站长、计量员用一看二闻三摸的方法把好质量关，二是有职能部门一季抽样一次进行化验，发现问题一追到底。二是安全管理。安全管理工作重如山，除各项制度上墙外，责任落实到站、到组、到人。并积极参加省、市、县组织的各项安全培训班，从而增强了员工的安全意识。上岗员工全部持证上岗，油罐地埋，并根据每个站的大小配备有重轻型灭火器材，经常开展灭火模拟练兵，建立了加油站应急救援预案，增强了员工处理突发事件的本领。

（武育红）

盐　业

【概况】 2011年，全县食盐购进计划2350吨，全年完成购进2350吨，占计划的100%；食盐销售计划2350吨，完成销售计划2350吨，完成计划的100%；盐款结算，已100%上缴（小包装袋、纸箱、工业盐款100%结算)；费用总支出计划190万元，实际支出220万元，比计划多支出30万元，计划亏损50万元，实际亏损48万元，比计划减亏2万元。

【销售措施】 一是实行工效挂钩，确保食盐销售。2011年，县盐业局在搞好市场监管的同时，针对销售人员根据市场变化情况不断调整销售政策，制定了《盐政稽查、销售任务和工资分配挂钩的若干规定》，把年销售计划首先按4个季度进行分配，逐月下达。对业务人员搞好工效挂钩的同时，对全体班子成员实行包片销售，协助稽查业务人员做好所包片内的网络建设、市场管理、食盐销售及资金回笼工作，每月个人工资总额的60%为本职工作工资，工资总额的40%作为包片销售工资随所包片的食盐销售计划完成情况进行同步浮动，(同步浮动的同时以交款情况为准，只销售没交款的不作为销售)，股室的所有同志工资总额的40%随主管领导包片销售完成情况进行同步浮动。并要求全体人员参与到市场的监管和销售工作中去，即包片领导每月随稽查下乡不得少于5次，股室同志每月不得少于3次。二是利用网络建设，促进食盐销售。在实行工效挂钩的同时又利用食盐网络建设，促进食盐销售。从4月份开始，对全县的15个乡镇(街道)的食盐销售网点进行了重新的摸底调查，并分别在长桥、安良、茨芭3个乡镇进行网络建设试点，而后全面铺开，自网络建设工作开展以来全县共建食盐一级店37个、二级店11个，放心店252个，一次性购盐低于规定标准者免于优惠，连续2个月不购盐者取消优惠政策。由于网络的重新建立，有效地促进了食盐销售。

【盐业执法】 2011年，共查获各类盐业违法案件31起，查获各种非法盐品1.87吨，罚款6500元。且执法人员在执法过程中，做到了亮证执法、程序执法、依法行政，在处理过的各类盐业违法案件中结案率达100%，且无一例提出复议的。2011年，在全县卫生部门对碘盐市场抽查中，市场占有率为98.3%。

(卢明旭)

新华社评出2011年国内十大文化新闻（三）

(上接168页)

五、《富春山居图》实现合璧

2011年5月11日，作为浙江省博物馆“十大镇馆之宝”之一的《富春山居图》之剩山图运抵北京，5月20日安抵台北故宫博物院库房；6月1日，与存于台北故宫博物院的无用师卷一起出现在“山水合璧黄公望与《富春山居图》特展”上。至此，黄公望的名卷在云水相隔360余年后，首次在公众面前展现全貌。这背后，是两岸各界人士多年的努力。

六、故宫“十重门”风波引广泛关注

从5月初香港两依藏博物馆展品在故宫展出被盗开始，短短3个多月，故宫经历了“错字门”、“会所门”、“逃税门”等大大小小的“十重门”，引发了社会对于文物单位管理的广泛关注。8月19日，故宫博物院院长郑欣淼接受新华社记者专访时，承认故宫的管理确实存在很多问题和漏洞。

七、50位作家向百度提出维权

3月30日，贾平凹等50人联名发布《三一五中国作家讨百度书》。50名作家联名向百度公司旗下的百度文库发出“维权宣言”，呼吁所有作家联合起来共同起诉百度。

八、中国成全球第二艺术品市场

2011年3月，国际艺术品权威机构称，中国2010年艺术品拍卖总额高达83亿美元，交易额占全球市场的23%，超过英国，仅次于美国的34%，成为全球第二大艺术品交易市场。

(下接195页)

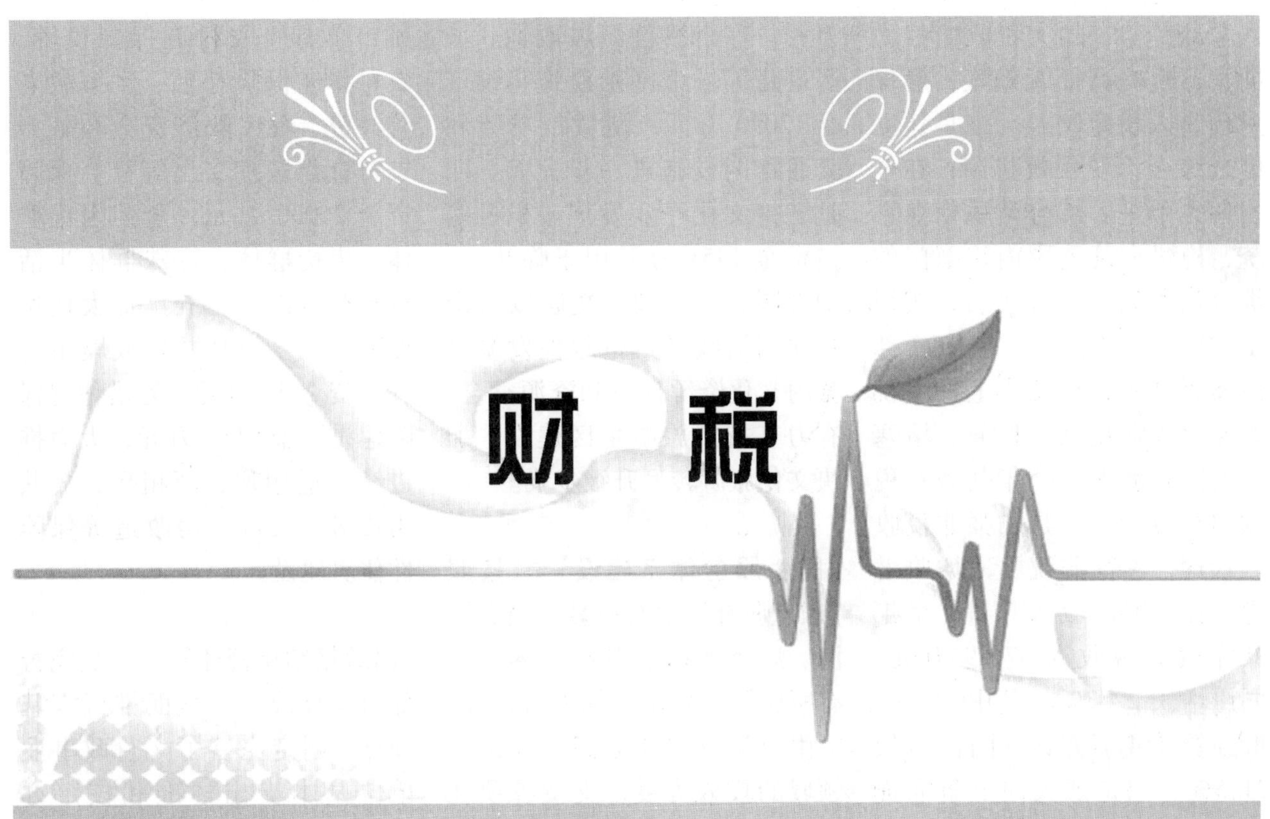

财 政

【财政预算执行情况】 一是收入完成情况。2011年全县财政一般预算收入完成53800万元，为年度预算的100.4%，同比增收9157万元，增长20.5%。

一般预算收入总量列全省第36位。基金预算收入完成22974万元，为年度预算的143.6%，同比增收5007万元，增长27.9%。1、分级完成情况。县本级财政一般预算收入完成11411万元，同比增收2023万元，增长21.5%；乡镇（街道）级财政一般预算收入完成42389万元，同比增收7134万元，增长20.2%。2、分项完成情况。全县地方税收收入完成42389万元，同比增收7134万元，增长20.2%。税收收入占一般预算收入的比重为78.8%，高于全市平均水平4.7个百分点，高于全省平均水平5.4个百分点。纳入财政一般预算的非税收入完成11411万元，同比增收2023万元，增长21.5%。

二是支出完成情况。县十三届人大五次会议通过的2011年全县财政一般预算支出为161323万元，为调整预算的98.7%，同比增支31580万元，增长24.1%。基金预算支出完成25262万元，为调整预算的94.5%，同比增支3398万元，增长15.5%。1、分级完成情况。县本级财政一般预算支出完成145145万元，同比增支29193万元，增长25.2%；乡镇（街道）级财政一般预算支出完成16473万元，同比增支2387万元，增长16.9%。2、法定支出完成情况。农业支出完成23199万元，为调整预算的99.8%，同比增长22.7%；教育支出完成35086万元，为调整预算的99.7%，同比增长44.9%；科技支出完成1076万元，为调整预算的100%，同比增长13.9%。

【财政保障能力不断提高】 一是加强收入目标管理，完善收入征管的考核激励机制和财税联席会议制度，强化收入进度督查和部门协调，科学判断收入增减趋势，加大税收监控力度，不断提高征管效率，确保财政收入稳定增长。二是建立健全综合治税长效机制，在全省率先引进了综合治税信息系统，构建全县范围内跨部门的综合治税信息支撑平台，实现了财税、工商、公安等16个部门信息共享，从源头上加强税源控制，强化动态监管，堵塞税收跑冒滴漏。全年共查补税款606万元。三是加强非税收入管理，深挖非税收入增收潜力，壮大财政收入总量。全年共完成非税收入37189万元，同比增长22.2%。其中纳入一般预算11411万元，同比增长21.5%，四是加大向上争取资金力度，加强财税体制政策研究和项目申报，积极争取上级支持，努力增强财政保障能力。全年共争取上级补助资金80283万元，同比增长40.1%。

【财源培植】 2011年，加快财源建设步伐，加大资金投入力度，着力增强经济发展后劲。一是加大对产业集聚区的支持力度。筹集资金13000万元用于产业集聚区基础设施建设，吸引项目入驻落地，促进产业集聚区健康发展。二是支持企业自主创新。共筹集拨付企业节能减排、技改提升、特色产业发展等专项资金1765万元，有效增强了企业自主创新和抵御市场风险能力。三是支持重点项目建设。筹措安排禹亳铁路郏县段、农村水毁道路桥梁补助等交通建设项目资金5250万元，筹集拨付旧城改造、城区道路等城市基础设施建设资金12090万元，使城市功能和交通路网设施进一步完善。四是支持文化产业发展。积极筹措资金1451万元用于临沣寨、知青园、三苏园、文庙以及南水北调沿线考古抢救性发掘等县内文化资源保护和资源整合，有力支持县旅游景区建设，加快文化旅游转型升级步伐。

【民生服务体系建设】 按照"农有所补、学有所教、困有所济、病有所医、老有所养、住有所居"的要求，加大对教育、卫生、就业和社会保障等民生领域的投入力度，支持各项社会事业健康和谐发展。全年共投入各种民生资金82071万元，同比增长33.6%。一是加大"三农"投入。2011年，共发放粮食直补、农资综合直补等各种涉农补贴资金15245万元，落实新农村建设、安全饮水、村村通等农村基础设施建设资金22596万元，兑付农村"一事一议"奖补资金829万元。二是支持教育事业发展。2011年共落实"两免一补"资金6534万元；农村中小学校舍维修资金556万元；高中阶段家庭困难学生补助资金276万元；中等职业教育各种扶持资金209万元。三是加大就业投入。落实就业补助资金626万元，支持职业培训、职业介绍、就业创业、新增城镇就业和下岗失业人员再就业。四是完善社会保障。全年共发放农村低保、城市低保、农村五保户供养、农村养老保险补贴、乡镇敬老院经费、救灾救济资金和新型农村合作医疗支出等社会保障资金26030万元，全县困难群体、优抚群体、特殊群体生活得到有效改善。五是加大住房保障投入。全县共发放廉租房补贴资金57万元。筹措住房保障建设资金9113万元，大力推进经济适用房、廉租房、公共租赁房、农村危房改造等保障性住房建设。

【财政精细化管理】 一是完善部门预算改革。全面推行零基预算，制定完善了《行政事业单位基本支出标准和核定办法》，推行公用经费定员定额编制办法，推广统一的预算编制软件，为统一和细化部门预算编制，进一步推进财政科学化、规范化、精细化管理奠定了基础。二是全面深化国库集中收付制度改革。印发了《郏县财政局财政预算执行系统业务流程<试行>》，实行全省统一的财政预算执行系统，财政资金支付实现了零余额账户管理。三是深化政府采购改革。出台了《郏县政府采购监督管理暂行办法》、《郏县政府采购业务办理流程》等相关文件，全年共实施政府采购146批次，采购预算34686万元，实际采购30503万元，节约资金4183万元，节约率12%。四是深化农村综合改革，积极推进村级公益事业"一事一议"财政奖补工作，进一步完善村级组织运转经费保障机制，落实农村离退职干部生活补贴，提高村级干部待遇，保障村级组织正常运转。五是大力规范行政事业单位国有资产管理。建立健全行政事业单位国有资产管理体系，完善行政事业单位国有资产管理制度，出台了《郏县行政事业单位国有资产管理办法》、《郏县行政事业单位国有资产配置和处置工作流程》等一系列文件规定；完成了全县414个行政事业单位资产管理信息数据收集、分析、上传、汇总等工作；审批行政事业单位资产购置业务数量22315个，金额8088万元；审批资产处置业务8项，实现国有资产收益1623万元，有效地提高了国有资产使用效率，防止了国有资产流失。六是积极推进金财工程平台建设。借助信息化手段，规范业务流程，加强财政预算执行和资金监管。研究制定了《郏县县级财政专户管理暂行办法》，对县乡两级财政专户进行系统规范，为财政资金安全提供了有效的制度保障。

【财经秩序进一步规范】 积极开展“财政监督年”活动，加强对重点建设资金和惠民资金的评审监督检查，确保资金安全有效运行。一是强化财政投资评审工作。财政投资评审按照“先评审后预算、先评审后招标、先评审后采购、先评审后拨款、先评审后批复”的工作程序，对重点建设项目资金严格进行评审。2011年累计完成项目评审97个，送审37724万元，审减资金3547万元，审减率9.4%。二是对民生资金进行重点监督检查，确保财政资金发挥社会效益，让群众确确实实得到实惠。三是积极开展“小金库”治理工作。坚持“边查边纠、纠查结合”的工作原则，巩固“小金库”治理工作成果，构建“小金库”治理长效工作机制。全年共对97个单位进行了“小金库”复查。对全县40个单位《会计法》执行情况进行了检查。

【财政干部队伍建设】 2011年，以深入开展创先争优活动和学习马俊欣“三平”精神为契机，抓好党员干部学习培训，规范干部职工的日常工作行为，完善机关工作管理制度，干部职工整体素质和机关管理水平明显提升。一是抓好班子建设，提高班子的凝聚力、战斗力。班子成员之间既明确分工又密切协作，既顾全大局又相互补位的良性工作机制。二是搞好干部职工队伍建设，不断提高干部职工队伍的整体素质。大力培养全体干部职工的大局意识、中心意识和服务意识，弘扬爱岗敬业、密切协作、务实高效的团队精神，在全局上下形成了“严于律己、埋头苦干、忠于职守、为政清廉、文明高效”的良好风尚，树立了高效财政、廉洁财政的良好形象。三是搞好党风廉政建设。坚持推行党风廉政建设责任制。建立党员干部廉政档案，实行领导干部述职述廉制度，将党风廉政建设纳入目标管理考核体系，实行“一票否决”。积极推行政务、党务双公开，对人事管理、干部任用实行阳光作业，防止暗箱操作。坚持以“廉洁从政引导干部，素质教育塑造干部，工作成效历练干部”的工作方针，持续优化干部作风，提高干部素质，学先进，比创新、看实效，全面提升财税干部高效履职的能力和水平。四是加强业务学习，强化财税、金融以及相关法律法规培训，做好会计职称考试、会计人员从业资格考试工作，提高财政系统干部职工和会计从业人员的依法行政、依法理财、依法管理能力和会计核算水平。五是对全县377个行政村党支部书记分两期进行了财经法律法规、会计知识、农村公益事业“一事一议”财政奖补等相关知识培训，增强了他们遵守财经法规、热心公益事业的自觉性。六是加强财政宣传、调研工作。全年共编发《郏县财政信息》45期，被财政部网站采用1期；被河南新闻网采用1期；《平顶山日报》、《平顶山新闻网》等媒体先后对我县组织财政收入、综合治税、教育宣传、政府采购等工作进行了报道，连续6年被平顶山市财政局评为财政调研先进单位。七是狠抓精神文明建设。把物质文明和精神文明建设紧密结合起来，改进工作方法，提高创建质量。继续保持“省级文明单位”、“省级卫生先进单位”等荣誉称号，被县委、县政府荣记集体三等功，先后56次受到省、市、县有关部门表彰。八是做好综合治理和计生工作。没有发生上访案件，计划生育率达100%。九是搞好财政干部廉政建设。继续推行领导干部述职述廉制度，坚持政务公开，实行廉政建设"一票否决"。

（孙凤君　程俊红　郭献宗）

国　税

【概况】　2011年，县国税局主要负责增值税、消费税、个人利息所得税、企业所得税及车辆购置税的征收管理工作。截至2011年年底，管辖全县15个乡镇（街道）2018户纳税人，其中：增值税一般纳税人173户，小规模企业纳税人262户，个体纳税人起征点以上358户；消费税纳税人8户，企业所得税纳税人292户；代扣代缴个人利息所得税单位4户。2011年税收任务为16800万元。2011年，县国税局以组织收入为中心，以税源专业化管理为重点，以优化纳税服务为目标，以干部队伍和党风廉政建设为保障，团结一致、迎难而上、扎实工作，圆满地完成了各项目标任务，巩固和延续了快速发展、科学发展的良好局面。全年共组织税收收入17060万元，组织地方级收入4343万元。县国税局先后荣获省级文明单位、省级卫生先进单位、省颁特级档案室先进单位、平顶山市全民健身活动先进单位、平顶山市行政服务工作优质服务窗口、平顶山市"五五"法制宣传教育和依法治理工作先进单位等省、市级以上荣誉，被郏县县委、县政府记集体三等功。

【税源专业化管理基本情况】为了管牢、管好税源，进一步堵塞征管漏洞，作为平顶山市国税局税源专业化管理改革的试点单位，2011年，县国税局以"突出'四管四化'、深化业务重组"为核心试行了税源专业化管理改革，按照"重点税源集中管、重点行业分类管、中小税源属地管、零散税源社会管"的目标对税源进行了科学分类，"县局实体化、大厅一体化、管理专业化、评估团队化"的要求初步实现了专业化管理。2011年10月12日，河南省国税局副局长魏正武就县国税局税源专业化管理工作进行了专项调研。结合魏正武指示精神和全省税源专业化管理会议精神，县国税局在认真总结2011年税源专业化管理推行工作经验的基础上，结合郏县实情，及时对税源专业化管理工作实施方案进行了修订完善，在继续对税源进行科学分类的前提下，按照"五办一中心和重点税源管理分局"的整体框架对机构岗位、岗责等进行重新调整、划分和制定，出台的新的税源专业化管理方案得到市局主要领导的认可。2011年12月30日，县国税局召开了深化税源专业化管理改革实施大会，从2012年1月1日起正式实施新的税源专业化管理改革。

【税源专业化管理主要做法】一是税源分级分类管理。1、重点税源集中管理。原黄道税务分局设为重点税源管理分局，集中到县局办公，下设矿山管理岗、大企业管理岗、综合管理岗，负责管理郏县境内的煤炭开采企业、年纳税总额在100万元以上的企业、享受出口退税资格的企业、外商投资企业、新开业的注册资本在1000万元以上且固定资产规模在5000万元以上的工业企业、新开业的注册资本在500万元以上的商业企业、煤炭运销企业以及金融保险企业等。2、特色行业分类管理。根据税源特点及分布，确定机械制造、磨料磨具、铁锅制造、电气制造、陶瓷、汽车经销、石料等行业为特色行业，分别由城区分局、安良分局、渣园分局负责管理。同时，取消税收管理员"分户到人，各事统管"的管理模式，按照业务事项在上述三个税务分局设置申报审核岗、纳税评估岗和日常管理岗三个岗位，日常管理岗分类设立行业管理组和其他纳税人管理组，对税源管理事项进行专业化管理。3、中小税源属地管理。除重点税源、特色行业以外的其他纳税人，按照属地原则由各税务分局分别管理。其中，原黄道税务分局管辖的中小税源由渣园税务分局管理。4、零散税源社会管理。对农村、偏远乡镇的个体工商户，实行社会综合管理。县乡两级建立统一的协税护税组织，健全社会化服务机制；对偏远农村的个体工商业户由税务分局登记造册、核定税款，委托乡镇代征代缴。二是及时调整县局机构职能。成立综合业务办公室，设置任务执行岗、政策管理岗、综合事务岗，负责原征管科、税政科、政策法规科日常工作以及市局征管科、货物与劳务税科、所得税科工作任务的落实、需经减免税委员会研究的减免税审批、政策宣传及执行等。成立纳税评估办公室，设置纳税评估岗、综合事务岗。负责全县纳税评估的组织、实施以及评估资料、评估案例的整理归集等。成立风险防控办公室，设置风险监控岗、项目管理岗、综合事务岗，负责原信息中心日常工作、执法检查、重大税务案件审理以及风险分析识别、风险等级排序、风险应对处理、处理过程监控等风险防控工作。成立绩效考核办公室，负责税收目标绩效考核办法的制定完善、绩效考核的组织实施等。成立大企业管理办公室，与重点税源管理分局合署办公，负责对市局进出口税收管理科、大企业与国际税收管理科工作任务的落实以及大企业税收政策的宣传辅导等。成立纳税服务中心，将纳税服务科、办税服务厅的职能合并，按照税源专业化管理的要求，设置税务登记岗、发票管理岗、申报征收岗、文书受理岗、调查审批岗、政策咨询岗，负责所有纳税人依申请事项的受理、审核、调查、审批、反馈。

【收入任务圆满完成】 2011年，组织收入工作面临着诸多困难：小煤矿资源重组任务繁重、焦化行业因政策性因素关闭、煤炭运销行业萎缩等，给组织收入工作带来了不小压力。为此，县国税局党组早安排早筹划，认真分析收入工作中的有利和不利因素，召开不同层次会议，统一思想、坚定信心。同时，合理分配税收任务，按月通报收入进度，确保税收收入及时足额入库；加强重点税源监控，狠抓一般税源和个体工商户管理，做到抓大不放小；推行税源专业化管理，管好管住税源；开展税收专项整治，堵塞税收漏洞；强化信息管税，国、地税与财政联合开发《郏县综合治税平台》，运用工商、国地税、质监、统计等30多个部门的信息进行分析比对，为组织收入工作提供了科学决策依据。2011年全年入库税收17060万元，同比增长10.23%，增收1584万元，占市局计划16800万元的101.5%，超收260万元。县级收入累计完成4343万元，同比增长26%，增收897万元，占县政府税收目标4300万元的101%，超收43万元，圆满完成了全年的组织收入任务。

【税收专项整治】 2011年，县国税局以税收涉税风险为依托，对《税收分析监控系统》等各税收应用系统和《郏县综合治理平台》中的数据进行提取、分析、比对，包括增值税与所得税收入不符、税负异常户、滞留票等信息，筛选出铁锅行业、电器制造业、商贸行业、机器制造业行业108户纳税人作为评估线索和稽查案源派发给纳税评估科和稽查局进行评估和稽查。以团队评估为载体，抽调稽查局、分局和相关科室人员组成四个评估小组，聘请两个税务事务所专业人员协助对派单户进行纳税评估和税务稽查，共评估稽查入库税款、滞纳金和罚款共计413万元，占年初税收计划16800万元的2.46%。

【纳税服务不断优化】 县国税局办税服务厅位于郏县行政审批服务中心二楼，与县地税局合署办公，总面积360多平方米，按照标准化办税服务厅的要求，硬件设施一应俱全，办税条件和环境完全符合省、市局要求。办税服务厅共有13人，其中正式人员8人，通过县行政审批中心劳务派遣人员5人。在优化纳税服务方面。1、做到“三项率先”即：一是全市率先实现涉税业务整体进驻审批中心。2007年8月，在全市国税系统中，县国税局率先将办税服务厅业务全部进驻县行政审批中心。二是全市率先实现国地税合署办公。2009年初，县国税局积极协调县行政审批中心、地税局，共同投资100多万元建设国地税联合办税的现代化办税服务厅，在全市率先实现国地税在同一场所办公，使国地税共管纳税人“进一家门、办两家事”，真正方便了纳税人。三是全市率先实现办税服务厅实体化。按照“窗口受理、限时办结、窗口出件”的要求对业务流程进行优化重组，对岗位进行从新设置，对人员进行微调，从2011年4月1日起，将所有只进行内部文书流转但不需调查的审批调查、备案调查事项由“限时办理”转为“即办事项”，将所有依申请的税收业务全部放在办税服务厅受理，实现同一类涉税事项由同一岗位集中受理、审核、调查、审批、反馈，避免了纳税人办理业务时在大厅、分局、科室之间多头跑的现象，大大提高了办税效率。2、做到“三个提高”，即：一是制定操作指南，提高人员操作技能。在平顶山市国税局有关科室领导的指导下，抽调县局业务骨干，结合办税服务厅工作实际，从纳税人应提供资料、政策依据、操作流程、违法违章处理等各个方面，详细制定了办税服务厅各岗位涉税业务操作指南。通过组织集中学习讨论以及岗位自学，使大厅各岗位服务人员办理涉税业务时“有据可依、有规可循”。二是完善工作制度，提高工作人员积极性。建立健全了《办税服务厅应急预案》、《文明服务规范》、《涉税公告制度》、《考勤制度》、《卫生管理制度》、《廉洁从政制度》等10余项工作制度，形成了用制度管人、依制度办事的良好工作局面，同时，修订完善《办税服务厅目标绩效考核办法》，在县局考核的基础上，按照岗龄、岗位工作完成情况等实行二次考核，真正实现“奖优惩劣”，有效带动大厅人员工作积极性。三是强化咨询服务，提高纳税人满意度。在明确一名班子成员专门负责办税服务厅工作的基础上，实行县局领导带班制，除“一把手”外的其他班子成员轮流在办税服务厅带班，负责日常政策咨询、突发事件处理等，并在办税服务厅设置咨询服务岗，指派专人负责，确保纳税人的涉税问题得到及时、权威的解答，切实提高纳税人满意度。

【干部队伍建设】 2011年，县国税局以“作风建设年”贯穿全年的干部队伍建设始终，学习培训、争先创优、“七对照七提高”专题教育活动、文体活动等工作协调开展，保持干部队伍建设和谐稳定。一是加强日常学习教育。按月制定政治、业务学习计划，集中学习与自学相结合，每月学习不少于4次，认真学习党和国家的路线、方针、政策和税收法律、法规，逐步提高全员综合业务水平。二是强化专业教育培训，以税源专业化管理和“三项能手选拔”工作为契机，共组织开展岗位技能和业务操作规范培训班4期，参加人员340人（次）；知识更新业务培训班1期，参加人员80人（次）；税收执法培训班1期，参训人员80人（次）；公文应用与处理培训班1期，参加人员86人（次）；“三项技术能手”培训班3期，培训人员230人（次）。选拔出县级稽查能手2名，纳税服务能手4名，税源专业管理能手9名；4名同志分别被评为全市国税系统纳税服务能手和税源管理能手，两名同志进入到全市前十名，参加了全省“三项能手”选拔。三是扎实开展“七对照七提高”专题教育活动，局党组班子和成员带头学习，带头查摆，带头整改，带头落实，不走形式，不走过场，共查出各类问题22项，并逐一进行了整改。在2011年度党组民主生活会上，市局党组成员、副局长邢红霞对“七对照七提高”专题教育活动取得的成就予以了高度评价。四是激发干部队伍活力。组织开展了喜迎元宵佳节体育比赛活动，庆祝“三八节”外出学习活动、赴红色教育基地学习活动、“气排球联谊赛”、“红色歌曲大家唱”、庆祝建党90周年一系列丰富多彩的文体活动，同时分两批组织各单位主要负责同志到革命圣地延安开展红色教育活动，凝聚了人心、激发了斗志。

【创建省颁特级档案室】 2011年，按照平顶山市国税局的统一部署，高标准开展创建省颁特级档案室工作。县国税局成立了创建领导小组，党组统一领导，办公室组织协调，各科室、分局、稽查局大力配合，建立健全了《档案人员岗位责任制》等八项管理制度，收集整理归档了近年来文书、会计、稽查、荣誉、声像等档案资料，丰富了档案管理的内容。先后投入资金20余万元，对档案室硬件设备进行了改造升级，密集架、空调、计算机、打印机、扫描仪、防磁柜等硬件设备一应俱全。撰写了《组织机构沿革》、《大事记》、《全宗卷介绍》、《全宗卷指南》、《历届主要会议简介》、《专题编研材料》、《郏县国税年鉴》、《档案制度汇编》等文字材料，保持了档案管理的连续性。对室藏档案中的文书、基建、声像等档案，录入到档案管理部门指定的档案管理信息系统，实现了档案管理的信息化。2011年12月5日，省国税局和省、市、县三级档案管理部门联合组织验收，以96.5分的成绩荣升省颁特级档案室。

【依法行政工作取得显著成效】 2011年，县国税局以贯彻落实《税收征管法》为基础，组织开展各类税收政策、法律、法规学习培训，全员依法行政意识进一步增强；严格执行《重大案件审理办法》，落实《政府信息公开制度》，保证税收执法管理有法可依、有章可循；坚持依法组织收入原则，严厉打击偷、逃、骗税等税收违法行为，组织开展税收专项整治工作，税收秩序井然；开展税收执法检查和监察，进一步增强全员执法风险意识，降低税收执法风险；加强税收宣传工作，精心组织每年的税收宣传月活动，每年都有1~2个税收宣传项目荣获全市优秀或创新项目奖；坚持每年按季组织召开税收政策辅导会，向全县纳税人及时宣讲和辅导税收新政策，使纳税人税法税收遵从度进一步提高。县国税局先后荣获平顶山市依法行政先进集体和平顶山市“五五”普法和依法治理工作先进单位荣誉称号。

（朱东阳　李媛媛）

【税收实现稳定增长】 2011年，面对严峻的税收形势，地税局干部凝心聚力、克服困难、坚定信心、顽强拼搏，2011年组织各项收入41142万元，其中完成税收收入28229万元，地方级收入完成26750万元，占年初目标任务的102%，同比增长16.1%，增收3701万元。契税和耕地占用税11295万元，教育费附加938万元，地方教育附加437万元，文化事业建设费7万元，残疾人就业保障金127万元，工会经费221万元。

【征纳关系和谐稳定】 一是立足于服务县域经济发展的工作大局，不断增强服务意识，完善服务措施，提升服务质量。进一步加强办税服务厅建设，深入开展了岗位业务问题“一口清”、“我来当一天纳税人”等换位思考活动，树立征纳双方法律地位平等的理念，坚持效率优先的原则，尽可能减少工作环节，做到各项审批流转体内循环，努力提高各岗位、各流程结点的工作质量和效率。二是积极落实惠民和支持小型微利企业发展等税收优惠政策。认真开展营业税起征点的上调工作，确保优惠政策惠及全县所有个体工商户。三是高度重视、全面落实财税库银税收收入电子横向联网工作，初步实现了办税服务厅现金汇总、实时缴款业务，大大提高了办税效率，实现了税款资金的快速划缴、高效对账、全程监控，办税更为便利、服务更为高效、成本更为低廉、缴税行为更为规范。2011年县地税局在5个基层所和1个办税服务厅成功安装财税库银专用POS机8台，确保实现POS机刷卡缴税全县覆盖，实现了为纳税人提供更为优质、高效、快捷、安全的办税服务的目标。

【征收管理精细化】 一是不断夯实征管基础。按省、市局加强税务登记管理的公告，继续强化纳税人户籍管理；进一步做好了非正常户的清理工作，有效地堵塞征管工作漏洞；以新征管软件运用为契机，深入强化房地产税收一体化管理。严格坚持“以票控税，先税后证”的管理模式和“二手房”交易价格审核制度，按政策处理减免税收业务。二是完善了综合治税网络。2011 年该局和国税、工商、财政、发改委、煤炭局、电力公司等 30 个职能部门联合成立了综合治税领导小组，由常务副县长任组长，形成了“政府领导、财税主管、部门配合、司法保障、社会参与”的社会综合治税新格局。通过拓宽社会综合治税领域，加强税收源头控管，进一步激发各相关部门的配合、支持综合治税的责任感和工作积极性。全年充分发挥综合治税网络优势，通过综合治税网络信息比对共追征税款 220 万元。三是加强了重点税源管理。紧紧抓住房地产和建筑安装业这两个重点行业，强化源头管理，实行严格的项目登记制度，管理人员不定期进行项目巡查，按进度及时足额把税款组织入库；加强横向联系，主动和国税、国土、规划、建设、金融等部门联系，最大限度掌握相关信息，及时掌握了解建筑安装业、房地产企业经营状况；同时加强宣传辅导，强化专项评估，对每个项目都进行评估，找出纳税漏洞，找准切入点，从而达到强化管理的目的。四是“两税”管理成效显著。契税和耕地占用税划归后，针对辖区的具体情况，将“两税”征收对象分为南水北调和地方铁路用地、工业企业用地、房地产企业用地、增量房办证和存量房过户办证四种类型，采用分类征收法，确保税款及时足额入库。该局积极克服人员少、任务重的困难，积极主动地加强与土地、房产管理局、房地产开发商、房屋交易市场联系，及时获取房地产销售信息，掌握增量房、存量房销售的套数、面积以及土地权属转移宗数面积，充分掌握税源，做到应收尽收。2011 年累计征收契税、耕地占用税税款共计 11295 万元，其中耕地占用税征收 9830 万元，契税征收 1465 万元，占年度任务的 108%。五是全力做好新系统上线工作。领导高度重视，全员积极行动，积极配合省、市局工作部署，对现有的网络进行升级改造，全局干部职工牺牲周末和假日，加班加点完成了基础数据采集和数据录入工作，圆满完成了征管系统的上线工作，保证了纳税人能够及时缴纳税款和办理各项涉税业务。新系统成功上线后，积极进行了部门间协调、人员权限配置、简化审批流程等方面的探索，对各类业务问题进行全方位的系统维护，及时发现和总结问题，并采取一切有效手段分析和解决问题，确保新系统的优势得到最大发挥。六是小税种管理取得新突破。坚持“抓小保质量”的征管工作思路，针对小税种较为分散的特点，建立“政府支持、相关部门配合”的综合治税格局，对辖区内税源摸底调查，实行经常性的政策辅导检查，逐户建立“小税种”税源控管台账，实现小税种税源的有效控管，共组织城建税、房产税、车船税、印花税、土地增值税、土地使用税等 5379 万元，比去年同期增加 1294 万元，增长 31.7%。特别是土地增值税，共组织 2589 万元，占今年任务的 748%，超额完成市局分配的收入任务；土地使用税 645 万元，占全年计划的 105%，实现了土地使用税的大幅增长；车船税入库 508 万元，占计划的 130%。七是认真做好 2010 年度企业所得税汇算工作。及时制定了汇算方案，认真搞好内外部培训工作，召开了企业财务负责人参加的企业所得税汇算工作会议，对汇算软件应用进行了培训。2011 年共收到企业纳税申报表 29 户，补缴企业所得税 90.6 万元。八是全力做好个人所得税自行申报工作。高度重视年所得 12 万元以上自行申报工作，成立了自行申报工作领导小组，制定申报工作方案，加强对申报工作的政策宣传、辅导，确保申报工作有条不紊地进行。2011 年共有 18 名纳税人进行了自行申报，占市局下达任务 15 户的 120%，共申报所得额 547.44 万元。

【阳光执法受好评】 一是继续加大稽查工作力度。在原机构设置的基础上，在选检审执相分离的前提下，重新进行了人员优化配置，抽出业务骨干，组成三个稽查组，稳定了查账人员队伍，有计划开展税收稽查，提高了稽查工作的效率。全年共检查纳税户18户，辅导企业自查25户，开展发票检查12户，发票罚款2.1万元。累计税收收入221.06万元，包括税款203.23万元、罚款9.84万元、滞纳金7.99万元。二是大力开展税收专项整治。根据市局税收专项整治工作要求，制定了详细的税收专项整治工作方案，成立了税收专项检查领导小组，调动全局力量积极开展专项整治。在活动中，采取"逐户自查+重点检查"相结合的方式，对全辖区范围内房地产业、建筑业、餐饮业等行业的一定规模的纳税人，全面进行了整治；把专项整治工作与发票检查结合起来，做到查税必查票、查案必查票，只要遇到不按规定使用发票的行为，必进行处理处罚；在检查房地产业时，推行项目检查的方法，严格从严从细从深检查，每检查一户，必须到楼盘实地查看，查看其楼盘户型、套数、附属设施及销售情况，做到按项目核算、各税统查；实行关联追溯检查的方法，在检查房地产业的同时，搜集建筑企业的相关信息，把同一项目的房地产企业和建筑企业一并检查，互相比对印证。2011年共对76户企业进行了专项整治工作检查，累计入库税款679.5万元。

【文明服务树形象】　一是公开承诺，密切关系。为保障纳税人对地税工作的知情权，更好地理解和支持地税工作，全方位监督地税工作的开展，增强干部职工转变工作作风，提升工作效能，密切征纳关系。2011年2月9日，通过电视台向全县纳税人做出了"履职承诺"，接受社会各界对地税工作的评议。二是深化宣传，营造氛围。2011年紧紧围绕税法宣传主题，通过"空中、地上"的立体化宣传模式，深入开展税收法制宣传教育活动，普及税法知识，扫除纳税常识盲区，不断提高纳税人的税收法制观念，营造良好的税收法治环境。在《平顶山日报》发表了题为《勇挑重担克难攻坚服务县域经济发展》的文章，有效扩大了税法宣传月的影响力。三是着重建设，树立形象。不断加大省级文明单位、省级卫生单位和省级园林单位的申报工作。通过完善工作机制，形成了党组统一领导，"一把手"负总责，科室具体协调的创建格局。通过对近年来的工作进行归纳、整理，查漏补缺，对各种文件、资料进行归档、整理，2011年，6月份成功申报为省级卫生单位，8月份顺利通过省级园林单位验收，9月份省级文明单位申报成功。

【廉政建设新突破】　2011年，地税系统加强廉政建设学习，深入学习了各类廉洁自律规定，积极开展廉政文化活动，在全局营造了"以廉为荣，以贪为耻"的和谐氛围。大力推进争先创优活动，要求领导干部在活动中带头学习，把争创活动同推动地税工作紧密结合起来，学以致用，互相促进。组织干部职工认真学习了胡锦涛同志在建党90周年的讲话和十七届六中全会精神，以地税文化建设为契机，开展了多项活动庆祝建党90周年，实现了两手抓、两不误、两促进。在全县民主评议基层站所活动中，该局6个基层所（分局）全部作为评议对象，积极参加到评议活动中来。县局在全县行风评议中名列第一，各所（分局）全部进入前30名，广天所在152个参评单位中名列第一，被市纪委推荐为2011年"全省群众满意的基层站所"，王集所被省局评为"全省地税系统优秀基层税务所"。

（郑晓静　唐亚罗）

金融 保险

中国人民银行郏县支行

【概况】 中国人民银行郏县支行是中国人民银行的派出机构，党政实行垂直管理体制，工作职责重点是贯彻落实货币政策、维护金融稳定、提供金融服务。内设两室两部：办公室、纪检监察室、调查信息部、综合业务部。2011 年，人行郏县支行在平顶山中心支行党委以及县委、县政府正确领导下，坚持以邓小平理论和“三个代表”重要思想为指导，以文明单位建设统揽全局，认真落实科学发展观，根据县域经济结构调整的需要，切实发挥协调、指导作用，保持信贷对经济增长的支持力度。在调查统计、研究分析、监督检查基础上，引导、督促辖区内金融机构正确处理支持地方经济发展和防化金融风险的关系，为新农村建设和县域经济的发展提供了有力的资金支持。

【货币政策落实】 一是年初按照县委、县政府总体部署和有关要求，根据国家货币政策和上级行有关精神制定了“金融工作意见”，提出了大力支持县域经济发展的工作措施。并且通过组织“金融知识、金融服务、金融产品”三下乡等推广活动，采取措施引导、指导金融机构加大对“三农”支持力度。二是通过召开行长联席会、到金融机构检查指导以及进行情况通报等形式，积极引导各金融机构以进一步提升服务水平为依托，以支持“三农”和重点企业为着力点，不断加大信贷资金投入，全力发挥金融对县域经济发展的强大支撑作用。同时在政策制度许可范围内降低门槛、简化手续。三是想方设法拓宽银企协调渠道。主要以“企业服务年”活动为平台，通过到企业开展调研活动的形式加强银企沟通，积极探索解决中小企业融资难的方法。6 月召开的 2011 年银企洽谈签约会议上，金融机构现场与企业签订了贷款共计 5.1 亿元。四是真正当好县委、县政府的参谋和助手。多次向县委、县政府领导汇报情况、提出建议，并以召开联席会议、窗口指导等方式向金融机构传递县委、县政府指导思想。组织各家金融机构负责人到企业进行调研，并组织召开金融工作汇报会。截至2011年12月底，金融机构各项存款比年初增加8.22亿元，完成县定目标任务9亿元的91.3%；各项贷款比年初增加9.05亿元，完成县定目标任务6亿元的150.8%。

【庆祝建党90周年】 2011年，积极开展庆祝建党90周年活动，组织职工参加“回顾党的历程讴歌央行发展成就”征文活动，选报上级优秀文章2篇；在女职工中开展“感党恩、跟党走、献真情”网上寄语活动，并向上级进行了选报；开展了“学党史，知党情，跟党走”主题实践活动；组织全体职工进行了“党史知识”答题活动和“创先争优”问卷调查工作，并按时上报；积极做好了“唱红歌”比赛、党史知识竞赛、演讲比赛，并取得了好的成绩；按照上级行党委要求，开展了党员公开承诺和党员民主评议工作；开展了“三思、四行、五承诺”活动；制定《干部职工“八小时以外”监督管理实施办法》，并进行了排查；搞好了“舆情监测”、信访稳定、应急管理等工作，进一步规范了值带班管理；开展了“决战十二五，我该怎么办”等活动；组织党员参加“植树节”义务植树活动，组织党员干部进行了“红色之旅”。活动中，评比表彰了4名优秀党员、2名优秀党务工作者；表彰了11名先进工作者、5名宣传调研先进个人、2名其他先进个人；对8人次获得分行、中心支行、县支行“业务竞赛”荣誉进行了表彰；1名预备党员按期转正、1名发展对象吸收为预备党员的工作。组织全体党员干部职工集中收看了省、市庆祝建党90周年大会电视直播；对10名离退休老党员进行看望慰问。

【金融服务】 一是认真做好国库工作，确保国库资金安全。按照优胜国库经收处评选办法对国库经收处进行综合考评和表彰；认真学习，积极准备，确保国库集中核算系统顺利上线；促使国税局认真做好电子税票上线率达98.5%；完成对建行、广天村镇银行、农联社集中收付资格认定工作，与农联社签订支付清算协议；认真做好综合治税业务系统上线工作；顺利开通集中收付业务系统；对广天村镇银行工作人员进行国库经收处业务培训，帮助其顺利开通此项业务；认真做好地税系统横向联网的前期准备工作。二是认真做好支付结算管理工作。根据郑州中支相关要求，认真组织实施，各项考核指标超额完成；做好支付结算大检查的准备工作；办理开销户业务百余笔。三是加快中小企业信用体系建设，积极开展征信宣传，努力营造诚信环境。完善征信体系建设，做好中小型企业的信息采集和录入，开展好了贷款卡的发放和年审业务；接受了百余个人和企业的信用报告查询；组织开展了“信用关爱日”和“征信知识宣传”活动。四是加强人民币管理，积极开展反假币工作。组织金融机构开展了“春风行动”反假币宣传活动；对辖区金融机构开展人民币管理大检查；积极开展“百县定投”调查统计工作，对县域小面额票币需求情况进行调查统计；做好金融机构设立反假货币工作的前期准备工作。五是强化反洗钱基础工作，推进反洗钱业务向纵深发展。积极开展反洗钱业务培训；组织金融业开展反洗钱宣传；对上年度反洗钱工作进行了认真评价。

【文明单位建设】 一是扎实开展了“靠正气实干”大讨论等活动，切实加强了班子建设和队伍建设。二是召开了文明单位建设推进大会，制定了实施方案并进行了任务分解。三是加大软、硬件建设力度，省级卫生先进单位得到重新命名，省级文明单位年度复查顺利通过。四是制定了党建工作意见和宣传思想工作计划并加以落实，按要求召开了支部党员民主生活会。五是积极参加了中心支行广播体操比赛，并获“二等奖”；参加了由县委宣传部及市中心支行举办的“庆祝中国共产党成立90周年红歌会”分别获得了中支二等奖、县银奖、优秀组织奖；参加了县“十大不文明用语”征集活动和省级文明单位版面展示活动。同时，开展了多种多样的思想政治工作。利用各个传统节日进行了节前党风廉政和各项安全教育、上门慰问了遗属和老干部、向职工发放了过节食品、邀请离退休人员开展户外活动。“三八节”向女职工发放了日用品，并组织在职及退休女职工外出进行有益活动。组织观看“两会”专题片、案例教育片，开展时事教育。组织全体干部职工进行了体检，积极开展“送温暖”活动，看望老干部、遗属、包村困难户、军属、移民户等。关庄村文明建设帮扶工作获市、县文明委模范称号。

（郭歌明）

银监管理

【概况】 2011年，全县有农发行、建行、农行、工行、邮政储蓄银行、农村信用社、村镇银行等7家金融机构。共有金融网点65个，其中：发行1个，建行1个，农行6个，工行1个，邮政储蓄银行16个，农村信用社38个，村镇银行2个。截至2011年底，全县7家银行业金融机构各项存款余额63.31亿元，较年初净增8.22亿元，增幅14.92%；各项贷款余额31.62亿元，较年初增加9.05亿元，增幅40.01%。

【“合规执行年”活动】 2011年，根据分局要求，开展“合规执行年”活动，郏县监管办事处对各金融机构提出：1.要扎实开展“合规执行年”活动。2.要落实合规责任：要层层签订“合规承诺书”，确保责任层层落实到位。并将银行业金融机构合规建设与机构、人员等市场准备入进行挂钩。3.督促问题整改：对于2011年之前发生的重大违规事项，鼓励银行业在2011年6月底前尽快整改；对于在2011年6月底尚未进行整改或者2011年以后新发生的重大违规问题，要严肃处理，从重处罚，对相关高管人员和从业人员实行一票否决。4.加大宣传力度。凡下半年检查还没整改的要问责，职工要下岗辞退，高管要免职。

【依法履行监管职责】 一是积极做好监管评级工作。在广泛收集评级资料的基础上，严格按照有关评级文件规定的原则、规程及方法对郏县农村信用社进行了监管评级初评工作。二是做好辖区内金融机构的案件防控工作，确保银行业安全稳健运行。为全面贯彻银监会案件防控工作会议精神，积极应对当前银行业案件防控工作面临的严峻形势，郏县监管办结合实际从持续监管入手，预防案防真空；从内控监管入手，预防操作性风险；从合规文化抓起，预防自律性风险。三是对邮政储蓄人员到村镇银行营业大厅进行恶意竞争事件进行调查、上报、调解。2011年5月10日上午8点，郏县广天村镇银行向郏县银监办事处反映，2011年4月28日至29日，郏县邮政储蓄网点人员散布谣言，并纠集个别社会人员到村镇银行营业大厅进行不正当业务竞争。监管办采取有效措施及时上报、处理，使问题得到较好解决。四是根据工作需要和现场检查存在的问题，于2011年5月13日上午召开了郏县村镇银行监管工作会议，银监办人员及村镇银行中层以上十三人参加。会上对上年以来监管现场检查及发现的问题；合规文化建设；案件防控工作和突发事件处置；采取多种形式对村镇银行进行宣传；下一步工作安排及工作方法进行了要求。五是突出对农信社监管重点。着重抓好分类监管、法人治理、农村商业银行组建、股金管理，不良贷款“双降”、案件专项治理等工作。至12月底，全辖农村信用社各项存款余额26.84亿元，较年初增加5.03亿元；各项贷款20.46亿元，较年初增加4.22万元。郏县联社股金规范工作也顺利完成。六是做好分局安排的各项现场检查工作。郏县监管办在人员少，时间紧，工作量大等情况下，克服困难，努力工作，较好地完成了上级安排的各项现场检查任务。1月至3月完成了对《郏县广天村镇银行质押贷款进行现场检查》，3月23日开始对《广天村镇银行“三个办法一个指引”执行情况现场检查》。并对现场检查情况进行了整理、汇总、反馈、确认，上报了各种材料，较好地完成了上级安排的现场检查任务。4月份对郏县广天村镇银行“三个办法一个指引”执行情况和对“合规执行年”活动执行情况进行了现场检查。并根据检查出来的问题，于5月13日在村镇银行召开由中层以上13人参加的监管工作会议。6月份完成对郏县农村信用社进行后续现场检查。7月份完成对郏县联社票据业务现场检查和对郏县农村信用社、广天村镇银行的后续现场检查。8月份对郏县信用合作联社落实《银行业金融机构作业人员执业操守指引》学习教育“回头看”活动进行了现场检查。对郏县农村信用社进行“贷款风险分类偏离度”、“服务收费项目”进行现场检查。9月份完成了对郏县广天村镇银行“业务合规性情况”进行现场检查。对郏县六家金融机构进行巡查，并对巡查出来的问题进行督促整改。12月份对全县金融机构自动柜员机安全情况进行了现场检查。

【警示教育活动检查】 2011年，按照分局安排，郏县银监办对全县7家金融机构全部进行了警示教育活动检查，其中：检查营业网点2个，机关5个。通过检查，郏县各金融机构都能较好地贯彻落实有关警示教育活动的各项要求，各金融机构高度重视，有分工、有专人、有安排有落实，把警示教育当成筑牢案防的思想防线，严防各类案件的发生的重要措施来抓。各金融机构都能组织员工观看警示教育片，观看人员都能进行签名，并写出观后感或学习心得。各金融机构都能采取不同的方式对职工进行警示教育，如联社组织职工到许昌监狱接受教育取得了很好的教育效果。农行利用电子屏幕进行法律和警示宣传做到警钟长鸣。

【日常监管】 2011年，一是对郏县广天村镇银行拟增设分支机构进行情况调查、实地查看、汇报请示。并约见村镇银行行长了解情况，邮储银行行长进行解释。对郏县广天村镇银行拟任行长及董事进行任职资格预审、考试、谈话。二是对郏县农村信用合作联社9家网点开业、更名、搬迁进行预审上报。三是列席参加郏县联社、广天村镇银行董事会、股东大会。四是对郏县邮政储蓄银行西大街支行迁址、郏县工商银行装修情况进行查看。五是对联社上报安装ATM自助设备报告进行审查。六是对郏县农村信用社2010年度信息披露进行批复。

（李岗岭）

中国农业银行郏县支行

【概况】 中国农业银行股份有限公司郏县支行有6个营业网点，自动柜员机5台。拥有国内外最先进的网上银行、手机银行、电话银行、转账电话、自有POS等电子银行销售渠道。开办有对公存款、储蓄存款、教育储蓄、通知存款等存款业务，项目贷款、中小企业贷款、个人贷款、农户贷款等贷款业务，西联汇款、电子汇兑、基金销售、黄金销售、理财、三方存管、代理保险、代收代付等中间业务和票据结算业务。开通有新一代综合应用（ABIS）系统、信贷管理（CMS）系统和公文电子（NOTES）系统。所有机构实现全国微机联网，金穗卡全国联网，通存通兑，通汇宝即时到账。2011年，郏县农行紧紧围绕省分行“三争两提高”和市分行党委确定的“一年强基础、两年进位次、三年进主流”的奋斗目标，锐意改革，着力推行业务转型，积极拓展县域蓝海市场，全行各项工作得到有效发展。各项存款余额103917万元，比年初增加8742万元。其中储蓄存款余额83576万元，比年初增加6317万元，对公存款余额20341万元，比年初增加2425万元。各项贷款余额28304万元，比年初增加13074万元。其中法人客户贷款净增1890万元，农户小额贷款净增1644万元；个人住房贷款净增8750万元，全年实现中间业务收入449万元。清收处置委托不良贷款本息126.29万元，其中本金113.1万元，利息13.19万元。实现拨备前利润2262万元，与去年同期2147万元多盈利115

万元，完成全年拨备前利润计划1686万的134%。综合绩效列平顶山农行系统第五位。

【存款业务】 郏县支行存款总量小，市场占有率仅20%，与农业银行身份不相匹配。对此把“存款增总量，市场挣份额”作为存款工作重点。一是抓好“双扩工程”。加强与工商注册部门的合作，指派客户经理上门对入住郏县产业集聚区企业搞好服务对接，提高中小企业的开户率，新开立单位结算账户235户，累计吸纳资金3.8亿元，沉淀资金1.9亿元。实现了公存账户和对公存款同步增长。二是对储蓄存款主要通过抓贵宾客户、抓规范化服务来实现突破。通过社会中介招聘了高素质的大堂经理和保安，充实一线。配合上级行“神秘人”暗访检查力度，将暗访结果纳入网点绩效考评。同时引入“三分”营销模式，建立完善个人客户差异化服务体系。对高价值客户，利用PCRM系统实施名单制管理，把高端客户营销、维护责任落实到客户经理、主任和支行领导，引入奖罚机制，实施指派制度管理。三是鼓励代发工资客户营销，占领中端客户群体。全年共营销代发工资户6户，代发工资302万元。通过以上筹资渠道，存款市场增量份额达到117%，列县域银行类金融机构第1位。

【贷款业务】 贷款营销方面，以小企业营销为资产业务的突破口，进一步加强与入住郏县产业集聚区企业的合作，信贷结构不断优化，贷款投放突破亿元。一是主动上门为企业提供金融服务。为华邦炊具、中奥磨具等公司贷款6300万元。二是办理住房贷款8750万元。三是实施农户小额贷款整村推进，探索“新民居”贷款模式，重点支持专业村、专业户、专业合作社发展。为冢头镇前王庄村、黄道镇黄南村、黄北村、王英沟村等新农村建设示范村100多户农民发放“公司+农户”贷款及“新民居”贷款308万元。为帅彪、金牛等农机合作社贷款1366万元。有力地支持了地方经济发展。

【经营效益】 2011年，实现利润2262万元，超额完成了市分行下达的利润计划。员工人均年收入5.73万元，较2010年增收48.8个百分点。同时组织员工外出旅游、骑游，开展一些丰富多彩的文体活动，为员工减压减负，使员工士气得到了极大提升，员工归属感进一步增强，全员干事创业氛围日益浓厚。

【风险防控措施】 一是抓好会计基础管理。按照《会计主管（副主管）综合考评实施细则》和《财会监管员管理实施细则》，拿出专项工资对财会监管员、会计主管进行考核奖励，激发了财会监管员、会计主管的工作积极性。实行监管员跟班作业机制，重奖重罚，巩固了会计工作风险防控基础地位。二是加大贷款逾期责任追究机制，强化存量贷款风险管理。对逾期贷款责任人扣发工资直至下岗清收。全年清收不良贷款384万元。

【安全营运】 一是强化员工思想教育，提高全员安全防范能力。二是开展警示教育。通过集中学习法律法规、典型案例、消防知识等，使全体员工深刻认识违法犯罪的危害性，做到自警、自省、自律。三是利用班前班后时间集中一线员工对“营业前、营业期间、营业终了”操作规程和处置暴力侵害的原则等规定进行学习和实地演练，使一线员工在实际工作中遇到突发情况，能够灵活处置和运用。四是加大检查监督力度，每月对全辖营业网点的安防设施、制度执行、值班、营业等方面巡查一遍，检查时坚持做到铁规章、铁面孔、铁手腕，发现问题，严肃处理。

（高占全）

中国农业发展银行郏县支行

【概况】 2011年，中国农业发展银行郏县支行内设会计出纳部、计划信贷部、办公室，开办有企事业存款、公众存款、代理保险等业务，信贷由传统的政策性粮食收购拓展到新农村建设、水利建设、城区管网改造、农副产品深加工、农药制造等多个领域，服务县域经济能力进一步增强。

【业务经营】　2011年，农发行郏县支行把“抓经营、求实效、促发展”作为提高经营管理水平的突破口狠抓工作落实。全年各项存款日均余额达到3802万元，存款增幅居全市农发行系统第二名；保险代理业务完成10.14万元，同比增加5.04万元，创该项业务开办以来新高；实现利润346万元，超额完成了目标任务。

【安全保卫】　2011年，农发行郏县支行始终坚持把安全摆在首要位置，采取“加强组织领导、完善管理办法、狠抓安全教育、强化防范演练”等有效措施，大力构建检查督导和考核评价体系；升级了电视监控、110报警、催泪瓦斯等防控系统，着力构建安全防范网络；定期组织有针对性预案演练，不断提高全员应对突发事件的能力和防范技术水平，实现了“四无”安全经营目标。

【企业文化】　2011年，农发行郏县支行注重发挥企业文化凝聚人心、鼓舞士气、激发干劲的作用，多举措加强企业文化建设。创新理念：确立了“人无我有，人有我新，人新我精”的指导思想，利用“征集我的格言”“专业岗位理念警示”等方法促使企业文化入人心、进一线，转化成自我规范，推动工作的动力；巩固阵地：建起了职工之家、图书室，配置了多种活动器材，最大限度满足职工业余文化生活需要；丰富载体：先后组织开展了“合规管理执行年”、“庆建党90周年”、“学党史谈体会”优秀论文征集等一系列活动，有4篇文章获河南省农发行“优秀论文奖”，继续保持了总行级“文明建设先进单位”和“青年文明号”等多项荣誉称号。

【信息宣传】　2011年，农发行郏县支行采取多种有效措施，大力推进信息反映和宣传报道工作，20篇新闻稿件在《平顶山日报》，《河南科技报》等媒体上发表，5篇信息被省、市分行转发，1篇理论调研文章被总行《农业发展与金融》杂志采用，分别被河南省分行、平顶山市分行评为“宣传报道工作先进单位”。

（叶文义）

中国建设银行郏县支行

【概况】　截至2011年底，全口径存款规模达到75995万元，较年初新增17593万元，其中对公存款47909万元，较年初新增17005万元；个人存款28086万元，较年初新增1407万元。中间业务收入277万元，完成年度任务73%。个人网银新签约2962户，完成任务计划的150.36%，完成奋斗目标计划105.79%；手机银行新增签约3609户，完成计划任务248.9%，完成奋斗目标的129.82%；对公网银行签约新增33户，完成计划任务的103.13%；电子银行渠道交易收入260505.52万元，完成任务计划的124.05%；信用卡新增792户，完成任务计划的115.79%，其中汽车卡46户。

【个人业务】　一是突出以个人业务为工作重心，着力改变存款结构和客户结构，实行差别化服务和管理，把存款大户作为稳定和增加存款的重要支撑，把主要精力和资源倾斜到为AUM值50万元及以上的客户服务上来，为他们开辟绿色通道，不断提高他们的满意度和对建行的信赖感。为此，专门制定了《AUM客户开发和维护管理办法》、出台了《差别化服务细则》，修订完善了《绩效考核办法》，制定了《高端客户业务处理应急预案》，保证高端客户能够随时办理所需业务，不需要等待。二是利用内部产品单价的杠杆撬动作用，激发全行员工的营销积极性和主动性，使每个员工在每个营业工作日都有各自的营销计划，并能实现预期的营销。为充分发挥政策的激励导向作用，先后制定和完善了《黄金考核激励办法》、《股票型基金考核激励办法》、《客户经理考核管理办法》，并对重点产品的单价进行必要的调整，使他们劳有所得，劳有所值。三是充分利用OCRM系统，搞好重点客户的维护和资源挖掘。要求个人客户经理每天必须进入 OCRM 系统查看客户变动情况，及时了解变动的流向和原因，向支部提出改进工作意见和建议。每位客户经理至少每周向自己管理维护的客户电话联系 3 次以上，及时推荐最新推出的理财产品。四是把信用卡业务作为重要的战略性业务，给予相应的关注度，以公务卡签约为突破口，保持信用卡业务发展的强劲势头，并储备更多的有效客户和资源。动员全行力量，与 98 个行政事业单位签约了公务卡协议，基本囊括了全县所有的行政事业单位，签约数量在全辖区名列第一，有效储备客户 36000 余人。另外充分利用信用卡预审批系统，不断提高预审批系统的成功率。信用卡预审批系统利用率和营销成功率已由最初的 15% 左右提升到 35%。

【对公业务】 一是紧盯郏县煤炭资源整合动向，与市分行公司事业部密切配合，上下联动，开展对重点煤矿营销，最终使郏县大兴煤业有限公司、郏县金安煤业有限公司、郏县景升煤业有限公司、郏县宏泰煤业有限公司、河南煤层气开发利用有限公司郏禹分公司以及该公司下属的郏县东升煤业有限公司等单位和企业在建行开立基本结算账户，吸收企业存款 56000 万余元。二是抓好验资类客户的营销和服务，对资金存量高，客户有潜在发展价值的新开户单位进行跟踪服务，尽可能了解企业的发展潜力和规划，主动上门营销，争取转为基本账户。已有 27 户验资户转为基本户的 24 户，达 90% 以上，正常沉淀资金 3200 余万元。三是全力服务好重点客户，尽量减轻客户的负担和工作量，平煤郏县液压支柱生产项目是市分行重点项目，也是郏县县委政府招商引资的龙头企业，备受地方政府主要领导的关注。为尽可能减少客户的负担，凡属非客户必要前来办理的业务都是自己想办法主动上门服务，减少企业返数十公里之辛苦，不让企业多等一分钟或感到有任何的不便之处。四是大力开展小企业客户营销服务工作。2011 年已成功推荐小企业 6 户，共投放信贷资金 2700 万元，带来了相当的中间业务收入。另外组成专门的营销团队，深入到郏县神前陶瓷工业园区、郏县东城区产业集聚区、郏县黄道镇创业园等乡镇和中小企业相对发达和集中的地方进行中小企业备选项目调查研究，已经储备小企业客户 6 户。五是积极探索小额无贷户管理模式，加强对小额无贷户的立体营销和服务，真正树立建行的形象和信誉。4 月份和 10 月份先后两次召开金融产品推介会和改善服务座谈会，邀请部分中小企业主和政府有关职能部门负责人参加会议，就我行的服务和产品设计、客户真实需求和愿望广泛征求他们的意见和建议，为营销和服务提供真实的数据资料和信息。

【中间业务】 中间业务收入作为核心竞争力的关键性指标，是始终着力发展的重要业务和努力方向，经过不懈努力，实现中间业务收入 262 万元，完成年度任务计划的 70%。

【电子银行业务】 全力推进电子银行业务的快速发展。在提高员工营销技能和产品理解方面下了不少的功夫，每遇到新的产品就会立即组织员工学习，尽快掌握产品的性能和操作规定，做到客观介绍，热情营销，合规办理，客户乐意。重在提高电子银行客户覆盖率，目标是每一位客户至少使用一款建行推出的电子银行产品，高端客户拥有建行电子银行产品两款以上。新签约代发工资单位同步签约手机短信或个人网银。2011 年电子银行系统进行了优化和升级，各项产品的功能更加强大，安全性能更加稳定，不仅成为建行电子银行产品的新亮点，也受到越来越多客户的欢迎，给我们创造了很好的营销机会和外部环境。首先是要求全行员工全员参与，全员使用。其次贯彻落实建总行庞秀生副行长的重要讲话，强力推进电子银行业务的快速健康发展。最后是做好客户风险评估，尽到客户责任，避免引起客户的误解或争议。

【风险管理】 一是加强教育，不怕重复。坚持晨会把风险管控作为主要内容，尤其对市分行下发的规范性文件、案件防控动态、风险提示、稽核通报等及时传达学习，让全行员工随时了解上级行的规定和政策，养成良好的工作习惯和风险控制意识，避免无意识违规，坚决杜绝故意违规和规避监督管理行为。保证所有的行为都能被有效的监督，所有的业务都符合规章制度和操作要求。二是加强对日常核算的监督管理，努力降低凭证差错率。要求营业主管和柜员主管对每天的日中营业流程包括授权、身份证信息核查，大额提交款等重点环节进行全程监督，当日营业柜员所有的业务进行逐笔审核，发现问题及时整改。对重大差错事故，由分管业务的负责人会同相关人员进行集体研究，制定整改措施，并及时总结经验教训，教育员工养成严谨的工作作风，不忽视小错，不容忍大错，逐步提高会计核算质量。要求柜员养成良好的工作习惯，认真执行核算制度和规定，保证核算质量稳步提高。坚决杜绝各种违规操作，逆程序操作和规避监督行为，确保所有的业务都符合规定，有效降低差错和事故率。三是加强对规章制度贯彻执行的检查监督力度，做到三个到位：即认识到位、监督到位、执行制度和流程到位。严禁违规操作和逆程序办理业务。主管副职、会计主管和柜员主管要承担监督检查之责，查库、授权不能流于形式。建立好柜员个人稽核台账，有错必纠，有错必罚，谁出错谁承担全部责任，绝不能让全体人员因柜员个人核算差错受到集体惩罚。特别是对岗位轮换制度、查库制度，现金和单证管理，授权管理、交接管理，大额可疑交易报备、自办业务、对公账户开销户操作的合规性等作为重点监督的对象加大交接监督力度，严把风险点，不留死角，不留盲区，清除风险因素，净化业务发展土壤。

（赵红岩）

中国邮政储蓄银行郏县支行

【概况】　2011 年，中国邮政储蓄银行郏县支行以“合规执行年”为工作主线，始终坚持以发展储蓄业务为立行之本，以发展信贷为富行之路，以发展公司业务壮大银行实力。通过开展市级文明单位创建活动，最大限度地调动广大干部职工的积极性和创造性，并取得一定实效：被河南省公安厅授予河南省单位内部治安保卫工作“先进集体”；被省、市分行分别授予“优秀单位”；被县委、县政府授予全县“五五”法制宣传教育和依法治理工作“先进单位”；被郏县总工会授予“先进单位”。

【业务经营情况】　2011 年，中国邮政储蓄银行郏县支行余额规模达到了 133360 万元，实现净增 21557 万元。各项业务快速发展，绿卡通卡全年发放 28504 张，代理保险业务新增保费 19936 万元，安装 POS 机 40 部，销售理财产品 15248 万元，注册网上银行 9879 户。

【贷款业务】　中国邮政储蓄银行郏县支行以信用体系建设、团队建设为发展基石，以“服务三农，支持地方经济建设”为己任，以小额贷款为产品核心，以抵押类贷款提升规模，以小企业贷款为增长点，以再就业贷款为产品补充，通过创建示范行建设，加强基础工作管理并规范各项业务操作流程，从而促进零售资产业务健康快速发展。2011 年全年累计发放各类贷款 13176 万元，贷款结余 11298 万元。

（靳利珍）

农村信用合作联社

【业务空间持续扩展】　2011 年，辖 15 家信用社，39 个营业网点。截至 12 月底，全辖农村信用社各项存款余额 268402 万元，较上年末增长 50265 万元，较上年同期多增 8596 万元，完成全年计划 50000 万元的 100.53%；各项贷款余额 204551 万元，较上年末增加 42248 万元，较上年同期多增 9114 万元，完成全年投放计划 28000 万元的 150.88%，存贷比例 76.20%；不良贷款余额 19193 万元，较上年末下降 3700 万元，完成全年下降计划 3200 万元的 115.63%；经营利润6889万元，较上年同期增盈2065万元，完成全年利润计划4000万元的172.23%。

【支农力度不断加大】 2011年，县农村信用社紧紧围绕“三农”增收、农信社增盈的工作目标，坚持做到“三个到位”即调查摸底到位、支农资金组织到位、政策措施落实到位。推行“两个转变”，把支持农民致富奔小康体现在实际行动上，做到“转变信贷服务领域、转变支农服务方式”，一是管好用活小额农户贷款；二是坚在贷款投向上做到“四个支持”，即：支持农村龙头企业发展，带动周边农户脱贫致富；支持农村专业户、重点户发展种植业、养殖业生产，增加农民创收的途径；支持农村农副产品加工业的发展，提高农产品附加值，增加农民收入；支持农村妇女发展商品生产，并以一户带动多户，以点带面，使她们尽快走入富裕户的行列；支持农户、商户及村镇建设，及时满足他们的生产生活资金需求。支持发展的项目有：冢头大根萝卜加工、王集花生米加工、长桥瓜子加工、广天铁锅铸造业、神前陶瓷园区、红牛产业以及20多家中小企业发展。

【内控机制逐步完善】 一是完善制度。按照“一项业务，一个流程，一套制度”的要求，对现有制度进行梳理、修订和完善，使之覆盖各个部门、各个岗位，贯穿各项业务、各个环节；二是加强教育培训。一方面加强员工对制度的学习，另一方面组织和鼓励职工进行再教育，加大技能培训。三是加强监督检查。加强联社监控中心视频监控系统管理，严格对制度流程执行情况的检查监督，对发现的问题硬起手腕，严肃追究责任，真正做到领导让位制度、习惯服务制度、全员遵守制度，确保安全营运。四是加强案防建设。进行廉政教育，加强中层干部的廉政建设，抓好行业作风建设，实施政务公开，深入持续开展案件风险排查工作。五是加大安全投入，开展经常性的安全检查与教育培训，实现了安全营运无事故。

（梁晓宁）

广天村镇银行

【概况】 郏县广天村镇银行由平顶山银行发起成立，于2009年10月28日正式营业，注册资金5000万元。2011年机构数为2家，内设营业部、信贷业务部、电子银行部、风控与合规部、综合业务部、西大街支行等部门。截至2011年末，资产总额3.32亿元，较2011年末增长0.8亿元，增长率32.8%；存款余额2.64亿元，较上年末增长0.74亿元，增长率39%。其中储蓄存款0.5亿元，较上年末增长0.13亿元，增长率70%；对公存款2.14亿元，较上年末增长0.61亿元，增长率40%。

【信贷投放】 截至2011年末，贷款余额1.32亿元，较2011年末增长0.32亿元，增长率32%。贷款全部为涉农贷款，其中农户贷款4889.30万元，占总贷款额的37%，中小企业贷款余额700万元，累计发放2400万元，较好地起到了服务当地“三农”经济和县域经济发展的作用。截至2011年末，贷款利息和贷款到期回收率均为100%，无逾期和不良贷款，圆满实现了稳健经营的目标。

【经营利润持续增长】 在“应提尽提、应摊全摊、据实列支”的前提下，2011年末实现账面利润389.91万元，净利润292.59万元，较2011年末利润数增长267.59万元，增长率1070%。2011年度，折旧累计266.13万元，上缴税收97.33万元。

【西大街支行顺利开业】 西大街支行于2011年7月6日正式开业，截至2011年底，存款余额已经达到1176.76万元，储蓄存款占比100%，其中定期存款342.74万元，活期存款834.02万元，开户数669户，保持了良好的业务发展势头，实现了“开门红”。

【票据贴现业务顺利开展】 为完善金融服务种类，加大资金利用率，扩展收益渠道，于

2011年上半年开办了票据贴现业务。截至2011年底，票据贴现余额824.23万元，累计贴现金额2840.23万元，实现利润72万元。

【内部控制不断加强】 2011年，按照“三个办法，一个指引”贷款新规的要求，补充和完善了信贷制度二十多项，同时，根据业务发展需要，制定了新的薪酬绩效管理办法、规范化服务操作规程、应急预案等，进一步丰富和完善了村镇银行规章制度体系。同时，每下发一项制度，就进行一次集中学习，保证了各项制度有效地贯彻和落实。根据产品的不断创新和发展，村镇银行加强各项规章制度的补充和完善，做到开办一项业务，跟进一个流程，先行一个制度，控制一项风险，立足于先培训后上岗，先制度后办理，切实做到发展服从规则制约，利益服从风险防控。2011年年初，按照各部门分工和各个岗位职责，细化了每个岗位和每位员工的职责，规定了每位员工的工作目标任务目标，统一印制了员工岗位目标责任书，召开全体员工大会，每一位员工根据岗位职责签订了目标责任书。2011年中旬，统一制作了各个岗位责任职责台历，对各个岗位主要责任、重要风险点等进行了提示，达到了合规经营、稳健发展的要求。

【合规执行年活动】 按照银监部门“合规执行年”活动的具体要求，高标准、严要求、持续、不断地开展“合规执行年”活动，深入推进了“合规执行年”活动的贯彻落实，提升了员工依法合规经营意识，提高了自身合规经营意识和风险控制能力。主要表现在：一是成立了领导组织，落实各个部门、岗位和人员的职责，明确责任，推进活动深入开展；二是在全年行电子屏上不间断滚动播出“合规执行年”活动宣传标语，加强社会宣传；三是多次召开专题会议，加强对员工的合规意识培养，通过多层次、系统、全面的教育，在全行范围内营造良好的合规经营氛围，使合规理念、合规文化深入人心；四是制作了合规经营警示铭，统一制式制作，根据部门和岗位职责不同，对本岗位工作存在的主要风险点进行提示，使员工能够时刻规范自己的操作，达到合规经营的目的；五是构建合规文化建设长效机制，通过深入持续开展“合规执行年”活动，逐步建立适应村镇银行长期可持续发展的精神文化体系；六是组织员工统一观看了河南银行业合规执行年案例警示教育片，每人写出深刻的观后感，通过现实案例对员工进行教育，不仅加强了员工的安保和案防意识，更推进了“合规执行年”活动相关要求的落实和开展，起到了良好的教育作用。

【信贷风险控制】 2011年，信贷部门按贷款新规的要求，对相关规章制度进行了进一步修订和完善，制定印刷新版贷款合同。其中包括《郏县广天村镇银行信贷管理基本制度》、《郏县广天村镇银行法人客户信贷业务基本规程》、《郏县广天村镇银行个人信贷业务基本规程》等18项相关制度，按贷款新规要求对流程管理、支付管理等重点内容删旧添新，同时，在部门内部开展员工的培训和教育，有效控制了风险；同时，信贷部门按贷款新规的要求重新制定了8类新版贷款合同，如《个人借款合同/担保合同》、《流动资金贷款合同》、《保证合同》、《抵押合同》、《质押合同》等。截至2011年中旬，新版贷款合同已交付印刷。按照“三个办法，一个指引”贷款新规的要求，行信贷部门在2011年重新设置了有关岗位，设立了放款与支付审核岗，由非管户客户经理专职担任，承担放款审核、贷款发放与支付审核的职责。按照审贷分离的原则，设立了调查岗、审查岗、审批岗、法律审查与风险管理岗、放款与支付审核岗、信贷档案管理岗和贷后管理岗等，各岗位之间做到了既相互配合又相互制约。同时，给信贷部门增加了4名业务素质高能力棒的新员工，充实了本部门客户经理队伍，为信贷工作开展奠定了很好的组织基础。

【员工培训】 2011年，广天村镇银行坚持对员工开展“以会代训”的教育方法，不断提高员工业务操作能力、风险管控意识和综合素质。特别是在财务管理、会计监督、信贷管理、大小额系统操作规程等方面的强化培训，使员工队伍快速成熟，基本具备了办好商业银行的素质，适应了村镇银行快速发展的需要。2011 年初，新招聘的员工正式上岗办理业务，经过前期的培训和后期的再教育，新员工已经能够熟练办理日常业务，为村镇银行员工队伍补充了新鲜血液。通过全方位、多层次的培训和锻炼，员工在业务技能、综合素质、法制观念、道德观念、市场营销技巧和自我监管意识方面较之开业初期都有显著提高，已经走上了服务规范创业绩、依法合规搞经营、奋勇争先干事业的正常轨道。

【市场服务和社会宣传】 村镇银行作为新型的金融机构，社会认知度和社会影响力还有待提高，2011 年进一步加大了村镇银行宣传力度。一是出台了郏县广天村镇银行规范化服务规章制度，组织员工进行礼仪服务专项培训。二是 2011 年底，大力开展采取送贺卡、春联，回访客户形式全方位、多层面宣传村镇银行，通过进一步宣传，让广大客户认知村镇银行、理解村镇银行、支持村镇银行，不断提升村镇银行的社会形象和影响；三是在 2011 年下半年制作了新的形象宣传片，向郏县人民展示了开业一年取得的成果、齐全的服务功能、高素质的营业团队等，取得了明显效果；通过宣传，让广大客户认知村镇银行、理解村镇银行、支持村镇银行，不断提升村镇银行的社会形象和影响，使村镇银行逐步走入千家万户，为服务“三农”奠定社会市场根基。

（宋灿峰）

中国工商银行郏县支行

【概况】 中国工商银行股份有限公司郏县支行自 2011 年 11 月 4 日正式开业以来，截至 2011 年末，个人储蓄存款余额 2175 万元；开立账户总数 1571 户，其中对公账户 16 户，个人理财金账户 200 户，个人活期储蓄账户 1287 户，个人定期存款账户 68 户；办理个人网上银行开户 514 户，企业网上银行开户 7 户；发放个人信用卡 256 张，销售贵金属 25000 克，较好的实现了增加经营效益和支持地方经济发展的目标。

（张 斌）

中国人寿保险股份有限公司郏县支公司

【概况】 2011 年，全县国寿系统认真落实各个阶段的企划方案，通过对各级团队有效人力的考核，严格贯彻落实《基本法》。实际管理中，经过清零清虚，清退长期零业绩人员和淘汰不合格主管。全体员工从郏县的实际出发，实实在在做业务、收保费，到 2011 年 12 月 25 日完成新单期交 1210.75 万元，超额完成了县委、县政府下达的目标任务。短险任务完成 250.57 万元。

【理赔工作】 保险理赔工作是公司的窗口，工作做的好与坏，直接影响保费收入和信用度，时刻以“及时、准确、迅速、合理”的方针做好保险理赔工作，实行了千元以下简易处理，标准案件限时处理，配置了照相机、打印机及专业人员，保证车辆发现案情及时到场，加快了理赔速度、增强了客户对公司的满意度和诚信度，树立了公司的良好形象，截至 12 月 25 日，2011 年所有案件均处理完毕，结算率达到 98% 以上。

【中介代理业务】 从年初公司中介部采取渠道上业务，由一名副经理主抓县农行、建行、邮政，三大银行体系，畅通关系，用真心为他们做好服务，让三大银行给公司代办业务，截至 2011 年底已完成中介保费 1550 万元。

中国人民财产保险股份有限公司郏县支公司

【概况】 2011 年，中国人民财产保险股份有限公司郏县支公司（简称“人保财险郏县支公司”）坚持以科学发展观为导向，秉承“人民保险，服务人民”的经营理念，以“促发展、增效益、防风险”为主基调，强化管理、突出效益、稳步发展，进一步解放思想、转变观念、发扬求真务实的工作作风，不断开拓新局面，为郏县的经济发展、社会稳定和平顶山人保财险系统的业务持续、健康发展作出了积极贡献。全年共承保各类风险责任62.69亿元，实现保费收入1980万元，支付各类赔款1780万元，处理各类案件2027起，全年上缴各项税金195万元，代收车船使用税140万元。

【财险市场拓展】　2011年，人保财险郏县支公司按照上级公司下达的各项目标任务，及时制订了2011年全年的业务发展总体规划，公司经理针对郏县保险市场实际，研究市场，分析市场，应对市场，寻找市场，开拓新领域，拓展新业务，不断创新业务发展，努力扩大承保渠道，坚持“存续业务抓巩固，增量业务抓拓展，流失业务抓竞回”三个重点，在开展政策性农业保险业务中，公司组织得当，实施得力，工作推进迅速，大力推进玉米、烟叶种植保险，收取保费157万元。按照积极服务“三农”和上级公司“关于进行农村保险营销网络建设”的文件精神，继续大力发展“农网”建设，向农村延伸业务，拓宽农村业务渠道，占领农村保险市场，弥补城区业务不足，促进和拉动公司整体业务持续健康发展，建成农村营销服务部9个，网点覆盖率达到郏县乡镇数的80%以上，坚持“有效益发展”的业务指导思想，大力发展非车险业务，加大对全县大中小企业、采矿、煤矿的财产险、意外险、责任险的宣传承保力度。

【经营管理】　2011年，按照上级公司要求，依法合规经营，加大反洗钱工作力度；严把承包手续，对新车入户、加保商业险车辆，严格验车承保，严禁高风险业务承包，主动放弃医疗责任险、健康险，做到拿得起放得下，彻底转变思维方式，自觉遵章守纪。增强责任感和使命感，确保经营沿着健康的轨迹运行，同时严格理赔纪律，提高赔付质量。首先加大案件调查力度，对重点案件全面核查，对三者赔案无论金额大小，做到每个案件必查，大大减少了案件水分；其次要求理赔一线人员增强岗位责任意识，承担起公司效益的责任发展的重担；再次严格理赔纪律，规范执业行为，着力打造思想好、作风硬、技能强、服务优的理赔队伍，为公司各项业务发展提供良好社会形象。

【财险理赔】　人保财险郏县支公司在理赔上，本着“主动、迅速、规范、合理”的理赔原则，提出了“四个一”理赔承诺服务，实行限时支付赔款，即1万元单车损案件，手续齐备，1小时内赔付。公司依托全国统一服务热线“95518”实行365天24小时值班制度，接到客户报案后，城区内15分钟到达现场，实行免费义务施救，通过提供快捷的优质服务，大大提高了公司信誉，树立了良好的社会形象。

（雷中信）

新华社评出2011年国内十大文化新闻（四）

（上接174页）

九、非物质文化遗产法通过

2011年2月25日，《中华人民共和国非物质文化遗产法》在十一届全国人大常委会第十九次会议上获表决通过。这部法律的出台，对于加强我国的非物质文化遗产保护、保存工作，继承和弘扬中华民族优秀传统文化，促进社会主义精神文明建设，推动文化大发展大繁荣，将产生重大而深远的影响。

（下接232页）

城建 城管 环保

城　建

【城市规划管理】　2011年，县聘请上海同济大学规划设计院完成了主城区（15平方公里）控制性详细规划、“十二五”发展规划和城市远景规划的编制工作，并通过了专家评审；同时，为深入推进创建省级园林县城工作，按照省级园林城市标准，聘请河南省城乡规划设计院有限公司编制完成了郏县绿地系统规划和重要地块的修建性详细规划，于2011年4月9日通过了专家的评审。

【城市基础设施建设】　2011年，住房和城乡建设部门明确时间要点，强化责任落实，强力确保2010年结转的20项在建市政工程和2011年新确定的36项工程顺利进行，其中兴业路南延、和平路绿化等23项工程已完工；中医院新址建设、友谊路开通、祥云路拓宽等27项工程正在积极推进中，青龙湖公园、眼明寺森林公园开发等6项工程正在进行前期规划设计及招投标工作。

【小城镇建设】　2011年，围绕县委提出的“五个一”的工作目标，即：建立一支管理队伍、建设一条特色街道、建成一个垃圾中转站、建成一个休闲广场、建成一个农民社区，督促组织各乡镇积极筹措建设资金，加大小城镇建设力度，小城镇建设取得显著成效。其中一支管理队伍方面，15个乡镇（街道）均按照要求立了8~14人的管理队伍；一个休闲广场方面，各乡镇均按照要求建成了占地面积2000平方米以上的休闲广场，并绿化、亮化到位；一个垃圾中转站方面，各乡镇（街道）垃圾集运体系正常运转，镇区保洁做到日常化、制度化、规范化，垃圾做到日产日清；一个农民社区方面，截至2011年底，各乡镇农民社区建设主体已完工1590套，完成全年任务的179%；一条特色街道方面，各乡镇（街道）结合自身特点，加大投入，建设具有地域特色的精品街道。

如家头镇仿古一条街已初具规模，体现出文化名镇特色。

【保障性住房建设】 位于东坡大道东段的东方家园保障性住房项目占地58900平方米，建筑面积10万平方米，其中经济适用房440套，建筑面积4万平方米，总投资4000万元；廉租住房1225套，建筑面积6万平方米，总投资6000万元。该项目于2010年8月份开工建设，进展顺利，部分工程主体已完工。位于文化路东段的民心家园保障性住房项目包括经济适用房4.2万平方米，廉租住房4.98万平方米，公共租赁房2.1万平方米，国家已下达计划资金2490万元，已经开工建设。同时，积极做好低收入家庭住房保障工作，对符合国家规定住房困难条件、申请廉租住房租赁补贴的低保家庭基本做到应保尽保，廉租住房717户补贴资金已于6月底全部发放完毕，共发放补贴资金34.42万元。

【建筑市场管理】 2011年，加大了对建筑市场的管理力度。一是深化工程招投标改革，加强有形建筑市场建设。规范完善了有形建筑市场的服务设施和制度，提高了招投标程序的透明度。2011年共受理招投标项目24项，总投资约2.2亿元，其中房屋建筑类8项，总投资1.68亿元；市政工程类16项，总投资0.53亿元。二是创新工程质量安全管理模式，全面提升工程质量安全和文明施工管理水平。与各施工单位签订了安全生产责任书，落实安全生产责任人；强化建筑工程质量安全巡查，有针对性地开展安全生产专项整治，加大对施工现场的日常管理，加强对进入施工现场建筑材料的检测鉴定工作，进一步完善了工程竣工验收备案管理制度，工程竣工合格率达到100%；加强对施工企业安全生产管理人员的培训工作，从而有效控制了安全质量事故的发生。三是严厉打击违法建设和私搭乱建等行为。根据县委、县政府的统一部署，按照疏堵结合的原则，采取有效措施，周密部署，合理安排，迎难而上，强力攻坚，较好地规范了城区建筑市场秩序。2011年，共查处各类违章建筑200余起，自行拆除、强制拆除20余起，查封、暂扣各类违章建筑物品30余件，通过严格执法，有效遏制了违法违章建设的势头，有力打击了违法建筑的行为，维护了《城乡规划法》的严肃性。

【城区园林绿化工作】 一是加强现有绿化的修剪养护工作，巩固原有的绿化成果，确保其良好生长。二是对城区绿化带进行疏密植绿，实施对密树进行合理移植，同时及时做好城区行道树的整修及病虫害防治工作。三是加大投资，规划建设新的绿地，先后完成了三角游园、高速引线两侧绿化、和平路绿化等工程，城区绿化总面积已达到280万平方米，绿化覆盖率达到34%。

【城市管理】 2011年，坚持以四城联创为抓手，加大城市综合管理力度，市容市貌不断改观。一是对乱停乱放、乱搭乱建等问题进行综合整治。县城区内主要道路基本杜绝占道经营、店外经营现象。二是加大环卫管理力度。在新购置了垃圾清扫车、垃圾中转车、垃圾收集车和人力保洁车的基础上，加强环卫队伍建设，优化环卫工人的年龄结构，提高环卫一线工人的劳动报酬，调动其工作积极性。对城区道路实施全时保洁，做到垃圾日产日清，基本实现城区环境卫生“全覆盖、无空白、无死角”的目标。

【市政管理】 2011年，先后对城区1553米排水渠进行了贯通、清理，更换填补破损缺漏的排水沟盖板103块，井盖、雨水篦子46套；对城区102块路沿石进行了更换。同时，完成了龙山大道高速路口至八一路、经一路北段、北大街、东西大街的沥青路面升级工作。

【建筑节能】 2011年上半年，县共开工新建建筑35项，总建筑面积65.54万平方米。在这些工程中，建筑施工图都有建筑节能方面的设计，节能标准执行率达到100%；各相关责任主体大部分都能严格贯彻执行建筑节能政策及标准；建设单位都能按照国家有关建筑节能的标准和要求，进行施工图节能专项审查，并且按照审查合格的施工图纸进行建筑节能方面的施工。

【公用事业发展】 为改善县城供水压力不足等问题，申请了总投资约1817万元的郏县供水改扩建工程，截至2011年底，厂区工程已基本完工，管网工程正在紧张施工中，该工程完工后，将有效缓解城区自来水供水压力不足的问题；污水处理厂运行稳定，共处理污水650万吨，出厂水质达到国家一级A标准，符合国家排放要求；垃圾处理场运行正常，2011年共处理生活垃圾4万多立方，无害化处理率为100%。

（苗丽伟）

城市管理执法

【概况】 2011年，县城市管理执法局按照县委、县政府工作部署，大力弘扬“实干、诚信、尽责、争先”郏县精神，围绕城市管理工作，加大工作力度，提高执法标准，较好地完成了各项城市管理任务。先后荣获“目标绩效考核工作先进单位”、“城镇建设工作先进单位”、“城市建设重点工程先进单位”、“卫生创建工作先进单位”、“县级文明单位”等荣誉称号。

【执法队伍建设】 2011年，城市管理执法局注重加强执法队伍建设。一是抓理论学习。把相关法律法规、规章制度共18项10万余字印成《学习手册》，采取自学与集中学习相结合的办法，先后对《行政处罚法》、《行政许可法》，省政府80号令《河南省城市市容和环境卫生管理办法》等与城市管理有关的法律、法规共计18项，进行了学习。全年共组织集中学习25次，累计50多个学时。全局干部职工基本上达到了“熟记于心、准确运用”的学习效果。二是抓实干精神。7月份，在全局开展了“强化责任意识，转变工作作风”大讨论活动。从工作纪律、工作落实、工作作风3个方面，进行了进一步强调，对个别工作人员身上存在的责任心不强，工作疲沓等问题进行了查摆整改。通过活动，全局同志进一步树立了责任心，提升了工作效率。三是抓用人制度。全局人员，从股级干部到一般同志，一律实行竞争上岗，从“德、能、勤、绩、廉”进行全面考察，优化组合。被组合掉的人员，待岗学习，考核合格后方可上岗。通过优化组合，激发了全局人员的工作积极性，收到了良好效果。

【依法行政】 2011年，城市管理执法局在管理工作中坚持规范执法、依法行政。一是完善规章制度。先后制定了和完善了《中队、科室工作职责》、《执法队员行为规则》、《执法文明用语及忌语》、《执法人员责任追究制度》、《城市管理执法局干部职工问责办法》等20余项工作制度。对全局人员依法行政、规范执法、工作纪律情况进行监督检查。特别是在7月中旬，出台了《城市管理执法人员十条禁令》，明确了“城市管理执法人员工作日午间禁止饮酒，禁止吃拿卡要、禁止不文明用语”等10项禁止行为，以此进一步规范城管执法行为。全年无一起重大违规违纪案件发生，树立了良好的执法形象。二是强化监督检查。制定了《城市管理督查考核办法》，从工作纪律、市容管理、交通秩序管理、建筑工地管理、户外广告管理、垃圾处理费征收6方面，细化了48项管理标准。整合办公室人员，成立3个督查小组，带班领导带队，按照标准，一天2次督查。督查结果一天一上墙，一月一汇总，月汇总成绩与工资奖金挂钩。通过强化督查，全局人员进一步提高了工作效率。三是坚持规范执法。对管理对象，坚持“三步工作法”（首次教育、二次警告，三次处罚），要求队员做到“打不还手，骂不还口”。对违规商户，坚持按程序下发《限期整改通知书》、《行政处罚事先告知书》和《行政处罚决定书》等3道文书后，再依法处罚。全年共下发各类文书350份，处罚对象无一起投诉发生，树立了执法人员良好形象。

【精细化管理工作】　2011年，县城市管理执法局认真落实市、县城市精细化管理活动领导小组工作部署。3月份，组织研究制定了《郏县城市精细化管理活动实施方案》、《郏县城市精细化管理活动责任分解及考核评分标准》和《郏县精细化管理活动考核评分办法》，上报县政府后予以通过。3月11日，组织召开了郏县城市精细化管理活动动员会。6月份，积极协调，将12319城市管理服务热线合并至县长热线，共受理城市市容、环境卫生、市政设施、城市交通、园林绿化、住宅小区、城市供水、建筑工地管理等8方面的投诉，建议30余起，办结率100%、满意率100%。日常工作中，组织办公室人员每周四对22个参评单位活动进展情况进行抽查，每月进行1次汇总，每季度进行1次评比。活动开展以来，共组织抽查46次，整改各类问题130余项。在迎检工作中，积极准备迎检资料，制定迎检方案，做好迎检各项保障工作，为郏县荣获“2011年度城市精细化管理工作先进单位”，做出了积极贡献。

【城市管理宣传】　2011年，县城市管理执法局加大宣传力度，营造舆论氛围，不断提升居民参与城市管理自觉性和文明卫生意识。一是车辆宣传。把相关法律、法规录制到U盘上，每天巡查执勤时，利用车载喇叭进行宣传，全年共出动宣传车辆1300余辆（次）。二是媒体宣传。利用电视台和《郏县信息报》对在管理执法工作中文明行为进行弘扬，对不文明行为进行曝光。全年共制作电视节目96期，郏县信息39篇，为提升居民、商户的文明卫生意识起到积极作用。三是宣传单宣传。印制《致商户一封公开信》5000余份，提出14项日常管理要求，向城区市民和商户发放。通过宣传，商户自觉遵守“门前五包”责任意识明显提升。

【城区市容管理】　2011年，城市管理执法局加大城区综合治理力度。一是细化管理。把城区划为4个管理辖区，每个辖区一个管理中队，实行“定路段、定人员、定责任”的管理办法，对责任片区进行不间断巡查纠章；对主要路口，如：老汽车站菜市场、十字街、八一路口等，实行定点管理，设立执勤岗，安排专人监控，确保管理到位。二是前期规范与集中管理相结合。每天上午9点前，下午3点前，包片队员在分包路段对逐个门店进行规范管理，要求城区商户沿街按规定位置摆放车辆，打扫门前卫生。其余时段以中队为单位，对辖区管理难点进行集中管理。晚上专门安排一个中队对城区夜间市容秩序进行管理，城区管理基本上达到了“全天候、无缝隙”的精细化管理标准。三是集中治理。对管理中的难点问题和“钉子户”治理，加大集中治理力度。从“市容卫生、交通秩序、建筑工地、户外广告”4方面，细化11项治理标准，明确了6类重点治理对象（即：“乱停乱放、乱堆乱放、乱扯乱挂、乱贴乱画、乱倒垃圾、乱搭乱建”），先后开展各类集中整治行动90余次，对城区15条主要路段进行规范治理。共规范机动车、非机动车乱停乱放5000余辆（次），治理店外经营570余起，规范建筑工地78家，拆除灯箱小广告230余个，拆除横幅700余幅，治理游商小贩420余人次，查处乱贴小广告12起，规范过街网线600余条。

【营运秩序管理】　2011年，城市管理执法局对城区营运秩序加大管理力度。一是对出租车司机，加大培训教育力度。出租办每月组织一次集中学习，教育广大司机树立文明营运意识，提高服务质量。二是完善了出租车营运证、资格证审验换证制度，对不具备从业资格的司机，不予办理从业证件，以此进一步规范、净化营运市场。三是对非法营运，加大打击力度。采取“群众举报、司机参与、集中巡查”方式，重拳出击，对黑出租进行严厉打击，2011年共开展各类集中治理活动40余次，查处黑出租130余辆（次），打击违规营运人员260余人次。四是对“摩的”车辆管理，坚持“控制总量、挂牌营运、逐年淘汰”的工作思路。2011年，对城区营运“摩的”进行了第6次集中审验换卡，对符合营运条件的“摩的”车辆，登记造册，换发新卡，统一管理，共有600多辆通过审验，淘汰不合格摩的65辆。

【游商小贩管理】 2011年，城市管理执法局对游商小贩，坚持人性化管理，采取“教育劝导和处罚相结合”的方法，根据情况区别对待。对进城卖自产农副产品的农民，以教育劝导为主，让其进市场经营。7至9月份，为方便瓜农、果农进城销售，在不影响城区市容环境的前提下，设置了4个临时瓜果销售点，要求瓜农、果农在销售点内定点经营。对那些经常在街上打游击的游商小贩，对其重罚或暂扣其使用工具。全年共处罚游商小贩68人次，暂扣交通工具18辆，物品75件，游商小贩占道经营现象得到了有效遏制。

【建筑垃圾治理】 2011年，城市管理执法局加大建筑垃圾治理力度。一是加大宣传。把《城市建筑垃圾管理规定》（中华人民共和国建设部139号令）印制成宣传单8000余份，向城区居民和建筑工地发放。要求城区广大建房户、改建户和施工工地认真遵守有关规定，树立文明卫生意识，不要随地乱倒建筑垃圾。2011年，共组织集中宣传活动15次，发放宣传单7000余份，宣传教育群众9000余人次。二是源头管理。对建筑工地，实行“合同式”管理，工地开工前，须签订《城区施工场地环境治理责任书》。要求在施工过程中遵守“施工现场要设置护栏；建筑材料不得占道，运送渣土车辆必须包扎覆盖”等10条要求。如违规，将按照城市管理有关规定，终止施工，严管重罚。全年共签订《城区施工场地环境治理责任书》430余份，查处违规施工37起。三是集中治理。对个别违规乱倒垃圾行为，组织专项治理行动，进行严厉打击。在2011年下半年，开展专项行动15次，对城区凤翔大道、文化路、紫云路及乱倒建筑垃圾多发地，集中巡查，加大管理。共规范建筑工地30余个，查处乱倒建筑垃圾案件12起，处罚违规人员7人，城区建筑垃圾乱倒现象得到明显控制。

【户外广告店铺门头管理】 2011年，城市管理执法局对户外广告、店铺门头，严把审批关，从“安装位置、安装尺寸、安装效果”三方面，进行统一把关，对不符合要求的，不予审批。在工作思路上，提出了“一街一景一特色”的工作思路，先后对城区行政路东段、复兴路北段、民生路及城区6条新建路段户外广告、门头进行统一规范，达到了布局合理，美观大方的安装标准。2011年下半年，对城区商业横幅乱扯乱挂现象进行了集中治理，共拆除不规范横幅1100余幅，确保了城区市容市貌整洁有序。

【联动执法】 2011年，城市管理执法局积极配合县中心工作，搞好联动执法，做好迎检工作，共迎接省、市各级领导调研、检查工作20余次。在迎检工作中，执法人员全天候执勤，做好沿线市容整治工作，为树立郏县良好形象做出了应有贡献。

（徐向峰）

环境保护

【概况】 2011年，县环保工作以科学发展观为指导，以建设生态文明为统领，强力推进污染减排和环境综合整治工作，使县域环境质量得到明显改善。2011年3月被县政府授予2010年平安建设工作先进单位、4月被县委县政府授予第一批移民搬迁安置工作先进单位、6月被县直工委授予先进基层党组织称号、9月被市委市政府授予全市“五五”法制宣传教育和依法治理工作先进单位、2011年夏秋两季秸秆禁烧工作被市政府授予优秀单位、在2011年市政府对县政府环保目标考核中荣获第一名。

【水污染防治】 一是通过加大对污水处理厂设施运行的监管力度，监督其设施稳定运行，实现污水达标排放，确保北汝河出境断面水质化学需氧量、氨氮历次监测结果均稳定达到省定标准（COD≤0mg/L，NH3－N≤1mg/L）。二是依法划定了水源保护区，对自来水公司周围排污企业进行调查，完善了应急预案，设立了水源保护区警示标志。对北汝河沿线两侧各1公里，县城两个自来水取水水源地周围各1公里范围内严禁建设排污企业，对已有企业严加监管。对全县地下水布设5个监测点，分别在1月份和7月份进行监测，监测结果全部达到饮用水标准，确保了饮用水的安全。三是开展典型乡镇水源地调查工作，对建制镇水源地基础资料进行调查和收集，为保护农村饮用水安全打下了坚实的基础。

【环境综合整治】 一是县政府2011年3月下发了《2011年郏县环境综合整治实施方案》（郏政〔2011〕15号），对城区大气环境、安良陶瓷园区和广天乡铁锅抛光行业实施环境综合整治。城区59台燃煤锅炉，43台已按方案要求完成治理任务并通过验收，16台锅炉已拆除设备不再使用。对20家陶瓷企业有8家使用天然气，8家改造为煤制气，停产4家，完成整治任务。19家铁锅抛光厂因技术原因尚未治理到位。二是联合黄道镇政府、茨芭镇政府、安良镇政府对辖区内的28家土烧结铝石窑进行了取缔。

【污染减排】 一是切实加强对中联天广水泥有限公司和县城污水处理厂的监督管理，确保设施稳定运行，污染物达标排放。二是继续开展整治违法排污企业保障群众健康环保专项行动。加大对“十五小”、“新五小”的监管力度，严密监控、严防死守，全年没有出现“新五小”、“十五小”企业死灰复燃现象。三是分别于1月和7月对郏县物阳焦化厂和利鑫焦化有限公司进行了关闭。因措施得力，2011年化学需氧量、二氧化硫、氨氮、氮氧化物的减排任务已提前完成。

【生态创建】 积极开展生态县、生态乡镇和生态村创建活动。《郏县生态县建设规划》已于2011年10月15日顺利通过省环保厅组织的专家评审，2011年，成功创建省级生态乡镇1个：广天乡；省级生态村3个：冢头镇陈寨村、黄道镇黄南村、薛店镇韩店村；市级生态村4个：渣园乡小卢寨、安良镇神前村、长桥镇楼王村、李口镇西北村。全年共争取中央、省市资金373万元，其中姚庄乡南三郎庙村120万元、黄道镇黄南新村120万元、冢头镇前王庄村46万元、冢头镇陈寨村87万元，用于建设四个村庄的污水处理设施和垃圾处理设施。

【环境容量争取】 “十一五”末，郏县主要污染物排放量分别为：化学需氧量（COD）1047.9吨，二氧化硫（SO2）1019.8吨，按这个排放量郏县已无环境容量，借助“十二五”主要污染物更新认定的机会，经过多方测算，并经省市环保部门最后认定，确定“十二五”期间县主要污染物认定情况为：化学需氧量（COD）排放量为11713吨，二氧化硫（SO2）排放量为4071吨，氨氮（NH3－N）排放量为699吨，氮氧化物（NOx）排放量为4336吨。“十二五”期间，全县主要污染物的容量分别为：化学需氧量（COD）1652.17吨，二氧化硫（SO2）1251.58吨，氨氮109.64吨，氮氧化物689.3吨。这些容量完全可以满足招商引资项目建设的需要。

【环评审批服务】 在环评服务中，2011年，环保局开辟环评审批“绿色通道”。对符合国家产业政策和环保准入要求的建设项目，尽量规范和简化审批程序，并做到提前介入，全程跟踪，主动、依法、科学服务建设项目，推动项目快审批、快建设、快投产。全年共审批环境影响评价文件85件，涉及投资金额51.3亿元。（其中市局审批16家，投资21.9亿元，县局审批69家，投资29.4亿元）。

【环境法制和宣教】 一是法制工作。1.执法人员持证上岗、亮证执法率达100%。2.抓好“三制”（依法行政责任制，依法行政考核制、依法行政公示制）的贯彻和落实，增加了行政决策的透明度。二是环保宣教工作。继续开展“6·5”世界环境日和环境大接访宣传活动。大力宣传环保法律法规，不断提高全县人民的环境保护意识。

【突发事件应急能力和辐射环境管理】 加强应急演练，成立了应急小分队。加强放射性同位素、射线装置安全和防护的监督管理，全年实现了辐射事故零发生。2011年，认真做好信访突出问题及群体性事件的处理工作，及时妥善处理一些信访案件和群体性事件，对群众反映强烈的环境问题及来信来访，采取专人负责，专人落实，将处理结果及时回复当事人。2011年，共受理各类信访投诉案件157起，已全部高标准办结，没有发生一起赴市以上信访部门上访的个访或集体访。

【夏秋两季秸秆禁烧】 2011年夏秋两季秸秆禁烧期间，县领导高度重视，多次对禁烧工作提出具体要求，并实行了县领导包乡镇（街道）责任制。环保局成立了7个禁烧督查组，昼夜24小时不间断下乡督查。各乡镇也迅速行动、抽调人员、落实措施、全力投入禁烧。由于措施得力。2011年夏秋两季秸秆禁烧继续保持全市先进位次。

【环境质量指数达到规定标准】 环境质量综合指数包括：城市空气质量达标率、地表水达标率、国土绿化标准率（森林覆盖率与目标值23%的比率）。2011年城区空气质量优良天数为347天，达标率为95%，地表水达标率为100%，森林覆盖率为22.2%，据此计算出郏县2011年的环境质量指数为97.3%，超额完成目标任务。

【环境监测】 郏县环境监测站有工作人员10人，其中工程师1人，技术员9人，现主要开展水质、大气降尘量、噪声、烟尘空气自动监测、水质自动监测等项目的监测工作。2011年，郏县环境监测站逐步完善和强化监测手段，加强业务培训，提高人员素质，规范监测行为，逐步提高监测能力和监测质量。共有12个监测项目取得化验合格证，为环境管理提供了科学、准确、合法的监测数据。大气监测：县环境保护局在县城自来水公司、县环境保护局、县电业局、县一高老校区设置了4处大气降尘监测点，监测交通干线、居民区、二类混合区、文化区大气降尘量。2011年，共监测12次，取得监测数据48个。4个监测点全年平均监测结果依次为：10.6吨/平方公里·年、9.42吨/平方公里·年、8.92吨/平方公里·年、8.97吨/平方公里·年。较上年均有所上升，2011年空气自动监测水质自动监测设备运转正常，空气各项指标优良天数全年在300天以上，达到了市政府下达的优良天数目标，水质自动监测对出境断面的监测结果达标率100%。地表水水质监测：境内地表水主要为北汝河。2011年，在北汝河龙王庙（出境断面）除设有自动监测站外，还对北汝河长桥渔陈（出境水）断面、净肠河吕寨断面、肖河大桥断面、叶犟河白庙断面、双庙河姬老庄断面设置了5个地表水监测点。监测地表水枯水期、平水期、丰水期的水质。监测项目有PH值、化学需氧量、氨氮等。2011年，每个断面共监测12次，取得数据518个。监测结果表明，北汝河出境水均值化学需氧量为11.8mg/L；氨氮为0.215mg/L；符合地表水二类水质标准，其他自控河流水质低于二类标准。对青龙湖及入水口每月监测一次，青龙湖设3个监测点，入水口、出水口各设1个监测点，上游设5个监测点。监测数据为青龙湖指挥部的管理提供了依据，对郏县污水处理厂的进出口每月1～10日前监测一次，对郏县垃圾处理厂、平顶山煤矿机械有限责任公司（郏县分公司）每季度监测一次，起到了很好地监督作用。地下水：在县卫生学校、龙山街道小屯村、县交通巷、自来水公司、机械厂设5个地下水质监测点。主要监测地下水的PH值、总硬度、化学需氧量、氨氮、亚硝酸盐氮、硝酸盐氮指数、六价铬等。2011年，共监测2次，取得数据60个。监测数据表明，地下水除个别点位总硬度超标外，其他指标均符合饮用水标准。噪声监测：工业噪声。

2011年，在全县所有铁锅企业及其他排放噪声严重的企业设置噪声监测点。共监测40厂次，取得数据450个。监测表明：铸造工业企业昼间厂界噪声强度为55～82分贝；机械工业昼间厂界噪声强度57～71分贝；磨料磨具工业企业厂界昼间噪声强度为54～63分贝；新型制砖厂昼间噪声为38～61分贝，夜间噪声为35～45分贝。交通噪声：在县城区机械厂门口、郏宝路口、安良路口北、行政路转盘处、一高门口、二高门口设置了7个交通噪声监测点。共监测12次，取得数据86个，监测结果：城区主要交通干线昼间噪声强度在88分贝以下；夜间噪声强度在48分贝以下，80%以上的路段交通噪声强度属于国家允许的标准。区域环境噪声：在县城区域按网格布点法进行监测，监测结果表明，除极个别区域点位超标外，97%的区域点位均符合国家标准。

（肖亚娟）

新华社财经专线评出2011年十大国际财经新闻（一）

一、中国取代日本成为世界第二大经济体

2月，日本政府公布其2010年国内生产总值为5.4742万亿美元，排在美国、中国之后。由此，中国取代日本成为世界第二大经济体。近年来，世界经济格局发生了巨大变化，以中国等新兴经济体为代表的发展中国家地位持续上升，对世界经济增长的贡献也越来越突出。

二、日本发生巨灾严重冲击全球产业链

3月11日，日本东北部地区发生强烈地震并引发海啸，重灾区的汽车、电子、钢铁等产业材料及零部件工厂遭到毁灭性打击，生产一时难以恢复，从而引发全球制造业供应链中断，美洲、欧洲和亚洲的众多厂商受到波及，有的宣布停产，有的被迫减产、下调全年生产目标。

三、斯特劳斯－卡恩涉嫌性侵案

5月14日，国际货币基金组织总裁多米尼克·斯特劳斯－卡恩因涉嫌性侵犯酒店女服务员被美国纽约警方拘留，之后宣布辞职。6月，原法国经济、财政与工业部长克里斯蒂娜·拉加德当选为新一任总裁，成为国际货币基金组织首位女总裁。面对发展中国家要求让权的呼声，欧洲人继续执掌国际货币基金组织。

四、中国概念股遭遇寒流

春夏之交，在美国上市的中国概念股遭遇寒流，股价普跌，数十家中国公司被摘牌或停牌。这起因于部分在美上市中国公司涉嫌财务作假或违规操作，被放大后使中国概念股遭遇集体诚信危机，做空机构则借机“猎杀”中国概念股，大规模做空让中国概念股损失惨重。

五、美债评级遭历史性下调

8月5日，国际评级机构标准普尔公司宣布，将美国AAA级长期主权债务评级下调一级至AA+，评级前景展望为“负面”。这是美国历史上首次丧失AAA主权信用评级。这一具有全球冲击力的符号性事件引发金融市场动荡和国际社会关注。

（下接219页）

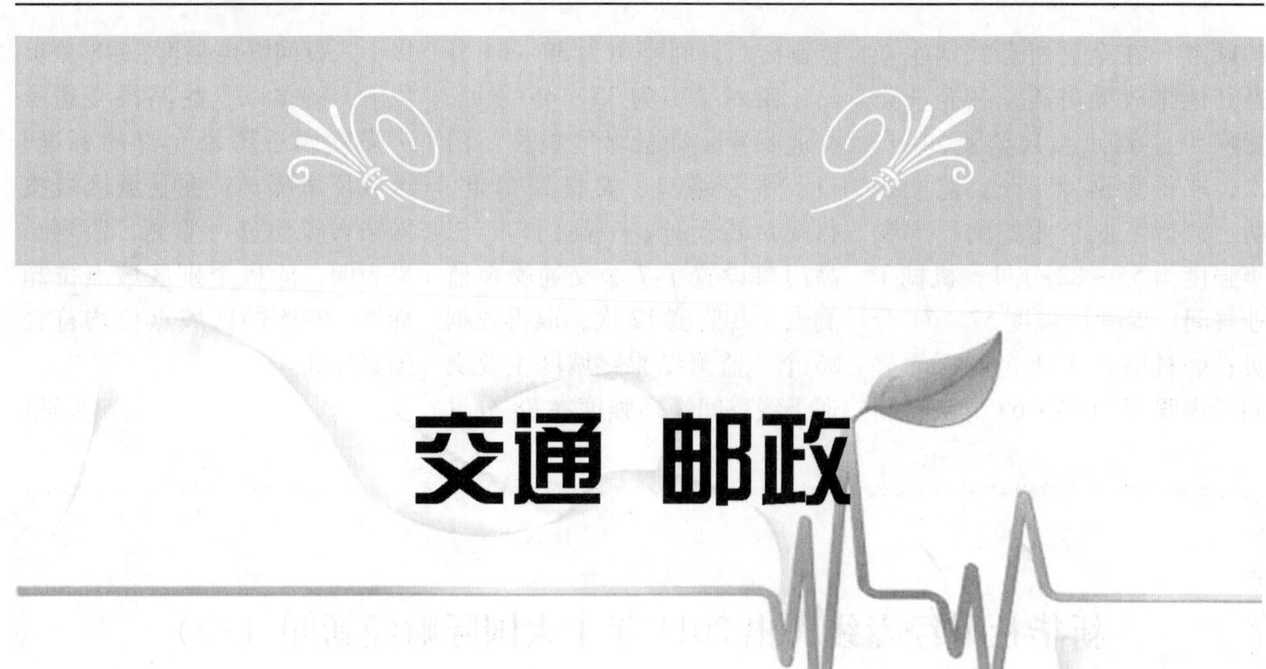

交通 邮政

交 通

【概况】 2011年，县交通局继续保持“省级文明单位”和“省级卫生先进单位”荣誉；被市委、市政府授予全市“五五”法制宣传教育和依法治理工作先进单位；被市纪委、市人力资源和社会保障局、市监察局授予“纪检监察系统先进集体”；被市纪律检查委员会授予“廉政文化进机关示范点”；被市国防教育领导小组、平顶山军分区授予“关心支持国防建设十佳单位”；被市交通运输局授予“交通运输系统先进集体”、“全市海事系统先进单位”、“安全应急工作达标单位”、“依法行政先进集体”；被县委、县政府授予“招商引资工作优秀单位”、“城镇建设工作优秀单位”、“安全生产工作先进单位”、“信访稳定工作优秀单位”、“目标绩效考核工作优秀单位”、“郏县丹江口库区第一批移民搬迁安置工作先进单位”、“平安建设工作先进单位”、“妇女工作先进单位”；被县委授予“先进基层党组织”；被县政府授予“全县行政服务工作优质服务窗口”、“全县依法行政先进单位”；被共青团郏县委员会授予“五四红旗团委”；被中共郏县县委宣传部授予“宣传思想工作先进单位”；被县委组织部授予“老干部工作先进单位”；被县总工会授予“全县工会工作先进单位”；被中共郏县县委办公室授予“全县党委系统信息工作先进单位”；被县档案局授予“全县档案工作先进单位”；被县城市建设指挥部授予“城市建设重点工程先进单位”；并获得了庆“元旦”大众广播操比赛二等奖。截至2011年底，郏县境内有高速公路1条21公里，省道4条91.7公里，县道5条110公里，乡道32条333.8公里，通村公路1100公里，全县通车里程达1650多公里，374个行政村实现“村村通”，基本形成了一个“以干线公路为依托，县乡公路为脉络，干支相连，纵横交错，四通八达”的公路交通网络。全县共有营运货车7747台，13342.5吨位，营运客车187台，3984座。其他载货汽车2146台，2202吨；营运拖拉机510台，520.5吨。

【政策性项目争取】 2011年，共争取到农村公路建设项目40.9公里、桥梁建设项目930延米，以上项目总投资达7123.6万元。

【交通基础设施建设】 干线公路建设方面：投资350万元，完成了全长4公里的迎宾大道中修罩面建设项目；投资17万元，完成了西南环公路3公里绿化任务。平郏快速通道建设项目设计工作完成，已进入项目申报实施阶段。农村公路建设方面：共争取到得农村公路建设项目40.9公里，总投资3242.6万元，其中县乡公路23.7公里2933万元，通村公路17.2公里309.6万元。所有项目已于12月上旬全部完工。桥梁建设方面：柏堂路汝河大桥改建项目，全长900延米，总投资3780万元，已于10月20日正式开工建设，预计2012年竣工通车。后村桥（杨杜线白庙段）改建项目，全长30延米，总投资101万元，已于12月上旬完工。

【公路养护】 一是干线公路方面，对87.7公里的干线病害公路进行了挖补。全年累计完成挖补坑槽3065平方米，刷油58060平方米，清理垃圾堆积物1000多吨，疏通边沟80公里，路肩培土5.2万平方米，抚育草坪6.3万平方米，补栽树木1.6万棵，增设标志标牌105个。县道公路方面：全年共整修路肩200余公里，疏通边沟200余公里，挖补坑槽8000余平方米，埋设路沿石6.5公里，埋设公里碑、百米桩60余公里，设置标志牌、警示牌20余块，并对原有的百米桩、公里碑进行了刷新。二是乡村道路方面，督促各乡镇（街道）健全养护管理机构，落实养护专项管理经费。定时、不定时对农村公路养护管理情况进行监督检查。

【路政管理】 2011年，加大路政巡查力度，严格管理公路两侧的控制区，重点查处公路建房搭棚、摆摊设点、占用公路等违法违规行为，改善了辖区公路的通行环境。全年共发放违法行为通知书90余份，清理违章堆积物1500余处，清理占道经营820余处，有效地维护了路产路权，确保辖区公路的安全畅通。“三夏”、“三秋”期间，加大巡查力度，通过电视广播、发宣传单等形式，广泛宣传公路管理工作的重要意义，先后发宣传单2000多份，制止和清除打场晒粮事件280多起，使干线公路和主要县乡公路上打场晒粮问题得到有效治理。组织路政执法人员到平顶山军分区综合训练基地进行军事化训练，有效地提升了路政执法人员的整体素质和执法水平。路政所认真落实上级关于征稽人员转岗的有关文件精神，于7月28日正式挂牌成立，以流动治超为手段，重点整治超限运输车辆，并于12月份在全县重点路段开展了车辆超限超载整治专项行动，有效地保障了辖区农村公路的安全运行。

【道路运输】 道路运输市场有序发展，2011年，全县共有营运客车187台，3984个客位，跨区客运班线8条，区内班线3条，农村客运班线13条；营运货车7747台，13342.5吨位，营运拖拉机511台，520.5吨位，其他载货汽车2146台，2202吨位。全年共完成货运量781.3万吨，货运周转量10309.7万吨公里，客运量879.9万人次，客运周转量26334.7万人公里，分别比上年度增长了17.24%，19.51%，15.15%，12.88%。运输生产呈现良好发展态势。

【运政管理】 2011年，县交通运管部门以保证道路运输安全为目的，重点打击违法违规经营，通过严格证牌发放、加大监督检查、加强教育培训，加大运输市场整顿力度，不断优化县区内的道路运输环境。全年共查处违章客车69台、黑出租33台，非法营运摩的167台，运输市场得到了进一步净化。依据上级政策，认真做好油价补贴工作，累计发放油补资金360.5万元，使109台农村客车从中受益。

【客运市场】 2011年，客运场站公司以“三优、三化”为标准，加强客运管理，提高服务质量，不断提升客运服务水平。一是积极开拓市场，开通1条跨省线路（郏县－北京），启动了5+6客运工程（即5条省级线路，6条市际线路的开通运营），其中5条省级线路已被省交通运输厅许可。二是积极更新车辆，全年更新车辆13台，不断改善旅客的乘车环境。三是积极进行改革，以10路公交车为切入点，积极探索公车公营模式，取得了良好的经济效益。同时为确保客运场站公司的平稳健康发展，决定由市平运公司对客运公司进行托管，于11月7日签订了托管协议，为进一步发展创造了良好条件。

【交通安全管理】 2011年，全面实施了安全生产目标管理责任制，按照“谁主管、谁负责”的原则，对安全生产工作的各个环节、部位进行细化、量化，确保安全生产工作有效地落实。一是强化监督检查。局运输安全股定时不定时对局属各单位的安全生产工作开展情况进行检查，对检查中发现的问题按要求进行整改，通过召开会议、监督检查等形式，强化安全生产意识，提高安全生产水平。二是加强安全宣传。在重点路段、重要路口、客运场站等人群、车流密集的地方，通过播放影像、散发传单、悬挂横幅、进行广播等形式，重点宣传安全运输的重要意义和应注意的事项，不断提高司乘人员的安全意识和广大人民群众的安全防范能力。以《公路安全条例》的实行为契机，广泛进行深入宣传，使公路安全意识深入人心，有效地促进了安全生产工作。三是安全生产管理。根据不同时段、不同季节的运输情况，制定了道路运输应急预案，保证“春运”、“五一”、“十一”期间的运输安全。与全系统驾驶员签订了《安全行车承诺书》，并举办驾驶员技能比武大赛，进一步提高驾驶员的安全行车意识和业务技能。

（唐彩敏）

地方铁路工程建设

【勘测定界清障补偿工作】 2011年，完成了全长14.8公里，占地1324.25亩的郏县地方铁路勘测定界、调查登记、数据汇总、地上附着物清理及补偿等工作任务。一是领导重视，组织严密。县铁路指挥部认真贯彻落实县委、县政府的指示，先后召开了“禹亳铁路郏县段勘测定界调查登记工作动员培训会”、“禹亳铁路郏县段征迁补偿工作会”，三次指挥部指挥长会议和三次指挥部主要成员单位会议，研究和部署铁路建设重要事项，工作方案和领导职责分工，征迁补偿工作奖惩等。县委书记郑理、副书记陈银山、县人大常委会主任肖根胜等领导，多次到现场调研指导和督查。二是机构健全，人员到位。勘测定界、清障补偿工作，政策原则性强，技术要求高。指挥部决定从国土局、林业局、监察局、审计局等单位抽调素质高、懂业务、有技术的同志，并由副局长带领，汇同指挥部人员共同组成指导组。指导组不仅协调指导镇村工作组的调查登记技术性操作，直接对调查登记负责，而且向群众做政策宣传解释工作，把落实任务与宣传群众统一起来。三是广泛宣传，充分发动。利用电视、广播、会议、标语等形式向沿线和全县群众进行广泛充分的宣传发动，使铁路建设家喻户晓、深入人心，形成支持铁路工程建设的社会氛围。四是层次分明，认真负责。实行“一遍净”工作法，即勘测定界组在前，调查登记组在后，互相之间不拉大距离，滚动前行，做到测量精确，定界明确，调查明白，登记清楚，一个标准，前后相照，客观现实，各方签字，实现零争议、无作假。五是镇村配合，狠抓效率。禹亳铁路郏县段涉及的安良、黄道两镇党委、政府对此项工作非常重视，当作中心任务来抓，分别制定工作方案和措施，主要领导亲自上阵，分管领导全力以赴，成立调查登记工作组，与指导组密切配合，互相协作，组织群众把有关土地和地上附着物确认到组到户，保证调查登记又快又准地顺利进行，实现了地上附着物“清理完毕，补偿到位”。六是严格执行政策，维护合法利益。禹亳铁路郏县段涉及两个镇14个行政村，需拆除迁移近30多种（类）地上附着物。坚持“以人为本，关注民生”的指导思想；坚持执行政策，公正、公开、公平地调查登记，杜绝抢搭抢建抢种抢植的现象；坚持依法征地，有偿拆迁；坚持严肃财政纪律，严格按程序办事，实行奖金专项管理，补偿落实到户到人。从而得到了广大人民群众的认同、理解、支持和帮助，实现零矛盾、无阻拦。使河南禹亳铁路发展有限公司总经理王子华在县境内巡察时也深受感动。

【禹亳铁路禹州至郏县段工程奠基暨开工典礼】　2011年3月6日上午，禹亳铁路禹州至郏县段工程奠基暨开工典礼在郏县黄道镇后谢湾村黄道站站址隆重举行。典礼共有9项议程，由禹亳铁路公司执行董事李兴元主持，平顶山市副市长黄祥利和县委书记郑理等先后致辞。平顶山市领导李萍、李永胜、黄林森、黄祥利、史正廉和郏县领导郑理、张国晓、肖根胜、李拴勤等同其他贵宾一起奠基培土。新华社驻河南记者站、省电视台、省报社及2市3县的新闻媒体共同见证和记载了这个喜庆动人、祥和欢乐的时刻。典礼由禹亳铁路公司主办，郏县地方铁路工程建设指挥部承办。典礼的规模之大，参加人数之多，接待规格之高，场面之隆重，影响之广，是郏县少见的，为宣传郏县、展示郏县、提升郏县形象，提供了良好机遇，奠基暨开工典礼的圆满举行，标志着禹亳铁路郏县段工程建设正式启动。

【铁路工程建设进度】　禹亳铁路郏县段工程建设的中标单位，是中铁十三局集团和中铁十五局集团。3月初，先遣人员和县铁路指挥部接洽。随后，分别进行项目部、拌合站、实验室、炸药库、施工便道等基础设施建设。5月初，两个标段分别在控制线内全面开始了土方、隧道、特大桥和桥涵等工程施工，形成工程建设热潮。截至12月底，完成了两座特大桥的墩柱浇注，20座桥涵的17座建设，挖填土石方230万方，隧道掘进352米，完成了工程总量的43%，实现了年度工程目标任务。

【县铁路指挥部服务保障工作】

郏县地方铁路工程建设指挥部在县委、县政府的领导下，紧紧围绕铁路工程建设，努力营造优良环境，依据工程建设需求，扎实开展工作，提供“一站式、全方位”服务保障。先后完成郏县地方铁路用地的征迁工作，保证工程如期开工；完成两个标段的项目部、拌合站、实验室、炸药库、弃渣场、施工便道、生产便道等临时用地协调，及时测量定界和清理地上附着物，为施工单位提供了“四通”（路通、电通、水通、通讯通）保障；圆满承办“禹亳铁路禹州至郏县段工程奠基暨开工典礼”；及时实施“三电”（电力、移动通讯、联通通讯）线路和生产道路的迁改，坚持铁路沿线治安巡逻，保持与业主、施工单位和镇政府的联系，及时发现，快速行动，方法得当，程序稳妥，把工程

禹亳铁路郏县段开工典礼

建设中的各种矛盾纠纷调解于初始状态；组织召开八次地方铁路工程建设协调会，及时解决铁路建设中的有关事宜，协调关系，增强合力，提高工作效率；贯彻落实上级领导指示，及时上报工程建设情况，不间断地宣传政策，发动群众，组织群众理解和支持铁路建设，印发简报68期，达到电视有形，广播有音，领导掌握情况，群众家喻户晓；督促业主和施工单位做好防汛、防爆、防火、防盗、防尘、防噪等工作，兑现补偿，维护群众利益，方便群众生活。从而保证社会秩序稳定，群众生产生活正常，没有发生群体事件或违法犯罪个案，为工程建设安全顺利实施提供了坚强后盾和有力保障。

（高福海　陈水欣）

邮　政

【概况】　2011年，郏县邮政有营业网点16个，其中6个分布在县城，10个分布在10个乡（镇），14个为综合邮政网点，经办全部邮政、金融业务，2个为单一邮政网点。有干部职工176人。邮政汽车14辆。全县邮政实现系统收入4090.35万元，较上年增长40.77%。2011年度，郏县邮政局被河南省邮政公司、河南省邮政工会和平顶山市邮政局、平顶山市邮政工会评为“先进企业”，被市人力资源和社会保障局、市总工会、市企业联合会/市企业家协会、市工商业联合会授予“平顶山市模范劳动关系和谐企业”，被县总工会评为“工会工作先进单位”，被郏县人民政府评为“消防工作先进单位”；郏县邮政局局长王伟也同时被河南省邮政公司、河南省邮政工会和平顶山市邮政局、平顶山市邮政工会评为“优秀企业管理者”。

【服务“三农”工作】　郏县邮政局拥有完善的仓储系统、运输系统、高效快捷的信息处理系统和资金结算系统，邮政服务网点遍布城乡，自2009年12月启动村邮站建设工作以来，郏县邮政局认真遵循省公司、市局既定政策与郏县实际县情相结合的原则，着重把握“选、建、用、管”四个步骤，全力打造适应县域经济发展的农村邮政综合服务平台。按照市局党委“加快以农村商品流通体系为主的各专业综合经营平台建设”的要求，2011年全县累计建设村邮站274个，连锁超市12个、三农网点81个。叠加了邮政信函、报刊、代收话费、代付新农保资金等服务工作。并不断拓展服务领域、创新服务类型，认真践行国家赋予的邮政普遍服务、特殊服务职责和服务“三农”职责。

【重点业务】　2011年第一季度全区重点业务劳动竞赛中，实现保险首季开门红，提前25天完成首季计划，3月9日市局在郏县召开全区金融业务发展现场会。

【省级文明单位复查顺利通过】　郏县邮政局全局干部职工同心协力搞好创建工作，于8月份迎来“省级文明单位”复查验收小组，并顺利通过“省级文明单位”复查验收工作。

【邮储业务】　2011年，郏县邮政局不断调整业务结构、转变邮储发展方式，加强精品网点建设，改善窗口服务条件，强化金融人才队伍建设，邮政企业和邮储银行双方相互支持，共谋发展，使金融业务继续保持了快速发展。全县邮储余额累计净增16865万元，总规模达到10.61亿元。

（赵军献）

通 信

联通通信

【概况】 2011 年，郏县分公司内设综合部、营销服务中心、网络公司、集团客户服务中心、渠道管理中心，下辖茨芭、黄道、薛店、安良、广天、王集、冢头、长桥、渣园、姚庄、李口、堂街、白庙 13 个支局和 132 个社会合作渠道。2011 年，通过对电信市场的细分和深入的调查研究，推出了一系列个性化、差异化的营销方案，保证了通信业务的持续发展，通过公司全体员工的共同努力 2011 年底，郏县联通公司电话用户 3.74 万户，占服务全县用户份额 92%，宽带用户 1.96 万户，占服务全县用户份额 93%，手机用户达 5.34 万户。2009 年至 2011 年连续 3 年公司收入增幅分别达到 14.1%、16.1%、18.8%，均超全省平均水平，到 2011 年底，在全省 113 个县公司考核单位排名前 22 名，平顶山市连续 2 年县（市）分公司排名第一，2010 年、2011 年郏县分公司被河南联通、河南联通工会评为 2011 年先进集体，领导班子成员被市联通公司、市联通工会表彰为 2011 年度突出贡献领导班子。2011 年被平顶山市消费者协会评为“最佳诚信服务单位”、被市政法委评为综合治理先进单位。被市公司评为“安康杯”先进单位。

【通信经营管理】 2011 年，郏县联通公司“围绕一个中心，三个领先，狠抓工作落实“的总体工作思路，从基础管理入手，狠抓经营策略、规章制度、服务措施的执行。一是为提高上市公司的管理水平，保证上市公司的执行力，结合郏县的实际，进行了内部机构设置的调整。二是继续做好管理人员的培训，进一步提升公司的整体管理能力和水平。通过聘请专家、网络培训等方式和外派员工参加市公司组织举办的各类培训班，提高管理人员的管理艺术和整个公司的办事效率。三是继续做好营销知识和营销能力培训，提高营销人员的整体水平。为适应激烈的市场竞争，加大了对大客户经理、营销人员、社区经理的培训力度。四是继续做好业务技术人员培训，保障后台业务技术支撑。通过参加各类培训和单位内部技术交流，培养复合型技术人才，不断提高业务技术人员的整体素质。通过各项培训，激发员工的工作热情和团队意识，培养爱岗敬岗精神，提高企业的管理水平和核心竞争能力，为企业的发展提供有力的人力资源保证。

【通信网络建设】 郏县联通通信网络3G信号及光缆通达全县各乡镇，村村通电话的比例达到100%，基本形成了一个光纤化、数字化、IP化的通信网络，能充分满足人民群众日益增长的通信需求。2011年，共完成新增优化接入网点5个，搬迁机房6个。增加交换容量1920线，按照省市公司大客户服务规范，及时巡检整治大客户机房28个，同时根据大客户需求，2011年郏县公司共计开通大客户业务21项（含乡镇）。根据市场需求,，优化基站3个。为业务发展提供了有利的后台支撑。2011年根据市场业务发展需求，驻地网小区建设16个，宽带扩容2285线。新建基站17个。立项电缆工程5个，光缆工程22个，落地迁改工程4个。管道工程1个，投入资金368万元，新增通信能力3800线。

【通信服务质量】 面对通信行业不断变化的市场环境和日趋激烈的竞争形势，2011年，进一步规范了服务方面的各种规范和标准，重新修订了《营业窗口服务规范》、《营业人员服务标准》、《装、维人员服务标准》、《装维人员服务实施细则》等制度，使各项服务工作更加明确化、具体化，加大了服务监督力度，促进了服务水平进一步提高。结合行风评议，开展了企业内部自查自纠，省、市公司“行风评议”开展以来，公司以“诚信河南联通”为目标，认真做好内部自查自纠工作。按照“客户至上，诚信服务、一切指向客户”的要求，做好窗口服务，员工主动走出公司，走访用户，同时采取多种形式宣传通信业务，以优质的服务提高了企业的诚信度。

（王凌云）

移动通信

【概况】 中国移动通信集团河南有限公司平顶山市郏县分公司隶属于平顶山移动公司，下设综合办公室、业务室、工程建设维护中心。2011年，公司先后获得全省“十佳营业部”、“最佳服务单位”、“十佳诚信服务窗口”、“省模范职工小家”、“全省基层党组织达标单位”和“最佳诚信服务单位”等多种荣誉称号。

【网络建设】 2011年分公司工程建设维护中心在市公司网络部的领导下，紧紧围绕“一个提升、两个确保、四个着力点”的工作目标，坚定信心、用心工作，有目的的在弱覆盖区域和话务量较高的区域新建基站10个，同时在城区加快TD－SCDMA宏基站和WLAN建设步伐。同时，分公司积极同县委、县政府相关部门联系，在2011年顺利完成县委、县政府、御花园大酒店、各乡镇政府等WLAN热点区域的网络覆盖，为全县的信息化建设和创建文明城市工作贡献自己应有的力量。

【业务发展】 截至12月底累计净增用户14107户，全年累计净增市场份额84%，全年累计账务收入12283.6万元，上缴地方利税300余万元。2011年，县分公司始终围绕“培育和满足客户需求为中心”的工作思路，以保高端、保集团、保重点和促进规模发展为目标，推进“五精管理”，不断提高个人、集团和家庭3大市场协同发展水平，保持企业平稳较快发展。截至12月底，全年累计净增TD用户数达到6260户，完成全年任务的117%，TD总用户数达到14381户。

【服务质量】 2011年，郏县移动公司创新管理模式，通过更加完善的前台营业厅人员绩效管理体制和制定农村自建渠道的考核办法，不断细化各项业务、服务流程，加强业务培训，服务人员的工作积极性、能动性和服务水平都得到了明显的提升。通过“便捷服务，满意100”活动使服务质量更是精益求精，同时被平顶山市人民政府评为“最佳诚信服务企业”荣誉称号。

（张俊亮）

教育 科技

教 育

【概况】 2011年，全县有各级各类学校266所，其中普通高中2所，职业高中1所，成人中专1所，进修学校1所，特殊教育学校1所，初中21所，小学240所（民办小学14所，教学点60个），在校中小学生91812人（普通高中9528人，职高3408人，初中19986人，小学58890人）。公办在职教职工4202人。先后荣获省职业教育强县、省教育宣传十佳县、省义务教育课程改革先进单位、省基础教育教学先进单位、省教育科研先进单位、省卫生先进单位、市普通高中教学管理先进单位、市中小学校舍安全工程先进单位、市平安建设先进单位等多项殊荣。

【教育规划】 县委、县政府始终把教育工作作为贯穿全县工作的主线，进一步营造尊重知识、尊师重教的社会氛围，全面推进教育发展。一是优先发展。把教育工作列入重要议事日程，摆到“重中之重”的位置，做到了“四个优先”，即在研究制定发展和年度计划时，把教育摆在优先地位；在制定年度经费预算时，优先保证教育事业的需要；在开展具体工作时，优先安排部署教育工作；在落实干部职工工资时，优先保证教师工资。二是科学规划。县委、县政府坚持从实际出发，遵循教育发展规律，顺应教育发展形势，先后出台了《郏县教育事业“十二五”发展规划》、《郏县2011——2020中长期教育发展规划》、《郏县学前教育三年行动计划》等文件，有力地推动了全县教育全面、协调、健康发展。三是明确职责。县委、县政府对教育工作实行定点包干责任制，县、乡、村责任明确。把教育工作纳入对各部门、各乡（镇）年度目标管理考核的重要内容，增强了各级党委、政府、各部门实施教育的责任意识。

【学前教育】 2011年，认真贯彻落实国家、省、市关于发展学前教育的意见精神，研究制定了《郏县学前教育三年行动计划》，顺利完成了东城幼儿园、牛津三立国际幼儿园，广天乡、姚庄乡、薛店镇中心幼儿园等5所新建幼儿园和薛店镇第二中心幼儿园、城关镇金起点幼儿园、安良镇神前幼儿园、白庙乡龙凤幼儿园、城关镇金太阳幼儿园5所改扩建幼儿园的建设任务。全县学前教育办园条件明显改善，办园行为进一步规范，幼儿教师队伍得到加强，学前教育呈现出良好的发展态势。在全市学前教育年审检查评比中，郏县荣获全市第一名的优异成绩。在全省幼儿教师基本功大赛中，郏县荣获一等奖。

【职业教育】 2011年，认真落实省、市职业教育攻坚计划精神，投入130万元资金，集中用于建设职业中专汽车运用与维修实训基地。并根据全县产业集聚区机械制造和医药物流等主导产业，深化改革，全面推行校企合作、顶岗实习、订单培训等办学模式，努力打造电子、计算机、数控技术等骨干专业。先后为平顶山煤矿机械有限公司、平顶山艾通机械有限公司、平顶山煤神机械有限公司培训员工1000余人。主动承担劳动、农业、扶贫、残联等部门培训任务，先后培训劳动力2300余人。5月，县职业中专被国家教育部授予“国家级重点职业中专”荣誉称号。

【高中教育】 2011年，进一步加大对高中教育的投入，增建了学生公寓楼、餐厅等，扩大高中办学规模，提升办学品位。两所高中，以实施课程改革为突破口，以提高教育教学质量为核心，进一步明确办学方向、办学目标，积极探索新形势下的特色办学之路，在规范管理、课程开设、评价改革、校本教研等方面进行了积极探索，呈现出良好的发展态势，实现了高中教育质量稳步上升。2011年高考，一本上线率比2010年提高28%，二本上线率提高27%，三本上线率提高33%。

【民办教育】 2011年，坚持把社会力量办学纳入教育事业发展总体规划，努力创造民办学校与公办学校一视同仁的政策环境，及时解决社会力量办学过程中出现的困难和问题，逐步建立了以政府办学为主体，社会各方面共同参与的办学体制，呈现出各类教育协调发展，教育体系日臻完善的良好局面。

【办学条件改善】 2011年，按照“内部挖潜、外部增援”的指导思想，切实加大教育投入。筹措资金1438.8万元，其中：中小学校舍维修改造资金556万元，特殊教育学校建设资金300万元，校舍安全工程项目资金203.8万元，青少年校外活动中心建设资金300万元，省级救灾资金79万元，集中用于改善中小学办学条件。投资7000万元，在县城东区新建一所集初中、小学、幼儿园为一体的东城区学校。引介河南省煜翔实业投资有限公司投资1.67亿元，兴建三立国际学校。争取教学设备资金484万元，为37所中小学配备图书、体音美器材、实验设备等，办学条件得到明显改善。

【薄弱学校建设工程】 2011年，继续在农村边远山区学校实施“四小工程”，先后为56所山区学校教师建设了厨房、洗澡间、活动室、住室，并配备了炊具、活动器材、安装太阳能等。投入233.4万元，为4000余名教师配备了办公桌椅、图书柜、学习用书，对118个农村中小学教师集体办公室进行改造。坚持为9个乡镇106所边远农村学校的1300多名教师上浮一级工资，并在评先表优、职称晋升等方面给予倾斜，优惠政策的实施极大地提高了山区教师扎根山区、奉献教育的热情。

【联合办学】 2011年，进一步整合城区教育资源，西街学校、新世纪小学分别与城关镇南街小学、北街小学实施联合办学，统一管理、统一师资，充分发挥名校的辐射带动作用，以大带小，以强带弱，城区学校大班额得到有效缓解。

【贫困生救助保障体系建设】 2011年，建立健全了覆盖幼儿园、义务教育阶段学校、普通高中、职业教育家庭贫困学生的资助体系。筹措“两免一补”

资金6533.9万元，其中：免学杂费补助资金4834.2万元，免费教科书补助资金847.1万元，补助贫困寄宿生生活费852.7万元。“两免”资助学生15万人次，“一补”资助学生1.7万人次。筹措普通高中贫困生求助资金276.2万元，资助学生3682人次。筹措职业高中贫困生救助资金152.7万元，资助学生586人次。筹措资金41.6万元，对213名考入高等院校的贫困大学生进行救助，对贫困幼儿实行减、免、缓的收费政策，使家庭贫困学生公平接受教育。

【教师队伍建设】　2011年，坚持把加强教师队伍建设，提高教师职业道德修养和业务水平，放在教育工作的重要位置。一是大力实施教师素质提高工程，采取集中分散相结合的培训形式，对全县中小学校长、教师进行业务培训、法制培训，全方位推进在职教师和中小学校长的继续教育工作。二是采用“走出去、请进来”的办法，组织中小学校长、教师赴省内外名校学习，邀请窦桂梅、冯淑兰、梁彩霞等全国著名教育专家来县作专题报告。三是利用暑假，集中开展中小学教师师德师风教育活动，组织教师认真学习《教育法》、《教师法》、《教师道德规范》等法律法规，不断提升广大教师的法制观念和思想道德修养，教师队伍素质大幅提高。成功招聘80名义务教育阶段特设岗位教师，并全部分配至农村中小学任教，农村教师队伍得到进一步加强。

【教育督导评估】　2011年，出台了《郏县人民政府关于加强全县教育督导工作的意见》、《郏县教育督导相关责任单位工作职责》、《郏县教育工作目标督评办法》等文件，进一步明确了教育督导的权利、义务、范围、对象、督学督政的程序以及督导结果的运用等。组建了政府教育督导团，由主管教育副县长任总督学，县委组织部、政府办、人大教工委、政协科教文卫委、政府教育督导室、教体局等单位负责人任副总督学。聘任部分县市人大代表、政协委员等36名同志为政府督学。设立了督政股和督学股，采取“听、看、查、访、谈”等方式，分别针对各乡镇人民政府、街道办事处、相关单位、各级各类学校依法开展督政、督学工作，有力地促进了教育事业的健康快速发展。

【平安校园建设】　2011年，联合县公安、交通、卫生等部门加大对中小学、幼儿园周边环境、校内安全隐患、校车、食堂卫生等专项整治力度，为各学校配备了安全防范叉，安装了视频监控系统。加大了对中小学生的教育宣传力度，普及网络教育、心理健康教育、法制教育、安全防范自救自护教育，不断提高师生的安全防范意识和自我保护能力。定期组织教育、卫生、质监等部门人员对中小学食堂进行监督检查，发现问题，下发整改通知书，并巡回督查整改情况，有效保障了全县广大师生的饮食安全。与各乡镇中心校签订了信访稳定工作目标管理责任书，实行信访稳定工作责任制、责任追究制和领导包乡、包校制度，定时排查不安定因素，发现问题及时解决，全县教育大局持续安全稳定。

【课堂教学改革】　2011年，紧紧围绕全县教育发展大局，强管理、抓课改、提质量，营造重实际、重实干、重实效的务实之风，形成了聚精会神搞教学，同心同德谋发展，埋头苦干抓落实的浓厚氛围和强大合力。教体局班子成员带领股室人员深入乡镇学校听课、评课、检查指导教育教学改革，同时，以实施课堂教学改革为突破口，按照“强弱结合、联片教研”的思路，把全县14个乡镇的18所初中分为五个教学合作组织，每个合作组织由3－－5所学校组成，构建起了全县区域合作教研框架。实施了“两个带动”：试点学校带动其他学校、骨干教师带动其他教师，鼓励各学校组织教师学习研究“杜郎口”等成功的课堂教学模式，积极探索适合的教学模式，有效促进了教育教学质量的提高。

（李国须　王孝刚）

科　技

【概况】　2011年，县科技局牢牢把握“自主创新，重点跨越，支撑发展，引领未来”的科技工作方针，紧紧围绕建设特色经济县、生态宜居县两大目标，以项目建设带动工作，工业科技抓创新，农业科技抓推广，为全县经济社会平稳较快发展较好地提供了科技支撑，顺利通过全国县（市）科技进步及全市县（市、区）党政领导科技进步责任目标考核。

【科技项目】　全县2011年列入省市科技项目共6个，其中：省传播工程项目3个（即：“无公害林果高产、保鲜技术”、“无公害蔬菜高产、保鲜技术”、“无公害蔬菜高产、保鲜、加工技术”）；省重点科技攻关计划项目1个（广天铸件有限公司的“超硬质金属模铸铁炊具新技术项目”），争取项目资金10万元；省支持自主创新和产业产品结构调整专项资金项目1个（圣光医用制品有限公司的“自毁式胰岛素注射器关键技术研发与产业化示范项目”），争取项目资金75万元；市级攻关项目1个（传奇钧窑的“唐代钧瓷工艺研究”），争取项目资金10万元。申报2012年省级项目6个（攻关项目2个，基础条件建设项目1个，传播工程项目3个），其中1个列入省2012年重大科技专项。同时，县科技局还不断加强对本级科技项目的支持，全年全县共评审批准立项30多个。这些项目的实施，较好地促进了县域经济发展。

【国家科技进步考核顺利通过】　2011年，郏县高度重视科技工作，把依靠科技进步，实现经济社会全面协调可持续发展作为重要战略来抓，不断加大政府科技投入力度，促进科技企业发展，支持企业成为技术创新的主体，加强了科技创新体系和科技创新服务体系建设，发挥了科技引领和支撑经济社会发展的作用。扎实的工作成效，使郏县顺利通过市2010年党政领导科技进步责任目标考核和2011年度全国县（市、区）科技进步考核。

【良种引进推广】　2011年在建立王圪垯小麦良种试验基地和黄道镇门沟红薯试验示范基地的基础上，重点引进推广小麦、红薯新品种各3个，较好地改善了周边农户的种田成效。同时，在长桥渔陈村引进航天丹参这一新项目，已试种500多亩，待取得成功经验后再大面积推广。

【科技宣传】　2011年，共开展较大规模科技下乡活动6次，发放蔬菜种植、科学管理、病虫害防治等知识手册5200多本，宣传页7300多份，现场培训和咨询农民达860多人次。同时，还与县电视台联合播出“科技博览”节目，全年共播出180多期，较好地扩大了宣传面，对提高广大公众的科学文化素质起到了积极的作用。

【知识产权】　一是宣传发动。在“4·26”世界知识产权活动期间，县科技局组织开展了知识产权宣传活动，发放知识产权宣传小册子3000余本。二是培训带动。邀请专家深入企业开展专利申请、专利保护、知识产权制度等方面的知识培训，现场为企业解答知识产权工作方面的疑难问题。三是政策推动。出台了《郏县专利申请资助资金管理办法（试行）》、《郏县科学技术进步奖励办法》，激励企事业单位和个人开展专利申请和技术创新，营造创新氛围。

【防震减灾】　一是开展了“5·12”防震减灾科普宣传周活动。制作了3条过街横幅、8块展板、1万份地震知识宣传资料、5000份防灾减灾读本，整个宣传活动氛围好，群众参与热情高，取得了很好的效果。二是开展防震减灾知识进校园活动。向西街学校、县一高捐赠防震减灾科普书籍3000余册，进一步增强广大师生的自我保护和自救互救意识，提高学校的避震、抗震应急处置能力。三是督促协调上级有关部门完成了对三立国际学校工程的地震安全性评价工作，增强了工程抗震能力，提供了安全保障。

（林俊旭）

文化 旅游 广播电视

文化

【群众文化】 2011年全县群众文化工作有声有色。一是文艺创作精品不断。黄金勇同志创作的歌曲《当兵为了谁》、《宁远吹来清新的风》、《不能忘却的纪念》、《贴心人》、《祖国万岁》等，在国家、省级创作大赛活动中荣获多个奖项，歌曲《郏县，我美丽的家乡》在县电视台、广播电台热播并受到好评；孔令公创作了河南坠子《县长的军令状》、戏曲剧本《刘山深处》入编《世界人类非物质文化遗产传承人》一书。二是文化活动精彩纷呈。县文化局先后组织和参与举办了“移动杯”郏县第15届农村业余剧团调演和“信合杯”郏县第20届民间艺术表演赛、“童心向太阳”庆“六一”第二届少儿文艺汇演、“舞出梦想，创造奇迹”广场文化活动少儿专场演出、庆祝中国共产党成立90周年红色电影展映、梨园戏曲擂台赛等大型广场文化活动20余场次，演职人员达5000多人次，观众达60000余人次。三是艺术赛事获殊荣。组织参加市委、市政府举办的全市迎“元旦”文艺赛事活动，郏县“广场健身舞”和“唢呐”代表队分别荣获银奖。四是文化艺术人才队伍得到强化。先后举办文艺表演培训班9期，培训人员460余人（次）；指派文艺骨干深入社区、乡村，加大对业余文艺团体的指导、辅导和扶持力度，全县乡村、社区各类业余文艺团体表演技艺明显提高，进一步活跃了城乡人民群众的文化生活。

【文化中心建设】 2011年完成了文化中心主体建设工程。为全力推进文化中心室内布展工作，主动邀请市文化文物部门领导到县文化中心博物馆实地察看，指导工作；对鲁山县、舞钢市等地图书馆进行了考察，还与县住建局等相关单位和部门，专程赴许昌市文化中心（博物馆、城市规划馆、图书馆）进行实地学习考察，拍摄了相关图片，了解了文化中心的运营管理情况。同时，邀请浙江大学城市学院教授来郏考察，制作布展设计大纲。截至2011年底，城市规划馆、图书馆、博物馆布展设计大纲初稿已完成。

【农家书屋建设】 2011年，建成了郏县第三、四批共198家农家书屋，配送了总价值达396万元的图书、报刊读物、电子音像制品和书柜、书桌等设备，并通过了相关部门验收。截至2011年底，全县建成农家书屋已达273家。

【乡镇综合文化站建设】 2011年，按照上级乡镇综合文化站项目建设要求，高标准建成了茨芭镇、薛店镇、长桥镇等9个乡镇综合文化站，至此，全县已建成乡镇综合文化站14个。

【农村电影公益放映】 2011年，郏县农村电影公益放映于4月初启动，16台放映机，30名放映员，在全县各行政村巡回放映，截至11月底，圆满完成了全年4332场公益电影放映任务，达到了全县每个行政村平均每月放映一场公益电影。为切实把公益电影放映这一文化惠民工程落到实处，局主管领导亲自带队，每周至少对3个行政村放映情况抽查一次，并运用卫星定位系统对城区广场电影放映情况进行跟踪监督，确保了公益电影放映的实效和质量。

【舞台艺术送农民】 为切实开展好2011年度“舞台艺术送农民”活动，县文化部门高度重视，及时召开会议研究制定演出计划，明确一名副职领导具体抓好此项工作，加强与各相关单位沟通协调，抽调有经验的工作人员全程陪同演出单位，搞好服务，并积极协调各乡镇党委、政府布置演出场地，引导广大农民群众有序观看。9月25日至10月23日在全县组织开展了“舞台艺术送农民”活动，省、市曲剧团共为全县乡（镇）免费演出戏曲30场。

【非物质文化遗产保护】 一是充分利用全省开展的非物质文化遗产普查成果，进一步挖掘整理相关资料，积极申报省级非物质文化遗产项目。2011年12月金镶玉制作技艺（郏县李氏金镶玉工艺）、庞庄二黄戏、郭氏毛笔制作工艺被省政府确定公布为河南省第三批非物质文化遗产项目。二是逐步完善名录体系，通过组织开展调查，整理确定县级非物质文化遗产名录13项、传承人9名。三是不断加大对外宣传力度，组织赴郑州参加河南省庆祝中国第6个文化遗产日宣传活动，展示了郏县特色文化遗产项目，提高了对外知名度和影响力。

【文物安全工作】 一是组织工作人员对全县四级重点文物保护单位进行安全检查，在“五一”、“十一”假期期间，派出专人对文物旅游景区实施重点监控，使三苏园、临沣寨、郏县文庙等文物旅游景区顺利度过假日旅游高峰。二是加强对文物库房的看护，严格执行24小时双岗值班制度，确保了馆藏文物的绝对安全。三是充分发挥文物保护网络作用，对田野文物实行不定期巡逻，与县公安局联合行动，成功破获了一起发生在南水北调线内白庙乡黑庙村附近的盗掘古墓刑事案件，抓获犯罪分子3人，收回被盗挖出的陶器制品文物4件，有力震慑了文物犯罪。

【文物保护单位维修】 南水北调中线工程郏县段强夯施工，严重影响省级重点文物保护单位狮王寺安全，按照省文物局要求，聘请有资质单位编制了《郏县狮王寺抢救性维修加固保护设计》方案，省文物局组织专家论证评审后，特批专项维修资金进行维修；不断加大文物维修项目争取力度，郏县文庙、三苏祠和墓两个国保单位的保护总体规划已被国家文物局批准立项。

【文物勘探发掘工作】 2011年，积极配合做好文物勘探发掘服务工作，指派专人负责与县南水北调工程指挥部和施工单位加强联系沟通，明确职责，信息互通，最大限度地做到了文物保护与工程施工两不误；全力配合市文物局依法做好县域日常文物调查、勘探、发掘工作，全年共实施文物勘探60余万平方米，保护了地下文物安全。

【文物保护宣传】　2011年，在第三十五个国际博物馆日期间，在县城主要街道、路段悬挂宣传横幅，设立宣传咨询台，通过不同方式宣传文物保护相关法律法规，在此期间组织三苏纪念馆、文庙博物馆、广天知青纪念馆等文博单位向公众免费开放，发挥博物馆的社会教育功能，提升了全民文物保护意识和社会公众的文博意识。

【文化市场管理】　2011年，及时调整县“扫黄打非”领导小组，按照制定的《郏县2011年“扫黄打非”行动方案》，根据省、市的统一部署，先后在全县范围内组织开展了4次“扫黄打非”和5次“闪电行动”，对文化市场进行了专项整治；举办了郏县文化市场法律法规培训班，不断增强经营管理人员的守法经营意识和安全防范意识，切实维护文化市场正常的经营秩序，取得了良好成效。全年查处收缴盗版音像制品3000多盘，盗版教材教辅读物4000多册，盗版图书100多本，查处无证经营演出团体10余家，提请县工商部门取缔无证经营游艺厅室16家。2011年4月22日，在汝河滩设立“郏县非法出版物集中销毁分会场”，对收缴的2135张非法音像制品和2358册盗版教材教辅读物进行了集中销毁。通过整治活动的深入开展，有效净化了县域文化市场，优化了社会文化环境。

【网吧专项整治】　2011年，县文化部门多举措加大网吧整治力度，进一步规范县域网吧经营秩序。一是通过技术手段率先在全市建立网吧视频监控平台，切实加强对网吧的监管，堵塞监管漏洞。二是实行分片包干责任制，开展每月不少于4次的定期检查，健全工作记录，形成较为规范的《文化市场行政执法现场检查记录》案卷。三是统一制作发放“未成年人禁止入内”和“每日营业时间限于8时至24时”标志牌，悬挂到网吧营业场所入口处的显著位置，与网吧业主签订不接纳未成年人进入经营场所、不在规定的营业时间之外经营等十一项内容的《守法经营承诺书》，强化网吧经营业主自律意识。四是加大查处力度，先后查处违规网吧5家，提请县工商部门取缔无证经营黑网吧25家。通过整治，网吧的经营秩序得到了明显好转，从业人员的守法经营意识得到进一步加强。

（李国胜　李亚航）

旅　游

【概况】　2011年，按照县委、县政府《关于进一步加快旅游产业发展意见》，紧紧围绕旅游县城创建和“两园一寨”景区升A工程建设，不断加大资金投入，加快开发建设步伐，逐步完善配套设施，取得了新成效、新进展。全年共接待国内外游客22万人次，同比增长22%；旅游业总收入1102万元，同比增长26%，全年无旅游投诉，无重大旅游安全事故发生。

【编制规划】　2011年，对全县旅游资源进行了编制规划，一是三苏祠和墓、郏县文庙两个国家重点文物保护单位规划编制工作已完成，已上报国家文物局审批并立项。二是三苏文化产业园旅游发展总规正由中国旅游设计院编制，初稿已完成。三是知青文化创业园规划已由河南文化遗产研究院编制完成。四是临沣寨中国历史文化名村保护及旅游规划已通过省级评审。

【“两园一寨”开发建设】　2011年，“两园一寨”景区投资达2170万元。一是三苏园景区综合办公楼建成并投入使用，湖心岛完成美化；改造更新了景区技防设施；三苏纪念馆陈列布展工作正在进行；按照国家4A级旅游景区标准充实资料，完善内容，并已按照程序完成了向市、省两级旅游部门的申报工作。二是知青园景区新展馆基础建设已完成，按照布展文本正在进行内部装修，广天知青文化产业园、知青创业园和围绕工业游的炊具产业园规划已完成。三是临沣寨景区对寨墙内侧进行修复加固；完成了朱氏宅院清理、修复；

策划了“中原石艺博物馆”建设项目，已收集各个时代的石艺物品6000余件；在寨墙外围栽种芦苇82亩。

【旅游宣传推介】 一是与郑州、洛阳影响较大的旅行社联系，与汝州风穴寺、怪坡等景区沟通，形成意向，把三苏园纳入旅行社推介省级线路。二是举办了第三届清明“公祭三苏”活动，召开了三苏楹联研讨会，在郑尧高速设置大型宣传牌3幅。三是组织景区积极参加“平顶山迎五一旅游精品产品展销会”和首个“中国旅游日”宣传，三苏园、知青园景区5月19日免门票参观。四是应邀组团参加了在江苏常州举办的中国第十七届苏轼学术研讨会和在印尼举办的国际苏氏宗亲会，开展了广泛的研讨和交流，宣传了平顶山，提高了郏县对外知名度。

【旅游行业管理】 一是加强组织领导，召开2011年文化旅游产业工作会，安排部署“两园一寨”（三苏园、知青园、临沣寨）开发建设年度工作任务，并对工作任务进行了分解。及时研究分析阶段工作，总结经验，安排部署下步工作。同时要求每月分别不少于一次到“两园一寨”景区实地察看建设任务进度，解决实际问题，扎实推进工作进度。二是旅行社队伍不断壮大。2011年设立旅行社服务网点3家。三是开展了为期2个月的旅行社服务质量专项检查活动，有效净化了旅游市场，维护了合法经营者和旅游者的权益。四是组织开展了导游员年审和全国导游考试报名资格审查工作，加强旅游景区导游员培训，完善管理制度，提高接待水平，展示了对外良好形象。

（李国胜　李亚航）

广播电视

【概况】 2011年，郏县广电局围绕全县工作中心，把握正确舆论导向，认真履行职责，推进科学发展。在新闻宣传、事业建设、产业经营、队伍建设等各方面都取得了新的进展，呈现出积极、健康、向上的良好发展态势，为全县经济发展和社会稳定提供了强大的精神动力和舆论支持。先后荣获市级文明单位、市五五普法先进单位、县城镇建设工作优秀单位、县妇女工作先进单位、县先进基层党组织、县抗洪抢险工作先进单位、县消防工作先进单位等20余项荣誉称号。

【新闻宣传】 2011年，郏县广电局紧紧围绕县委和县政府的工作中心，坚持正确舆论导向，重点做好了“两会”、“党代会”等重大会议的宣传报道，深入组织报道了“决战十二五，我该怎么办”和“靠正气实干”等学习活动，对我县的招商引资、产业集聚区建设、新农村建设、城市建设等中心工作进行全方位报道，营造了浓厚的舆论氛围，圆满完成了各项宣传报道任务，得到了县委、县政府的充分肯定。组织新闻记者开展“走、转、改”活动，深入基层、深入群众，采写了一批反映民情民生的新闻作品，产生了良好的社会效果。在省、市好新闻评比中，郏县广电局15件新闻作品分别获得一、二、三等奖，进入全市前三名；在全省县级台好新闻评比中，郏县广电局选送的6篇新闻作品全部获奖，在全省一百多个县级台中，排名第14位。

【栏目创新】 2011年，在全力办好《郏县新闻》的同时，对自办栏目进行了一系列有针对性的策划包装，使老栏目出新、新栏目出彩。《走进直播间》、《播报郏县》、《廉政之窗》等栏目日益深入人心。广播电台开办的《新闻播报》、《读书时间》等广播节目，以节目质量为核心进行动态编排，注重时效性、信息量、影响力，保持了良好的发展势头，收视群体不断扩大，深受群众的好评。

【事业建设】 有线电视数字化整转是县委、县政府确定的2011年十大民生工程之一。为让群众享受到科技进步和改革发展的成果，满足人民群众的精神文化需求，在县有线电视数字化整体转换领导小组的领导下，郏县广电局组织人力、物力全力做好各项工作，对城区的有线电视传输网络进行了升级改造，有线电视传输骨干网络全部实现光纤传输。建成了具备120套电视节目播控、传输功能的综合机房，实现了有线电视数字信号和模拟信号的同步传输，有线数字电视整体转换完成5000户，广大电视观众收看到了优质、清晰的数字电视节目，全县的有线电视正式步入数字时代。

（付俊兴）

新华社财经专线评出2011年十大国际财经新闻（二）

（上接203页）

六、国际金价创历史新高

8月23日，由于投资者担心全球经济复苏乏力，纷纷涌入黄金市场以求避险，国际金价历史性地涨破每盎司1900美元大关。9月6日，纽约商品交易所黄金期货市场交投最活跃的12月合约盘中更是冲至每盎司1923．7美元的历史新高。但是，国际金价随后急剧回落，全年经历了过山车式行情。

七、美国爆发“占领华尔街”示威活动

9月17日，美国纽约爆发“占领华尔街”示威活动。示威者抗议金融机构贪婪腐败，指责政府对少数金融机构的救助导致多数人陷入经济困境。此后“占领”活动扩展到美国多个城镇以及其他一些西方国家。“占领”系列活动爆发的背景是西方国家金融危机以来经济复苏迟缓，失业率高企，主权债务负担沉重。

八、“苹果教父”史蒂夫·乔布斯辞世

10月5日，美国技术创新的符号、“苹果教父”史蒂夫·乔布斯辞世。这一消息震惊全球，牵动全球亿万“果迷”的心。他执掌下的苹果公司除不断推出炫目新产品外，在资本市场也屡创佳绩，继2010年5月超过微软成为全球市值最高的科技企业后，8月10日又以3371．7亿美元市值超越埃克森美孚，位列全球第一。

九、俄罗斯正式加入世界贸易组织

11月10日，经过18年艰苦谈判，世贸组织俄罗斯入世工作组通过俄罗斯入世协议最终文本。12月16日，世贸组织第八次部长级会议正式批准俄罗斯加入世贸组织。俄罗斯将在本国立法机构批准入世协议30天后正式成为世贸组织成员。

十、欧债危机继续扩散升级

12月9日，欧盟领导人结束年内最后一次峰会，主题依然是如何应对已经持续两年的欧元区主权债务危机。2011年，欧债危机继续扩散升级。当年5月，葡萄牙成为继希腊和爱尔兰之后，第三个在债务危机中倒下的欧元区成员国。步入下半年，欧债危机呈现出向欧元区核心国家蔓延，向金融系统传导的危险态势，接下来的形势不容乐观。

史志 档案 图书

史　志

【《郏县年鉴（2011）》编纂出版】 2011年成立年鉴编辑部，将编纂任务分到各编辑，明确责任，每位编辑制定工作进度，定期不定期进行督查，为节约时间，采用边收集资料边撰稿的方法，开展年鉴编纂工作。在编纂中结合郏县特色、部门实际，调整年鉴篇目，对篇目进行完善，增加实用资料，积极拓宽年鉴为当地经济服务、为人民服务、为传播信息、宣传郏县服务的渠道，提高年鉴品位，力求做到社会化、大众化，增加指南性资料。《郏县年鉴（2011）》共计48万字，52个彩页，全面、系统、真实地记述2010年郏县贯彻执行党的基本路线做出的新成就、涌现的新事物、总结的新经验、查出的新问题、出现的新趋势以及全县的基本情况，于2011年10月由中州古籍出版社出版。

【《郏县大事月报》编辑发行】 为弥补年鉴时效性不足，2011年《郏县大事月报》，出版12期，发放全县120多个单位，累计发放8000余册，月报的出版为领导决策提供了大量准确快捷的县情咨询，弥补了志书、年鉴时效性的不足，发挥了大事记服务现实的作用。

【基层修志工作】 自二轮修志启动以来，有条件的部门单位启动了部门志编修工作，郏县县志办按照分类指导，重点突破的工作思路，加强对部门志指导。2011年，县志办的编辑们深入一线，先后参加了《郏县卫生志》、《郏县军事志》、《长桥镇志》、《姚庄乡志》等指导，通过与部门志编辑的沟通交流，根据不同情况从志书内容到框架结构科学规划，及时指导到位，避免走弯路。《郏县卫生志》、《郏县军事志》已出版，两个乡镇志编纂全面普开。

【方志室建设】 郏县地方史志办公室按照省、市史志办目标要求，坚持“建用并举”，克服资金短缺等困难，加大方志室建设工作力度，采取购买、交流等灵活多样的形式，多方收集志书、年鉴，充实方志室存量，并对现有的资料进行了分类、编排和建档，整理编成目录、索引。2011年底，方志室面积75平方米，形成了志、鉴、史、记等200余种，10000余本（套）的规模，成为全县重要的地情文献中心。同时，县志办尽最大可能为广大干部群众阅读志书提供便利，不断扩大志书影响，实现志书的价值。自建室以来累计接待县内外单位和个人50余人次，提供了80余条资料信息，内容涉及村庄沿革、历史名人、烈士名录等，受到了社会各界的好评。

【史志队伍建设】 一是努力提高编辑人员业务水平。县史志办在认真开展政治理论学习的同时，结合县志办工作人员现状，每周组织全体人员认真学习业务知识一次，专门订阅了《中国地方志》、《年鉴信息与研究》等专业杂志。通过学习，深入研究志书、年鉴、月报编辑的方式方法，总结经验，吸取教训。使全体同志及时更新修志知识，不断提高自身能力，力争使人人成为史志工作的骨干，成为修志的专家学者。二是认真学习贯彻《地方志工作条例》和《省地方志工作规定》。通过《条例》和《规定》的贯彻落实，让县志办同志熟知条例的同时，扩大了对外影响力，让外界了解地方志，支持地方志事业，提升了史志事业的地位。三是积极参加省、市举办的业务培训和县（市、区）的志书评稿会。2011年多次参加了省、市年鉴、志书培训会，编辑人员综合素质和业务能力得到不断提高。

【开发地情资料】 2011年，为充分利用史志工作成果，发挥其特有的史志资源、信息优势，服务于社会发展和经济建设，重点是围绕县委、县政府“四项重点工作”，积极开发利用地情资源：一是为各级领导决策提供资料。向领导和投资商赠送县志、年鉴、文献资料等。二是为人文资源、旅游资源开发和城镇规划、项目规划提供科学的历史依据和丰富的史料。先后为渣园名称来历追溯、临沣寨开发等项目提供了大量历史资料。

（黄梦龙）

党史工作

【党史资料征集编研】 党史资料征集是党史研究部门的一项基础性工作，也是一项十分重要的工作，它主要为党存史和今后修史、编史奠定基础。2011年，县委党史研究室一是做好郏县党史大事记的收集、编写、上报工作。指派专人，采取分散征集与集中征集相结合的方式、主要从县电视台新闻广播稿、《郏县信息》、《平顶山日报》等处收集发生在郏县的大事，然后进行汇总、筛选、整理、编写、上报。全年共征编大事记300余条，10万多字。同时，把2010年征集的党史大事记进行再次筛选、补充、整理，去粗取精。二是征集郏县1949年10月至1976年10月的党史资料，为编著郏县党史二卷本做准备工作。根据《省委办公厅关于编写省、市、县、区中共党史第二卷的通知》及市委党史研究室的要求，2011年，县委党史研究室把征集全县社会主义革命和建设时期党史资料工作作为一项重要工作来抓，全年共从县档案馆等处收集党史资料30多万字，为编写党史二卷本做好资料方面的准备。三是搞好“十一五”党史资料的征集工作。根据上级党史部门关于征集“十一五”时期有关党史资料的通知要求，县委党史室非常重视，经过向有关领导汇报、请示、研究，通过县委办公室和政府办公室向全县各单位联合下发了《征集郏县“十一五“时期有关党史资料的通知》，并派专人到各单位督促此项工作。从全县各行各业、各条战线征集到了大量资料，为编辑出版《平顶山·辉煌“十一五”》打下了良好基础。

【党史宣传教育】 一是充分发挥曹沟革命纪念馆的爱国主义教育、革命传统教育、党史宣传教育基地的作用，内引外联，广泛宣传，吸引了市、县大批观众前来参观，特别是许多学校、党政部门、企事业单位组织广大师生、干部、职工前来参观学习，了解郏县的革命斗争史，追寻革命足迹，缅怀先辈伟绩，沐浴红色洗礼，从而更加珍惜幸福生活，更加自觉地奋发向上、努力工作。二是为了纪念中国共产党成立90周年，进一步深化对党的历史发展的主题和主线、主流和本质的认识与研究，充分发挥党史工作对推进党的建设新的伟大工程和中国特色社会主义伟大事业的重要作用。在全县开展有关党史研究的论文征集活动，经过大力宣传、广泛动员，目前已征集到论文数篇。最后又从中评选出优秀论文3篇参加全市和全省党史论文评比活动。三是与县政协一起参与组织了纪念中国第二大文人、全国扫盲工作委员会副主任祁建华同志诞辰90周年系列活动。四是帮助出版了宣传郏县党史人物、抗日名将——牛子龙传奇一生的长篇小说——《龙啸中原》，它为颂扬共产党人博大情怀、倡导中华民族爱国精神起到了十分重要的作用。

（贯文岳）

档　案

【业务建设】　一是2011年5月份举办了全县档案干部业务培训班，全县各乡镇（街道）、县直各单位46名专（兼）职档案人员参加。根据实际情况，进一步加强集中归档法，用6、7两个月的时间，把全县所有立档单位2010年度文件资料，统一集中到局业务科进行归档整理，实行免费分类，免费装订，全面完成了文件归档工作，发放合格证76个。二是全面完成机关档案室等级认证工作。至11月底共有7个单位通过了省级档案室规范化认证验收，其中县国税局晋升为省特级先进档案室，黄道镇、社保局晋升为省二级先进档案室，县政协、发改委和畜牧局晋升为省三级先进档案室，全面完成年度递增10%的工作任务。三是开展档案宣传工作。积极鼓励全县档案干部向各种新闻媒体和专业报刊投稿，宣传县档案工作。在郏县人民政府信息网站、档案界论坛、郏县信息报、郏县大事月报、档案工作交流QQ群上宣传最新档案工作动态，组织档案人员撰写论文参加省学术研讨会，积极征订2012年《中国档案报》、《中国档案》和《档案管理》杂志等。印刷家庭档案知识彩色画册，免费发放给每个来档案馆查阅人员。同时加强档案执法监督检查工作。10月对30个重点单位进行了执法检查，检查结束后下发了执法检查通报，使行政执法进一步朝着规范化、法制化的方向发展。加强档案馆基础业务建设。为丰富和规范县档案馆馆藏档案，报请县委、县政府出台了《关于做好全县档案移交工作的通知》，截至2011年底已接收档案6530卷、860件，比上年增长17%。整合进馆档案有文书档案、婚姻档案、三苏资料、家谱、无头档案等21种。通过裱糊、复制等方式抢救革命历史档案和县委、县政府重点档案共871卷，完成应抢救档案1086卷的82%。全面启动档案工作信息化建设，馆藏档案案卷级、文件级目录数据库已完成52%，全文扫描50287页。为了做好政府信息公开、现行文件、档案查阅利用工作，建立健全了档案利用制度，注重提高服务质量，确保档案查阅满足社会利用需求。2011年全县共接待查阅档案1628人次，提供利用档案2380卷次，比上年增长328人次。其中涉及文书、房产、知青、工龄证明和报纸资料等，为群众解决了实际问题和困难，推动了全县经济社会良好发展。

【新农村建设档案工作示范县创建】　2011年，郏县被确定为平顶山市唯一的创建省级社会主义新农村建设档案工作示范县。6月份，县委印发了《郏县创建省级社会主义新农村建设档案工作示范县实施意见》（郏办〔2011〕27号），7月份，县政府与各乡镇（街道）签订了《社会主义新农村建设档案创建工作》目标管理责任书。据此，县档案局实行分片包干责任制，强化督促指导，在全县积极组织开展了档案业务大培训、大练兵活动。10月27日，在黄道镇召开了全县省级社会主义新农村建设档案工作示范点现场会，以点带面，快速推进，按照创建标准和要求，全县15个乡镇（街道）已全面完成新农村档案工作示范建设任务。

【“五位一体”新型档案馆建设】 2011年5月，中央下达450万元建设项目资金用于建设“五位一体”新型综合档案馆。在省局、市局指导下，县档案局就项目选址、设计施工等问题积极向县委、县政府请示、汇报，并积极做好项目的各项前期准备工作。最后确定县新型综合档案馆坐落于县城凤翔大道与花园街交汇处，10月13日开工建设。

（陈淑芬）

新华书店

【教材发放】 2011年县新华书店继续认真做好教材的征订发行工作，针对春季教材征订较晚、发货晚、订数比较零散、发货比较集中、工作量加大等实际情况，根据集团、省、市店教材会议精神，积极完善各项责任制度，克服一切困难，积极做好收发供应及各项应急准备工作，全力以赴做好教材的征订、汇审、发行工作，保证收、配、发各环节的畅通，竭力为实现课前到书创造条件，全店人员不畏严寒酷暑集中力量，认真分发，确保了“课前到书，人手一册”政治任务的圆满完成。

【一般图书销售】 2011年，在一般图书销售方面，为最大化的满足社会各界不同层次读者的需要，以最大限度调动销售人员积极性，最大限度延伸销售渠道。在全店干部职工中继续开展了“重点书销售”活动，加大重点书的销售折扣，重点推荐了《国学典藏》书系、《中原文化大典》、《中国共产党历史》等优秀图书，同时挑选了上千种优质图书编制成目录，鼓励全店干部职工积极主动深入到机关、学校、厂矿售书，充分挖掘了读者资源。在全县开展的全国第十八届爱国主义读书教育活动中，在时间紧任务重的情况下，积极协调各职能部门，征订爱国主义教育读本2万多册。

（胡利伟）

新华社评出2011年国际体育十大新闻（一）

一、联赛得意南非寒 梅西再揽金球奖

1月10日，梅西出人意料地力压其在巴塞罗那队的队友哈维和伊涅斯塔，荣膺2010年国际足联金球奖，这是梅西连续第二年获此殊荣。梅西2010年帮助巴塞罗那队夺得西甲联赛和西班牙超级杯冠军，并率领球队闯入了欧洲冠军联赛四强。然而在南非世界杯赛中，他却没有进球，阿根廷队也未能进入四强。在世界杯年，金球奖得主通常出自世界杯冠军球队，因此西班牙队的中场枢纽哈维和在世界杯决赛中攻入唯一一球的伊涅斯塔被视为得奖热门。不过在由国家队主教练、队长和媒体记者进行的投票中，梅西却以22.65%的得票率排名第一。

二、情人节流足球泪“外星人”挥别绿茵场

2月14日，罗纳尔多宣布结束自己18年的职业足球生涯，腿伤是促使34岁的罗纳尔多退役的一大原因。3届世界足球先生得主罗纳尔多曾先后效力于埃因霍温、巴塞罗那、国际米兰、皇家马德里、AC米兰等豪门球队。前后参加了4届世界杯的罗纳尔多为巴西国家队贡献了62个球，帮助巴西队两次捧得世界杯冠军奖杯。2008年，罗纳尔多回归巴西足坛，加盟科林蒂安斯队。

（下接241页）

卫生 体育

卫 生

【概况】 2011 年，全县共有各级各类医疗卫生机构 622 家，其中 8 家局直医疗卫生机构（县人民医院、县第二人民医院、县中医院、县妇幼保健院、县疾病预防控制中心、县卫生监督所、县卫生学校、县新型农村合作医疗管理办公室）、14 家乡镇卫生院（城关、李口、堂街、姚庄、长桥、冢头、王集、茨芭、薛店、渣园、广天、安良、白庙、黄道）、3 家民营医院（程氏康泰骨科医院、太朴寨骨科医院、四知堂中医院）、376 家村卫生室和 221 家个体诊所。设病床 1804 余张，卫生技术人员 2534 人。有核磁共振、螺旋 CT、中心供氧设备、全自动生化分析仪、胃肠机、彩超、CR 等大型医疗设备 20 台，基本医疗设备齐全。

【新型农村合作医疗】 2011 年全县共有 511827 人（其中民政救助 2160 人，残联救助 1000 人）参加了新型农村合作医疗，参合率达 96.24%，人均筹资标准为 230 元，共筹集资金 14367.11 万元，其中：参合农民筹资 1566.58 万元，中央财政配套 5527.7 万元，省级财政配套 3275.7 万元，县级财政配套 1433.12 万元，上年基金结转 2564.01 万元。截至 12 月底，全县共有 115.41 万人次享受到合作医疗补助，补助资金 9680.13 万元，其中：全年累计 1282 人达到 1 万元以上补助，135 人达到 3 万元以上补助，13 人达到 6 万元以上补助，运行平稳，无超支风险。

【基本药物制度】 2011 年，按照要求，全县 14 所乡镇卫生院和 376 所村卫生室全部实施基本药物制度，实行药品零差率销售和一般诊疗费制度，群众就医负担明显减轻。药品价格平均降低 62%，次均门诊费用和住院费用同 2009 年比分别下降 21.3% 和 18.8%；2011 年乡镇卫生院共销售药品 1281.36 万元，直接让利群众 1293.8 万元；卫生院综合改革基本完成，维护公益性、调动积极性、保障可持续的新的补偿机制、用人机制和收入分配机制等运行机制初步建立，卫生院服务能力明显增强，门诊和出院人次同2009年比分别上升54.6%和26%；乡村医生补偿养老政策落实到位，乡村两级医务人员待遇明显提高。真正实现了“群众得实惠，医务人员受鼓舞”的基本要求。

【公共卫生服务】 2011年，县卫生系统全力推进公共卫生服务，保障城乡居民逐步享受均等化的基本公共卫生服务，让群众少得病。积极开展11类基本公共卫生服务和6类重大公共卫生服务项目，对农村居民可能存在的健康问题真正做到了“及时提醒、及时发现、及时治疗”，有力地保障了农民群众的身心健康。已建立居民健康档案46.61万份，占全县常住人口的84%；3.7万名65岁以上老年人、2.6万名慢性病患者、3029名精神病患者获得了免费健康检查及指导服务；实施农村孕产妇住院分娩补助项目和县内免费平产分娩制度，共有8955名农村孕产妇得到了相应补助；为全县34720名农村妇女进行了免费宫颈癌筛查和治疗；为400名白内障患者免费实施了白内障复明手术；为8827名孕前和孕早期农村妇女免费发放叶酸。

【乡村卫生服务一体化】 在全市率先开展了乡村卫生服务一体化管理工作，积极探索出了“六统一两独立”的村卫生室管理新模式，即：统一规划建设、统一行政管理、统一业务管理、统一财务管理、统一药械管理、统一绩效考核和村卫生室法律责任独立承担、财务独立核算。截至2011年底，全县376所村卫生室全部实行乡村卫生服务一体化管理。“硬件设施达标、各项管理规范、人员配备合理、业务开展全面”已成为我县基层医疗卫生服务体系最明显特征，群众“小伤小病不出村、一般疾病不出乡、大病基本不出县”的愿望正在逐步实现。

【传染病预防与控制】 一是计划免疫接种工作。1~12月份共接种乙肝24162人次，其中甲肝7988人次、麻腮8553人次、卡介苗8058人次、百白破32057人次、麻疹8553人次、乙脑14930人次、A+C10500人次、脊灰29648人次、百白破32057人次、A群16549人次。全县共有8月龄~14岁适龄儿童115016人，常规免疫规划应接种148628剂次，实际接种147902剂次，接种率99.5%。二是传染病防治工作。截至12月底全县未发生甲类传染病，发生乙类、丙类传染病20种计2531例，报告发病率460.21/十万，死于传染病11例，死亡率2/十万，病死率0.43%，发病数与去年同期相比下降2.18%，死亡数与去年同期相比持平。其中乙类13种，1940例，与去年同期相比上升10.28%，发病病种分别为：肝炎1299例、乙脑3例、百日咳2例，伤寒1例、淋病10例、梅毒93例、肺结核340例（死亡1例），艾滋病19例（死亡10例）、流脑1例、猩红热8例、疟疾1例、痢疾134例、布病29例；丙类7种，591例，与去年同期相比下降17.68%，发病病种分别为：流感14例、流行性腮腺炎80例、风疹32例、急性出血性结膜炎3例、斑疹伤寒1例、手足口病224例、其他感染性腹泻224例。三是结防工作。制订了结核病防治工作计划，以发现涂阳病人为重点，强化医疗机构对结核病人报告和转诊工作，全面落实免费病人的全程督导管理。1~12月份共检查疑似肺结核病人数1422人，收治管理结核病人296例，其中初治菌涂阳病人158例，复治菌涂阳病人4例，其他结核2例，圆满完成市定任务。四是艾滋病防治工作。根据《平顶山市2011年艾滋病、性病防治业务工作指导意见》，结合我县实际情况，以《全国艾滋病防治主要措施落实质量考评方案》为指导，制定了《郏县2011年艾滋病防治工作计划》，全面落实各项艾滋病防控措施。截至12月，全县共累计报告231例艾滋病人，新发现病人22例，死亡85例，管理艾滋病人146例，其中9例长期外出（失访），系统管理137例，系统管理率93.7%。五是健康教育工作。1~12月份举办各类培训班36期，培训人数2160人，出板报24期，设立咨询台30次，宣传版面16个，印发宣传材料80000份，出动宣传车116（辆）次，出简报24期。

【妇幼保健】 2011年，全县孕产妇保健以乡镇为单位覆盖率达100%，产妇数9502人，活产数9542人，建卡8144人，参与系统管理7612人，系统管理率93%，筛查出高危产妇2506例，全部实行专案管理，住院分娩率99.87%，孕产妇死亡3例，死亡率31.44/十万。全县0~6岁儿童保健以乡镇为单位覆盖率达100%，6岁以下儿童50572人，系统管理27980人，系统管理率63.2%；5岁以下儿童死亡51人，死亡率5.43‰；婴幼儿死亡39人，死亡率4.09‰；新生儿死亡29人，死亡率3.04‰。"郏县孕产妇急救中心"，保障产科急救绿色通道24小时畅通；对全县乡、村两级的妇幼保健员及各助产机构的妇产科技术人员进行了产科危急重症知识培训，提高了全县产科危急重症的急救能力。

【卫生监督】 一是食品卫生监督不断加强。以食品安全整顿工作为契机，以创建卫生城市为载体，严格履行职责职能，认真开展卫生监督执法工作，全县餐饮业卫生监督覆盖率100%，无发生食物中毒等安全事故。二是进一步规范公共场所管理。监督检查公共场所258家，建立监督档案258份，公共场所监督覆盖率100%，办理从业人员健康证952人，换发卫生许可证219份，无发生公共场所突发中毒事件。三是消毒监测工作成效显著。按照《消毒管理办法》及《消毒技术规范》的规定，对全县医疗保健单位、村卫生室、个体诊所的消毒质量进行了采样监测，共产生样品892份，合格830份，合格率93%。四是职业病防治工作取得新进展。组织郏县中联天广水泥公司、圣光集团等有害作业场所从业人员体检803人，建立职业健康档案803份；开展放射诊疗场所X线防护监测设备27台次，并对放射防护人员进行知识培训，收发放射人员个人剂量监测原件74枚，并建立健康档案。五是切实加强医疗安全监管。监督检查各级医疗服务机构及个体诊所618家，建立监督档案618份，查处超范围执业，任用非卫生技术人员从事卫生技术工作，未按规定处置医疗废物等违法案件545起。查处村卫生室多点执业，无证行医100余起，暂扣药品、器械60余箱。

【医疗质量和服务水平】 一是医疗质量管理。深入开展医院管理年活动，对医院医疗质量核心制度的落实、医疗文书书写、临床合理用药情况等加强监督检查；使医院科学管理意识不断增强，诊疗服务水平不断提高。二是继续推行单病种限价管理工作。郏县三家二级医疗机构实施了部分单病种限价管理，减轻了群众的医疗负担，规范了医疗行为，促进了医疗机构和医务人员合理检查、合理用药、因病施治，有效控制了医疗费用不合理增长。三是加大投入，强化硬件建设。县人民医院改扩建了外科和内科病房楼，购进了大型医疗设备，开展了介入治疗和肿瘤化疗等新技术；县二院综合病房楼进展顺利；县中医院新址正在建设当中，颈肩腰腿痛专科成为全省中医重点科室；薛店镇、王集乡等新建的门诊病房综合楼已投入使用。四是积极开展无偿献血工作。1~12月份无偿献血共2059人次，献血量8.236万毫升。县医院供血库独立设置，各种设备齐全，制度健全，管理规范，全县各医疗机构用血科学、合理，各种记录完善、规范。

【人才队伍建设】 2011年招聘职业医师2名，引进高等医学院校毕业生22名，定向培养医学本科生8名，完成在职学历教育大专提高到本科76人，中专提高到大专29人，选派30名医务人员进行全科转岗培训。全年卫生系统各类卫生专业技术人员通过参加各种形式继续医学教育，完成规定学分的有1344人，达标率为99.6%，使继续医学教育制度得到规范和完善。

【卫生项目建设】 2011年，中央共下达郏县农村医疗卫生服务体系建设项目2个，总投资576万元，其中：中央预算内投资434万元、市财政投资87万元、县财政投资55万元，建设规模2100㎡。2011年河南省下达郏县农村医疗卫生服务体系建设项目1个，总投资39万元。项目建设分别是：农村急救体系建设项目、卫生监督体系建设项目、39所标准化村卫生室建设项目。

【行风建设】　在抓好业务工作的同时，卫生局党委始终把卫生行业作风建设当作一件大事来抓。在全县卫生系统深入开展“决战十二五，我该怎么办”、“靠正气实干”和“创先争优”学习讨论活动，通过学习讨论活动的开展，极大地调动了卫生系统广大干部职工干事创业的积极性，促使医疗质量的提高，全面提升服务水平。先后组织举行马俊欣先进事迹报告会和学习贯彻省九次党代会精神报告会，通过学习引导全系统广大干部职工强化党性的修养，把思想和行动统一到实际工作上来，使干部职工把学习和实践紧密结合起来，把学习与当前实施新医改政策结合起来，以广大人民群众满意作为卫生部门各项工作的出发点和落脚点，全面开展医疗卫生服务工作。在党风廉政建设中，紧紧围绕全县卫生工作中心，坚持标本兼治，加大从源头上预防和治理力度，卫生系统领导干部廉洁自律等工作取得了明显成效。

（李星伟　吴志鹏）

食品药品监督管理

【食品安全综合监管】　2011年，在职能调整尚未到位之前，该局继续认真履行食品安全综合监管职能。相继开展了“双节”期间、“瘦肉精”、滥用食品添加剂及学校食堂、调味品、麻辣小食品专项治理周等8次食品安全专项整治行动。共检查规模养猪场150余个，抽检样品560份，排查超市20家，没有发现使用“瘦肉精”现象。特别是10月份，接群众举报，有麻辣食品生产企业从郑州市管城区迁入我县部分乡镇。为保证麻辣小食品的食用安全，报请县政府组织工商、质监、卫生等职能部门执法人员20余人，由主管县长带队，对辖区麻辣小食品生产企业进行为期一周的拉网式专项整治。通过逐户清理，认真排查，共检查生产企业9家，下达责令停产限期拆除通知书8份。通过整治，严厉打击了无证生产行为，保护了消费者的合法权益，进一步规范了辖区麻辣小食品生产经营秩序，深受群众欢迎。辖区全年没有发生一起食品安全事故，受到了市人大《食品安全法》执法检查组的高度好评。

【药品安全监管工作】　2011年，始终坚持“打假治劣手不软，服务经济不动摇”的监管理念，狠抓药品流通监管和大案要案的办理。严格按照“五不放过”原则，追根查源，不断加大打假治劣工作力度，圆满完成了“双百”目标（即：举报查处率100%，抽验不合格查处率100%），切实做到了件件是铁案，案案无悬念。相继开展了隐形眼镜、中药饮片、基本药物、非药品冒充药品、特殊药品、抗菌药物等10余项专项监督检查。累计出动检查人员3580人次，检查涉药单位893家次，完成针对性抽验100批次，检验不合格82批次，命中率82%；立案174起，其中一般程序139起，简易程序35起，结案172起，收函70件，发函125件，其中呋喃妥因追踪案件52起；累计收缴罚没款26.68万元。查获了健胃消食片、吗丁啉、感康、达克宁、尼福达等28批假药，106批劣药，端掉了2家无证经营黑窝点，有力打击了涉药涉械违法行为。

【社会宣传】　2011年，紧紧围绕食品药品安全这一中心，紧扣监管工作主题，通过“3·15”、《食品安全法》颁布实施2周年、“6·1儿童节校园行”、“食品安全宣传周”、“全国安全用药月”等形式组织有关职能部门开展“进学校、进社区、进机关、进农村、进企业”的“五进”巡回科普宣传，通过设立咨询台，发放安全用药读本，开办食品药品安全知识大讲堂，播放公益广告，放映公益电影等形式，累计发放食品药品安全小册子、宣传彩页10万

(本)份。积极编发各类信息、简报、新闻稿件90余篇，树立了食品药品监管系统良好的社会形象。全年在《政务信息》、《郏县信息》、《郏县大事月报》及市县电视台、广播电台等新闻媒体刊发新闻稿件40篇；在《省食品药品监管信息》、《中国食品药品监管信息》、《中国医药报》等省级以上媒体已刊发新闻稿件22篇，其中在《中国医药报》上已刊发新闻10篇，继续稳居全市系统第一；地方党委政府信息采用量也取得了连续2年全县垂直单位第一名的好成绩。

【服务企业优化发展环境】 2011年，在完善服务举措的基础上，牢固树立“监管立足于发展、监管服务于发展、监管促进发展”的理念，坚持“打假治劣手不软、服务经济不动摇”，着力解决企业发展能力、发展水平和发展机遇等问题，发挥政策和技术优势，多策并举，积极帮扶医药企业平稳较快发展。通过拓宽服务渠道、实施服务监督卡制度、跟踪回访制度、服务承诺制度等形式，了解监管实情，宣传监管政策，排查监管漏洞，解决监管难题。变监管为上门服务，关口前移，实现由事后查处向事先防范的转变，将服务贯穿于日常监管之中。针对药品批发、零售连锁、单体药店、医疗机构各个环节，分别制订有专门的各具特色的服务监督卡，公布有服务承诺。全年累计发放监督服务卡160张，发现并帮助解决问题240余条，受到了涉药单位的高度好评和普遍认同，群众满意度得到了有力提升。该局还大力推行零售企业质量承诺挂牌公示和监督举报电话公开制度，累计发放质量承诺公开牌60余块，进一步提高了企业的质量意识和自律意识。日常工作中，坚持首问负责制、限时办结制等保姆式贴心服务，重点扶持圣光集团医用制品换代升级、医药物流做大做强，促进了辖区医药经济的跨越式发展。

【药监系统干部队伍建设】 2011年，局党组继续狠抓党风廉政建设工作，印发了《2011年党风廉政建设工作要点》，建立了纪检监察工作台账，与各股室队所层层签订党风廉政建设责任目标，中层以上干部全部签订廉政承诺书。以庆祝建党90周年及“两创一争”活动为契机，大力开展“颂歌献给党”红歌大家唱、党史知识竞赛等系列党建活动，努力提高队伍综合素质，提升党员干部队伍形象，争创先进基层党组织，争当优秀共产党员。机关党支部被县直机关工委授予“先进基层党组织”荣誉称号。积极开展精神文明建设系列活动，顺利通过了市级文明单位年度复查及市级园林单位考评验收。强化政风行风建设，积极开展“队伍建设年”活动，广泛发放征求意见表，制订了《行政执法服务回访制度》、《行政执法服务承诺制度》，全年没有发生一起违纪违规案件。坚持实行“办”、“审”、“定”“三分离”、“四步走”制度，重新整合队伍，固化办案流程，明确分工、各司其职；精心设定工作标准，配合制度保障，流水线作业，环环相互制约，进一步实现了行政执法的公正公平，提高了行政案件的总体质量，深化了执法队伍的廉政建设，确保了依法行政，全年没有发生一起违纪违规和行政复议、行政诉讼案件，再次被县政府授予“郏县依法行政先进单位”称号；严格目标管理，狠抓责任落实，获得2011年度全市药监系统“目标管理优秀单位”称号。

(张学功)

爱卫办

【概况】 2011年，县爱国卫生工作一是按照县委、县政府要求，深入开展了“决战十二五，我该怎么办”的主题学习讨论活动。二是继续深入开展卫生创建工作，王集乡顺利通过省级卫生乡镇检查验收，广天乡顺利通过省级卫生乡镇复验。全县申报的15个省市级卫生先进单位也顺利通过检查验收。三是继续推进农村改厕工作，顺利完成了2010、2011两年度6990户的农户无害化厕所改建工作。四是继续组织开展了春季灭鼠工作，全县各乡镇(街道)和相关单位先后投放鼠药3吨，有效降低了鼠密度，各项指标均控制在国家规定的标准之内。五是切实搞好了健康教育工作，实现了公共场所健康教育宣传栏内容的定期更新。六是扎实推进城乡环境卫生整洁行动。对全县各乡镇行政村的环境卫生状况进行发摸底调查，覆盖全县13个乡镇、2个街道的377个行政村。组织开展了卫生打扫除等活动。八是强力推进四城联创工作，组织相关职能部门开展省级园林县城创建工作，取得了省级园林县城称号。

【农村改厕】 农村无害化厕所改造是中央财政补助资金的重大公共卫生项目。2011年争取162万元，用于3220户农户的无害化厕所改造工作。通过调查摸底、广泛宣传、技术培训、物资采购、资金支付等一系列工作，顺利完成了全年改厕任务。7～8月份，省爱卫办、国家财政部先后对郏县的改厕工作进行了检查验收，对改厕做法及成效给予了充分肯定。

【省级园林县城创建工作】 根据县四城联创指挥部工作总体安排，2011年，四创联建工作的重点是创建省级园林县城。年初以来，由县创建办牵头，从相关职能部门抽调人员，充实了力量，积极开展园林县城创建工作。对照创园工作的七大项46小项标准要求，对涉创资料准备，园林单位、园林小区创建，绿地系统规划、城区航拍等工作进行认真督导落实，使郏县创园工作最大限度地符合园林创建的标准要求。10月24日，县园林创建工作顺利通过了省住建厅专家组的检查验收。2011年12月20日，省住建厅以豫建城〔2011〕72号文《河南省住房和城乡建设厅关于命名2011年河南省园林城市（县城）和河南省园林乡镇的通知》，正式命名郏县为省级园林县城。

【城乡环境卫生整洁行动】 城乡环境卫生整洁行动是由国务院和全国爱卫会发起的全国性的环境整洁工作，为期3年。为稳步推进此项工作，一是配合政府办印发了《2010～2012年郏县城乡环境卫生整洁行动实施方案》（郏政办〔2011〕4号），明确了城乡环境卫生整洁行动的具体方法、时间步骤、部门职责等；二是对全县各乡镇（街道）行政村的环境卫生状况进行了摸底调查，覆盖全县13个乡镇、2个街道的377个行政村，取得了第一手资料，为活动的扎实开展奠定了基础；三是搞好了督导检查。组织工作督导组，深入各乡镇、行政村，对城乡整洁行动的开展情况进行督导检查，保证了整洁行动的迅速开展。

（姚强伟）

【概况】 2011年，郏县体育事业坚持以科学发展观为指导，宣传贯彻《全民健身条例》、《全民健身实施计划（2011－2015）》、《河南省体育发展条例》，制定了《郏县全民健身实施计划（2011－2015）》，坚持竞技体育与群众体育协调发展，体育产业与体育设施建设紧密结合，竞技体育水平进一步提高，群众体育蓬勃发展，体育产业稳步增长，体育设施逐步完善，坚持抓群众身边的体育组织、建设群众身边的体育场地、积极开展群众身边的体育活动，以"青少年、农民、职工、妇女、老人"5类人群为重点，全年以"双节"、全民健身活动月、全民健身日等为主线，全面推进全民健身活动。培训发展各级社会体育指导员80名，义务举办太极拳、健身气功培训班，各培训近百人，并邀请省级太极拳专家来我县指导、培训。举办裁判员培训班，培训各级裁判员100多名。全民健身晨晚练点发展仅城区达20余处；"四种健身气功"站点发展至14个；注册成立了郏县老年人体育协会，成立了健身气功协会和太极拳协会筹备小组，已形成了全民健身网络化。加大投入，完善、维护体育设施，体育场已成为集健身、休闲、娱乐为一体花园般的场所。购买体育健身器材数万元，扶持冢头镇陈寨村等新农村建设单位，开展国民体质测试成为常态化。

【体育活动】 2011年，举办庆元旦大众广播体操比赛、庆元旦“欧洲花园杯”乒乓球大奖赛、庆元旦“顺发家电杯”棋王对抗赛、“庆双节，促和谐，奔小康”全民健身活动、中小学生选材大奖赛、白庙乡“泰鑫杯”农民篮球比赛、春季小学生乒乓球邀请赛、全民健身活动月春季门球赛、《河南省体育发展条例》宣传庆祝健身活动、中学生体质健康标准测试活动、全民健身活动月暨圣光集团首届职工运动会开幕式、郏县财政系统篮球邀请赛、县秋季门球赛、郏县武警中队篮球邀请赛、首届教职工运动会、河南省第四届万村千乡郏县农民篮球比赛、中小学生晨光体育活动等；联合举办了交通系统、供电公司、县一高、西街学校、堂街一中，长桥一中、第四实验中学、茨芭镇中等运动会和各单项比赛；组织参加了平顶山市第八届运动会暨首届全民健身大会各项比赛、平顶山市晨光体育运动会、平顶山市中小学生田径运动会；承办了平顶山市棋王象棋对抗赛，平顶山市第二届残疾人运动会，平顶山市财政系统乒乓球比赛，平顶山市广电系统篮球比赛，平顶山市第八届运动会成人组乒乓球比赛。在平顶山市第八届运动会暨首届全民健身大会上，获得团体总分二等奖、优秀组织奖、突出贡献奖。获得成年组团体总分二等奖，优秀组织奖；获得青少年组金牌第四、团体总分第五和体育道德风尚奖；获得了成年组乒乓球优秀组织奖、突出贡献奖、男子单打冠军、团体冠军，女子单打亚军、团体亚军的好成绩；获得了成年组24式太极拳比赛二等奖；成年组男女拔河比赛各二等奖；成年组大众广播体操比赛二等奖、青少年组甲、乙组篮球金牌等等；获得了平顶山市第八届运动会暨首届全民健身大会“体育发展论坛”主题活动征文优秀组织奖，获得了2011年平顶山市全民健身先进单位；获得了平顶市体育系统庆祝建党九十周年“五红”活动金奖；输送优秀运动员86人，培训三级社会体育指导员53人，推荐培训二级社会体育指导员10人，推荐培训一级社会体育指导员18人，完成国民体质测试692人。

【全民健身活动月活动】 2011年全民健身活动月活动，自4月中下旬开始延续至6月底结束，历时两个多月。县统一组织开展了全民健身活动月启动仪式、乒乓球、门球、篮球、羽毛球和趣味性群众性体育活动等20项。开展全民健身志愿服务活动，利用晨晚练点，义务举办健身气功、太极拳等培训班，并形成一种制度长期不间断，共培训人员200余人。4～5月，组织参加平顶山市八运会各项比赛，参加比赛的领队、教练、运动员、工作人员300余人，获得团体总分二等奖、优秀组织奖；成年组总分二等奖；青少年组金牌第四名、总分第五名。各乡镇、街道、主要县直单位、各单项体育协会也各自开展了精彩的体育比赛。直接参加活动总人数7000余人次，整个活动呈现出了现代体育与传统体育项目相结合的特点，体现出了“健康、和谐、文明、向上”的新时代体育特点。

【郏县老年人体育协会成立】 2011年10月24日，郏县老年人体育协会成立大会在县老干局召开，来自全县门球、健身气功、太极拳、空竹、象棋、盘鼓等老年人体育健身辅导站点的负责人参加了会议，选举县人大原主任王盘根为名誉主席、县政协原副主席赵春田为主席、县人大原副主任程子敬为副主席、县人大财工委原主任陈遂庆为秘书长。

【郏县第一届教职工运动会】 2011年11月18日，郏县第一届教职工运动会开幕式在县第四实验中学隆重举行。来自全县教育系统24支代表队、近300人参加为期半年的比赛。比赛利用每周双休日，分4个组、两个阶段，第一阶段为预赛，第二阶段为决赛，预赛前两名进入决赛，跨年度在全县城乡学校10个赛区开展比赛，比赛项目为篮球，最后，县一高、实验一中、长桥镇等10支代表队进入 决赛，活动持续到2012年5月底结束。

（王星来）

精神文明建设

【概况】 2011年，县文明建设工作在县委、县政府的领导下，在市文明委的正确指导下，紧紧围绕科学发展，加快发展方式转变，深入开展群众性精神文明创建活动，扎实推进社会主义核心价值体系建设，不断提高公民文明素质和社会文明程度，较好地完成了全年目标任务。在2011年全市精神文明建设考核中，郏县获得了“清洁家园行动”、未成年人思想道德建设、信息工作先进，综合考核名列前茅，受到市文明委通报表彰。

【公民道德教育】 2011年，在县区内各机关单位、街道办事处设置公务员文明礼仪宣传栏150个，创建文明城市宣传栏200个，发放文明宣传页2万余份。下发了“文明中原（郏县）系列行动”实施方案，开办“文明郏县大讲堂”，以纪念中国共产党成立90周年为契机，深入开展爱国主义教育活动。组织开展了“颂歌献给党”、“童心向党”等大型红色歌曲传唱活动，大力传唱歌颂党、歌颂伟大祖国、歌颂中国特色社会主义的优秀歌曲，唱响共产党好、社会主义好、改革开放好、伟大祖国好、各族人民好的主旋律。组织开展“我推荐、我评议身边好人活动”和“第三届全国道德模范”、“河南省道德模范”推荐工作，通过开辟专题专栏、制作、刊播公益广告、创作文艺作品、组织志愿者走街入巷进行宣传等形式，加大对道德模范的宣传力度，营造了浓厚参与氛围，形成学习、崇尚、争当道德模范的热潮。2011年全年向共向市文明办推荐“身边好人”16名，有5名进入“中国好人榜”候选人名单，另有马俊欣等5名同志被确定为首届平顶山市道德模范候选人。

【“三优三创”工作】 2011年，围绕建设“特色经济县、生态宜居县”两大目标，带动了文明社区、文明景区创建工作，实现优美环境、优良秩序、优质服务。着力建设宜居之城，加快推进了城市开发建设，进一步提升了我县城市品位。大力实施了文明社区“六个一”工程，继续推进科教、文体、法律、卫生“四进社区”活动。景区开发建设步伐进一步加快。公共服务行业和执法部门开展的“争创文明优质服务窗口、争当文明优质服务标兵”活动成效显著。制定了《关于进一步加强文明单位管理的通知》，县地税局、信用联社等2个单位被命名为省级文明单位，物价局、国土局等7家单位被命名为市级文明单位，同时表彰了26个2011年度县级文名单位和15个县级文明村镇。

【农村精神文明建设】 2011年，认真贯彻落实中办、国办《关于进一步加强新形势下农村精神文明建设工作的意见》，着力培育新农民、倡导新风尚、发展新文化，下发了《2011年度精神文明建设工作考核内容和标准》。以“清洁家园行动”为载体，推进农村文明创建工作。广阔天地乡继续保持全国文明村镇称号，广阔天地乡邱庄村被命名为全国文明村，冢头镇、茨芭镇、李口乡、冢头镇前王庄村、白庙乡马湾新村等9个村（镇）被市委、市政府命名为市级文明村镇，冢头镇前王庄村、黄道镇黄南村被省文明委授予河南省文明村镇创建工作先进村镇荣誉称号。全县有198个行政村的农家书屋配套设施正在逐步完善之中。推动农村“清洁家园行动”向纵深发展。9月份，郏县代表全市接受全省范围内“清洁家园行动”工作督查，受到省市领导一致好评。组织开展文明单位结对帮扶和文化、科技、卫生三下乡工作。各级文明单位共为帮扶村提供资金支持100余万元，办实事好事200余件次，举办文化、科技大集10场，送电影1390场次，开展义诊10余次，为1800多名群众进行了义诊，有3万多名群众接受了健康知识教育。供电公司被命名为省级文明单位、结对帮扶先进单位，人口计生委、畜牧局被命名为市级文明单位、结对帮扶先进单位。

【未成年人思想道德建设】 2011年，深入贯彻落实中央和省、市委加强和改进青少年思想道德建设的决策部署，充分发挥学校、家庭、社会“三结合”教育网络作用，把青少年思想道德建设各项任务落到实处。举办“美德少年”颁奖仪式，用榜样的力量激励青少年奋发向上，做社会主义合格建设者的热情。组织人大代表、政协委员对网吧整治工作进行视察，协调文化、公安、工商、新闻媒体等部门开展“黑网吧”集中整治行动，切实加强对文化市场的监督管理。查处“黑网吧”10处，销毁非法音像制品、盗版教材教辅读物5000余（张）册，查处无证经营演出团体10家，为未成年人提供了良好的成长环境。以农村文化大院为依托，启动乡村少年宫和心理健康辅导中心建设，全县已建成乡村学校少年宫3所，郏县首个青少年活动中心也已开工建设。

（陶冠鹏）

新华社评出2011年国内十大文化新闻（五）

（上接195页）

十、公共文化场馆全面免费开放

文化部、财政部2月初出台关于推进全国美术馆公共图书馆文化馆（站）免费开放工作的意见，明确提出：2011年底之前国家级、省级美术馆全部向公众免费开放；全国所有公共图书馆、文化馆（站）实现无障碍、零门槛进入，公共空间设施场地全部免费开放，所提供的基本服务项目全部免费。

社会生活

人事劳动和社会保障

【事业单位岗位设置】 2011年，按照平顶山市事业单位岗位设置管理工作会议精神，及时成立了领导小组，召开了动员大会，印发了《实施方案》；市局批复郏县设置事业单位612个，岗位总数10907个。

【中小学及幼儿园教师招聘】 2011年，为切实解决教师缺编问题，通过实地调查，制定了《公开招聘实施方案》，面向社会公开招聘160名中小学及幼儿园教师。报名及资格审查工作已结束，共审查档案700余份，合格699人。

【人才引智】 2011年，接待应聘、求职、人事代理等各类咨询2000余人次，新增人事代理342人，为人事代理人员出具报考研究生、律师、法官、会计师及调档等证明50份。

【奖惩任免】 2011年，对政府系统机关事业单位参加考核的11898人进行了年度考核信息输入，其中：机关参加考核1491人，产生优秀187人，称职1299人，不称职、未定等次5人；事业单位参加考核10407人，产生优秀1432人，合格8948人，不合格、未定等次27人，实行了微机化管理；通过严格的审核把关，共为102名同志办理了科员晋升手续；新续签聘用合同669份。

【干部管理】 2011年，对全县76名企业军转干部进行了双节慰问和身体健康检查；共办理干部调动手续36人次；按照政策，招录特岗教师50名。

【退休福利】 2011年，审批正常退休199人（机关事业单位29人，企业170人），审批特殊工种35人。审批遗属补助41人。

【工资管理】 2011年，为事业单位5168人调整了工资，为695名干部职工办理了提升职务、工人晋级、职称工资变动手续，审核全县工人技术等级考试职工档案829份，其中：技师139人，高级工220人，中级工160人，初级工46人，通过考核考试，通过技师106人、高级工183人，中级工134人，初级工39人。

【职称评定】 2011年，进一步拓宽职称工作服务范围，申报农民技术人员7人，为113名同志做好了外语报名工作，认定初级职称162人。

【社保基金征收与支付】 2011年，全县企业养老保险参保缴费职工13096人，征收4610万元，支付7782万元。机关事业单位养老保险参保缴费职工3290人；征收765万元；支付491万元。失业保险参保人数23560人，征收270.3万元，支付140万元。医疗保险参保缴费职工62000人，征收2800万元；支付1985万元。工伤保险参保人数12300人，其中农民工参保人数5300人，征收240万元，支付132万元。女工生育保险征收100万元；支付18万元。城镇居民参保人数31722人，支付142万元。社会保险支付率均为100%。

【就业再就业】 2011年，安置城镇新增就业8716人，安置下岗失业人员再就业2003人，安置“4050”人员662人，农村劳动力技能培训3317人，农民工创业培训210人，失业人员创业培训60人，发放小额贷款2367万元，城镇登记失业率控制在3.1%。

【劳动保障监察】 2011年，共查各类用人单位70户，补签劳动合同250余份，接受法律咨询153人次，受理举报投诉70起，协调处理61起，会同其他部门处理9起。为1201名农民工依法追要拖欠工资210万元。

【劳动仲裁信访】 2011年，共受理劳动争议案31件，调解结案22件，裁决结案5件，需作出工伤认定和伤残等级鉴定中止审理的4件，法定时效内结案率为100%，为当事人挽回经济损失195万元。

【工伤认定】 2011年，共受理工伤认定案件31起，其中工伤认定28起，调解3起，法定时效结案率100%。认真做到了即受理快办理。

【劳力管理】 2011年，审查集体合同170份，其中专项集体合同129份，区域性集体合同15份，行业集体合同36份，涉及全县537个企业职工46598人；鉴证劳动合同3610份。

【劳务输出】 2011年，新增劳务输出1.13万人，全县外出务工人员达到15.14万人，全县劳务经济收入达12.5亿元。形成了深圳、厦门“出租车司机”，苏州、杭州的“小超市”，上海的“拉面”、北京的“保安”等郏县的特色劳务品牌。

【城乡居民养老保险】 一是新农保工作。新型农村社会养老保险参保人员349318人，征收养老保险金3110万元，有72600名农村60周岁以上老人享受保险待遇，支付新型农村社会养老保险金3400万元，支付率为100%。二是城镇居民养老保险工作。在巩固完善新型农村社会养老保险的基础上，积极向省、市人社部门请示汇报，全力争取城乡居民社会养老保险试点县；7月份被国务院新型农村和城镇居民社会养老保险试点工作领导小组批准为城镇居民养老保险试点县。按照上级安排，将新型农村社会养老保险与城镇居民社会养老保险合并实施，开展城乡居民社会养老保险试点工作。从7月1日起，全县城镇户口60周岁以上老人全部领到了养老保险金。

【文明单位创建】 2011年，县人事劳动和社会保障局深入开展“企业服务年”、“创先争优”、“在全市人社系统窗口单位开展创先争优”等主题教育活动。组织46名同志在白庙乡眼明寺林区义务植树109株。组织开展了以“缅怀革命先烈，继承革命传统，不断促进干部职工凝聚力、战斗力为主题的‘迎五一’登山比赛”，组织全体同志深入毛泽东、刘少奇等伟人故居参观学习，进一步提升党性修养，坚定革命理想信念。举办了“关注干部健康，关心职工生活，‘迎七一’健康体检活动”，为全局160名干部职工、离退休人员建立了身体健康检查档案。改善办公条件，粉刷了局办公大楼和会议室、硬化了路面、改造了厕所，增添配备了电脑、打印机、传真机，积极提升为民办公环境和服务能力。通过文明单位创建工作的深入开展，全局干部职工的学习意识、服务意识、效率意识、团队意识、大局意识不断增强。

（李朝旭）

民　政

【社会救助体系逐步健全】 2011年，全县城乡低保进一步规范。开展了城乡低保“一优双查”活动和城市低保对象集中公示月活动。城市低保人均月补差标准由原来的146元提高到162元，农村低保月人均补差标准由62元提高到73元。全年共调整城市低保510人、农村低保2763人，为7834名城市低保对象和24750名农村低保对象分别发放城市低保金1615.5万元、农村低保资金2663.1万元。救灾救济工作扎实有效。全年及时下拨各乡镇（街道）冬春救灾款63.8万元、面粉35万斤、棉衣棉被7000件，救济困难群众5200余户。临时救助力度加大，争取临时救助资金60万元，严格按照程序救助了912户56.41万元。五保供养政策进一步落实。从1月份起，集中供养对象供养标准由原来的每人每年2200元提高到每人每年2600元，分散供养标准由原来的1200元提高到1320元。争取到位的敬老院建设资金100万元，新建的薛店敬老院已开建，安良镇第二敬老院和广天乡敬老院主体工程已完工。全年全县集中供养率达到了市定45%的集中供养目标，共为2160人五保对象及时发放五保供养资金420.8万元。城乡医疗救助工作水平不断提高。全年共救助城市特困群众8104人次（含资助城市低保对象参保），救助金额88.3万元；救助农村特困群众6239人次（含资助2160名五保户参合），救助金额351.8万元。

【优抚各项政策得到落实】 2011年，认真落实优抚政策。完成了优抚对象提标工作，实现了20%的增长。做好60周岁农村籍退役士兵生活补助登记审核工作。全年为2737名优抚对象发放优抚款1145.9万元，为763名参战参试退役人员发放生活补助金200.4万元，为323名残疾军人发放抚恤金279.5万元。将《优抚对象医疗保障办法（试行）》落到实处，为274人（次）优抚对象发放医疗补助资金19.2万元。复转军人就业安置工作进展有序。全年接收退役士兵档案259份（城镇退役士兵99份，农村160份），政策性安置率达到100%。涉军稳定成效明显。继续实行陪访制度，深入开展社会矛盾大排查、大化解活动，排查出10起涉军稳定信访隐患，有效化解1起，对苗头性、隐患性问题做到提前介入、及时化解，确保了复退军人整体稳定。

【基层政权建设】 社区建设稳妥开展。打造西大街、西关街、北大街、崇文街、南街5个和谐社区示范点。截至2011年底，西大街社区新建办公楼已竣工，办公设施配备齐全。稳步推进农村社区建设，确定黄道镇黄南村、渣园乡小卢寨（现为青龙湖社区）、冢头镇前王庄村、广天乡邱庄村为试点。目前，正在积极筹措资金，完善各项社区服务功能。顺利完成村级组织换届选举工作。从10月开始在全县13个乡镇应选的357个行政村中全面开展了村级党支部、村委会、村监会换届选举工作。截至12月底，全部顺利完成，达到了上级有关要求。

【社会事务专项管理】 一是区划地名工作顺利开展。完成了李口乡撤乡设镇工作。地名数据库信息量由原来的4107条增加到4227条。妥善处置了安良镇与禹州市、李口镇与卫东区界线不清的问题。做好了与卫东区界线联检工作。二是民间组织发展健康有序。全年共登记社会团体3个，民办非企业单位3个，撤销1个社会团体，限期整改1个，优化了经济发展环境。婚姻登记服务水平进一步提高。全年共依法办理婚姻登记4860对，离婚登记655对，补领证427人，登记合格率达到100%。殡葬改革宣传和执法力度不断加大。全年核实立案查处殡葬违法案件183起，火化尸体460具，火化率稳步提升。流浪人员救助工作依法实施。全年共依法救助流浪乞讨人员259人次，救治危重病人1次，建立寄养家庭3个，寄养弃婴6名。

【社会福利事业】 一是慈善事业快速发展。开展了“爱心柜台”冠名招募活动并在县电视台进行公开招募，九九鞋城、红星面粉厂等商户向超市捐赠了价值3万元的物品。启动四项冠名小额救助基金活动，并对20名特困对象进行了救助。引进市慈善总会慈善项目，拟对待筛查的15名贫困家庭先心病患者到武汉亚洲心脏病医院进行免费医疗手术。联合郏县国土资源局举行了“爱心助学”救助活动，对41名应届高考大学贫困新生每人2000元救助，发放救助金8.2万元。同时，还一次性救助贫困人员32人次1.66万元。加强了慈善超市管理，核发了价值300元的“爱心卡”500张，全年发放救助物品价值15万元。二是依法做好孤儿救助工作。为297名社会散居孤儿及困难家庭子女办理每人每年50元、为期一年、保障额度10万元、覆盖12种少年儿童重大疾病公益险。为140名艾滋病人、9名因艾滋病致孤人员和21名单亲人员发放生活救助金8.04万元，为391名孤儿发放全年基本生活费253.8万元，办理收养登记6例。三是福利彩票发行再攀新高。全年销售福利彩票1130万元，创下近年来新高。四是老年人优待政策认真落实。依法取缔东城街道四里营爱心养老院，为全县75名百岁老人发放了每人每年1200元的敬老金9万元，免费办理老年优待证911个。

（吕向前）

人口计生

【概况】 2011年，县人口计生工作以创建全国计划生育优质服务先进县为目标，以落实人口计划为核心，真抓实干，开拓创新，完成了年初确定的各项责任指标，为县经济社会快速发展创造了良好的人口环境。其中人口出生率为11.3‰，符合政策生育率为93.84%，出生统计准确率为95.81%，避孕措施落实率为98.31%，独生子女父母奖励落实率为10.71%，流动人口管理率为95.75%，社会抚养费首征到位率为81.03%。取得了较好的成绩，保持了省级优质服务先进县的称号、市级文明单位的称号，荣获了省级卫生先进单位称号、市级卫生先进单位称号、市五一劳动奖光荣称号、被县委、县政府评为依法行政先进单位，在2011年的全县政风行风评议中名列第二。同时，性别比治理工作、财政及事业费投入工作、信息报送及采用工作、人事工作、计生协会工作、纪检监察等6项工作受到了市人口计生委的表彰。

【计生统筹协调机制建设】 一是建立汇报制度。县委、县政府定期听取人口计生工作汇报，统筹解决人口问题，强化例会制度，督导相关成员单位落实计生工作职责。二是建立沟通协商制度。各有关部门在制定社会经济政策和各项惠民政策时，必须与计生部门联系，并征求计生部门的意见，做到普惠政策与计划生育奖励优惠政策有机衔接。三是计生工作人员优先提拔重用制。对连续3年受到市委、市政府表彰的乡镇，除对该乡镇任职3年以上的党政正职、分管副职、计生办主任分别奖励现金3千元，党政正职、分管副职优先提拔重用，计生办主任享受副科级待遇。

【计生科学管理机制建设】 一是落实领导调研制，县主要领导经常深入基层调研指导人口计生工作，实行四大班子领导划片包乡制，环节责任追究制，严格工作标准，狠抓过程监控。二是落实奖惩机制，年初，县委、县政府对55个计生工作先进单位和45名先进个人进行了表彰，对13个单位进行了通报批评，对6个行政村给予了“一票否决”，并落实了追究措施。三是建立了全员人口信息管理系统，实现流动人口全省“一盘棋”管理。四是严格打假治假，坚决杜绝假报、瞒报、错报、漏报的情况发生，做到数据报实，信息填实。

【计生优质服务机制建设】 一是加强服务意识教育。在全系统开展“我为国策做贡献，我为群众解疑团”活动，委机关工作人员每人每年下乡不少于120天。二是努力打造全省一流的人口计生技术服务中心，占地8000多平方米，投资2100万元，总建筑面积1.1万平方米的县人口计生技术服务中心新址开工建设。三是对流动人口的计生管理做到属地化管理、市民化服务，让流动人口在县也能充分享受到户籍地的优质服务。与外省、县区签订流动人口计划生育互管协议40余份，推动流动人口“一盘棋”管理，受到省、市表扬。四是避孕节育服务更为人性化。全县设立了多个避孕药具免费发放点。2011年11月，全市药具工作现场会在王集乡召开。

【计生宣传工作新机制建设】 全面开展创建全省婚育新风示范县活动和关爱女孩行动，通过“六个百”活动，搞好“六项特色服务”提升计生家庭生产发展能力。建立了“联合融人，营造环境，参与互动，打造精品”的宣传工作新格局，收到了良好的社会效果。紧紧围绕“大宣传、大联合、出精品”的工作思路，创新工作形式和方法，采取声、像、形等形式，开展多层次、多渠道、全方位、立体式的宣传，形成人口宣传社会化、人性化和群众化的大格局，在全县营造浓厚的婚育文化宣传氛围。一是注重社会宣传。在文化广场及大型超市等人员集中的地方建立了LED电子显示屏、宣传橱窗、科普画廊和灯箱广告牌等2000多块。二是注重环境宣传。全力打造县域环境宣传，纵到边界，横到村寨。在主要交通要道安装大型广告牌300余块，道旗标语900多块，刷写墙体标语2000余条，婚育文化长廊20个，生育文化一条街、一条路10个。其中“三苏”婚育文化长廊、陶瓷婚育文化宣传基地，已成为县域环境宣传亮点。三是注重针对性宣传。制作发放了约200万份的集生殖健康保健常识，计生政策，科普生活小常识为一体的宣传册、雨伞、围裙、手提袋等，发放到每个育龄妇女手中。四是注重特色宣传。婚育文化“一条街”、“一条路”、“生育文化长廊”、“人口文化大院”从不同角度为广大群众宣传了计生政策、生殖健康、避孕节育、倡导生育文明、婚育新风、人口、资源、环境协调发展等科学知识。

【计生利益导向机制建设】 2011年，共确认奖扶对象1258人，独生子女父母奖励对象949人。其他各种救助扶助对象590人。市抽查合格率达100%。在60岁计生对象集中养老“康乐家园”建设上取得一定成效。每年落实各项奖励扶助金约700万元。县委、县政府审时度势，还建立了生育关怀基金会，采取政府补一点、社会捐一点、部门扶持一点的办法建立生育关怀基金，基金会的基金严格按有关程序办事，专款专用，接受有关部门审核监督，扶助计生困难户发展生产，帮助其治病脱贫。

【人财保障机制建设】 2011年，组织实施“强基提质”工程，把培养造就高素质职业化队伍作为推动事业发展的战略举措，建立了定期培训制度、继续教育制度、岗位练兵制度、评先评奖制度等。全年集中培训乡、村级计生干部4期，并采用请进来走出去的方法，全面提高培训质量。有40名村计生管理员被评为平顶山市的“十佳百优”管理员。此外，为进一步推进“五型机关”建设，深入开展“创先争优”活动，倡导用事业造就人才，用环境凝聚人才，用机制激励人才，用法制保障人才，营造尊重劳动、尊重知识、尊重人才、尊重创造的良好氛围和环境，激发团队精神，县人口计生委连续3年深入开展星级科室和星级员工评定活动，严格按照优秀公务员评比标准，公开民主测评结果，公正各级表彰证件，公平业务技能和业务素质。对评出的星级科室和星级员工进行现金奖励。

【信息化建设】 2011年，建起了县级人口信息中心和15个乡级人口信息站，新配备了67个工作机，15个专用服务器，20台笔记本电脑。15个摄像头、10套音箱功放等视频会议设备，实现了市、县、乡三级视频会议系统。全县共有微机操作人员34人，其中大专以上学历25人，具有专业知识15人，平均年龄27岁。截至2011年底，县共修正错误信息20余万条，使MIS数据库信息综合完整率达到99.86%，身份证号码录入准确率达到95%以上，逻辑关系误差率降低至3%以下，数据质量各项指标要求均达到省、市要求。同时，通过与统计、公安、民政、劳动、工商、卫生、教育等单位进行信息交流与共享，使我县的流动人口管理率、已婚育龄妇女管理率、出生统计准确率与去年同期相比分别增加了2个、0.2个、1.3个百分点。

（张宪伟）

民族宗教

【概况】 2011年，全县有汉、回、满、壮、苗、彝、布依、藏、傣、畲、瑶、白、黎、蒙古、哈萨克、柯尔克孜、哈尼、土家、维族、佤20个民族成分，少数民族19个，少数民族人口12019人，其中回族人口11917人，回族约占全县少数民族人口的99.15%，少数民族人口占全县总人口的2.1%，主要分布在姚庄回族乡、龙山街道、冢头镇、长桥镇、薛店镇等5个乡镇（街道）。宗教方面有伊斯兰教、佛教、道教、基督教、天主教，信教群众28000余人，开放宗教活动场所55处，遍布全县15个乡镇（街道）。

【少数民族资金项目】 2011年，县民族宗教局为大力促进少数民族地区经济加快发展，加快民族聚居村新农村建设的步伐，积极争取到省民委少数民族发展资金项目4个，分别是：郏县龙山办事处西关街道路建设项目、郏县冢头镇西寨村道路建设项目、郏县姚庄回族乡道路建设项目、姚庄乡三郎庙村古村寨保护项目，共争取省民委少数民族专项扶持资金200万元。少数民族发展资金主要投向是民族乡和民族聚居村道路基本建设。这些项目的实施，改善了当地少数民族群众的生产生活条件，促进了全县民族团结和民族工作的开展。

【民族宗教政策宣传教育】 2011年共举办民族宗教各类培训班6期、培训480人次，办黑板报18期、制宣传版面26块、发放宣传材料6000余份，出动宣传车累计11台次，使全县广大人民群众受到民族宗教政策法规的再教育。

【清真食品市场整顿】 2011年3月15日~4月20日，县民族宗教局联合县伊斯兰教协会对全县清真肉食品市场、220多家清真肉食屠宰户、作坊等进行执法检查。在2011年春节、端午节、中秋节、国庆节期间，按照县里及市民族宗教局要求，适时组织实施了清真食品检查，进一步净化全县清真食品市场，维护和规范了正常的生产经营秩序。在工作上采取日常工作靠县伊协监督检查同民宗局定期不定期检查相结合的方法，确保了清真食品市场的稳定，确保全县人民吃上放心的清真食品。

【民族管理和服务】 2011年，郏县民族宗教局一是从维护民族团结进步、宗教和顺、社会和谐的大局出发，与全县十坊清真寺所在地乡镇（街道）主要负责人沟通协调，为全县清真寺教职人员争取资金支持。各清真寺所在乡镇（街道）已同意每年列出专门预算，对每坊清真寺划出专款专户资金一万元。此举，有力的得到全县回族穆斯林群众的信任和拥护。密切了干群关系，为促进民族团结进步、社会和谐发挥了积极作用。二是五项措施丰富少数民族地区文化生活，促进民族团结进步。首先多方筹措资金在少数民族聚居区建设农民图书室、阅览室，订阅报纸杂志、图书，实行管理人员固定化，在农闲和业余时间开放，使广大农民获取更多的知识和信息。其次针对农民已不再满足于在家里看电视获取一些信息，而是需要有更丰富的文化娱乐活动的特点，在少数民族传统的节日举办唱大戏等广场文化活动，使农民获得全方位的文化享受。再者加强民族聚居区文化人才队伍建设。配齐配强少数民族乡镇文化站工作人员，使之成为“多专多能”的人才。另外以民族文化馆和民族乡文化站为基地，分期分批对民族文艺爱好者进行培训，指导和支持民族文化活动，并正确引导开展少数民族民俗活动。结合少数民族脱贫致富的需求，大力倡导农民读书用书、学知识、学技能，普及实用农业科技知识，实施特色文化品牌战略。多措并举，有力的促进了全县民族团结进步事业不断取得新成就。

【宗教管理】 2011 年，加大破解宗教工作重点、难点力度，不断加大依法治理和疏堵结合工作力度。一是按照省、市民族宗教部门的要求，继续健全和完善民族宗教工作三级网络建设。各乡镇（街道）都按照要求强化和落实了民族宗教工作责任制和宗教工作月报告制度，确定了乡镇（街道）、村、组民族宗教工作网络干部，较好地发挥了民族宗教工作网络的作用。二是为有效防止和妥善处置涉及民族宗教方面群体性事件，切实维护民族团结和宗教稳定，抓住依法管理、确保稳定这根主线，始终坚持“保护合法、制止非法、抵御渗透、打击犯罪”的方针，依法治理佛、道教“两乱”现象和各种非法宗教活动。三是加强反邪教、抵御渗透工作力度。加强与相关部门的协作配合，统战、宗教、公安、综治、610办公室等部门经常互通信息，及时掌握渗透情况，采取应对措施，保持了宗教活动的合法和稳定。2011 年依法取缔了一处非法宗教活动场所。

【宗教信息采集和上报工作】 2011 年省宗教局开展对各县（市、区）宗教团体、宗教活动场所教职人员信息采集、上报和备案工作。县民族宗教局高度重视，搞好调查，从政治上严格把关。明确了全县开展宗教教职人员认定备案工作的指导思想、总体目标、原则要求、时间安排和工作步骤。保质保量按时完成认定备案工作及有关信息采集的上报工作，受到上级部门的肯定。从而将宗教教职人员队伍建设纳入法制化管理轨道，以此为契机，将认定备案工作与长效管理机制有机结合起来，与长期教育培训工作结合起来，不断完善教职人员管理办法，推进全县宗教活动场所的规范化建设，促进和谐寺观教堂创建活动的深入开展。

【宗教活动场所财务检查和宗教教职人员的社保工作】 按照市宗教局要求，2011 年县民族宗教局加大了对全县 55 处宗教活动场所的财务检查力度，保障宗教活动场所财务清晰，管理有序；对市局部署的教职人员参加社会保障工作，积极与县民政部门沟通协调，落实人员名单，对符合新型农村合作医疗的所有宗教教职人员做到了“应保尽保”，对符合新型农村社会养老保险的教职人员按规定分别办理了新型农村社会养老保险手续。切实做好困难宗教教职人员的生活问题，保障正常的教务活动顺利开展。保障宗教领域稳定、和顺，社会和谐。

【宗教“三支队伍”培训教育】 2011 年，按照拟定的培训计划，切实做好对宗教“三支队伍”培训的工作力度。把国务院《宗教事务条例》及有关政策和法律法规列入培训内容，利用专题培训、以会代训的形式对宗教工作干部、基层干部、宗教团体负责人进行了政策法规培训。举办专题培训班 4 期，培训各类人员 500 多人。通过培训，提高了广大宗教干部的执法水平，增强了宗教团体主要负责人和宗教界人士的整体素质。

（谢留战）

南水北调及移民安置

【概况】 南水北调工程是优化国家水资源配置，保障经济社会全面协调可持续发展的重大战略性基础设施，对缓解华北特别是京津地区水资源短缺具有重要意义。南水北调中线从丹江口水库陶岔渠首引水自流到北京团城湖，总干渠全长1277公里，其中河南境内长731公里，平顶山市境内长116.7公里，郏县段长21.82公里。

中线总干渠郏县段涉及渣园、白庙、安良3个乡镇26个行政村，沿途与8条河流、4条公路和广阔渠交叉，设计桥涵等渠道建筑物41座。总干渠在白庙乡赵庄设分水口门1个，主要供县城用水，年均分配水量1000万立方米。总干渠占压范围需拆迁房屋32981平方米，共用地10842亩（其中永久用地5386亩，临时用地5456亩）。总干渠占压影响生产生活人口5131人，需搬迁安置327户1172人。建设冀庄、孔楼、鲁庄三个安置点，集中安置1011人，其他为分散安置。

北汝河倒虹吸工程是南水北调中线一期工程沙河南—黄河南段的重大工程之一，位于宝丰县大边庄与郏县朱庄之间的北汝河上，该工程设计总长1482米，其中倒虹吸长1282米，明渠长200米（进出口各100米），设计流量315m^3/s。2009年12月30日，国务院南水北调办公室、河南省人民政府在鲁山县举行隆重的沙河渡槽和北汝河倒虹吸工程开工仪式。2010年1月18日，中标企业中国水利水电七局北汝河倒虹吸工程项目部进驻工地，该工程计划工期为37个月。郏县段总干渠分五、六、七3个标段，于2011年3月开工。

【郏县段征迁安置】 南水北调征迁安置工作时间紧、任务重、涉及面广、政策性强，2011年，郏县县委、县政府高度重视征迁安置工作，按照省、市工作部署，组织县、乡（镇）广大征迁干部加强协调，扎实工作，本着“要为工程建设创条件，不给上级领导找麻烦”的原则，紧紧围绕工程建设，精心组织，周密部署，高效推进征迁安置工作。做到组织领导到位、政策宣传到位、工作措施到位、奖惩兑现到位。创新的工作方法，细致实干的工作作风，不仅提前完成征迁安置任务，而且保持南水北调大局稳定，为工程建设创造良好的施工环境。

一是新增永久用地征迁。根据省、市征迁工作安排，2011年，完成新增永久用地254.05亩的征迁、封闭围挡和移交工作，其中新增引桥用地201.71亩，前石路改道占地49.95亩，漏登广阔渠渡槽占地2.06亩，郏县一高污水管道复建占地0.33亩。

二是新增临时用地征迁。2011年，完成新增临时用地600.2亩的征迁、封闭围挡和移交工作，其中新增引桥绕行路用地180.45亩，新增青龙河取土场和西安良取土场生产道路5.47亩，郏县一高污水管道复建施工临时用地25.28亩，新增取土场用地389亩。

三是后靠安置。引桥占用土地范围涉及48户161人需搬迁作分散安置，2011年底，已完成旧房拆迁，正在进行新址房屋建设。

【丹江口库区移民安置】 按照省委、省政府安排，郏县分两批安置丹江口库区移民388户，1679人，其中第一批安置311户，1354人，移民来自淅川县盛湾镇马湾村，第二批安置77户，325人，移民来自淅川县盛湾镇马沟村和王沟村。第二批移民于2011年8月2日搬迁。二批移民安置点位于一批移民新村东部，与一批移民共同组成一个行政村—马湾新村。

第二批移民搬迁，县移民安置指挥部制定了完善的移民搬迁工作实施方案，指挥部成立了综合协调、督促检查和信访稳定、迎接安置和宣传报道、交通运输和安全保卫、后勤保障、医疗卫生六个小组。7月31日隆重召开全县二批移民搬迁工作动员会。二批移民搬迁共出动10多位县级领导干部，抽调县直62个单位200多名干部参与搬迁工作。出动大型货车43辆、空调大巴客车12辆，警车8辆，干警50余名，医护车6辆，组织4家医院30多名专家、护士进行全程服务。8月2日下午3点，移民客车到达马湾新村，受到数千人的夹道欢迎，在红旗招展、锣鼓喧天的热烈气氛中，325名移民走进了新家园。县委、县政府举行了隆重的欢迎仪式。

移民搬迁入住后，县委、县政府采取多种有效措施，积极对移民进行后续帮扶工作。一是帮移民就业。通过各种途径已安排二批移民就业100多人。二是及时调整移民生产用地1827亩（第一、二批移民生产用地同时调整到位），帮一、二批移民流转土地1550亩，由承包企业建设高效生态农业观光园，并首先从马湾新村移民中招工，使移民不出村上班挣钱，获得双重收入。三是组织移民到外地参观学习种植业、养殖业。还举办移民培训班学习农业技术。帮移民发展织丝毯家庭副业，加工出口高档丝毯。四是为了扶持马湾新村发展集体经济，县里投资近100万元为马湾新村购买850平方米三层楼房一座，该楼房已租给位于产业集聚区的大型企业平煤机，作为职工宿舍，年租金5万元。五是马湾新村集体预留80亩土地投资240万元建温室塑料大棚，发展高效农业。六是组织文化下乡活动，丰富移民群众文化生活，在新村唱大戏，演电影，聘请舞蹈老师教移民跳舞，组织广场消夏舞会，移民和当地群众同歌共舞，共享美好生活。

县乡为二批移民投资达1000多万元，通过各种方式的帮扶活动，已收到明显的效果。移民搬迁后，思想稳定，已融入到当地社会大家庭中，已有18名男女青年与当地联姻，结为秦晋之好。生产逐步发展，生活安居乐业，收入普遍增加，移民人均收入高于全县平均水平。

【大中型水库移民后期扶持工作】 2011年，移民局积极做好水库移民后期扶持工作。一是按国家规定，把扶持款及时拨付到大中型水库移民存折上。二是积极上报移民村基础设施工程项目，努力争取上级资金扶持。全年共申请项目22个，总投资364万元，共完成修筑混凝土道路16条，长6.9公里，打180米深井1眼，完成种植业生产开发项目1个。三是根据省、市移民文件精神，认真开展大中型水库移民人口核减工作，2011年共核减23人。四是认真办理移民群众来访咨询事项，全年共接待来访咨询群众30多人。由于认真落实政策，积极做好了大中型水库移民后期扶持工作，水库移民思想稳定，生产逐步发展。

（赵申旺）

新华社评出2011年国际体育十大新闻（二）

（上接223页）

三、"宇宙队"无人能敌 巴萨四登欧洲之巅

5月28日，被誉为"宇宙队"的巴塞罗那队在伦敦的温布利球场以3：1力压英超豪门曼联队，捧起欧洲足球冠军联赛奖杯。这也是巴塞罗那队第四次登上欧洲之巅。

四、布拉特连任无悬念 丑闻阴影难散去

6月1日，由于唯一竞选对手、亚足联主席哈曼突然宣布退出，布拉特作为唯一的候选人，在国际足联主席投票选举中毫无悬念地获得多数选票，再次连任。布拉特于1998年首次当选国际足联主席，他的下一个任期为4年，至2015年6月。

7月23日，国际足联道德委员会以哈曼在国际足联主席竞选中用金钱换取选票为由，终身禁止其从事所有与足球有关的活动。卷入贿选丑闻的另一位国际足联高官、中北美及加勒比地区足联主席沃纳也迫于压力辞职。

五、法网"娜"般中国红 满贯亚洲第一人

6月4日，中国网球领军人物李娜在法国网球公开赛女单决赛中直落两盘击败卫冕冠军、意大利的斯基亚沃内，成为第一个捧起大满贯赛事单打冠军奖杯的亚洲人。凭借这一胜利，李娜的世界排名也从第七跃居至第四，平了日本名将伊达公子创造的亚洲球员最高排名。（下接271页）

乡镇（街道）概况

冢头镇

【概况】 2011年，冢头镇以“特色经济强镇、历史文化名镇、商业贸易重镇”的工作思路，紧紧围绕县委确定的发展目标，突出招商引资、新农村建设、城镇建设和安全稳定四项重点工作，开拓创新，解放思想，真抓实干，实现了各项工作全面推进，社会经济协调发展。2011年被省委命名为“先进基层党组织”、被市委、市政府命名为“市级文明村镇”、“信访工作先进单位”、“平安建设先进乡镇”，被县委、县政府授予“抗洪抢险先进单位”、“全县五五法制宣传教育和依法治理工作先进乡镇”、“依法行政先进单位”等荣誉称号。

【镇域经济综合实力】 2011年，全镇地区生产总值完成87673万元，同比增长16.7%；第一产业总产值完成5.112亿元，增加值17135万元，同比增长4%。限额以上工业增加值完成29283万元，增长77.3%；限额以下工业增加值完成24428万元，增长70.1%；50万元以上固定资产投资完成4.32亿元，增长30%；社会消费品零售额完成22199万元，增长20.8%；农民人均纯收入完成5050元；完成财政收入1522万元。

【招商引资】 2011年，冢头镇严格贯彻落实县委、县政府招商引资精神，全民招商，以商招商，取得了新的突破。全年招商引资完成63000万元。续建项目3个，新建项目4个。续建了河南煤神机械制造有限公司项目、圣光集团医用制品二期工程、振杰矿山配件厂二期工程。新建了河南坤坤食品厂项目、河南创佳食品有限公司项目、冢头镇地下养殖场项目、圣光集团公寓楼项目等4个项目。这些项目的实施，将为冢头镇经济社会的发展注入新的活力，为早日实现小康社会奠定经济基础。

【新农村建设】 2011年，全镇8个中心村全部完成了建设规划和经济发展规划，已启动的前王庄、陈寨、柿园、小李庄4个中心村已完成建设详规，并通过专家评审。全镇已累计建成新民居916套，启动中心村的数量、建设规模均居全县首位。2011年新修道路13000米，新增绿化面积14300平方米，新挖铺下水道9300米，栽植绿化树9200棵。圆满完成年初制定的目标任务。省、市、县各级领导多次到冢头镇视察指导工作，周边县（市、区）也多次到镇观摩学习，镇新农村建设成为市、县先进典型。

【小城镇建设】 2011年，冢头镇加大城镇建设工作力度，着力打造国家历史文化名镇名片，提升形象，提高竞争力。投资200余万元启动古街沿街建筑立面的修缮、恢复工程，着力做好国家历史文化名镇核心区明清古街的保护恢复工作。投资50万元建成占地6000平方米镇区休闲广场，并进行了绿化和亮化。投资2000万元的滨河小区，已建成新民居200套，社区建设初具规模。投资6600万元建设仿古建筑商贸街，已建成房屋980间，修建道路1600米、下水道3200米。人行道铺设及配套设施建设已基本完善。投入11万元清除蓝河生活垃圾，建起小城镇建设管理队伍，加强垃圾中转站管理，进一步改善镇区环境。

【特色经济建设】 2011年，冢头镇党委、政府利用本地优势资源，大力发展特色经济，积极实施“一村一品”工程，组建了龙头企业及农民合作社。有效地促进了全镇特色产业基地的形成及农民收入的增加。前王庄中心村依托平顶山市远航实业有限公司，辐射带动周边种植日本理想大根、高菜、黄瓜、绿芦笋等，种植面积达到3000余亩，增加集体收入达200万元。陈寨中心村在建成占地1200亩的龙湖湾花卉苗木基地的基础上，又成立了惠民苗木种植合作社，引导农民以土地入股扩大种植花卉苗木350亩。柿园中心村发展优质核桃等“小杂果”示范基地300亩，大力发展大棚高效蔬菜200亩。达理王村已建成49余座高效蔬菜大棚，并积极发展花卉苗木，种植冬青、桂花等品种，增加农民收入。

【社会稳定工作】 2011年，冢头镇党委坚持把安全稳定工作摆在重要日程，常抓不懈，成立领导组专人负责。以防为主，深入学校、单位、企业、旅馆、饭店、市场排查，发现隐患及时处理。加强法制宣传，综合治理，深入村户及时化解信访矛盾，每周组织召开一次协调会，听取排查情况，发现问题责任到人，一抓到底，直到群众满意为止，做到小事不出村，大事不出镇。2011年，共派驻工作组进村调查3次，接待群众来访6次，处理信访案件6起，结案率达到100%，办理上级转交信访案件4起，处理4起。确保了社会大局稳定，为发展经济和各项社会事业创造良好的外部环境。

【社会各项事业全面进步】 2011年，冢头镇大力发展社会各项事业。综合治理成效显著。加强法律法规宣传，集中开展综治宣传月活动，设立咨询台，散发各种资料1000余份，张贴宣传标语150余张，悬挂横幅20幅。全力维护社会稳定，为全面建设小康社会创造良好的治安环境。坚持基本国策不动摇，加大宣传，政策引导，利益导向，优质服务，人口出生率在11‰，符合政策生育率92%，避孕措施落实率达到85%，流动人口管理率达95%，独生子女领证率达95%。开展食品药品安全大检查，重点对餐馆、旅店、学校、医院、卫生室等重点部位进行摸底排查，建立食品药品安全档案。加强大学生村干部管理，重点抓好教育培训制度、开展帮带制度、重点培养制度和经验交流制度“四项制度”，推广经验，加强交流，共同提高干事创业的本领。严格落实五保供养政策。投入资金6万元完善集中供养五保老人生活设施，健全基层五保工作网络，对233户五保老人进行重新审核，建立了个人档案。全镇28310人参加了新型农村社会养老保险，为7343名60岁以上老人发放了新型农村养老保险金，为860名到龄人员发放了新型农村养老保险金。认真落实各项补贴和减轻农民负担政策。发放种粮补贴 463.8 万元，综合直补 387.14 万元，发放贫困学生补贴 89750 元，农民抗旱补贴 36.9 万元。现有农村低保户 2420 户，2427 人，全部实行一卡通发放。投资 3000 余万元，涉及 20 个行政村的土地治理项目工作进展顺利。完成生产路两侧种植桐树 4 万棵，高速公路两侧种植杨树 6 万棵，发展花卉苗木 100 多亩。新打机井 36 眼，埋设地下电缆 16 公里，新建机井房 160 间，修复旧井 80 眼，新规划旱作农业项目区 13000 亩. 完成了春秋两次畜牧防疫工作，防疫率 100%。新建养殖园区 3 个，对全镇 30 万只猪、羊、鸡、鸭进行全覆盖防疫。

（赵水营）

堂街镇

【概况】 堂街镇位于郏县东南部，东依紫云山，北环汝河水，山水相连，风光秀丽，物华天宝，人杰地灵。全镇总面积 64 平方公里，辖 36 个行政村，106 个自然村，48848 口人，耕地面积 4006 公顷。堂街镇地理位置优越，道路四通八达。镇区南距平顶山市区 20 公里，东距平煤集团十三矿 4 公里，向北经柏堂路 5 公里与 S238 省道相连，向南 5 公里与 S329 省道南石线贯通，平郏公路穿境而过。堂街镇地上地下资源丰富。镇域地势东高西低，包括平、沙、山、岗、洼五种地形。曾列入中华《名山记》的紫云山一峰秀出，紫云环绕，山林叠翠，山泉叮咚。“紫云晴雪”被列为郏县八大景之首。始建于明，重修于清的临沣寨，被专家誉为中原第一红石古寨，寨内明清民居规模集中，错落有致；寨外河水环抱。北汝河自西向东沿北界蜿蜒流过 26 公里，芝河、运粮河、杨柳河、石河自南向北纵贯全境，注入汝河。地下矿藏 20 余种，其中煤炭、紫砂陶、白俄岩、石英石储量较大。110KVA 输电线路穿境而过。

【综合经济指标】 2011 年，完成地区生产总值 55712 万元；完成财政收入 1470 万元；第一产业增加值完成 16201 万元；二、三产业增加值占 GDP 比重提高 3 个百分点；限额以上工业增加值完成 8684 万元；限额以上工业利税完成 5551 万元；限额以下工业增加值完成 3458 万元；个体工业增加值完成 11395 万元；全社会固定资产投资完成 52638 万元；城镇以上固定资产投资完成 30199 万元；农民人均纯收入达到 5795 元。

【安全稳定工作】 2011 年，堂街镇党委、政府把安全生产工作纳入经济社会发展的总体目标，做到了对农村社区和企业每月开展一次安全隐患排查，两个月开展一次安全大检查，全年无发生一起死亡 1 人的安全事故。信访稳定工作坚持月排查制度，做到了无漏排、无漏登、无漏报、无瞒报；严格实行了信访案件有包案领导、包案责任人，解决问题有方案，做到了问题解决到位，稳控措施到位；京、省、市、县交办的 5 起案件，在规定的时限内全部办结，办结率达到 100%，满意率达到 98% 以上；无发生赴京、省非正常访和赴京、省集体访，无发生赴县、市集体访。

【招商引资】 2011 年，完成招商引资 27150 万元，占年度目标任务 20000 万元的 135.75%。全镇共新开工项目 5 个，落地项目 2 个，续建项目 5 个，计划总投资 62200 万元。已到位区外资金 27150 万元，其中，新开工项目 5 个，项目总投资 33700 万元，固定资产投资完成 14300 万元，已到位区外资金 14300 万元；续建项目 5 个，项目总投资 28500 万元，固定资产投资 25500 万元，到位区外资金 12850 万元；落地项目 2 个，项目总投资 11000 万元。

【小城镇建设】 2011 年，按照先规划后建设的总体思路，完成了中心镇（村）规划编制工作和中心镇控制性详细建设规划，并结合目标任务逐项推进。2011 年，镇区框架拉大 1.5 平方公里，镇区人口增至 16400 多人，新增硬化道路

5600米，新建沿路、沿街商铺楼房300多套，占地2万平方米的人民广场建成并投入使用，镇区建设投资超过4000万元，市政公用设施投资突破1500万元。沿街建筑立面改造按规划完成改造任务，“亮化美化”工程、“三线入地”工程顺利完工。

【新农村建设】 2011年，完成了全镇9个中心村的两个规划，并通过了评审和报批、备案工作。截至2011年底，共启动了士庄、李楼、邵湾、朱洼4个中心村，新建民居206套。落实新农村基础设施投资近300万元，大大改善了新民居区域内的居住条件。在新民居和基础设施配套建设的同时，各中心村立足村情，按照“一村一品”目标，确定了各自的主导产业和特色产业。

【农业基础建设】 2011年，不断加大农业基础设施建设的力度，新打机井265眼，修复老井500多眼；开挖、疏通总长10多公里的排水沟渠，改善了王楼、李楼、石洼、朱洼、关庄、小寨等6个行政村洼地除涝面积4000多亩；恒压喷灌工程管道疏浚改造、实施延伸工程，使东部山区、半山区、丘陵区旱涝保收面积增加到万余亩，节水灌溉面积突破16000亩，为农业发展增添了后劲。一是林业发展稳步推进，农田林网进一步完善。退耕还林、荒山绿化、河滩绿化成果得到巩固和发展。新增荒山、河滩造林面积5000多亩，生态廊道绿化初见成效；道路绿化长度50多公里，总面积超过1000亩；积极推进林权制度改革，山林、河滩造林全部确权到位；不断加大对成片林网的管理力度，扩大了林业生态县成果，全镇森林覆盖率达22%以上。二是畜牧养殖业有新发展。把畜牧养殖业作为全镇的特殊产业来抓。随着招商引资项目河南古尔巴尼红牛养殖项目的建成投入使用，使红牛养殖走上了标准化、规范化、现代化，为全镇的红牛养殖提供了支撑和带动。2011年，全镇红牛养殖新增2000多头，生猪出栏5万多头。三是烟叶优势产业得到壮大。充分发挥“山儿西烟”区域传统优势，借助国家优惠政策，把堂街建成了省、市、县优质烟基地和国家大型卷烟企业的优质基地。随着土地流转的推进，100亩、200亩种烟大户逐年增加，全镇种烟面积不断增加。连续5年，烟叶税都在400万元以上，成为镇财政的主要支撑，实现了“烟农增收、企业增效、财政增税”的目的。四是千方百计增加农民收入。认真贯彻落实上级各种支农惠农政策，五年来，共发放粮食直补302万元，农资综合直补资金1225万元，退耕还林资金621万元，落实抗旱浇麦补贴资金26万元，落实小麦、玉米、棉花良种补贴62万元，落实教育“两免一补”资金230多万元，九年义务教育书费、杂费共计110万元，落实家电下乡、摩托车下乡补贴资金221万元，落实危房改造项目资金410余万元。大力实施农民工实用技术培训和农民工专业技术培训，组织剩余劳动力转移，5年共实现劳动力转移培训13000多人。鼓励条件成熟的在外务工、经商人员返乡创业，出现了一批返乡创业典型，带动周围人员的发展，引导农民改变单一收入模式，不断加快增收步伐，2011年全镇农民人均纯收入达到5795元。

【临沣寨保护开发工作】 2011年，堂街镇党委、政府积极采取有效措施，加大对临沣寨的保护开发力度。一是聘请有资质的专业机构，对临沣寨的整体开发和保护进行整体性的规划，既注重开发又突出保护，尽可能地把临沣寨古老的姿态原汁原味的显现出来；二是成立了临沣寨开发办公室，选调精干人员组成专门工作组，坚持24小时吃住在村，全面提速临沣寨开发力度；三是对朱氏三兄弟相关的两个宅院进行修缮布设；四是对景区中其他相关配套设施进行完善；五是《人民日报》、中央电视台、《河南日报》、《平顶山日报》等多家媒体多次对临沣寨进行宣传报道，特别是中央电视台《走遍中国》栏目之《古堡森森》上下集、中央电视台百科探秘栏目播出的《风云临沣寨》和以临沣寨为拍摄基地拍摄的乡土电影《作局》、《挂帅》等在中央六套的相继播放，使其知名度日趋提升，在尚未对外开放的情况下，前来参观旅游的人数剧增，五年来，共接待游客10万余人（次）。2011年新争取到中央级文化及文物保护开发资金351万元，有力地支持了镇文化旅游转型升级步伐，项目工程正在实施中。

【社会各项事业全面进步】 2011年，堂街镇党委、政府认真贯彻落实科学发展观，自觉执行党的廉洁自律有关规定，不断完善集体决策和重大事项通报制度，确保集体决策和分工负责相结合的民主集中制落到实处。坚持以人为本，全力做好民生工程。人口和计划生育工作扎实开展，计划生育政策生育率达100%，人口出生率控制在12.35‰以下，人口自然增长率控制在6.0‰以下。2011年被评为“省依法行政先进乡镇”。城镇低保工作逐步规范，农村低保运行良好，全镇城镇低保达到2234人，五保供养174人。落实农村低保、新型农村养老保险、农村五保户供养等社会保障资金720万元。加大临时救济力度，2011年共发放救灾救济资金41.5万元。改建、扩建了堂街镇敬老院，使全镇困难群体、优抚群体、特殊群体生活得到有效改善。落实9年以上村级主职离退干部待遇。2011年，78名离退职村干部领取了生活补助，补贴资金12万元。积极做好老龄工作，成立了堂街镇老年大学，组建了老年协会和老年艺术团。教育、文化事业蓬勃发展。“两基”工作保持良好势头，全镇小学适龄儿童入学率达到100%，中学入学率达到90%，15周岁受初等教育率达到98%。医疗卫生事业全面推进。积极实施农村合作医疗救助，2011年全镇居民共筹集合作医疗资金229万元，镇财政又配套合作医疗资金124万元，合作医疗参合率达98%以上，36个标准化村级医疗卫生室投入使用，基本解决了农民就医问题。加强了重点传染病防控和突发公共卫生事件处置，加大了卫生防疫和食品安全检查力度，全镇没有出现重大公共卫生事件。

（连续强）

安良镇

【概况】 2011年，安良镇紧紧围绕县委、县政府确定的四项重点工作和县政府下达的目标任务，确立了“外树形象、内抓基础”的工作思路。通过全镇上下的努力奋斗，镇域经济发展呈现出增速加快、质量提升、亮点增多、后劲增强的良好态势。全年共完成地区生产总值91728万元，同比增长16%；实现财政收入1750万元同比增长15.7%；全社会固定资产投资完成41640万元，同比增长45%；新引进项目5个，引进资金23180万元；农民人均纯收入达到4090元，同比增长11.3%。安良镇也先后被评为市级“文明村镇”、市级“卫生单位”和全市“发展县域经济和非公有制经济十快乡镇”之一。

【招商引资成效显著】 一是召开联谊会。镇党委、政府年初相继在郑州、平顶山举行了安良籍在郑、在平成功人士新春联谊会，广辟渠道，为做好全年的招商引资工作作了有效铺垫。二是强化服务。树立“服务企业就是发展自己”的服务理念。抽调精兵强将开展招商引资工作，对重点项目、重点企业严格落实副科级领导分包责任制，从项目立项到建成投产整个过程都有专人负责，提供全天候、全方位、全过程的优质服务。三是以商招商。在招商的同时把客商作为一个重要的传承点，做活做细间接招引工作。通过已在神前集聚区安家落户的客商联系其他客商来镇实地观摩、座谈、联谊，使这些人“热身”后投资。四是以情招商。把感情作为一种无形资产，在招商引资进程中产生了独特的引资效益。全年新开工千万元以上项目9个，分别是郏县永军古建陶瓷有限公司，占地40亩，计划投资4600万元；中国民协“五大名窑”艺术专业委员会——任星航工作室，规划占地73亩，总投资8000万元；郏县神前庆功钧瓷坊，占地20亩，计划投资

2000万元；郏县神前传奇钧窑，占地20亩，计划投资2000万元；郏县中佳陶瓷有限公司，占地46亩，总投资6500万元；郏县博奥陶瓷有限公司，占地100亩，投资6800万元；郏县全瓷瓦厂，计划投资1200万元；郏县神前艺保瓷用纸厂，计划投资1600万元；郏县腾达古建青灰瓦厂，占地21亩总投资1200万元。以上项目总投资3.39亿元，实际投资19520万元。续建2个，总投资4700万元，分别是：郏县康泰养殖厂，二期工程计划投资2500万元；郏县华泰陶瓷有限公司，新投资2200万元，使该项目达到了试生产条件。

【神前集聚区建设】 2011年，安良镇出台了一批有力推动集聚区企业持续发展的管理措施，积极申报省级产业集聚区，做优做大做强陶瓷产业。一是争取项目，筹集资金50万元，完成了容量10万立方的神前湖扩容工程，为集聚区企业长远用水发展做到未雨绸缪。二是投资260万元建成了长1.9公里，宽20米的神前大道。三是做好了禹亳铁路神前站建设的前期各项准备工作。四是引导沿郏神路、神前大道、政通大道两侧的26家企业，全部实施了拆墙透绿工程，建设花园式企业和集聚区，进一步提升集聚区对外形象。五是集聚区管委会集中时间、集中力量，为集聚区58家企业的4000多名员工，建立了员工诚信档案，规范了企业用工制度，保障了员工权益。

【小城镇建设】 一是投资230万元扮靓神安大道。按照“统一规划、商户分包，政府补贴”的原则，对镇区神安大道、府前街实施美化、亮化和绿化工程。共高标准铺设彩砖（含盲道）13000平方米，新修人行道2400米，新砌下水道2400米，栽植法国梧桐绿化树600棵，镇区绿化面积2400平方米。二是投资2300万元启动河滨公园暨治理河道项目。该项目规划占地110亩，防洪设计标准为70年一遇，集观光、休闲、娱乐、水资源调节等功能于一体。其中河道治理工程已于上半年完成，两岸240间的商贸新街已完成主体建设。三是拨出30万元专项经费，抽调10名精干力量，购置车辆等办公设备，成立了郏县城市管理执法局安良中队，出台了《小城镇管理办法》，建立健全了镇区交通、卫生、经营秩序管理的长效机制。

【新农村建设】 一是成立各类农村专业合作社，加快社会化服务体系建设，提高农业组织化程度。全年共成立了西安良小麦种植、岩郭联创养殖等10家专业合作社，发展社员160多户，为全镇的农业可持续发展提供了坚强的组织保障。二是完成了境内南水北调工程的拆迁安置工作。该工程共涉及10个行政村1870亩土地。共拆房57户312间，伐树11951颗，迁坟466座，回填机井15眼。新建居民安置点2个共计65户。三是以南水北调工程为契机，按照“依法、自愿、有偿”的原则，积极开展土地流转和推动适度规模经营，大力调整优化农业结构。全镇土地依法流转面积3300亩。四是完善新村规划，试点先行，加快新农村建设步伐。按照规划，整合镇区周边11个行政村实施了“镇村一体化”战略，建设6万平方米的祥安社区是该战略的建设重点。祥安社区一期工程3万平方米已有6栋小高层完成了主体工程。神前中心村全年共建新民居45套，30户的小高层一栋，投资30万元建成了7000平方米的休闲广场，投资50万元建成了占地5000平方米的神前中心幼儿园。

【社会各项事业协调发展】 一是落实好党的惠农政策，实现好、维护好、发展好最广大人民群众的根本利益。全年共发放各种惠农补贴资金867多万元；积极开展新型农民培训和农民工技能培训，培训1000人次。二是狠抓人口和计划生育综合管理。从育龄妇女健康体检和社会抚养费足额征收入手，签订责任目标管理书，细化各项目标任务，全镇计生工作走出了落后的被动局面。三是加强基础设施建设，统筹镇村发展。投资100多万元，建成了安良镇综合文化站项目。完成了西安良等4个村的农家书屋建设。完善全镇“村村连通”水泥（油）路建设5000米。四是完善社会保障体系建设，积极落实社会保障。全镇共筹集新农合资金190多万元，有效保障了农村居民的健康水平。全镇3万多16~60周岁的居民参加的新农保，为实现老有所养打下了坚实基础。全镇共发放五保、低保、定补、大病救助等补助资金90万元。积极申请敬老院扩建配套项目，改善五保入住环境条件，进一步提高集中供养率。五是着眼平安创建，营造和谐的发展环境。坚持走群众路线，建立健全镇、村、组、户、警五位一体的治安打击、防范体系，印发了15000份社会治安治理明白卡警民联系卡，摸排治安苗头和线索，深入开展“两抢一盗”、“打黑除恶严打‘村霸地痞’”专项斗争。并投资8万元，购置3台对讲机中转台、150部对讲机和3套视频监控系统。以化解信访积案为重点，认真开展矛盾纠纷排查，切实解决好群众关注的焦点、难点问题，做到了小事不出村、大事不出镇。全年信访立案共25起，结案23起，23起未到期，结案率达100%。认真开展安全生产大检查。加强了以校车、煤矿等领域的安全隐患排查整顿，巩固日益稳固的安全生产形势。六是加强生态保护和农村环保工作。利用宣传车、悬挂过路横幅、张贴标语等形式，提高群众的环保意识。全面完成辖区污染源普查登记工作，编制了环境保护规划。加大秸秆禁烧和综合利用工作力度。

【基层组织建设】 一是切实加强领导班子建设。通过坚持党委中心组每周学习制度，党政班子每季度一次的民主生活会制度，签订党风廉政建设责任制度，不断完善党委、政府领导班子分工负责制，把领导班子建设成为推动科学发展的坚强领导核心。二是切实加强基层组织建设。成立了安西中心村社区党委，下辖11个党支部，为强力推进镇村一体化建设提供了坚强组织保证。创新思路，通过“集体会诊”实行“一村一策”，对12个后进村党支部适时进行了调整。全年新发展农村党员55名，培养积极分子120名，党员队伍中知识、年龄等结构日趋科学化。同时镇党委、政府还出台了《安良镇机关干部百分考核办法》，加压紧逼，务求实效，为镇域经济新跨越提供了实干、诚信、尽责、争先的作风保证。

（鲁新岭）

薛店镇

【概况】 2011年，全镇生产总值完成89630万元，增长17.5%；全社会固定资产投资完成7.1亿元，增长39%；财政收入达到1273万元，增长26%；限额以上工业增加值完成29897万元，增长62.9%；社会消费品零售总额完成27470万元，增长22.7%；农民人均收入5454元，增长19.7%。总的来说，2011年全镇经济继续保持了较好的发展势头，呈现出比较好的态势。

【农业经济】 2011年，薛店镇认真落实国家惠农政策，发放各种补贴800多万元。粮食生产连续八年增产，被市政府评为“粮食高产创建先进乡镇”。按照“扩规模、强管理、提品质、增效益”的发展思路，烟叶面积达到8000亩以上，实现烟叶特产税265万元，再创历史新高。2012年的烟叶预留面积已达到12000亩，为跨入万亩乡镇打下坚实的基础。以创建农业产业园为契机，积极开展土地流转工作，与河南格润得农业有限公司合作发展蔬菜1500亩，以北京花美苗木基地为龙头的薛店花卉苗木基地种植面积已达500亩；全年土地流转面积达7000亩以上，其中千亩土地流转方1个，500亩大户6户，百亩大户8个，取得了良好的经济效果和社会效果。

【工业经济】 2011年，按照“招商引资、工业兴镇”的主导战略，坚持以铸造产业园区建设为重点，不断加快开放步伐，发展的动力和活力进一步增强。产业园区基础设施建设已投资600多万元，实现了“六通三化”（通水、通电、通路、通电话、通宽带、通有线，绿化、美化、亮化）的效果，为企业入驻搭建了良好的发展平台。铸造产业园被县委、县政府确定为“全县七大产业集聚区”之一，发展潜力日益增强。不断加大招商引资力度，创新招商引资方法，通过以诚招商、以情招商、以信招商等措施，引进固定资产投资千万元以上项目12个：其中新建项目8个；续建项目3个，总投资4.798亿，实际到位资金3.698亿元，其中固定资产投资2.48亿元。

【小城镇建设】 2011年，在小城镇建设上，按照“环境宜居，科学规划，人亲街净”的规划管理要求，认真落实“五个一”工程。先后对休闲广场苗木和草坪进行补植补造；薛西农民社区已经建成2幢小高层和12户独院住宅；两栋四单元小高层正在加紧建设；薛北社区正在积极运作之中。垃圾中转站已正常运行，并健全了各项规章制度；规划改造了全长800多米的特色街道；组建了小城镇管理专业队伍对镇区进行有效管理，确保了良好的环境秩序。镇区服务功能得到进一步提升。

【新农村建设】 2011年，严格按照建设与规划同步进行的原则，一是对9个中心村全部确定主导产业，完善了户奔小康台账。二是继续启动新村建设工程。韩店中心村已完成56户；赵寨中心村建成70户，在建38户；吴村中心村已建成35户，在建50户；王圪垯中心村建成104户；冢王中心村正在进行老村改造，规划部门正在编制详规；近期即可启动民居建设。

【基础设施建设】 一是投资1000多万元，实施了现代农业项目、小型水利工程、安全饮水工程、二十里铺河疏浚等一批重点工程，新修防渗渠10公里，修桥涵206座，清淤23公里，打井325眼，建泵站1座、蓄水池2座，新增除涝面积0.3万亩，改善除涝面积0.5万亩，新增节水灌溉面积0.45万亩，新增旱涝保收田0.5万亩。建设村镇供水工程4处，新增供水受益人口0.2万人。这些项目的实施，有效改善了农业生产条件。被市委、市政府授予农田水利建设先进乡镇。二是积极争取扶贫整村推进项目、移民项目、“一事一议”财政奖补项目、沼气建设项目等政策性项目36项，争取财政资金400多万元，硬化道路12.8公里，新建公共活动场所4处，新建沼气池500座，改厕400户。

【社会事业全面发展】 一是大力发展教育卫生事业。教育方面，投资286万元，薛南、胡村两所教学楼已投入使用，镇一中宿舍楼、县四高、薛西、前冢王、韩店教学楼正在加紧施工。认真落实“两免一补”政策，全镇5723名小学生全部免除学杂费和教科书费，1641名寄宿生全部享受到生活补助。卫生方面，投入210万元建起镇卫生院综合楼，更新了医疗设备，同时镇卫生院被省卫生厅确定为省基本药物试点单位，并获得省级先进单位。2011年参合人数61632人，参合率98.9%，全年参合农民享受医药补偿款933万元。11月份完成2012年的筹资任务，参合人数为60965人，参合率达到98.2%。有效缓解了看病难、看病贵和因病致贫、因病返贫的问题。二是继续完善社会保障体系。进一步审核农村低保，确保低收入群众应保尽保，全镇共有3100户3300人享受农村低保，全年共发放农村低保金280万余元。筹资150万元，镇敬老院迁建工程已开工建设，为266户269人五保户发放了38万元的救助款。2011年筹集新型农村居民养老保险金339.97万元，覆盖面达到91%，全年发放养老保险金554.4万元，已筹集2012年养老保险金293.26万元。投资254万元，对508户群众进行了危房改造。三是贯彻落实计划生育政策。继续深化以“优生优育”为重点的计划生育集中服务活动，以抓基础，严肃纪律和建立长效机制为重要措施，使计划生育沿着健康轨道稳步运行，被评为市计划生育先进乡镇。四是和谐薛店建设取得新进展。坚持“一岗双责”，继续深化烟花爆竹、道路交通、校园安全、校车安全、建筑施工、食品药品、危化品、消防等领域安全生产专项整治，严厉打击非法违法行为，杜绝了重特大事故的发生。高度重视信访稳定工作。以综合治理工作中心为平台，按照排查到位，包案人员到位，解决问题到位和稳控措施到位的工作要求，结合三调联动和社会法庭，以解决问题为根本目的，成功解决了有关矛盾纠纷，保持了全镇社会大局稳定，被评为市信访工作成效显著乡镇。切实加强社会治安综合治理，全面开展了“清网行动”、“重点治乱”和打击“两抢一盗”等专项斗争，群众安全感和满意度不断提升，被评为市平安建设先进乡镇。

（海军伟）

长桥镇

【概况】 2011 年，长桥镇生产总值完成 99112 万元，增长 15.7%；财政收入完成 1807 万元，增长 18.7%；二、三产业增加值占 GDP 比重提高 2 个百分点；限额以上工业增加值 40924 万元，增长 45%；全社会固定资产投资完成 7.39 亿元，增长 35%；全镇居民存款余额 1.74 亿元，贷款 1.11 亿元，农民人均纯收入达到 5899 元，增加 19.8%。完成了全年目标任务。

【招商引资】 2011 年，招商引资完成 3.22 亿元，新开工亿元以上项目一个。先后到菏泽、湖州、宁波、苏州、邳州等地区参观考察，洽谈引进彩印包装、磨料磨具、针织等项目。签约项目 3 个：郏县新华生物质能发电项目、中药材种植及深加工项目、天合针织项目。开工项目 4 个：平顶山市火旺彩印包装项目、木子王家具项目、林仔食品项目、孝义家具项目。

【新农村建设】 2011 年，启动窦堂、楼王、李常庄、郑桥 4 个中心村建设扎实推进，全年累计投入 1991 万元，新建民居 331 套，硬化道路 4260 米，修挖下水道 4200 米，接通供水管道 1900 米，安装路灯 170 盏，植绿化树 1285 棵，新建标准化卫生室 2 处，高标准规划了窦堂永安新村和李常庄祥泰新村的文化广场。编制了窦堂、楼王、李常庄、郑桥 4 个中心村控制性详细规划方案。楼王新村获得“市级文明村”和“市级生态村”荣誉称号。

【小城镇建设】 2011 年，全年镇域建设投资 3732 万元，增长 7%，市政基础设施投资 182 万元，增长 15%，镇区常住人口达到 1.26 万人，增长 3%。编制完成了镇区 AB 片区控制性详细规划。按照小城镇建设“五个一”工作要求，在成立长桥镇执法中队的基础上，完善制度，开拓工作，有效遏制了店外占道经营、私搭乱建等现象的发生；高标准、高质量规划并已开工建设柏堂精品街；建成了占地 1 万多平方米的和谐广场，使群众娱乐有去处，活动有场所；组建了环卫队伍，并确保了垃圾中转站正常运营，保持了镇区环境干净卫生。窦堂永安社区累计完成新居 368 套，高标准开工建设了镇区环镇大道，镇城镇化水平明显提升。

【安全稳定】 2011 年，调整了镇安全生产工作领导小组，细化领导小组成员职责分工，加强安全生产网络体系建设，认真落实安全生产“一岗双责”制，先后组织对辖区内的食品、建筑施工、交通、烟花爆竹、加油站点、幼儿园校车等重点行业进行了安全检查，建立检查台账，对存在的问题下发整改通知书，实行跟踪督办，定期复查，务求实效。检查发现各类安全问题 26 起，全部整改到位，对 8 家非法加油站（点）和液化气充装站（点）实施取缔整顿。安全创建活动和“清剿火患”战役行动取得了明显成效，全年无发生重特大安全事故；信访维稳工作，实行镇主要领导对信访工作负总责，对重要信访事项亲自抓、亲自过问、亲自处理、亲自督办的工作机制，严格落实信访工作责任制和责任追究制，积极排查化解各种不稳定因素，有效控制了集访、串防及赴省进京非正常访的发生。全年全镇排查出各类矛盾纠纷 32 起，解决 29 起，化解历史遗留矛盾纠纷

7起；社会治安综合治理力度不断加大，2011年共破获各类案件13起，治安拘留12人，刑事拘留8人，抓获网上外逃6人，打掉犯罪团伙1个，调解纠纷案件36起，全镇治安形势持续好转，群众的安全感、幸福感指数进一步提高。

【农业生产】 2011年，长桥镇第一产业增加值完成1.72亿元，增长6%。新增农业专业合作社3家，全镇总数达到21家，占全县25%。一是烟叶生产保持良好态势，烟叶收购总量、投放金额、实现税收位居全县第二。二是农业类项目争取硕果累累。积极争取并规划实施了全国新增500亿公斤粮食生产能力规划项目、土地开发整理项目、现代农业生产发展资金粮食产业类项目、农业综合开发高标准农田建设示范工程项目、烟水配套项目、安全饮水项目和退耕还林项目等，总投资5000余万元，涉及27个行政村，覆盖耕地面积4万亩，惠及全镇4.2万人。三是农田水利建设扎实推进。全年新打机井330眼，新增有效灌溉面积1万亩，新挖排洪沟6000米，新增旱涝保收田1670亩，硬化田间道路13公里，新修机耕路15公里，为农业丰产丰收奠定了坚实基础。四是粮食生产再获丰收。粮食总产达到15856吨，同比增长1%；其中夏粮单产达到385公斤。五是畜牧养殖规模不断攀升。畜牧业增加值完成6434万元，同比增长6%。全镇新增规模化养殖厂8个，新增规模化养殖户13户，新增养殖园区两处，全年无出现重大疫情，荣获“全县重大动物疫病防控先进单位”称号。六是林业生产持续发展。新造围村林540亩，绿化道路12公里，并顺利通过省林业部门验收。

【民生工程】 2011年，投资390万元修建了纬四路、九号路、柏堂路、大李楼至后洼、焦雁线至郑桥等道路13.3公里，全镇道路交通基础得到进一步夯实。柏堂路汝河大桥项目建设进展顺利。成立农村公路养护站，成功创建市级农村公路养护文明乡镇；各项惠民政策得到全面落实，全年为2547名低保对象发放低保金225.4万元，为242名五保对象发放供养金53.24万元，为147名优抚对象发放优抚款42.1万元，有7161名60岁以上人员享受新农保待遇。认真开展城乡低保、五保清查复核工作，清减城乡低保、五保不合格人员277名；发放各种支农惠农补贴796.8万元，改造农村危房160户，发放救济救助款12.4万元。镇敬老院荣获“市文明敬老院”荣誉称号。

【社会各项事业】 2011年，长桥镇计生工作结合“十佳百优”活动，扎实开展生殖保健系列化服务，积极落实相关优惠政策，精心打造计生图画宣传长廊，营造了浓厚的计生氛围，稳定了低生育水平；镇综合文化站建成投入使用，新建文化书屋18个。成立镇民间文化艺术家协会，民间文艺表演队达到43个，成功举办第二届民间文化艺术汇演，民间艺术活动得到发展和繁荣。先后邀请省、市曲剧团等文艺团体演出10余场（次），丰富了群众的文化生活；中小学升学率保持在全县先进行列，2011年被评为教学质量进步单位。争取长桥一中校舍修缮、凌堂小学、李常庄小学改建资金50万元，进一步改善办学条件；全镇新建中心村联合诊所6个，镇卫生院投资120万元改善群众的诊疗条件，药物零差价政策得到落实，全镇新型农村合作医疗参保率达98.8%，住院补助3930人（次），报销金额588.9万元。持续开展“清洁家园”、“爱国卫生运动”、“三送两争”等活动，村容村貌有了新的改观；武装工作圆满完成了县人武部分配的征兵、民兵预备役、应急分队建设等项工作，防雹分队民兵训练获全县第一。共青团成功举办五四集体入团仪式和五四联欢会，圆满完成镇团委换届工作。妇联举办了庆“三八”表彰暨夸贺活动。

【基层组织建设】 一是深入开展“创先争优”活动，全镇1256名农村党员实现了有岗有责，镇党委依据“三会一评”制度，定期对党员履岗情况进行评议考核，并将结果予以公示，接受群众监督，使党员有位、有为。二是加大镇村干部培训力度。先后邀请县人大、组织部、纪检委、检察院领导，以及县委党校教师、县优秀支部书记报告团来镇授课、作报告，有力地提高了党员干部的理论知识和文化修养，进一步增强了服务人民的宗旨意识。三是切实加强基层组织建设。圆满完成了镇党委和村党支部、村委会、监委会的换届选举工作，为镇域经济社会发展提供了组织领导保障。全年新发展党员54名，党员年轻化、知识化程度进一步凸显。

（黄伟东）

黄道镇

【概况】 黄道镇位于县城西北部11公里处的大刘山腹地，全镇地势北高南低，三面环山。中部、南部为岗地，境内有青龙河、粉浆河两条河流和一座老虎洞中型水库。辖13个行政村，36个自然村，土地面积48平方公里，总人口2.5万人。境内矿产丰富，交通便利，郏景公路，前石路、叶板路、上邱路、查石路纵横贯境，主要矿产资源有原煤、白灰、硬质黏土、陶土、焦宝石等。有谒主沟遗址、钧窑遗址、拔剑泉、永庆寺、刘济墓等风景名胜。

【综合经济实力】 2011年，黄道镇围绕县四项重点工作要求，结合黄道实际，制定了“坚持一个中心、突出两个重点、强化三项保障”的工作思路（一个中心即：以经济建设为中心；两个重点即：招商引资和镇村一体化建设；三项保障即：安全生产、信访稳定和基层组织建设），以“农民增收、财政增长、综合实力提升”为工作目标。2011年全镇生产总值109927万元，增长16.6%；一般预算收入9194万元，增长26%；全社会固定资产投资10.5亿元，增长37%；招商引资9亿元，实际到位资金4.266亿元，完成目标300%；农民人均纯收入5008元，增长19.6%；获得主要荣誉有：市综合实力二十强乡镇、市先进基层单位党组织、市农村基层党风廉政建设工作先进集体、市人口和计划生育先进集体、市工农关系协调工作先进单位、县绩效目标优秀单位、县招商引资优秀单位、县新农村建设优秀单位、县城镇化建设优秀单位、县安全生产工作优秀单位、县平安建设先进单位、县依法行政先进集体、县节能减排工作先进单位等荣誉称号。

【产业园区建设】 一是招商引资实现新突破。通过二分之一工作法、以商招商、以产业招商等，实现了续建项目一个，新开工项目6个，签约项目2个，洽谈项目3个，招商引资总额9亿元，固定资产实际到位资金4.226亿元，荣获县招商引资优秀单位。二是加大产业园区的基础设施建设。投资460万元新修和绿化1纵3横宽30米长2730米的园区道路，架桥一座，基本实现了区内外道路的互通。全镇企业总数达136家，规模以上19家，入住企业15家，实现营业收入18亿元，实现利税5亿元。

【新农村建设】 2011年，三个社区全面启动，新增建房511套，累计777套，完成目标任务的139%。新修社区广场5处85000余平方米，完成社区硬化道路16000米，开挖下水道25000米，栽植各种绿化树13万余株，铺设彩砖8000余平方米，安装路灯490盏。黄南新村被定为省级新农村建设示范村，景家洼社区和万花山社区被确定为市级新农村建设示范村。

【小城镇建设】 按照“生态、特色、文化、宜居”和“五个一”工程要求，投资900多万元打造天广大道精品一条街，重修、绿化、亮化黄北段宽13米长700米主干道，加强镇综合管理执法中队建设，规范日常管理，提高规范化管理水平，打造干净、整洁、有序的镇区形象，保持了县城镇化建设优秀单位。

【农业产业园建设】 一是依据农业产业园规划，大力发展特色农业。镇南部6个村以发展一产为主，以市场为导向，积极引导农民调整种植结构，实施规模种养殖业。在烟叶生产方面，引导和推广土地流转烟叶种植新模式，积极培育种烟大户，烟叶种植面积达3000余亩；新上规模养殖厂2个，新增规模养殖户30户，畜牧业产值占农业总产值比重达54%。黄南、黄北、老庄、西黄道、谒主沟村，大力发展工业和服务业。同时，各村成立经济实体，发展壮大集体经济，每个村集体经济经营性创收超过3万元。二是规范土地流转，实现农业现代化生产。镇土地流转办公室建立信息平台，多种渠道提供和培训新型养殖、种植技术，转变群众观念，规范土地流转，全年实现土地流转2300余亩，促进土地向经营大户集中，实现集约化、规模化生产。三是积极培养新型农民，转变生产方式，增加农户收入。培训新型农民2000人，转移农村劳动力700人。新品种、优良品种覆盖率达100%。四是加大基础设施建设投资力度。新打井3眼，新修、复修水渠2公里，新增有效灌溉面积500亩，围绕三个社区建设，完成安全饮水工程建设任务。推动新型农业现代化进程，完成农业生产值5970万元，增长5.3%，农民人均纯收入达5008元，增长19.6%。

【安全稳定工作】 一是做好信访稳定工作。通过变群众上访为干部下访、热情对待群众等，全年共接访人员112余人，处理热点难点16件，实现无上四级集体访和个人访。二是做好安全生产工作。全面贯彻落实上级党委、政府关于加强安全生产工作的相关要求。精心组织“两会”、每季度安全生产隐患排查活动，开展“3·26安全日”、“安全生产月”等活动，共发现各类事故隐患103条，现场整治95条，限期整治8条，确保了全镇安全生产形势持续稳定。三是加强综合治理工作。深入开展“打黑除恶、打击‘地痞村霸’”、村级巡逻等平安建设工作，坚持依法行政，健全基层综治工作网络和社会防控体系，继续开展严打整治和专项治理活动，共破治安案件9起、刑事案件23起、劳教4人，治安拘留16人，抓外逃15人，切实维护社会长治久安，不断提升人民群众安全感指数。荣获县依法行政先进集体、县安全生产优秀单位和县平安建设先进单位等。

【社会各项事业】 2011年，各项惠农政策全部落实到位，其中发放粮食补贴21万元，综合直补资金106万元，家电下乡补助53.53万元；摩托下乡补助1.27万元。新农合参保率达97%。繁荣农村文化，13个行政村文化书屋配置到位。做好社会保障各项工作，完成低保审核认定工作，对全镇722个低保名额实施动态管理；共发放困难户补助款16000元，春荒款20500元，春荒救济粮14000斤，被子120条，棉衣50件，发放20000元临时救助30户困难群众；镇政府机关为县残联爱心捐款10000元；投资130万元占地15亩可容纳100人新建敬老院已规划完毕；五保集中供养率达42%。农经、扶贫审计、农机、统计、保险、档案、民兵、武装、共青妇等工作荣获县先进单位荣誉称号。

【基层组织建设】 一是提高班子队伍的战斗力。2011年，紧紧围绕制度建设，通过抓龙头带全局，狠抓了班子自身建设。主要围绕强化团结意识，打造“包容和谐型班子”；强化责任意识，打造“干事创业型班子”；强化廉政意识，打造“阳光施政型班子”；强化宗旨意识，打造“亲民爱民型”班子。二是强化干部队伍的考核管理。调研清楚干部的工作成效和群众对干部的看法，掌握干部思想动态，镇党委定期组织干部进行学习，并安排专门的考核小组深入到群众中进行明察暗访，对干部德、能、勤、廉、绩五方面进行打分，全面提升了镇村干部的工作能力。三是狠抓农村党员队伍建设。以“创先争优”为契机，深化“五个带头”、“五个好”活动，创新党员教育、管理模式，13个村党支部达到“五个好”要求，全镇765名党员都充分发挥党员的先锋模范带头作用。四是做好党风廉政建设。以廉政文化教育为先导使广大干部提高防腐能力，以三资委托管理中心为抓手规范农村“三务公开”，以“4+2”工作法为契机，实现农村民主管理。被市委授予“先进基层党组织”和市纪委授予“市农村基层党风廉政建设工作先进集体”。

(李晓飞　王为珂)

茨芭镇

【概况】　茨芭镇位于郏县西北部，地处郏县、禹州市、汝州市结合部。全镇总面积107平方公里，辖41个行政村，105个自然村，5.6万口人，耕地面积8.1万亩。主要农作物有小麦、玉米、红薯、花生、烟叶等。其中烟叶和红薯为主要经济作物。畜牧养殖业发展较快，全镇常年存栏红牛2.2万头，是全国八大良种牛之一“郏县红牛”的主产区，经济林主要以甜柿、杏、核桃等小杂果树种植为主，面积达8000亩。初步形成以北部和东北部沿山地区为主体的经济林产业带。2011年，先后被省委组织部命名为全省老干部工作先进集体，被市委、市政府命名为市级文明村镇，市信访工作“四无”乡镇，市农田水利基本建设先进乡镇，全市“经济发展十快乡镇”；被县委、县政府命名为县级文明单位、招商引资先进单位、安全生产先进单位、信访工作先进单位、抗洪抢险工作先进单位、全县党委系统信息工作先进单位、先进人大代表小组、工会工作先进单位、五四红旗团委等。2011年5月，茨芭镇党校被省委宣传部命名为“先进乡镇党校”，成为全县唯一的先进党校。

【经济实力不断提升】　2011年，镇生产总值完成72481万元，与上年同期相比增长15.8%。二、三产业增加值占GDP比重提高3.9个百分点；限额以上工业增加值完成15276万元，增长59.4%；限额以上工业能耗降低率13%，全社会固定资产投资完成7.45亿元，增长37%；镇财政一般预算收入完成3000万元；农民人均纯收入达到了5590元，增长19.8%。

【招商引资工作取得新成就】　2011年，全镇新开工项目3个，续建项目5个，项目总投资3.96亿元，已完成投资3.27亿元，其中固定资产投资3.06亿元。镇钙镁建材循环产业园已晋升为市级产业集聚区，投资320万元，硬化了集聚区内总长1500米的三条道路；完成了10千伏的电力专线、供水配套及通讯工程。一是新开工项目进展顺利。总投资3000万元占地20亩的郏县众合建材有限公司天山石料场，为南水北调工程郏县段的专用石材厂，5月1日开工，已投产；总投资5000万元占地50亩的郏县远安养殖有限公司肉牛养殖项目，7月8日开工，正在建设厂房和办公楼；总投资1500万元的郏县世恒养殖有限公司肉牛屠宰生产线，6月10日开工建设。总投资2600万元的马山采石场二期工程正在建设中。二是续建项目进展加快。总投资4000万元的河南建森钙业有限公司二期工程，第一个煅烧窑于3月17日试产，运营正常。总投资9500万元的河南鸿宇硅微粉有限公司，已建成标准化厂房2栋，办公楼正在粉刷。制粉车间已建设完毕，设备已安装过半，酸洗车间、2层的职工宿舍楼和食堂正在建设。总投资8000万元的郏县崮山镁业有限公司，正在加紧建设碳化塔，总投资2000万元的郏县扬升电缆公司，已建成标准化厂房一栋，设备已购置；总投资1.5亿元的郏县北洋兰格镁业公司，办公楼已装修完毕，厂区平整和绿化已完工。三是一批预备项目积极筹备。总投资5.7亿元占地51.5亩河南欧瑞模板科技有限公司的钢模项目，已完成备案手续，并签订投资协议；总投资5.7亿元日产1万吨水泥生产线，正与中联建材有限公司洽谈；年产1万吨的硅微粉项目，正在与投资方郑州海王硅微粉有限公司洽谈。

【小城镇建设实现新跨越】　茨芭镇是县委、县政府确定为郏县8大中心镇之一。在推进镇区建设进程中，严格执行“规划一张图、建设一盘棋、审批一支笔、管理一条龙”，着力提升镇区综合服务功能。组建一支队伍：3月份组建了一支由

10人组成的小城镇管理工作队伍，明确了一名副科级干部带队负责，并配备一台面包车，用于巡逻管理，确保茨芭镇小城镇建设管理有序进行。管好一个休闲广场：1月份基础设施基本完工，并在3月份对广场进行了全面绿化，并投资20多万元配套各种娱乐活动器材，由3人专职管理，确保了广场的卫生等安全秩序。建设一个农民社区：农民社区一期36户主体基本完工。二期占地63亩，已完成征地手续，规划设计已经完成，并已于11月上旬开工建设。运行一个垃圾中转站：3月份完成了垃圾集运体系的配套，配备司机3名、车辆3台、卫生管理人员6人，保证镇区卫生一天2次打扫；完成了60平方米的两间工人住房，确保了镇垃圾集运体系的正常运转。完善一条特色街道：拆迁旧房50余间，新建40间，投资20万元对镇区主干道东坡路东段、上韩路北段进行了加宽和硬化。在镇区前石路段铺设了1500平方米的彩砖，完成了镇小学门前600米的下水道开挖工程。

【新农村建设再上新台阶】 按照“文化、特色、生态、宜居”的要求，确定了10个中心村，并邀请周口市规划建筑勘测设计院对4个中心村的详细规划进行制作；通过对自然村的有效整合和基础设施的配套完善，彻底改变农民的生产、生活条件。2011年启动新民居217套（茨芭24套其中16套已完工、8套正施工，薛村87套其中43套已完工、44套地基完工，吴寨71套其中19套地基完工、52套是拆旧建新，庞庄35套一层正施工），新民居累计达到409套，其中茨芭130套，吴寨121套，薛村110套，苏坟13套，庞庄35套。茨芭中心村投资13万元硬化了村部前道路190米；投资2.7万元硬化了新民居排前路并开挖了下水道；投资40万元硬化了茨芭至军李自然村的1500米道路；同时还在前石路镇区段安装路灯16盏，栽植绿化树3050棵，铺设供水管网1860米；苏坟中心村投资8.4万元硬化了新村道路200米，投资21万元建设了安全饮水工程，修建并配套了深水井1眼；姑嫂寺中心村投资6.7万元，硬化道路250米，安装路灯36盏；投资24万元建设了一个文化休闲广场；吴寨中心村投资62.9万元新修道路1246米，开挖下水道1400米。在公益设施上，完工文化休闲广场一个（吴寨），苏坟村文化休闲广场已开始动工。薛村文化休闲广场基础部分已经完工；吴寨中心卫生室主体已完工。茨芭镇中心卫生室已完工，投入使用，茨芭镇中心幼儿园已投入使用。另外，在建设新农村的同时，严格落实耕地保护目标责任制，全镇耕地基本保持了占补平衡。全年共拆迁房屋近300间，盘活土地130余亩。配合县土地执法大队对付村、邢村、清泉的三起私搭乱建和3起违法占地案件进行了执法清除；并对姑嫂寺、刘村、茨芭等村的66.5亩土地进行了复耕。

【社会大局持续稳定】 一是信访稳定工作得到巩固。进一步完善信访工作机制，依法规范了信访办理程序，建立健全信访各项工作制度，强化监督督办职能，增强镇、村两级就地解决问题的能力和水平，做到“四个坚持”，镇党政班子成员坚持轮流每周三公开接访机制，畅通了信访渠道；坚持每周一例会听取包村领导社情民意汇报，并梳理分类，提出指导意见，在信访办挂牌落实；坚持每半个月入村进行一次矛盾纠纷大排查，针对排查出的问题按照“分级负责，属地管理，谁主管，谁负责”的原则，实行归口管理，限期结案；镇信访领导小组坚持每月召开一次重大疑难案件研判处理分析专题会。按照信访工作长效机制要求做到了基础设施、软硬件建设“双达标”。积极排查化解各种不稳定因素，共排查矛盾纠纷32起（其中2起未到期），化解29起，化解率96.6%，与去年同期相比信访率下降28%。杜绝发生赴京非正常访、赴京集体访、赴省集体访，达到了“三零”目标。严格控制赴县、市集体访，全镇安定团结的政治局面日益巩固，信访工作进入全县先进行列。二是安全生产责任制得到落实。扎实开展了煤矿、非煤矿山、道路交通、校园安全、危险化学品、烟花爆竹、公共场所消防等安全生产领域的专项整治，严厉打击违法违规生产行为，杜绝了重、特大事故的发生。三是社会治安综合治理工作得到加强。深入开展了“打黑除恶”的专项斗争，实施了矛盾纠纷排查、汇报和包案处理制度，成立了矛盾纠纷处理中心，加强了“110”治安巡防队伍建设，人民群众安全感进一步提升。

【农业建设持续推进】 2011年，全镇规划烟叶大方面积1.6万亩，种植面积2.2万亩，收购烟叶192万公斤，投放金额3382.5万元；实施了8.6万亩的小麦、玉米等良种补贴。在吴寨村和刘洼村分别实施了千亩和百亩小麦良种示范方；完成了2000亩的土地流转任务，争取国债资金项目建沼气池1127座，争取市、县项目建沼气池150座；完成了15公里的廊道绿化补植补造，新增植树造林面积3000余亩，在天城洼的红沟自然村、三苏园周边及空山洞村发展了2000亩的优质核桃基地，远景规划8000亩；全镇新打机井157眼，配套机井65眼，新建井房65座；新建配电房11座，新建输变电线路配套45千米，埋设节水灌溉管道53千米，整修机耕路25千米。在天城洼水库和清泉水库新建提灌站3座，维修了清泉水库的1个提灌站；投资150万元建设了红旗水库节水灌溉配套工程，埋设管道近20公里，新增有效灌溉面积1万余亩；投资430万元实施了山头赵水库除险加固工程，并完成了山头赵水库干渠维修和北竹园水库干渠清淤工程，新增有效灌溉面积1.3万余亩；投资13万元完成了天城洼水库溢洪道的维修工程。投资800万元，在镇区东部实施了涉及齐村、东姚、竹园沟、天城洼、清泉等5个行政村的万亩中低产田改造项目；在镇区西北部的庞庄、段磨李、北姚、石灰王等4个村实施了土地整理项目，新增有效灌溉面积2万余亩。完成了涉及管村、刘村等7个烟叶生产基地村的烟水配套工程，使8000余亩烟方得到有效灌溉。投资300万元建成了一个养牛场，并投资1000万元对山头赵养牛场进行了扩建；完成了夏秋两季的秸秆禁烧工作，关闭了2个小炼铁厂和1个小烧制铝钒土厂。争取移民资金20万元，分别在清泉和构树张村分别新修村村通道路450米，在竹园沟村实施了整村推进项目，投资68万元修建道路3700米，建小型广场一个，打机井2眼。完成深化集体林权制度改革工作，全镇共确权面积10.51万亩、14790宗，占集体林总面积的99%，面积确权率99%，共涉及9个村，174个村民小组，5445户。春季完成前石路、肖苏路等16公里道路绿化工作。

【基层组织建设】 2011年，镇党委以抓管理，抓教育、抓队伍、抓储备、抓阵地为着力点，切实加强农村基层党组织建设、干部队伍建设和党员队伍建设。一是继续抓好村级基层组织整顿，在对全镇41个党支部进行摸底排查、分类排队的基础上，对竹园沟、铁炉、尖山、构树张等村进行了思想整顿和组织调整。二是继续实施“走出去”和“引进来”的形式，做好干部培训。全年举办镇村两级干部、大学生村官、党员致富能手参加的基层党员干部培训班6期（次），培训党员干部1000多人（次）。三是通过严格“三会一课”制度、开展“设岗定责”活动，在党员外出集中地建立流动党员党组织等方式，加强流动党员管理。四是按照一优三强标准在全镇选配了35名“一好三强”型村党支部书记，选优配强村党支部书记。五是扎实开展党风党纪警示教育，党员思想道德素质和拒腐防变的自觉性明显提高。

【社会事业全面进步】 2011年，认真落实上级计划生育政策，人口自增率在限定数额以内；全面落实各项惠民政策，做好符合条件享受新农保人员的补录工作；配备了村级残疾人专职委员；全镇文化教育和医疗卫生工作步入全县先进行列，手足口病和甲型流感等传染病疫情得到有效遏制；新增农家书屋22个；农民参加新型合作医疗率达到100%。

（周艳阳）

李口镇

【概况】 李口镇是河南省文化厅第一批命名的“河南省民间艺术之乡”，是“西汉留侯”张良的故里，位于郏县东南部，平顶山北麓，省道南石线（S329）与县道平郏东路在李口境内纵横贯通。2011年，镇党委、政府在县委、县政府的正确领导下，深入实施“工业强镇、农业稳镇”战略，紧紧围绕“招商引资3个亿，财政收入2000万元”的目标任务，突出四项重点，抓好两项建设，带领全镇广大干群团结奋进，真抓实干，使该镇经济和社会各项事业得到持续快速发展。全年完成地区生产总值76689万元，其中第一产业增加值达14188万元，第二、三产业增加值达55119万元；完成全社会固定资产投资76276万元，实现财政收入2047万元，全镇农民人均纯收入达到4958元，较好地完成了既定目标任务，荣获“市计划生育先进单位”、“市文明村镇”、“县城镇建设工作优秀单位”、“县依法行政先进乡镇”、“县计划生育先进单位”等荣誉称号。

【农业经济】 2011年，李口镇加大农业结构调整力度，聘请国家农业资深专家，结合镇域情况科学制定《李口镇高效农业产业园建设规划》，实现农业增加值13322万元。“山儿西”烟叶种植规模扩大：种植面积达3500亩，收购烟叶54万公斤，实现烟叶特产税230万元。农村专业经济合作社健康发展：全镇新成立蔬菜、小麦、辣椒等农村专业合作社18家、新修林网道路20700米、新打机井156眼、新流转土地面积2500亩、确定2012年度烟叶预留面积5000亩。畜牧养殖业发展迅速：全镇新建成西南村标准化养殖园2个，规模养殖厂6家，新增养殖户11户。畜牧业增加值达7594万元，占全镇农业增加值的57%。

【工业经济】 2011年，李口镇紧紧围绕郏县经济发展思路，立足本镇实际，采取“责任到人、重点突破、整体推进”的工作方法，按照二分之一工作法，成立招商小分队，与各村签订招商引资奖惩责任书，强力推进招商引资工作。2011年全镇新开工亿元以上项目2个：平顶山市运兴煤炭仓储项目、平顶山市坤泰建材项目；5000万元以上项目2个：郏县顺成选煤项目、平顶山市明嘉绿色果蔬项目；新建成投产项目2个：平顶山市鹰浩新型建材项目，累计投资9200万元；郏县金红泰工贸有限公司项目，累计投资4800万元。全镇全年完成固定资产投资实际到位资金4.405亿元，占年度目标任务3亿元的146.8%。

【新农村建设】 2011年，李口镇按“镇村一体化”建设思路，积极推行“一村一品”工程。全镇全年在李口中心社区共建成农民公寓186套，在张店村新建成二层新民居24套；同时不断加大基础设施配套建设：全年全镇新建成供水站3座、安装供水管道4950米，硬化社区道路3700米，铺设彩砖7900平方米，修埋下水道1600米，安装路灯55盏，新植绿化树856棵，绿化面积达5080平方米，配备李口中心社区休闲广场健身器材14套；另外新建成李口、张店村村室共16间，标准化卫生室一层三间，建成使用占地4669平方米的张店文化休闲广场和张良故里牌坊各一座，如期圆满完成了县定各项新农村建设相关目标任务。

【小城镇建设】 按照建设“特色经济县，生态宜居县”的工作要求，本着“五个一”建设目标，2011年，李口镇从“绿化、亮化、净化、美化”入手，进一步完善基础设施和配套建设，倾力打造李口宜居小城镇。2011年新开通了李口镇行政路，对子房街和阳关大道北段建筑立面改造实行了“三统一”；新建临街房2层324间，新埋下水道1260米，铺设彩砖12300平方米，新安装路灯20盏，新植、更新绿化树961棵，绿化面积达1600多平方米。另外完善了垃圾集运体系建设，新配置垃圾集运车一辆，建立了5人专业环卫队和8人城镇管理队伍，使镇区保洁实现日常化、制度化和规范化，确保了小城镇建设管理有序，稳步发展。

【平安建设】 李口镇通过成立安全生产领导小组，设立安全生产监督管理办公室，建立健全各项规章制度、安全生产网络体系，与各单位签订《安全生产目标责任书》，坚持每月召开一次领导小组成员会议、组织一次安全生产大检查等措施，对存在安全隐患的及时指出，并限期整改，确保了安全生产责任制的落实。全镇全年共进行了11次安全生产大检查工作，排查隐患600余起，已整改590起，其余10起，限期整改。全镇全年无重大安全事故发生，平安建设工作运行良好。

【信访稳定】 2011年，李口镇成立了以镇党委书记为组长的信访稳定工作领导小组，严格按照“谁主管，谁负责”的原则，贯彻落实信访稳定工作责任制度和领导接待日制度，修订了《李口镇村干部接访责任追究制度》，加大矛盾纠纷排查调处力度，在处理信访案件时，重点突出“精、细、准、稳”，走村入户，变“上访”为“下访”。全年全镇共排查出不稳定因素22件，受理信访案件19起，并在规定时间内全部办结，结案率达到了100%，满意率达95%以上；全年没有发生赴京非正常访、赴京省集体访，达到了“三零”目标。

【社会各项事业】 一是深入开展创先争优活动和“靠正气实干”学习活动，进一步提升了领导班子和党员、干部的思想道德水平。二是不断加强组织建设，调整配齐个别行政村支部成员，依法组织了村级基层组织换届选举工作，有效推进村级基层组织建设健康发展。三是深入开展了党风廉政建设创建活动，建立健全村级财务监督管理制度，使广大党员干部公仆意识进一步增强，自身行为进一步规范。四是坚持“三不变”、“三到位”，落实“三为主”，推进“三个结合”，积极开展生殖保健系列化服务。使全镇人口出生率、性别比等各项指标均控制在政策范围内，圆满完成了年度计划生育工作目标务，保持了在市、县检查中计划生育工作的先进位次。五是不断加大各项惠民政策的宣传和落实，提高群众参合率和参保率，足额准时发放农粮直补款、家电、农机补助款，加强弱势群体的帮扶救助工作，切实让老百姓感受到党和政府的关心与温暖，最大限度地接受和享受到国家的各项惠民政策。全年全镇参合率达99.5%，被评为县级新农合先进单位；新农保参保率达93%以上，比2010年高出3个百分点；发放种粮补贴、粮食综合补贴、粮食直补款300多万元，家电下乡补助额达150多万元；五保供养人数84人，其中集中供养34人，供养率达40%；全镇享受低保数稳定在1114人，做到了应保尽保；社会保障、救济支出同比都有大幅增长；另外积极开展“爱国卫生”运动，切实加强校园、校车安全管理，成功举办了“张良杯第十届书画艺术作品展”，顺利完成李口镇文化站主体工程建设，确保了全镇文化、教育、卫生事业的健康发展。5月份顺利完成的撤乡建镇工作，揭开了李口镇经济社会建设的新篇章。

（闫月霞）

王集乡

【综合经济实力平稳增长】 2011年，全乡GDP总值完成53641万元，增速15.1%；第一产业增加值完成15025万元，增长3.6%。；二、三产业增加值占GDP比重80.6%，比上年提升了2.6个百分点；全社会固定资产投资完成6亿元，增速44%；完成财政收入1238万元，增速31%；农民人均纯收入5126元，增长19.4%。在招商引资方面，2011年，先后引进5家机械制造类企业入驻县产业集聚区，总投资达到5.5亿元，年终初步考核位居全县第一名。先后获得省环境保护厅“省级生态村”荣誉称号、省级“卫生乡镇”荣誉称号。省“园林单位”等荣誉称号。

【新型农村社区建设】 2011年，全乡已启动5个新型农村社区建设，建设住房1697套。

其中，枣庄新型农村社区的建设，积极运作，引入社会资金，拆迁老村建设新型农民社区，得到县政府第50次常务会议的充分肯定，并在全县推广。

【小城镇建设】 2011年，先后开工6个镇区建设项目，总建筑面积近5万平方米。重点工程建设方面，顺利完成迎宾大道王集段建筑立面改造任务，积极配合县相关部门完成了友谊路、文化路、兴业路、祥云路王集段的征地拆迁和建设任务，为县产业集聚区扩大框架，加快发展奠定了基础。全年，王集乡耕地保有量始终保持在4320.48公顷以上，并全面完成了上级下达的3282.95公顷基本农田保护指标。

【民生保障得到不断改善】 义务教育保障水平稳步提高，乡一中基础设施建设进一步完善。全面落实党的各项惠民政策，2011年，种粮补贴61万多元，综合直补30多万元，良种补贴近40万元，全部足额发放到农户，无截留挪用现象，村级补助资金130万元，全部落实到位，农村最低收入保障覆盖全乡大多数低收入家庭。共计16个村开展了一事一议筹资筹劳工作，总筹资45万元，筹劳74910个工日，申请上级财政补助资金97万元，现已有15个村工程竣工，1个村正在施工中。2011年，被评为县“民政工作先进单位”和“残疾人工作先进单位”。新农合参合率达到100%，新农保参保率达到98%。加强计生优质服务，稳定低生育水平，加大出生人口性别比治理力度，人口自增率控制在9‰以内。2011年3月，被评为县“十一五”计划生育工作先进单位，11月全市计划生育药具管理现场会在王集乡召开。顺利完成第七届村级组织换届选举工作，农村各项管理工作步入规范化轨道。

【社会大局实现和谐稳定】 信访工作实行源头治理，重视初信初访，实现了县以上三级无访乡镇，信访评比全县排名前列。认真落实安全生产责任制，没有发生一起安全事故，安全稳定工作在全县位居第一方阵。连续第三年保持市委、市政府“平安建设先进乡镇”，3月份获得县“平安建设工作先进乡”和“信访稳定工作先进单位”。乡便民服务中心投入使用，解决了群众到乡办事不知道找谁、不知道到哪、不知道找哪个人的问题，进一步理顺群众情绪，改善干群关系，获得全市便民服务中心建设先进单位。

【农业经济持续发展】 一是林业生产进一步发展。2011年全乡栽种小杂果8000棵、大叶女贞1600棵、速生杨11000棵、泡桐1300棵。26公里重点路段、8公里双庙河全部达到了高标准绿化；完成新农村绿化工程85亩；生态林建设工程完成200亩；郑尧高速两侧建设高标准绿化村4个；完成县政府下达的其他林业生态建设任务，获得县林业工作第一名。积极实施林权制度改革，2011年4月份，代表郏县在全市林权改革会议上作典型发言。二是水利基础设施不断加强。完成修复水毁工程桥、涵共5处、新修田间渠道3000米、新修灌溉机井127眼、维护147眼、除涝改善面积6000亩（双庙两岸8公里）、新增节水灌溉面积、渠道防渗1200亩、新增旱涝保收田2400亩，顺利完成了北汝河一期治理工程，二期工程正在顺利实施。三是土地流转加快推进。2011年，共完成土地流转规模5500亩，主要用于农业结构调整，种植优质小麦、烟叶、蔬菜大棚、花卉苗木等。

【重点项目建设】 2011年2月27日、3月5日、7月22日招商引资项目：通联安晟汽配、天晟电气制造、德科机械机制先后开工奠基；2011年9月19日、10月10日、11月5日、11月8日、11月24日，候店、辛庄、雨霖头三个中心村二期和枣庄、王集两个中心村一期新型农村社区建设项目先后开工奠基；2011年2月16日、8月15日、11月10日镇区休闲广场、镇区银杏苑小区、公安派出所先后开工奠基；2011年9月镇区老乡政府临街商铺楼、孔楼临街商铺楼工程先后完工，为王集的快速发展奠定坚实的基础。

（林松涛）

渣园乡

【概况】 渣园乡位于郏县城西5公里，总面积41平方公里。辖25个行政村，46个自然村，9821户，3.4万口人，3.7万亩耕地。2011年，全乡实现地区生产总值53748万元，同比增长17.3%；第一产业增加值11905万元，同比增长3.9%；二、三产业增加值占GDP比重达到82%；限额以上工业增加值25908万元，同比增长53.6%；限额以上工业利税实现22195万元，同比增长38.1%。限额以下工业增加值3663万元，同比增长10.2%；个体工业增加值9780万元，同比增长9.7%；全社会固定资产投资7.3亿元，同比增长50%；城镇以上固定资产投资29638万元，同比增长60%；完成财政收入1870万元，占全年任务的113%；农民人均纯收入达到5710元，同比增长19.6%。

【招商引资成效明显】 2011年，乡党委、政府紧紧围绕县委经济工作会议精神和县《十二五规划》总体规划和部署，立足实际，科学谋划，精心组织，多渠道开展招商引资工作。全年新开工建设项目7个，总投资3.82亿元，实际到位资金2.61亿元。其中固定资产投资5000万元以上项目3个：①由浙江温州瑞安集团与平煤机联合投资1.2亿元兴建的平顶山市瑞安液压电控有限公司项目，年可产矿用电动液压阀、碟刹阀等阀类产品53件（套），产值达1.5亿元。②南阳变压器厂投资兴建的平顶山市中天电气有限公司项目，总投资6000万元。③香港温馨园实业集团与山东乐义蔬菜集团等三家企业共同投资兴建的宝之绿高新农业科技示范园项目。该项目是集生产、示范、推广、休闲、生态等多功能为一体的现代农业科技示范园项目。已建成各式大棚103座，办公楼及加工厂已建成并投入使用。

【产业结构进一步优化】 一是大力发展特色农业。在保证小麦、玉米等主要农产品丰产丰收的基础上，通过抓实体，上规模，加快农村土地的流转等措施，突出抓好畜牧、林业、棉花、烟叶等产业的生产。2011年，全乡新建标准化养殖园区2个，新增规模养殖场6个，规模养殖户11户，畜牧业增加值达到4721万元，占农业总产值的比重达到49%，已成为全乡农村经济发展的支柱产业和农民增收的主要渠道；新发展经济林350亩，实施新农村绿化60亩，对郏景路、宋林路以及青龙河、广阔渠两岸进行补植补造，累计植树10万余棵；棉花种植面积800余亩；烟叶种植面积3900亩，实现烟叶税232万元，取得历史性的突破；全年新增土地流转面积3600亩。二是大力发展劳务经济。深入实施阳光工程，做好农村劳动力转移培训，进一步建立健全了中介组织和服务网络，切实加强与大中城市劳动职业中介机构和大型企业的沟通与交流，千方百计增加群众外出务工就业渠道。全年在外务工人员保持在5000人次以上，实现劳务收入4500万元以上。

【小城镇建设】 2011年，健全了垃圾集运体系，配备了两辆垃圾集运车，又配备了4辆小型垃圾车，成立了由8人组成的专业环卫队伍，配备3名司机，每日对镇区以及城乡结合部的街道进行清理打扫；青龙湖社区建设已经完成了254户的主体工程建设，小卢寨居民区占地74亩，一期建设68户，主体工程已全部竣工，社区的水、电、路等已全部配套到位；聘请设计单位对迎宾大道两侧绿化带及西端街心花坛进行了专业设计，已全部完工并投入使用，并按要求完成街道两侧建筑立面改造工作；对休闲广场的绿化、亮化及健身器材等配套设施进行了完善，绿化面积4328平方米，安装路灯14盏，配备各种健身器材10余种20多套。

【新农村建设】 2011年，已启动的5个中心村的控制性建设详规已全部完成。新民居建设方面，5个中心村累计新增民居楼258套，新民居434户。基础设施建设方面。一是朱庄中心村：新建供水站一座，埋设自来水管道3500米，新修下水道3500米，埋设排水管道2000米，新修道路5000米，安装路灯15盏，三线各完成3500米，墙体喷漆150万平方米。建村级敬老院一座，建筑面积462平方米，文化广场占地18亩。二是渣园中心村：村室完成36间，建筑面积950平方米，文化广场占地5000平方米，彩砖铺设1300平方米，栽种绿化树650棵，安装健身器材10套，新建篮球场一个，新修下水道600米，埋设自来水管道1000米，新修道路600米，安装路灯60盏，新建标准卫生室1所。三是西冯庄中心村：新修下水道1200米，新修道路2100米，新埋设自来水管道1000米，绿化面积1500平方米，栽种绿化树300棵。四是青龙湖社区：新开挖下水道2600米，建供水站2座，埋设供水管道2600米，新区硬化道路2300米，安装路灯62盏，彩砖铺设1000平方米，绿化1000平方米，栽种绿化树300棵。五是叶庄中心村：新修下水道1200米，埋设自来水管道1200米，新修道路1200米，文化广场占地6000平方米。

【农业基础设施建设】 2011年，各行政村积极行动，多方筹措资金，进一步加强了对农田水利、交通、电网、沼气、安全饮水等基础设施的建设，全年新打机井50眼，修复旧井52眼，新增和恢复有效灌溉面积2200亩，修复水毁工程16处，新修防渗渠道1000米，维修500米；新建沼气池8座，农业抗灾和综合生产能力显著提高。

【社会稳定局面有效巩固】 一是深入开展了平安创建工作。开展“平安乡镇”、“平安村”创建活动，强化社会治安综合治理，依法严厉打击各种违法犯罪活动，坚持“严打”方针不动摇，始终保持对违法犯罪的高压态势。实现了“发案少、秩序好、群众满意”的稳定和谐社会局面，保证了人民安居乐业。二是开展了矛盾纠纷排查调处工作。处置群体事件工作预案健全、责任明晰、及时依法妥善处置。畅通利益诉求渠道，变“上访为下访”，加大矛盾纠纷的排查调处力度，使矛盾纠纷消除在萌芽状态，全年没有重大群体性上访事件发生。三是加大了安全生产检查和宣传教育力度。定期开展安全生产大检查，会同有关部门查处非法生产烟花爆竹窝点7处，查处危险化工企业2家，食品加工企业1家，检查浴池锅炉7个。与全乡9000多户群众签订了安全生产《五户联保责任书》、《承诺书》，发放《安全告知书》10000余份，出动安全宣传车50台（次），极大地提高了广大人民群众安全生产的自我防范意识和责任监督意识。

【社会治安形势明显改善】 一是强化了村组防范能力。乡党委、政府和各村委签订社会综合治理责任书，25个行政村健全完善了治保、民调、巡逻机构。派出所实行一村一警，一包到底，责任到人。二是突出重点整顿。认真结合全县重点治乱专项行动，积极开展“双排查”活动，对排查出的安全隐患、各类矛盾纠纷、治安乱点以及群众普遍关心的治安问题，做到发现一起，处理一起。2011年，共排查调处各类矛盾纠纷25起，调解成功23起，成功率达90%以上。受理各类信、访、热线电话12件，办结率、反馈率均达100%。全乡共发生各类刑事案件28起，破案18起，批捕7人，刑事拘留7人，起诉10人，抓获各类网上逃犯14人。发生治安案件54起，查处50起，治安拘留25人，强制戒毒2人，有力地震慑了犯罪分子。三是积极开展法制教育。聘请县综治委、政法委、司法局法律权威进行法律知识宣传、培训3次，学校法制宣传8次，办板报专栏10期，受训人数达1000人次，受教育学生达1500人次。培训内容主要有：法制常识、治保工作、反邪教宣传等。

【农村耕地得到有效的保护】 严格落实了《郏县2011年城乡建设用地增减挂钩实施方案》，对全乡空心村和工矿废弃地进行摸底排查，制定复垦计划。对私搭乱建，残墙断壁，影响观瞻的建筑物集中拆除。对清理出来的闲置土地按照国家有关法律法规进行统一规划、统一复垦、统一置换，形成资源整合，全年新增耕地187亩。

【农村各项惠农政策得以认真落实】 2011年，共发放新型农村养老保险金220万元；新型农村合作医疗大额补助金额506万元，门诊统筹122万元；发放粮食直补46.8万元，综合直补236万元，小麦、玉米、棉花良种补贴57.7万元，其他政策性补贴39.7万元，未发生一起因加重农民负担引发的群体性事件或恶性事件。全年发放低保资金131.4万元，五保供养金32.6万元，集中供养对象在确保吃、穿、用的基础上，每人每月保证不低于40元的零花钱，社会保障能力进一步提高。

【基层组织建设】 2011年，圆满完成了乡党委和村级组织换届工作，调整充实村级干部职数34人，真正把一部分政治坚定、政绩突出、作风正派、群众公认、想干事、能干事的党员、群众选拔到领导岗位上来，使村级班子建设成为团结的班子、务实的班子、高效的班子。

【计划生育工作再上新台阶】 2011年，为全乡60岁以上的独生子女户、政策内双女户发放奖励扶助金8.55万元，为全乡312户独生子女户发放了独生子女保健费14.97万元，为50~59岁独生子女户、政策内双女户享受低保标准的266户发放奖励补助金15.96万元，为独生子女伤残户发放特别扶助金7920元，让他们感受到了政府的温暖，从而激发了广大群众自觉实行计划生育的积极性，有效地控制了人口增长，提高了人口素质，计划生育工作受到了市委、市政府的表彰。

（张总军）

白庙乡

【概况】 白庙乡位于郏县县城北与县城接壤，属城郊乡，全乡面积47平方公里，耕地面积4.6万亩，辖24个行政村，51个自然村，9416户，3.6万口人。地形东西狭长，地势西高东低，东部地势平坦，西部属半山冈丘陵。白庙乡有着深厚的文化底蕴。北魏时期，铜器舞已经在白庙广为流传；唐宋时期，宫廷音乐、戏剧已在民间传唱；明洪武七年（公元1374年）至清末，河南豫剧、曲剧、二簧、坠子、大鼓书、狮舞、龙灯舞、竹马、旱船等官雅民俗之技艺在此得以生存和传承。2009年被文化部命名为“中国民间文化艺术之乡——戏曲之乡”。境内始建于汉武帝刘秀年间的中原名刹——眼明寺，是道、儒、佛三教荟萃的胜地。白庙乡资源丰富。境内矿产资源主要为煤炭；白庙煤炭预勘区面积29.8平方公里，经煤田地质四队预查，估算资源量1.7923亿吨。水资源主要有季节河肖河、胡河、叶犨河，南水北调中线工程和郏县新建的广阔渠穿境而过，境内遍布的支渠和4个小型水库为补充地下水提供了充足的保障。境内全国八大良种牛之一的“郏县红牛”常年存栏量1.2万头；交通便利，省道S238线、S329线和县乡公路前石路、杨寺路、大城路纵横贯境，距郑尧高速公路入口4公里；境内有220千伏变电站一座，供电网络合理可靠。

【经济发展】 2011年实现财政收入1994万元，增长53.2%；完成地区生产总值（GDP）46651万元，增长16.3%。第一产业增加值实现10766万元，增长3.8%；二、三产业占GDP的比重增加4.3个百分点；限额以上工业增加值完成21520万元，增长57.5%；限额以上工业利税完成9545万元，增长108.2%；规模以上工业能耗降低14.4%；限额以下工业增加值完成2240万元，增长9.7%；个体工业增加值完成8583万元，增长9.7%；建筑业总产值完成6750万元，增长41.1%；全社会固定资产投资完成4.56亿元，增长45%；城镇以上固定资产投资完成2.97亿元，增长45%；批发业销售额完成3526万元，增长21%；零售业销售额完成8488万元，增长22.3%；住宿业销售额完成244万元，增长23.1%；餐饮业销售额完成2244万元，增长23.8%；农民人均纯收入实现3937元，增长18.5%。

【招商引资及项目建设】 2011年，新开工项目8个，续建项目1个，在谈签约项目4个，完成招商引资4.5亿元，固定资产投资完成2.36亿元，完成全年县定招商任务的118%。新开工项目分别是：投资6500万元的更强专业机械配件加工项目；投资3000万元的马亮磨料磨具专业设备修配中心项目；投资3500万元的缘来商贸有限公司；投资2000万元的厢式变压器制造项目；投资2000万元的洁源环保设备制造项目；投资6500万元的华元牧业有限公司；投资1600万元的全香稞食品调料有限公司；总投资2亿元，其中固定资产投资1.2亿元的郏县浩博家居国际物流园项目。续建项目1个：投资6000万元高档窑具加工项目。在谈签约项目4个，一是投资1.5亿元的郑州庆文食品加工项目；二是总投资1.2亿元的艾尔玛家居家电生活广场；三是总投资7000万元的塑钢板材生产项目；四是投资6000万元的变频器制造项目。

【新农村建设】 2011年，扎实开展土地增减挂钩工作，上报了全乡拆旧区的规划。实施村庄整治，完成大郭庄拆迁复耕75亩，杨村、下叶、坡周、谢招拆迁复耕有序推进。编制了中心村经济发展规划，建立了经济发展工作台账和户奔小康工作台账。杨村中心村：新建民居46套，其中二层民居26套，小高层20套；在建40套，新修道路1000米，开挖下水道630米，栽种绿化树350棵，安装健身器材10套，安装路灯33盏；赵庄中心村：建成二层民居40套，在建30套，其中已建成一层12套，地基已完成18套，基础设施正在施工；完成马湾新村二期77户的新民居建设，实现第二批移民顺利搬迁入住。

【小城镇建设】 2011年，完成了乡域及镇区整体规划和社区建设详细规划。新建民居60套；完成了占地7000平方米的休闲文化广场建设，广场新栽绿化树205棵，安装照明灯8盏；府前大道完成三线入地工作、铺设彩砖2068平方米、新修下水道1300米，安装路灯16盏；初步完成了“建立一支管护队伍、建设一条特色街道，建成一个垃圾中转站、一个休闲广场、一个农民社区”的小城镇建设工作目标。

【信访稳定及安全生产情况】 2011年，健全了乡、管理区、村、组、党员5级信访预防机制、领导包案机制和责任追究机制等信访工作机制，定期开展矛盾纠纷排查化解，把不稳定苗头排查化解在萌芽状态，信访量大幅下降；重点治乱专项斗争有序开展，坚持打防并举，完善技防人防体系，有效打击和震慑了违法犯罪分子，全乡社会大局稳定，群众安全感指数得到明显提升。积极做好企业安全生产、森林防火、校车安全整治等工作，全乡安全生产形势持续稳定，无一起重大安全事故发生。

【农业发展情况】 2011年，全乡农业生产再获佳绩，全乡夏粮产量12969吨，平均亩产726斤，大旱之年再获丰收。农业产业结构明显优化，烟叶种植面积达到1.2万亩，且种植规模、科技水平有较大提升，实现烟叶销售收入2155万元，全乡人均增收600元，对财政贡献474万元，烟草科技示范乡的地位得到巩固；按照“一村一品”工作要求，规划了2个农业产业园；完成畜牧产业化目标任务，“乡镇长工程”顺利完成，新增规模养殖场5个，规模养殖户10户，红牛养殖专业村1个，完成畜产品市场准入；圆满完成春季植树造林工作，植树8.5万株，完成山区造林200亩，小杂果基地造林300亩，新农村绿化70亩，廊道及农田林网绿化1055亩；启动眼明寺森林公园规划和建设工作，种植桃树、石榴、柿树、黑松、广玉兰、红玉兰、白玉兰、白蜡、百日红、雪松等20多个树种11000多株，公园内宜林荒地已全部高标准绿化；完成水利建设任务，土地整理项目、新增千亿斤粮食核心区项目、烟水配套项目进展顺利，新打机井230多眼，修建干、支渠7500米，管网8.3

公里，解决了近10000亩农田灌溉；高度重视防汛工作，建立了防汛应急预案和防汛网络，对全乡河道、塘坝进行了险情排查，对大郭庄水库进行了除险加固；高度重视环境保护工作，顺利完成了夏秋两季农作物秸秆禁烧和综合利用工作，实现了"零焚烧、零罚款"目标；认真落实节能减排各项工作要求；土地流转工作稳步开展。

【基层组织建设】 2011年，深入开展了"创先争优"活动、"决战十二五、我该怎没办"、"靠正气实干"大讨论活动；全面贯彻落实党风廉政建设责任制；积极开展"学习型"机关创建活动，大兴务实、团结、廉洁之风，转变政府职能、转变工作作风、提高行政效能、提高公务员素质，政府执行力全面提高，计划生育、安全生产、节能减排、烟叶收购、秸秆禁烧、植树造林、依法行政、社会养老保险等各项工作处于全县先进位次；通过抓班子带队伍，建立健全机关干部包村制度，村党支部目标管理责任制度和绩效考核制度，使乡村干部的思想凝聚到"想干事、会干事、多干事、干成事"上来，乡村广大党员干部素质全面提高，基层党组织的战斗堡垒作用和党员的先锋模范作用明显加强，获得"全省先进基层党组织"荣誉称号；广泛开展党员干部培训，组织干部培训班2期，入党积极分子培训班1期，培养发展对象55人。

【社会各项事业发展】 落实了种粮直补、农机补贴、家电下乡等各项惠农措施，积极减轻农民负担；充分发挥民政工作"调压减震"的作用，及时发放春荒救灾款物，认真开展节日慰问活动，做好优抚工作，农村低保、城镇低保按时足额发放；全乡五保集中供养率达到40%以上；文化卫生事业不断进步，新建了3家农村书屋，11家村级卫生室；积极开展问题乳粉清缴工作，高度重视手足口病等传染病的防治工作；积极开展除"四害"，文明卫生单位创建、改水改厕等应承担的各项创建工作，明显改善群众生活条件；强力推进农村新型社会养老保险工作和农村新型合作医疗筹资工作；深入开展春季集中服务活动，加强计划生育政策宣传，完善各项台账资料，计划生育工作保持全县先进位次；民兵预备役工作进一步得到加强，达到了组织健全、设备完善、配套齐备的要求；老干部、工会、妇联、共青团等工作稳步推进。

（谢树锋　徐小强）

广阔天地乡

【概况】 郏县广阔天地乡位于郏县城西，北邻洛界公路，南隔汝水与宝丰县相望。全乡14平方公里，1.4万亩耕地，1.4万口人，辖11个行政村，3个中心村，23个自然村，57个村民组。全乡地势平坦，交通便利，乡风民风淳朴，文化底蕴浓厚；曾因毛泽东同志的亲笔批示"农村是一个广阔的天地，在那里是可以大有作为的……"而闻名全国，被誉为"中国知青运动的发源地"。2011年，全乡财政收入完成1117万元，增长25.2%，超额完成县定目标任务；农民人均纯收入达到7269元，增长18.3%。2011年曾荣获全国文明村镇、河南省民间文化艺术之乡、河南省生态乡镇，平顶山市平安建设工作先进乡、"五五"法制宣传教育和依法治理工作先进乡、残疾人工作先进乡、农村公路养护管理文明示范乡镇、爱国主义教育示范基地、依法行政先进单位，郏县招商引资工作先进单位、安全生产工作优秀单位、信访稳定工作优秀单位、"十一五"人口和计划生育工作优秀单位等荣誉20多项。

【招商引资成效显著】 2011年，共新上项目6个，总投资40100万元，其中已完成固定资产投资21140万元。郏县富丽彩印包装项目，投资1600万元；农副产品深加工及仓储物流项目，投资10000万元；河南省广天铸件有限公司高档搪瓷铁锅生产线项目，投资1.3亿元；郏县江桥煤炭运销有限公司，投资3500万元；郏县金元医疗器械有限公司，投资7000万元；河南华邦炊具有限公司扩建项目，投资5000万元。一是完善招商引资工作奖励机制和优惠政策，采取多种形式，实行驻外招商、全员招商及能人招商，组建专业招商小分队。二是创新招商模式，在“招大引强”上谋思路、下工夫，主动与知名企业、上市公司、大中型企业取得联系，建立感情。三是进一步改善经济发展环境，树立“服务企业光荣”的理念，在全社会进一步形成亲商、重商、安商、富商的良好氛围，让企业专注于生产与发展。

【新农村建设扎实推进】 一是新民居建设。全乡已建成新民居387户。其中吴堂中心村建设26户，邱庄中心村建房314户，大程庄中心村建房47户。二是制定户奔小康规划，全乡启动5300户，台账建账率10%，培训率90%，土地流转规模30%。三是完成两个规划编制。通过市村镇委完成经济发展规划和中心村建设规划编制，三个中心村详规正在通过专家评审。一村一品及农业产业园规划设计正在进行。四是基础设施建设不断完善。中心村道路硬化率95%，3个中心村达到“三通一平”的要求。邱庄村硬化400米，建下水道2000米、供水管2000米。吴堂中心村第二社区内墙粉刷完毕，安装好门窗40户，门面7户，部分业主已经入住，硬化道路2000米，开挖下水道6663米，安装路灯40盏，绿化1500平方米，建知青文化广场一个1.9万平方米。大程庄中心村新建小学教学楼一座，图书楼二栋，餐厅楼一栋，硬化道路4000米，开挖下水道4000米，安装路灯10盏，栽植绿化树200棵。

【小城镇建设效果明显】 一是建立一支小城镇建设管理队伍。成立副科级领导任队长的8名同志组成的综合执法队，落实各种管理制度，积极实施小城镇精细化管理，进一步提高小城镇管理水平。二是加大知青文化广场配套设施建设。广场总面积25333平方米，绿化15400平方米，安装观景灯16盏、地灯40盏、健身器材12套。三是建设一个高档社区。规划建设了知青华府高档社区，共459户，已建成12栋310套。四是完善垃圾集运体系建设。配备了两台中型垃圾集运车，提高了垃圾处理能力。五是实施特色街道改造工程。已完成“精品街”的规划建设工作，彩砖铺设1600平方米，街道绿化、沿街立面改造1800米，通信电缆入地、自来水及下水道改造2000米。六是知青馆改造升级工作。加快知青馆改造升级工程，知青馆主楼主体结构已经建起，室内布展、院内配套设施正在进行中。

【安全稳定局面进一步巩固】 一是积极做好信访稳定工作。认真落实信访接待日制度，积极疏通信访渠道，精细排查矛盾纠纷；把专项资金纳入财政预算并落实到位，完善了基础设施建设，全年投入信访资金20余万元，高标准完成场所建设。全年没有赴中央、省、市上访事件发生，信访工作在全县名列前茅。二是全力做好安全生产工作。积极参加县联席会议和专题会议，全年召开安全生产专题会议4次，研究解决安全生产重大问题6项；深入开展“安全生产年”活动，及时消除专项整治中发现的安全隐患10起；全年开展安全教育培训活动2次，培训人员260人次，开展安全生产宣传活动3次，制作安全版面20个，悬挂安全标语56幅。三是深入开展平安建设。完善治安联防体系建设，推进技防工作，强化乡村巡防，加强村级警务建设，深入化解矛盾纠纷；加强政法队伍建设，抓好教育培训和监督管理，全年进行干部教育培训2次；深入开展平安创建工作，全乡11个行政村和2个社区有7个达到创建标准，创建率50%。

【基层组织建设得到新加强】 全乡11个行政村全部建成了标准化活动室，实现了党员活动有阵地，群众学习有场所；大胆尝试，在非公有制企业中积极开展党支部建设，并取得了显著成效；各村、乡直各单位积极开展创先争优活动，以活动促工作，以活动提升素质，得到了上级组织部门的肯定；培育发展“双强”型党支部书记带头人，扎实推进无职党员履职活动，被市委授予“五个好”基层组织建设示范点荣誉称号。

【社会事业全面提升】 2011年，强力推进以改善民生为重点的社会建设，统筹发展各项社会事业，使改革发展成果更多地惠及广大人民群众。严格落实五保供养政策，做到困难农户应帮尽帮，全乡共有五保户62户，集中供养率不低于45%，并对五保供养对象进行定期核查和公开；加强社会主义精神文明建设，广泛开展文明单位、文明村、文明户评比活动，公民素质和文明程度不断提高；繁荣发展农村文化，在7个村建成了农家书屋和图书室；巩固和完善新型农村合作医疗制度，积极做好了城乡居民养老保险的宣传推广工作；大力推进节能减排和环境保护，加大生态建设投入，增强可持续发展能力；着力抓好计划生育工作，认真落实奖励扶助政策，被评为“十一五”人口和计划生育工作优秀单位；完成县定耕地保护目标任务，全年确定并完成复垦土地面积105亩，并积极做好了地面附属物清除工作。全乡打击“两抢一盗”专项斗争扎实开展，民主法制建设得到新加强，社会大局持续稳定。全乡各项社会事业全面进步。

（郭俊明　李静锐）

姚庄回族乡

【概况】 姚庄回族乡是平顶山市两个民族乡之一，位于郏县县城东南15公里处，南临省道南石线，西临郑石高速，北毗中国历史文化名村——临沣寨。面积7.2平方公里，全乡辖6个行政村，14个自然村，耕地面积8002亩，人口8265人，2136户。2011年，全乡完成地区生产总值21095万元，同比增长16.8%。其中，第一产业增加值3872万元，同比增长4.2%；二、三产业增加值占GDP比重提高3%；农民人均纯收入4253元，同比增长19.7%；财政收入1025万元，同比增长34%；招商引资完成2.4亿元。2011年先后获得“全市民族团结进步模范集体”“市信访工作四无乡镇”、“市爱国卫生杯竞赛活动金杯奖”、“市农村公路养护管理文明示范乡镇”、“县目标绩效考核工作先进单位”、“县平安建设先进乡镇”、“县党政系统办公室先进单位”、“县五四红旗团委”等28项荣誉。

【招商引资实现新突破】 2011年完成招商引资任务2.4亿元；实现固定资产投资4200万元以上。按照“在建项目抓投产，落地项目抓开工，洽谈项目抓引进，后续项目抓储备”的要求，加大服务力度，协调有关部门，推进项目建设，在建项目河南艾通机械加工有限公司办公楼、宿舍楼、研发楼正在装修，标准化厂房主体完工。李冰金镶玉生产加工项目主体工程完工。建成项目鹰威矿泉水厂进入试生产阶段。新招商项目投资1.5亿元的艾维特流体动力有限公司矿山机械加工项目在县产业集聚区开工建设。东南钢构集团项目正在征地，平煤电缆项目、三万吨分散性纳米材料表面改造工艺项目正在洽谈。

【小城镇建设】 2011年，姚庄乡落实县委、县政府“把姚庄打造成具有浓郁伊斯兰风情小城镇”的要求，突出“宜居姚庄”理念，重点抓好“五个一”建设：一支队伍。乡里抽调专人，组成8人的城建队伍，按照环卫队职责，落实卫生保洁长效机制，坚持日打扫，定期清理。对乱搭乱建、乱停乱放等不良行为进行整治。一个休闲广场。对民族文化广场基础设施进行修缮，文化站主体建设已经完工，正在进行内外粉刷。对社区广场基础进行回填。一条特色街道。做好“迎四方”牌坊后续工程，打造民族风情旅游观光带。一是围绕“迎四方”牌坊，按照景观大道的标准，在旅游大道两侧栽植玉兰1500棵，石楠1200棵，高标准完成旅游大道绿化美化工作。二是完成牌坊外观装饰工程，请专家名人篆书楹联，并在牌坊四周建设小广场。在牌坊四周安装景观灯4盏、汉白玉栏杆200米、铺设彩砖280平方米。三是对旅游大道跨经运粮河处的河道进行疏浚、边坡整修、红石护砌。一个社区。社区建设扩大规模。完成二期工程征地40亩，新增建房户44户，基础设施已开工建设。一个垃圾中转站。完善垃圾集运体系建设。启用了大型垃圾清运车辆，明确专人，保障经费，保证镇区保洁日常化、制度化、规范化。小城镇建设进入一个新阶段。

【新农村建设】 2011年，姚庄乡按照镇村一体化要求，一是已完成《郏县姚庄回族乡总体规划》和《郏县姚庄回族乡镇村一体化总体规划》报批工作。为使2011年底完成中心镇主要街区控制性详规全覆盖，又委托河南省城乡建筑设计院编制完成了姚庄乡社区修建性详细规划。二是在旅游大道西侧流转土地503亩，建起集苗木花卉、小杂果种植及农耕体验为一体的农业产业园一处。三是社区建设扩大规模，二期工程征地40亩，正在完善土地报批手续。新民居建设加快进度，新增建房户44户，主体工程已经完工。基础设施已开工建设，正在回填整修路基。四是加大基础设施建设力度。1、对镇区绿化苗木补植补造，在民族文化广场开工建设河南省民族书画院姚庄工作室，主体工程已完工，正在进行内外粉刷。在社区广场内建设伊斯兰风格穹顶亭一座。2、在镇区主要路段安装减速带及伊斯兰风格交通标识牌，施划交通标示线。3、做好运粮河整治工程。在铺设休闲小道、垒砌花坛、安装翻板闸、两岸实施绿化的基础上，对运粮河进行疏浚，新采伐树木800棵，清淤600米，安装汉白玉栏杆300米，边坡整修350米，并用红石护砌，再现运粮河之古朴神韵。4、新修镇区道路350米，排水设施400米。

【农业生产】 2011年，围绕农业增效、农民增收目标，优化农业结构，提高农业整体水平。一是抓好粮食生产。落实惠农政策，稳定粮食种植面积，粮食产量达到4871吨，增长7.3%。二是加强农田基本建设。新打机井5眼，新埋防渗管道6000米，新增旱涝保收田300亩。三是政府引导示范带动，规范行为，合法经营，完成土地流转规模600亩，建成了特色经济林。四是高致病性禽流感、口蹄疫等重大疫情防控率达100%。没有发生一起疫情，新增规模养殖场和养殖小区各1个，新增规模养殖户4户。五是广泛开展多形式、多渠道的实用技术培训和职业技能培训，提高了农民就业竞争力。积极引导和帮助农民工返乡创业，增加农民收入。

【社会事业协调发展】 一是重视民族团结。实施了三项制度：乡党政班子成员参加回族群众重大活动制度。邀请回族群众参政、议政制度。矛盾纠纷调处制度。时刻绷紧“民族宗教无小事”这根弦，高度重视乡域内回汉群众纠纷的调查处理，把问题解决在当地，消除在萌芽状态。二是抓好安全生产。健全各项规章制度，加强对企业、饭店、超市、村庄、学校等安全检查，抽调人员组建一支精干巡逻队，加大对学校周边及重要路段的巡逻力度，整改各类事故隐患，堵塞管理漏洞，坚决杜绝安全事故发生，营造“安全大如天，责任重如山”的良好社会氛围。三是社会治安综合治理常抓不懈。强化乡村治安防控网络建设，成立了社会法庭和民族社会法庭，惩治和预防犯罪。重视信访工作，开展矛盾排查，做好信访接待，打击非法上访，全力维护社会稳定，全乡无一起赴县以上上访，荣获了“市信访四无乡镇”称号。四是加强人口和计划生育工作。积极开展计生服务活动，全面推行避孕节育措施，落实奖励扶助政策，完成了人口和计划生育各项目标任务。五是社会保障进一步增强。全乡新农合运转正常，年享受补助3281人/次，补助资金148210元。做好了新农保60岁以上人员保险金发放、照相、核查工作。落实五保供养政策，敬老院正在改善设施。对全乡360户农村低保户进行重新审核，做到及时发放资金。强化应急措施，做好了手足口病和甲流感防控工作，并免费为群众体检。六是发展文化教育事业。乡文化站暨河南民族书画院姚庄工作室开工建设，省民委副主任李尊杰出席奠基仪式。完成了6个行政村农家书屋建设。组建了姚庄乡业余篮球队。在民族文化广场，举办“送戏下乡”活动，组织民间业余健身操，丰富了群众文化生活。制定和出台了《姚庄乡教育奖励办法》，共对6名考入本科院校、3名考入县初中的学生进行了奖励，并对乡中心校做出贡献的教师也给予相应的奖励，共发放奖金2.05万元，在社会上营造出尊师重教的好风气。乡中心幼儿园建设项目举行了开工奠基仪式。

（朱红丽）

龙山街道

【概况】 郏县龙山街道驻县城西大街，位于县城中部偏南，是全县政治、经济、文化中心。辖区面积24平方公里，耕地面积893公顷，辖14个社区居委会，22个自然村，64条街巷，20937余户，68281人，其中非农业人口约43925人，农业人口24356人。辖区GDP绝对量95330万元，财政一般预算收入5332万元。农民人均纯收入7703元。辖区内名胜古迹有文庙、大成殿、文奎楼、山陕会馆等。交通便利，省道洛界公路、郏南西线公路在东部交会，由龙山大道向东可直达郑尧高速公路，县城至各乡镇均有省级公路相通。

【综合经济实力稳步提升】 2011年，龙山街道GDP完成95330万元，增长17.9%；限额以上工业增加值完成36847万元，增长45.2%，限额以上工业利税完成22537万元，增长34.2%；全社会固定资产投资完成12.5亿元，增长35.4%；城镇以上固定资产投资完成11亿元，增长40%；第一产业增加值完成5312万元，增长3.6%。同时抓财源建设，积极拓宽税收渠道，坚持依法治税，强化税收征管力度，2011年共完成财政一般预算收入5332万元，圆满完成县政府下达的目标任务。

【旧城改造工作全面展开】 2011年，龙山街道制定了“一年大变样、三年变大样、五年建新城”的旧城改造工作目标。探索形成“政府主导、市场参与、政策推动”的工作机制。成立了旧城改造工作领导小组。通过走访、召开座谈会、播放地区旧城改造宣传片、树立大型宣传版面等形式，不断加大旧城改造政策及意义的宣传力度，力争居民参与支持旧城改造工作。截至2011年底共立项签约的旧城改造项目11处，占地面积140余万平方米。其中西关街社区、迎宾街社区、小东门社区、北大街高寺社区等已进入拆迁实施阶段，共拆除旧房80200平方米；小东门社区、南后街社区、西大街社区、北大街高寺社区一期工程已开始建设，共建设105000平方米。

【城市建设工作逐步加强】 2011年，龙山街道加大与县城建、规划等部门的沟通协调力度，成立重点城建项目领导小组，对承担的县重点城市建设项目实施台账式管理和定期汇报、通报制度。先后完成县汽修汽配中心、三立国际学校、钢材交易市场、廉租房建设、机械园区建设等项目建设中承担的征地任务，共完成征地1500余亩。完成凤翔大道配套工程及青龙湖至东城区引水工程中承担的征租地和清障工作。对文化路东至迎宾大道、西至经四路路段进行了彩砖铺设，共铺设彩砖4.5万平方米。北大街穆斯林饮食广场建设138户拆迁户已拆128户。经三路中段重新启动拆迁工作以来，已签订拆迁协议24户，其中南段东侧已开工建设。辖区基础设施进一步完善。全年共硬化背街小巷13条，新修建排水管网4095米，完成旱厕改造1080户。

【招商引资工作实现新跨越】 2011年，坚持以招大引强为重点，以体制机制创新为突破口，立足城区优势，结合城市建设工作，以城市建设项目为招商重点，不断加大对外界的宣传联系。通过召开座谈会等方式，加强与外来、涉外人员的沟通，大力宣传县的优惠政策，动员有关人士介绍亲朋好友到龙山投资。同时实施全民和专业招商相结合的方式，组织人员积极与大企业、大集团接洽，及时掌握投资信息，做好外资落户龙山的对接工作。严格落实县委、县政府和街道党工委、办事处有关招商引资的政策规定，坚持安商、惠商、富商，实现合作共赢。全年共落地福万城、嘉星食品加工、宏宝石蔬菜种植、北大街社区建设等外资项目26个，累计完成固定资产投资16.15亿元，其中，新开工项目12个，累计完成固定资产投资11.19亿元；续建项目10个，累计完成固定资产投资4.96亿元；策划储备项目4个。

【人民生活明显改善】 2011年，龙山街道全面落实上级各项惠民利民政策，使改革发展成果更多地惠及全体人民群众。继续实施对种粮农民直接补贴、良种补贴和家电下乡、汽车下乡等各类补贴，全年共发放各类补贴430万元，并全部发放到位。做好公共卫生服务工作，免费为辖区居民建立健康档案4.1万份，完成复合流感疫苗接种1223人，开展全民驱虫活动，共发放驱虫药4300份。巩固和完善全民医保体系，2012年新农合筹资参加率达100%，城镇居民医保参保1045人，参保人员稳中有升。加快农村社会养老保障体系建设，农民社会养老保障参保率达90%以上，并按时足额发放到龄养老保障金；城镇居民养老保障参保人数达600余人。开展农村和城镇最低生活保障复审复查工作，全街道共有农村低保户1064人，城镇低保户3317人，全部实行动态管理下的应保尽保，按标实保。农业产业结构得到不断优化，经济林、蔬菜等经济作物种植面积不断扩大。2011年农民人均纯收入达到8352元，增长16%。

【党的建设全面加强】 2011年，龙山街道党工委扎实推进和开展了“创先争优”、“先进典型提升暨基层党建品牌创建年”活动。结合龙山实际，深入开展“靠正气实干”学习讨论活动，党员干部的思想观念、工作方式、工作作风持续转变，务实、苦干、创新之风日益浓厚。不断加大干部队伍培训力度。组织30人次基层干部参加县基层干部培训班和市报告会。举办了一期48人的入党积极分子培训班和一期78人的社区干部政策法规培训班。对东街社区党支部、东关社区党支部、派出所党支部、小东门社区党支部、南后街社区党支部、迎宾街社区党支部九个党支部进行了调整充实，基层党组织建设和党员队伍建设得到进一步加强。开展纪检监察系统“队伍建设年”活动和“进农户问党风活动”，加强党风廉政建设责任制，从严治纪，不断加大查案力度。全年共查办纪检监察信访件1起，上级转办件2起，已办结信访案件3起，给予党内警告处分2人。

【社会事业协调发展】 一是加强安全生产管理和监督，加大安全投入，突出抓好企业消防、道路交通、人员密集场所、建筑等重点行业、重点领域、重点部位的隐患排查和整治。定期开展安全生产大检查活动，及时消除各类事故隐患，坚决防止重特大安全事故的发生。全面实施食品放心工程，加大药品监管力度，确保人民群众饮食、用药安全。二是积极做好信访稳定工作。强化矛盾排查化解，推进社会管理创新，加强对影响社会稳定因素的分析和把握，完善维护社会稳定的体制机制。积极探索源头解决信访问题的新办法，完善信访评估机制，积极预防和妥善处置群体性事件和突发性公共事件。严格执行信访责任双向追究制，依法打击各类非法上访行为。全年共接待信访案件49起，其中京转4起、省转11起、市转8起、县转16起，自办件10起，社区直接化解18起，全部给予妥善解决。三是深入开展平安建设。加强社会治安综合治理，健全社会防控体系，加强基层综治工作网络建设，加大科技防范力度。继续深入开展“严打”整治和专项治理行动，切实维护社会治安长期稳定，不断提升群众的安全感。四是计划生育服务工作更加优质。通过创新宣传教育、优质服务、科学管理，制定了一系列加强计生工作的规章制度，做到目标明、责任清。全面开展社区育龄妇女调查摸底和流动人口清理活动，完善社区育龄妇女和流动人口档案，进一步理顺了计生管理渠道。人口出生率控制在12‰以内。

（李红军　刘浩领）

东城街道

【概况】　2011年，东城街道在县委、县政府的正确领导下，紧紧围绕“特色经济县、生态宜居县”两大目标和四项重点工作，以科学发展观统领工作全局，以做好东城新区建设为突破口，稳步有序开展各项工作，有力地推动了东城经济社会又好又快发展。2011年，先后荣获省集体协商工作先进单位，市对外开放先进单位等15项荣誉称号。其中，郏县产业集聚区先后被省政府评为“发展又好又快产业集聚区”、“十快产业集聚区”，县产业集聚区发展经验在河南省《政府工作快报》第133期做了专题报道，在全省第三期产业集聚区培训会上做了经验介绍，在全市上半年县域经济观摩中荣获第一名。

【经济社会持续发展】　2011年，东城街道共入驻企业26家，完成固定资产投资65.1亿元，全年实现企业营业收入45.8亿元，实现财政收入5837万元，占目标任务5500万元的106.1%；二、三产业主营业务收入33.38亿元；限额以上工业增加值46155万元；限额以上工业利税33490万元；个体增加值6524万元；建筑业总产值14161万元；全社会固定资产投资65.1亿元；城镇以上固定资产投资29.4亿元；批发业销售额6809.9万元；零售业销售额8954万元；住宿业销售额236万元；餐饮业销售额2564万元；农民实现人均收入7250元，人均纯收入增长19.3%，较好地完成了全年目标任务。

【社区建设步伐加快】　2011年，东城街道根据郏县产业集聚区发展规划，稳步推进，分步实施，高起点、高标准规划建设东城万人社区，强力推进居民向社区集中，资源向社区集中，生产生活服务配套向社区集中。2011年已完成附属物及征地占地面积登记和万人社区的规划平面图、户型平面图、社区鸟瞰图等前期工作，设计方案已上报产业集聚区管委会，由县长办公会议讨论通过后，将立即开展建设工作。力争通过3至5年时间，在东城街道建设一个万人大社区，安排鱼池、寨子、八里营、王家庄4个村庄的居民全部入住万人社区，届时将整合土地1650亩，用于产业集聚区建设。

【基础设施日趋完善】　2011年，坚持以“产”带“城”，以“城”促“产”，大力推进产城融合，实现产城良性互动、和谐发展。一是加快道路规划建设，不断扩展产业集聚区的辐射范围。完成兴业路南延、和平路南延、文化路东延、友谊路开通工程；完成2380米背街小巷的道路硬化及配套排水管网建设；铺设彩砖14280平方米。二是统筹规划建设基础设施，实现产城无缝衔接、功能共享。建成和平路高压走廊绿地公园、38公里天然气管道、第一污水处理厂、220KV变电站、东城区学校、文化广场等一大批重大项目并投入使用，另有行政办公中心、展览馆、图书馆、科技馆、保障性住房、四星级宾馆等十几项基础设施正在建设或规划之中，基本形成了“五纵（紫云路、和平路、兴业路、友谊路、祥云路）五横（凤翔大道、龙山大道、行政路、东坡大道、文化路）”内外互通的道路网络，实现了电网、水网、信网、气网等基础设施全区覆盖。三是充分发挥城市的辐射功能，推进产城一体化发展。启动规划占地280亩的万人社区项目，搬迁安置实施方案已进入制定实施阶段；占地58亩的四里营城中村改造项目和占地314亩的经济适用房已开工建设，项目建成后将有效提高东城新区的综合承载能力。

【集聚区建设成效显著】　2011年产业集聚区建成区面积5.7平方公里，园区已入驻企业26家，综合指标位居全省第25

名，完成固定资产投资66.8亿元，同比增长99%，进入全省前30名；实现营业收入45.8亿元，同比增长291%，增幅位居全省前10名。其中，固定资产投资亿元以上项目22个，总投资96.5亿元；新开工项目13个，总投资56.1亿元；续建亿元以上项目10个，总投资60.7亿元；已实现企业从业人员9068人；利用省外资金11.5亿元。

【农村经济建设】 2011年，种粮补贴、综合直补、良种补贴、农机补贴和退耕还林补贴等惠农政策得到全面落实，全年发放补贴现金710179.39元，其中粮食补贴117430.36元，综合补贴592749.03元，无截留、挪用等现象；加大农民负担监督管理政策制度执行及农民负担信访和案件查处力度，各社区农民负担监督卡填写规范、发放及时到位，无棚架现象，入户率达到100%；建立标准化养殖园区一个，新增规模养殖场1个，新增规模养殖户7户；全年超额完成120亩造林任务；完成畜牧春秋两季防疫工作，实现重大疫病免疫率100%；全年投入抗旱资金15000元，发放抗旱浇麦补助金58000元，投入秸秆禁烧工作资金30000余元；发放节能灯具1000只，完成了全年县政府下达的节能减排任务；四里营、大屯社区通过市环保局“市级生态村”创建验收。

【社会事业】 一是社会保障成效显著。2011年圆满完成新农保信息审查微机输入工作，实现新农保信息管理省、市、县、乡四级联网。收缴参保费56余万元，参保率99%，提前一年完成目标任务，共为1130人发放基础养老金77万余元，实现养老金发放率100%。2011年11月，荣获郏县新农合筹资优胜单位。二是文教事业良性发展。东城区学校建设基本完工，已实现幼儿招生；完成6所标准化“农家书屋”建设，使社区文化学习条件得到显著提升；组织参加2011年平顶山优秀社区体育健身项目展演大赛，其中两项内容被平顶山体育局评为二等奖。三是民政工作稳步推进。开展了“扶贫济困送温暖”活动，救助140余人，向困难群众发放救助金10000余元；临时救助39人，发放临时救助金31200元；成立了机关、社区两级残联组织，明确了专职残联委员，制定了残联工作制度，建立了完善的工作档案，对残疾人的生活、就业、培训等方面给予及时必要的帮助，并发放轮椅4台，帮扶困难户6户，改造危房3户，发放个体创业奖励资金10户。四是平安建设深入开展。结合县严打整治地痞村霸专项斗争，开展以“畅通信访渠道，规范信访秩序，化解社会矛盾”为主要内容的社会矛盾“大排查、大调处、大防范”活动，深入开展创建平安社区活动，组建社区治安巡逻队，加强基层治安防范力量，不断扩大综治工作覆盖面，保障了东城稳定大局，优化经济发展环境。

（汪燚宾）

新华社评出2011年国际体育十大新闻（三）

（上接241页）

六、平昌三“顾”冬奥会 不懈努力成正果

7月6日，第123届国际奥委会全会投票结果显示，韩国平昌战胜德国慕尼黑和法国阿讷西，获得2018年冬季奥运会举办权。这是韩国平昌连续第三次申办冬奥会。2003年和2007年申办时，平昌分别败给加拿大的温哥华和俄罗斯的索契。

（下接288页）

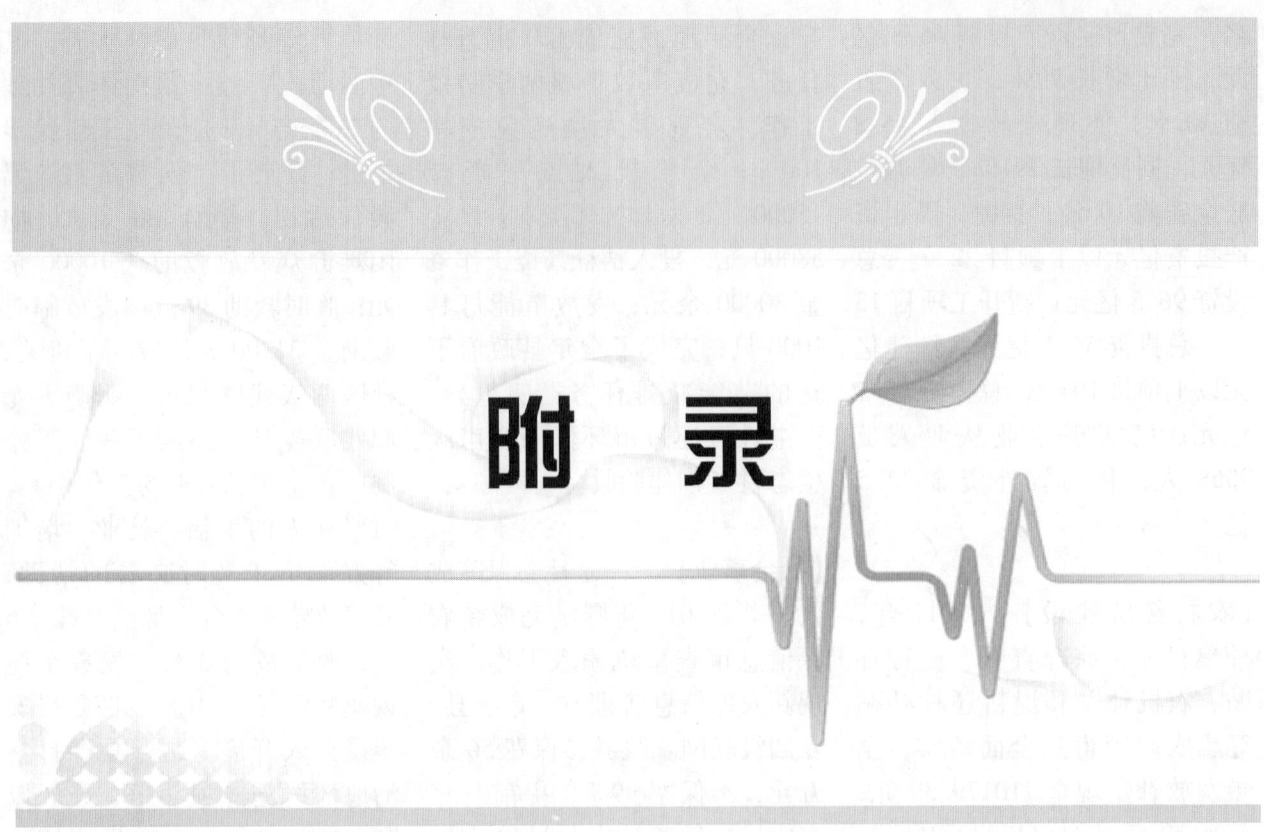

郏县统计局关于2011年国民经济和社会发展的统计公报

2011年是“十二五”规划的开局之年，也是经济形势复杂、矛盾困难较多的一年。在县委、县政府的正确领导下，全县上下坚持以科学发展观为统领，认真贯彻落实中央及省、市各项决策部署，积极应对国内外复杂多变的经济环境，大力推进发展方式转变，求真务实，开拓进取，全县经济总体保持平稳向好发展态势。各项社会事业全面进步，人民群众生活继续改善。

一、综合

初步核算，全年完成地区生产总值1175637万元，按可比价格计算（下同），比上年增长13.0%。其中，第一产业完成增加值200375万元，增长3.7%；第二产业完成增加值741769万元，增长17.9%；第三产业完成增加值233493万元，增长6.0%。

三次产业结构为17.0：63.1：19.9，二三产业比重比上年提高0.2个百分点，经济产业结构进一步优化，经济运行质量进一步提高。

全年居民消费价格总水平比上年上涨5.5%，其中食品类价格上涨15.2%，烟酒类价格上涨1.0%，交通和通信类价格上涨0.8%，娱乐、教育文化用品及服务价格下降0.1%，居住类价格上涨3.4%，医疗保健和个人用品类价格上涨2.8%，家庭设备用品及维修服务价格上涨0.6%，衣着类价格上涨0.3%。商品零售价格总水平上涨5.5%。

就业形势基本稳定。全年安置城镇新增劳动力8716人。全年安置下岗失业人员再就业2003人，城镇登记失业率控制在3.1%。

二、农业

全年完成农林牧渔业总产值352139万元，比上年增长3.7%。其中农业产值184032万元，林业产值3768万元，牧业产值160681万元，渔业产值1083万元，农林牧渔服务业产值2575万元。比上年分别增长2.3%、5.2%、5.2%、5.3%、4.9%。

种植结构进一步优化，粮食总产再创历史新高。全年粮食总产量达316015吨，增长0.2%，其中夏粮158559吨，下降0.3%；秋粮157456吨，增长0.8%。经济作物中，棉花产量525吨，增长13.6%；油料总产量17372吨，增长1.5%；蔬菜瓜类总产量427382吨，下降2.4%；烟叶总产量18103吨，增长2.6%。

农村生产条件进一步改善。新增有效灌溉面积72000亩，新增旱涝保收田15000亩，新增节水灌溉面积32000亩，新打机井1386眼。全年乡村居民生活用电量8600万千瓦时，增长10.3%；化肥施用量（折纯）42370吨，增长2.7%。

三、工业和建筑业

全年全部工业完成总产值2478628万元，比上年增长18.6%；完成工业增加值710689万元，增长18.3%，其中规模以上工业企业实现增加值511857万元，比上年增长25.8%。

全年规模以上工业实现主营业务收入1740486万元，比上年增长57.3%；产销率96.7%；实现利税309808万元，比上年增长52.5%，其中利润222207万元，增长61.6%。

建筑业平稳增长。全年建筑业完成增加值31080万元，比上年增长8.4%。

四、固定资产投资

全年完成全社会固定资产投资995311万元，比上年增长42.7%，其中500万元以上固定资产投资完成937959万元，增长52.3%，民间投资完成877295万元，增长46.4%。全年工业投资完成704205万元，增长64.0%；交通运输邮电通信业投资22100万元，增长68.8%；水利、环境和公共设施管理业投资42681万元，增长12.7%；房地产业投资113681万元，增长39.1%。

五、国内贸易

全年实现社会消费品零售总额283495万元，比上年增长17.1%。分城乡看，城镇实现消费品零售额195939万元，增长16.5%；乡村实现消费品零售额87556万元，增长18.3%；分行业看，批发零售贸易业零售额208281万元，比上年增长16.5%；住宿和餐饮业零售额75214万元，比上年增长18.5%。全年批发零售贸易业和住宿餐饮业实现增加值90294万元，增长10.3%。

六、交通

全年完成公路货物周转量130974万吨公里，比上年增长21.2%，公路客运周转量32729万人公里，比上年增长15.6%。

七、财政和金融

全年全县地方财政收入完成76774万元，同比增收14164万元，增长22.6%；其中一般预算收入53800万元，同比增收9157万元，增长20.5%；全年地方财政支出186585万元，比上年增长22.8%，其中一般预算支出161323万元，增长24.1%。

年末全县金融机构存款余额633088万元，比年初增加82180万元，同比增长14.9%；城乡居民储蓄存款余额485354万元，比年初增加65753万元，同比增长15.7%。年末金融机构贷款余额316178万元，比年初增加90463万元，同比增长40.1%。

八、文化和卫生

2011年末，拥有广播电台1座，中、短波广播发射台和转播台1座，有线电视用户增加到1.65万户。

2011年末，全县共有公共医疗卫生机构22个，其中医院3个，卫生院14个，妇幼保健院1个，疾病预防控制中心（防疫站）1个，卫生培训学校1个，卫生监督所1个，新型农村合作医疗办公室1个。病床床位1804张，卫生技术人员2534人，其中执业（助理）医师952人，执业助理医师429人，注册护士761人。全县15

个乡镇（街道）开展新农村合作医疗试点工作，参合农民511827人，参加城镇居民合作医疗31722人。

九、人口、人民生活、社会与劳动保障

全年人口自然增长率控制在5.85‰。到2011年末，全县总人口62.06万人，常住人口57.3万人，其中农村人口38.9万人，城镇人口18.4万人，城镇化率达32.14%，比上年提高2个百分点。

2011年，全县在岗职工平均工资29076元，增长11.9%；城镇居民人均可支配收入12770元，比上年增长13.4%；人均消费性支出10031元，增长14.7%。年末城镇居民每百户拥有彩电120台，冰箱91台，空调器139台，洗衣机101台，家用电脑86台。农民期内人均现金收入6386元，增长18.7%，农民人均纯收入6021元，增长17.7%。每百户农民拥有彩电92台，冰箱13台，空调器13台，洗衣机90台，摩托车14辆。

全县已有24028名职工参加了社会养老保险统筹，23500名职工参加了失业保险统筹，62000名职工参加基本医疗保险。

附表：1、2011年各类价格指数

2、2011年工农业主要产品产量

注：1、本公报各项统计数据为初步核算数。

2、国内生产总值及各产业增加值绝对数按现价计算，增长速度按可比价格计算。

附表1：　　**2011年各类价格指数（以上年为100）**

类　别	2011年
居民消费价格总指数	105.5
食品类	115.2
烟酒及用品类	101.0
衣着类	100.3
家庭设备用品及其服务类	100.6
医疗保健及个人用品类	102.8
交通和通信类	100.8
娱乐、教育文化用品及服务类	99.9
居住类	103.4
商品零售价格总指数	105.5

附表2：　　**2011年工农业主要产品产量**

产品名称	单位	2011年	比上年增长（%）
一、主要农产品产量			
粮食	吨	316015	0.2
其中：夏粮	吨	158559	-0.3
秋粮	吨	157456	0.8
油料	吨	17372	1.5

产品名称	单位	2011年	比上年增长（%）
其中：花生	吨	13933	1.4
油菜籽	吨	2205	1.5
棉花	吨	525	13.6
烟叶	吨	18103	2.6
蔬菜瓜果	吨	427382	-2.4
二、工业产品产量			
原煤	万吨	30.5	-80.1
水泥	万吨	165.7	-33.1
铁锅	万口	6600	0.8
砂轮	吨	90235	5.1
日用陶瓷	万件	431323.0	

郏县2011年（2011.1～2011.12）气候影响评价

一、气候状况评价

2011年郏县气候基本特点是：年平均气温正常，降水量正常，日照时数异常偏少。年内冬季气温偏高，春季气温正常，夏季气温正常，秋季气温正常；冬季降水偏少，春季降水显著偏少，夏季降水正常，秋季降水异常偏多；冬季日照正常、春季日照显著偏多，夏季日照显著偏少、秋季日照异常偏少。冬季有大风、干旱灾害性天气出现，干旱对农作物造成了一定影响，但危害不大；春季有大雾灾害性天气出现，但无灾情发生；夏季有高温、暴雨、大雾、干旱灾害性天气出现，对部分农作物造成了一定影响，但没有造成大的危害；秋季出现有大雾、连阴雨灾害性天气，连阴雨对人们生产生及农作物造成了一定影响。12月份气温正常，降水正常，日照偏少，无灾害性天气发生。

1. 气温。年平均气温为14.4℃，与标准气候值（14.5℃）相比低0.1℃，正常。年极端最高气温为42.0℃，出现在2011年6月，年极端最低气温为-9.8℃，出现在2011年1月。

2011年冬季（2010.12～2011.2）季平均气温为2.4℃，与常年同期平均值（2.2℃）相比高0.2℃，正常。季极端最高气温为19.3℃，出现在12月5日，季极端最低气温为-9.8℃，出现在1月16日。其中，12月份平均气温为4.8℃，与常年同期平均值（2.8℃）相比高2.0℃，显著偏高。1月份平均气温为-1.1℃，与常年同期平均值（0.8℃）低1.9℃，显著偏低。2月份平均气温为3.4℃，与常年同期平均值（3.1℃）相比高0.3℃，正常。

春季（3～5月）季平均气温为15.2℃，与常年同期平均值（14.6℃）相比高0.6℃，正常。季极端最高气温为35.7℃，出现在5月18日，季极端最低气温为-3.7℃，出现在3月31日，以上极值均未突破历年同期记录值。日最低气温≤0℃日数为4天。其中，3月份平均气温为9.1℃，与常年同期平均值（8.1℃）相比高1.0℃，正常。4月份平均气温为16.2℃，与常年同期平均值（15.2℃）相比高1.0℃，正常。5月份平均气温为20.4℃，与常年同期平均值（20.5℃）相比低0.1℃，正常。

夏季（6~8月）季平均气温为26.1℃，与标准气候值（26.1℃）相等，正常。季极端最高气温为42.0℃，出现在6月8日，季极端最低气温为16.2℃，出现在8月24日，以上极值均无突破历史值。日最高气温≥35℃日数为13天。其中，6月份平均气温为26.6℃，与标准气候值（25.7℃）高0.9℃，正常。7月份平均气温为27.4℃，与标准气候值（27.0℃）相比高0.4℃，正常。8月份平均气温为24.4℃，与标准气候值（25.7℃）相比低1.3℃，偏低。

秋季（9~11月）季平均气温为14.6度，与常年同期平均值（15.1度）相比低0.5度，正常。季极端最高气温为31.7度，出现在9月1日，季极端最低气温为0.3度，出现在11月2日，以上极值均无突破历史值。其中，9月份平均气温为18.6度，与常年同期平均值（21.1度）相比低2.5度，异常偏低。10月份平均气温为15.3度，与常年同期平均值（15.5度）相比低0.2度，正常。11月份平均气温为9.8度，与常年同期平均值（8.6度）相比高1.2度，正常。12月平均气温2.3℃，较标准气候值（2.8℃）低0.5℃，正常。月最高气温11.8℃，出现在7日，月最低气温－5.5℃，出现在16日，均无突破历年记录值。

2. 降水。年降水量为826.0mm，与标准气候值（704.6mm）相比多121.4mm，正常。

冬季（2010.12~2011.2）季降水量为20.5mm，与常年同期平均值（34.7mm）相比少14.2mm，偏少。其中，12月份无降水，与常年同期平均值（10.9mm）相比少10.9mm，异常偏少。1月份降水量为0.0mm，与常年同期平均值（10.2mm）相比少10.2mm，异常偏少。2月份降水量为20.5mm，与常年同期平均值（13.6mm）相比多6.9mm，显著偏多。季内最长连续降水日数为4天，降水量16.6mm，出现在2月25~28日；最长连续无降水日数为86天，出现在2010年11月15日~2011年2月8日。

春季（3~5月）季降水量为61.6mm，与常年同期平均值（150.1mm）相比少88.5mm，显著偏少。其中，3月份降水量为9.9mm，与常年同期平均值（32.7mm）相比少22.8mm，显著偏少。4月份降水量为27.6mm，与常年同期平均值（42.3mm）相比少14.7mm，偏少。5月份降水量为24.1mm，与常年同期平均值（75.1mm）相比少51.0mm，显著偏少。季内最长连续降水日数为5天，降水量16.8mm，出现在2月25日~3月1日；最长连续无降水日数为17天，出现在3月2日~3月18日。

夏季（6~8月）季降水量为280.6mm，与标准气候值（373.6mm）相比少93.0mm，正常。其中，6月份降水量为26.9mm，与标准气候值（84.1mm）相比少57.2mm，显著偏少。7月份降水量为66.1mm，与标准气候值（159.8mm）相比少93.7mm，显著偏少。8月份降水量为187.6mm，与标准气候值（129.7mm）相比多57.9mm，偏多。季内最长连续降水日数为7天，降水量33.2mm，出现在7月21日~7月27日；最长连续无降水日数为18天，出现在5月23日~6月9日。

秋季（9~11月）季降水量为453.6毫米，与常年同期平均值（146.2毫米）相比多307.4毫米，降水距平率210%，异常偏多，是1961年以来同期最多值。其中，9月份降水量为302.5毫米，与常年同期平均值（72.4毫米）相比多230.1毫米，降水距平率318%，异常偏多。10月份降水量为36.1毫米，与常年同期平均值（50.0毫米）相比少13.9毫米，降水距平率－28%，偏少。11月份降水量为115.0毫米，与常年同期平均值（23.8毫米）相比多91.2毫米，降水距平率383%，异常偏多。季内最长连续降水日数为6天，共出现2次，降水量分别为151.8mm，44.9mm，出现在9月10～15日和11月3～8日；最长连续无降水日数为11天，共出现2次，出现在8月24～9月3日和9月30日～10月10日。12月份降水量9.7mm，较标准气候值（10.9）mm少1.2mm，正常，月最长连续降水日数3天，出现在5～7日，降水量为9.7mm，最长连续无降水日数24天。出现在8日～31日。

3. 日照。年总日照时数为1769.2小时，与标准气候值（2170.1小时）相比少400.9小时，异常偏少。

冬季（2010.12～2011.2）季日照时数为416.5小时，与常年同期平均值（442.9小时）相比少26.4小时，正常。其中，12月份日照时数为177.1小时，与常年同期平均值（153.7小时）相比多23.4小时，正常。1月份日照时数为133.2小时，与常年同期平均值（148.4小时）相比少15.2小时，正常。2月份日照时数为106.2小时，与常年同期平均值（140.8小时）相比少34.6小时，偏少。

春季（3～5月）季日照时数为666.1小时，与常年同期平均值（575.0小时）相比多91.1小时，显著偏多。其中，3月份日照时数为215.7小时，与常年同期平均值（157.8小时）相比多57.9小时，显著偏多。4月份日照时数为255.3小时，与常年同期平均值（195.8小时）相比多59.5小时，异常偏多。5月份日照时数为195.1小时，与常年同期平均值（221.4小时）相比少26.3小时，正常。

夏季（6～8月）季日照时数为476.5小时，与标准气候值（634.9小时）相比少158.4小时，显著偏少。其中，6月份日照时数为159.7小时，与标准气候值（222.1小时）相比少62.4小时，显著偏少。7月份日照时数为168.6小时，与标准气候值（203.7小时）相比少35.1小时，正常。8月份日照时数为148.2小时，与标准气候值（209.1小时）相比少60.9小时，显著偏少。

秋季（9～11月）季日照时数为272.5小时，与常年同期平均值（517.4小时）相比少244.9小时，日照距平率-47%，异常偏少，是1961年以来同期最少值。其中，9月份日照时数为85.2小时，与常年同期平均值（178.3小时）相比少93.1小时，日照距平率-52%，异常偏少。10月份日照时数为136.4小时，与常年同期平均值（178.7小时）相比少42.3小时，正常。11月份日照时数为50.9小时，与常年同期平均值（160.4小时）相比少109.5小时，日照距平率-68%，异常偏少。12月份日照时数114.7小时，较标准气候值（153.7小时）少39.0小时，光照正常。

二、主要天气气候事件

1. 大风。2011年，县境内共出现6次大风天气，出现在2010年12月份。其中，12月7日出现大风天气，极大风速为17.5米/秒，风向为NW；12月10日出现大风天气，极大风速为17.1米/秒，风向为WNW；12月15～16日出现大风天气，极大风速为21.0米/秒，风向为W；12月19日出现大风天气，极大风速为17.1米/秒，风向为WNW；12月29日出现大风天气，极大风速为18.3米/秒，风向为NW。虽有大风出现，但无灾情发生。

2. 高温。2011年，县出现4次高温天气，出现在：6月7日，日最高气温40.1℃。6月8日，日最高气温42.0℃.7月2日，日最高气温37.0℃，7月8日，日最高气温37.5℃。

3. 大雾天气。2011年县共出现3次大雾天气，其中，3月9日、8月9日、9月24日，其中9月9日的大雾天气最小能见度200米，虽有大雾灾害性天气出现，但无灾情发生。大雾出现对交通运输和人们的出行带来了不便，全县没有发生交通事故和人员伤亡。另外，由于受大雾影响，空气中尘粒较多，空气质量很差，不利于人们进行户外活动。

4. 干旱。2010年，县小麦自10月份播种后至12月底，降水量仅3.2mm，全县出现了不同程度的干旱，最严重时，全县干旱面积48.5万亩。其中，重旱面积12.2万亩，轻旱面积36.3万亩。资料来源县抗旱办。加之县12月份平均气温比历年偏高2.0度，属显著偏高，且多大风天气（12月份大风6次)，造成麦田失墒严重，尤其丘陵、坡地无灌溉条件地区的麦田，苗情普遍较差，干旱持续至2月下旬。6月份降水量26.9mm，比标准气候值偏少57.2mm，显著偏少。秋作物出现干旱，无水浇条件的地块出现干旱，县气象部门密切关注天气形势，及时采集墒情资料，服务县委县政府。气象部门抓住有利天气过程，2011年2月26日0时30分、14时在薛店镇、茨芭镇、安良镇、冢头镇、堂街镇、长桥镇成功实施人工增雨（雪）作业。增雨区域普降小到中雨（雪），25日~28日县城实测降水量16.6毫米，有效缓解了前期干旱。为小麦返青后生长创造了极为有利的墒情条件。

5. 暴雨。8月1日降水量51.5mm，8月2日降水量48.7mm，达到暴雨天气标准；但没有发生洪涝灾害。

6. 连阴雨。9月4日09时~19日06时，郏县出现连阴雨天气，持续日数16天. 其中有两日降水量达到暴雨天气标准，日最大降水量90.7毫米。截至19日08时，上中旬累计雨量为242.6mm，较常年（55.9mm）异常偏多，降水距平百分率334%。全县有11个雨量点雨量在200毫米以上。受此次连阴雨天气过程影响，气温有所下降，9月上中旬平均气温在18.7℃，较常年同期（21.9℃）偏低3.2℃,，其中9月19日平均温度12.4℃，日最低9.1℃；9月上中旬日照时数26.1较常年同期（114.8小时）也异常偏少。据民政局提供：此次连阴雨天气，农作物受灾面积750公顷，倒塌损坏房屋678间，总的经济损失822万元。

三、气候影响评价

1. 气候与小麦。

1月份气温显著偏低，降水异常偏少，日照正常。本月小麦进入越冬期，降水偏少出现了不同程度旱情，对小麦有不利影响。

2月份气温正常、降水显著偏多、日照偏少。本月上旬县冬小麦处于返青—起身阶段。县气温较常年偏高，有利于冬小麦分蘖及促进新生根的生长。本月下旬冬小麦处于返青后生长期。本月降水显著偏多，对小麦返青及后期生长较为有利。

3月份县的小麦处于起身—拔节期，气温正常，日照比历年同期平均多37%；降水量显著偏少，前半月仅有0.1毫米的降水，由于前期土壤底墒差，使部分地区出现了轻微的干旱，对小麦生长较为不利。3月18~21日，降雨9.8毫米，有效地缓解了小麦旱情。

4月份小麦处于拔节—孕穗—抽穗期，气温正常略偏高；日照异常偏多；有利于小麦穗子的发育。但本月降水偏少，过程出现在2日、5~6日、20~22日，降水量27.6毫米，一定程度上缓解了旱情，但仍然不能满足小麦孕穗期对水分的迫切需求，对小麦的抽穗结实不利。

5月份小麦处于开花—乳熟—成熟期，气温正常；日照正常；降水显著偏少，降水过程出现在2日、9~10日、17日、22日，降水少，对小麦的灌浆十分不利。

10月份是县小麦播种、出苗到三叶期。本月降水日数少，月降水量36.1毫米，底墒充足，小麦出苗状况良好。

11月份，小麦进入分蘖期，本月降水异常偏多，11月份县的冬小麦正处于第一个分蘖高峰期，需水量大，充足的降水非常有利于冬小麦的分蘖发育。气温异常偏低，大风降温，也可有效地灭杀麦田的病虫害。不利的方面是从9月份以来，降雨量偏多，天气温暖，导致小麦根系浮于土壤表层、麦苗生长发育不够粗壮。

12月份气温显著偏高，降水异常偏少，光照充足。本月正常的气温和充足的日照，比较有利于冬小麦缓慢分蘖活动的进行和苗体有机物质的合成及积累，对小麦越冬前的苗情转化和提高苗体御寒能力具有重要意义，也为小麦能够安全越冬期奠定良好基础。不利的是本月降水异常偏少，气候条件对农作物的安全越冬较为不利。

2. 气候与玉米。

6月份上旬是小麦晾晒期和夏玉米播种出苗期，上旬降水少，利于小麦晾晒；但土壤墒情差，不利于秋作物生长发育。

5月下旬以来，降水偏少，秋作物出现严重干旱，无水浇条件的田地已出现玉米严重卷叶、烟叶发黄。持续晴好的天气有利于水浇田烟叶的生长发育，有利于抑制病虫害的发生发展。

7月份是玉米拔节—抽雄期，较充足的降水给玉米等秋作物的生长提供了良好的墒情条件，7月份降水时空分布均匀，降水主要过程为4～7日、11～12日、14日、21～27日、30～31日，雨量分别为23.6mm、2.6mm、2.3mm、33.2mm、4.4mm。雨水缓解了旱情，对玉米等秋作物的生长十分有利，无灌溉条件的地区充分利用墒情，合理安置农业生产。但7月份持续高温高湿的气候条件有利于病虫害的发生和蔓延。

8月份玉米处于抽雄、开花、吐丝、及乳熟期，是玉米产量形成的最重要阶段，8月份降水量正常，出现1次暴雨，主要天气过程是1～3日、5～6日、11日、14日、18日、21～23日，雨量分别为102.2mm、28.0mm、3.4mm、1.8mm、0.5mm、57.4mm。雨水彻底解除了旱情，对玉米的生长非常有利。

9月份是县玉米等秋作物灌浆、乳熟成熟、收获期。本月上中旬正处于玉米灌浆乳熟期，降水异常偏多，日照异常偏少，出现连阴雨天气，持续日数16天，阴雨寡照对玉米产量造成了很大影响，玉米籽粒秕，秃尖严重。下旬，玉米等秋作物开始收获，收获期间阴雨天气较少，有利于秋作物的收获和晾晒。

3. 气候与生活。

1月份气温显著偏低，降水异常偏少，日照正常。本月降水，天气干燥，使感冒病菌滋生蔓延厉害，对人们生活带来不利影响，感冒人群数量增加。本月处于春节黄金周，有利于人们出行探亲访友。气候条件对交通运输和旅游业非常有利。

2月份气温正常、降水显著偏多、日照偏少。本月降水天气过程有利于缓解前期干燥，净化空气，提高空气质量，对人们的身体健康非常有利。

3月份县气温正常、降水偏少、光照正常，降水偏少，使空气干燥，使空气质量较差，容易诱发和传播呼吸道疾病。

4月份县气温正常、降水偏少、光照充足。本月为春暖花开的春季，气温适宜，空气质量较好，有利于人们进行户外活动，从而有利于身体健康。

5月份气温正常、降水显著偏少、光照正常。本月雨天较少，对交通运输业、旅游业有利。本月未出现灾害性天气，对各行各业都十分有利。

6月份气温正常，降水显著偏少，日照显著偏少。6月份降雨量显著偏少，总降水量仅为26.9mm，比标准气候值少57.2mm，空气干燥，本月出现2天≥40℃高温天气。持续的高温低湿，使空气质量较差，容易诱发呼吸道疾病。高温酷暑的天气，增加了空调电扇使用量，人们减少了户外活动，不利于身心健康。

7月份气温较气候值正常、降水显著偏少、光照正常。本月雨天较多，在炎热的夏季，雨水给人们带来了清凉的感觉，这样就减少了空调的使用时间，一定程度上节约了能源。下雨还净化了空气，雨后的天空空气清新，人们纷纷愿意走出户外活动，有利于身心健康。

8月份气温偏低、降水偏多、光照显著偏少。本月处于夏末秋初的季节，出现1次暴雨天气过程。立秋以来，虽然遭受秋老虎的袭击，但是昼夜温差开始明显，秋风也开始给人们带来初秋的凉意。秋高气爽的季节人们纷纷愿意走出户外，有利于身心健康，也有利于旅游业和餐饮业的发展。

9月份气温异常偏低、降水异常偏多、日照异常偏少。本月低温寡照，阴雨天气多，不利于外出活动。

10月份气温较历年正常、光照充足、雨天少。对生产、生活较为有利。

11月份气温正常略偏高、降水异常偏多，日照异常偏少。本月气温略偏高，降水多，天气形势不平稳，老人小孩呼吸道疾病增多。

12月份气温正常、降水量正常，日照时数偏少。本月空气干燥，容易诱发呼吸道疾病，感冒人群数量明显增多。

4. 气候与交通。2011年，出现大雾天气较少，全年共出现3次大雾天气，有利于交通运输业的发展。县气象部门及时做好大雾天气预报服务工作，并多次发布大雾预警信号，大雾天气没有灾情发生。

5. 气候与林业。年初县遭遇了几十年不遇的特大干旱，气温偏高，林体含水量减少，造成了森林火险等级居高不下的局面。6～8 月降水充沛，有利于树木的生长，县林业面积不断增大，为省级生态林业县。

6. 气候与其他行业。2011 年，春秋两季全县降水日数少，对旅游、餐饮、建筑等行业十分有利，尤其是“五一”、“十一”假期，天气条件适合外出旅游，人们纷纷外出观光旅游，有利于开阔视野和促进身心健康。外地游客来县观光旅游，有利于促进经济的增长和相关行业的发展。使交通、旅游、餐饮业的收入增加。

四、结束语

本年气温正常，降水正常，日照异常偏少。年内出现了大雾、大风、高温、干旱、暴雨、连阴雨等灾害性天气，其中 9 月份的连阴雨天气，给县生产生活及农作物造成了一定影响。但是，总体来看，2011 年的气候条件对郏县的农业生产及人们生活是利大于弊。

（樊艳萍）

在联合国坎昆气候变化领导力峰会中国日活动上的发言

中国河南省嵩县人民政府县长　李大伟

（2010 年 12 月 6 日）

尊敬的，女士们、先生们：

承载着全世界人民的期望，第 16 届联合国气候变化大会在墨西哥美丽的海滨城市坎昆如期召开。墨西哥作为“绿色基金”项目计划的发起国和主要倡导国，中国作为近年来节能减排力度最大的国家，共同为遏制气候变暖，拯救地球家园做出了世人瞩目的贡献。

嵩县因地处嵩山起脉而得名，方圆百公里内，汇集着世界文化遗产龙门石窟、禅宗祖庭、武术圣地少林寺，世界地质公园、人间仙境白云山等一大批世界一流的历史文化和山水生态景观。嵩县县域面积 3008 平方公里，总人口 55 万。嵩县历史悠久、文化灿烂、山川秀美、资源丰富，是中国中部地区的历史文化名县、矿产资源大县、生态旅游强县、经济发展快县。

近年来，中国各级地方政府积极贯彻科学发展观，按照中央政府的节能减排目标，转变经济发展方式，大规模开展退耕还林和植树造林，大力增加森林碳汇；积极发展生物质能、太阳能、地热、风能、水电等新型可再生能源；深入推进循环经济试点，淘汰高耗能、高污染的落后产能，大力推广节能减排技术。积极应对气候变化，大力开展生态保护，中国各级政府在行动，中国领军企业如万科、万通、远大、皇明等在行动，中国民间组织（含基金会和环保 NGO）如万科公益基金会、万通公益基金会、老牛基金会、阿拉善 SEE 生态协会（以社会（Society）（s□'sai□ti）责任为己任，以企业家（Entrepreneur）（□ntr□pr□'n□:）为主体，以保护地球生态（Ecology）（i:'k□l□d□i）为目标，王石为前任会长）以及中国本土环保 NGO 如山水自然保护中心、绿色江河等也在行动。政府、企业、NGO 三方联动，共同兑现中央政府在应对气候变化上对世界的承诺。

（嵩县的基本县情是：嵩县因地处嵩山起脉而得名，汉代置县，至今已有 2200 多年历史。面积 3008 平方公里，是河南省第四版图大县，人口55万。嵩县是个人文大县。中华第一名相伊尹和北宋大理学家、教育家程颢、程颐都诞生或定居于嵩县。五千年伊洛文化，源远流长，嵩县被称为中华文明的外婆家。嵩县是个资源大县。黄金、钼、萤石、钾长石等资源储量较大，是全国黄金生产八强县、河南省重要的钼工业基地、氟化工基地。嵩县是个生态大县。全县林业用地面积321万亩，有林地面积278万亩，森林覆盖率62.9%，活林木蓄积量970万立方米，森林资源保有量居全省第二位，是“全国造林绿化百佳县”、“全国造林绿化模范县”。中药材资源异常丰富，已发现中草药品种1310种，尤以柴胡最为出名，又称“嵩胡”，被国家质监总局列为中国原产地保护品牌。嵩县是个旅游大县。发源于白云山的伊河、汝河、白河分别汇入黄河、淮河、长江，由此形成了一山跨三域的世界地理奇观，是八百里伏牛山生态旅游区的核心领袖景区。今年9月，在联合国教科文组织希腊会议上，白云山成功进入世界地质公园，目前正全力创建国5A级景区。）

我们的经验主要体现在四个方面：

在可持续发展的路径选择上——树立规划先行理念，坚决不走先污染后治理的老路。以创建国家级可持续发展实验区为总要求，聘请中国城市规划设计院为嵩县编制产业集聚区总体规划、空间规划和控制性详细规划，清华大学城市规划研究院做县城总体规划，中科院地理所做白云山创5A规划和旅游整体提升规划。目前国家有19个部委在嵩县开展试点，是财政部全国绩效预算试点县，水利部全国小水电代燃料试点县，国家发改委全国小城镇改革发展试点县，国家林业部全国森林经营试点县，国家农业部全国基层农技推广体系示范县，科技部全国可持续发展实验区等。在经济发展中，我们按照可持续发展的要求进行招商选资，坚持宁可发展慢一点也不能以牺牲环境为代价。

在加强生态建设上——一是实施搬迁扶贫退耕还林。嵩县有一半以上的群众居住在深山区，过去的生产、生活方式较为落后，砍柴取暖做饭、砍树卖钱养家的习惯曾经长期存在。据调查，一个四口之家，做饭取暖及其他生活所需，每年用柴都在6-7立方米，20多亩天然栎树林的年生长量还不够一户一年使用。天长日久，林毁土走，林木变灌丛，绿山变秃岭。如果采用给钱、送物、架电、修路等就地扶贫办法，很难彻底改变这种困境。根据这种实际，从2001年起，在上级的大力支持下，我们有组织地将深山散居、独居贫困群众分期、分批搬出深山异地安置。至目前，我们已建成搬迁安置小区109个，搬迁安置群众5679户23517人。在原有的耕地、宅基地上实施退耕还林，10年累计新造和保护林木11.35万亩。

二是加快林业生态建设。坚持林业建设与旅游开发相结合、与美化城镇、农村环境相结合、与增加群众收入相结合，五年来，全县共完成各类造林32万亩，全县宜林荒山、荒地、荒滩绿化率达97.4%；新发展板栗、核桃、山茱萸、花椒、皂角等经济林15万亩、杨树速生用材林6000万株。全县16个乡（镇）建成区、318个行政村、3707个村屯都进行了绿化美化。我县先后荣获“全国造林绿化百佳县”、“全国绿化模范县”等荣誉称号。

在利用清洁能源上——推广小水电。我们抓住国家实施农村电气化和小水电代燃料工程的机遇，大力开发水电资源。据测算，嵩县水电资源理论蕴藏量13.7万千瓦，可开发量5.38万千瓦，规划水电站41座。至目前，全县已建成小水电站18座，总装机容量2.6万千瓦，设计年发电量9800万千瓦时，每年可节约燃煤1.63万吨，减少薪柴消耗7667立方米，减少CO_2排放5.67万吨。从2007年开始，我们通过制定低电价政策，鼓励群众把小水电作为生产生活的主要能源，累计发展小水电代燃料农户3800户，13750人从中受益。平均每户年用电1300度，每度0.33元，每年电费429元，与燃煤相比，节约521元；与燃柴相比，节约1171元。小水电代燃料项目区走上了以林蓄水、以水发电、以电护林的良性发展道路，三年来，项目区森林覆盖率由85.8%提高到了88.8%。

推广使用沼气。我们抓住国家实施生态项目、农村能源项目的机遇，大力发展农村户用沼气。全县共建成农村户用沼气池4万座，覆盖全县三分之一的农户。农村一个5口之家，养3头猪，建造一个10立方米容积的沼气池，用沼气做饭和照明，一年中8个月可以全天供气，可省柴6000斤或节煤1.5吨，分别节省煤费、电费500余元。同时，沼液还可以喂猪、喂牛，既带动了农村养殖业的发展，还有效保护了植被。

利用太阳能。嵩县是个烟叶生产大县，每年炕烟需要燃煤3000吨以上，为此，我们与中国科学院合作，引进中科院太阳能热泵利用项目，实施太阳能热泵炕烟和烘烤食用菌等，大幅度减少燃煤，降低烘烤成本；根据中小学校热水用量大的实际，我们在20个农村中小学校实施了太阳能浴室工程，每台设备每天可供100个学生集中洗澡用水，一年可节约燃煤近300吨；在新农村建设中，我们大力倡导应用节能技术，推广使用太阳能路灯，非常受农民群众的欢迎。

正在谋划的新能源项目。一是风能发电项目。我县北部浅山丘陵区风力资源较为丰富，年均具备发电风力天数在300天左右，具有年有效风速持续时间长、稳定度高、连续性好等特点。我们在科学论证的基础上，积极引进中国大唐集团公司风力发电技术，计划投资12亿元建设10万千瓦的风力发电场。项目建成后年发电量达7亿度，可满足全县用电量，每年节约燃煤11.67万吨，减少CO_2排放40.6万吨。二是秸秆发电项目。我县年产小麦、玉米、棉花等农作物秸秆60万吨，每年除畜牧养殖消耗一部分，秸秆还田一部分外，还有30多万吨被当作废品浪费掉。为使这些秸秆变废为宝，我们计划引进投资2.2亿元，安装2×1.2万千瓦机组，年利用秸秆10万吨，实现发电量2.1亿度，这样可以节约燃煤3.5万吨，与燃煤相比减少CO_2排放近万吨。同时，每吨秸秆按50计算，群众增收500万元，再加上作物秸秆的收、储、运工作，也可给当地提供一定数量的就业岗位。

在探索发展循环经济模式上——2008年起，我们开始集中力量建设产业集聚区，依托嵩县萤石资源储量大、品位高、开发基础好的优势，计划用三至五年的努力，把其打造成全国知名、中原最大的氟化工基地和循环经济试点园区。总投资3.1亿元、占地15.2公顷的无水氟化氢生产线已竣工投运，达到年产3万吨无水氟化氢的规模，与此同时，我们还建设了500吨/日萤石粉选厂和尾矿砂综合利用两个配套项目，达到了化工厂、选场、砖厂的一体化建设，实现了化工厂的余热供选厂使用，选厂产品直接通过气流输送进入化工厂生产线，省掉了氟化氢包装工序；利用新工艺，化工厂和选场的废渣再生产成砖，这样不仅省去了工业废渣，减轻了排放压力，还节约了投资成本，实现了较大程度上的资源循环利用。

同一个地球，同一个心愿。积极应对全球气候变化问题上，人人有责。回顾嵩县在促进生态建设、保护生存环境上取得的每一个经验和每一点成绩，无不与中央政府的大力倡导和政策指向息息相关。在一大批中国优秀企业家的带领下，中国企业界履行公民责任，勇担社会道义，一大批NGO以国际的视野、先进的理念和奉献的精神，与各级地方政府一道共同投身应对气候变化、保护地球家园的行动中。

今天有幸受邀参加全球气候大会，与全世界关心、支持气候变化的各界人士交流经验、探讨问题、寻求解决之道，我们将认真吸收各方面的先进经验和做法，朝着人与自然和谐共处的既定目标坚定的走下去，我们共同期待，在各国政府和民众的共同努力和关心呵护下，我们的地球家园一定会躲过苦厄，我们的子孙后代一定能继续享受她的荣华！

Welcome to Song county! thank you!

全国第十七届苏轼学术研讨会论文
诗简记得平生语　肯向人间爱好官

——苏轼廉洁从政的人生观及其渊源初探

刘继增　袁桂娥

摘 要：从苏轼诗简中窥测、勾勒出的苏轼的廉洁从政的人生观，源于他所受的家庭教育、学堂教育、北宋廉政生态，其文化渊源是儒家思想。苏轼在“三个教育”中形成并在为政实践中固化的廉洁从政的人生观，铸就了他特有的“官德”、“官格”和人格，连同他的诗文受到人们的尊崇和爱戴。

关键词：廉政观　廉政生态　北宋　苏轼

作者简介：刘继增（1958—），男，河南省平顶山市人，中国苏轼学会理事、郏县苏轼学会执行会长；袁桂娥（1963—），女，平顶山学院教授

According to Sushi´s poem " Liu Shi Lian Wei Ben Fu Xian Sheng Zhi Gui Lian Ye Ru Ci", we could explore and image that how probity he was. This was the result of the education that he obtained from family, school and that dynasty. Furthermore, the cornerstone of his education wass Confucianism. The holistic mode of think that Sushi learn from those three kinds of education and his political career is to be probity. As a result, he developed the excellent characteristics both as a human being and a politician. He is, therefore, respected by the descendants as well as his poems.

Author: Jizeng Liu (1958 –), male, Live in Pingdingshan, Henan Province, member of Chinese Sushi Academy, director of Sushi Academy in Jiaxian.; Yuangui E (1963 –), female, professor of Pingdingshan

苏轼，自1061年11月被任命为大理评事、签书凤翔府判官起，宦海沉浮四十年，1101年7月在成都玉局观提举的职任上[0]病故于江苏常州，次年闰六月移葬河南郏县，盖棺论定，苏轼终以仕宦身份载入《宋史》之中。在河南郏县的苏轼墓前树立有明代浙江右布政使王尚絅《宿苏坟》的一通感言诗碑：

流落奇才本自贤，
梨花上苑贺春先。
晓来洗耳河边过，
闻道冰山又一年。
木山抔土留三仙，
风雨禅床愧二难。
诗简记得平生语，
肯向人间爱好官。

“诗简记得平生语，肯向人间爱好官。”苏轼留下的诗文中所体现出的从政就要做一个廉政为民的好官这一人生追求，铸就了他的官德、官格和特有人格力量。“神归天上为霖雨，碧化长空为汝河。”（苏轼墓前清张朋翮碑刻语）苏轼从政就要做一个廉政为民的好官的人生追求融化郏县苏轼墓前的山山水水与世长存，成为世代为官者的楷模。

苏轼进士及第参加制科考试后，第一次任职是陕西凤翔签判。首次任职，他谨慎戒行拒收“化金方”。《颍滨语录》载：“亡兄子瞻及第调官，见先伯父，问所以为政之方。伯父曰：‘如汝作《刑赏忠厚论》。’子瞻曰：‘文章固某所能，然初未尝学为政也，奈何？’伯父曰：‘汝在场屋，得一论题时，即有处置，方敢下笔，此文遂佳。为政亦然。有事入来，见得未破，不要下手；俟了了而后行，无有错也。’至今以此言为家法。”[1]他谨遵伯父教诲，

慎权、慎独、慎微、慎友、慎初。据苏辙《龙川略志》记载：予兄子瞻，尝从事扶风。开元寺多古画，而子瞻少好画，往往匹马入寺，循壁终日。有一老僧出，揖之曰："小院在近，能一相访否？"子瞻欣然从之。僧曰："贫道平生好药术，有一方，能以朱砂化淡金为精金。老当传人，而患无可传者；知公可传，故欲一见。"子瞻曰："吾不好此术，虽得之，将不能为。"僧曰："此方知而不可为，公若不为，正当传矣。"是时，陈希亮少卿守扶风，而平生溺于黄白，尝于此僧求方，而僧不与。子瞻曰："陈卿求而不与，吾不求而得，何也？"僧曰："贫道非不悦陈卿，畏其得方不能不为耳。贫道昔尝以方授人矣，有为之即死者，有遭丧者，有失官者，故不敢轻以授人。"即出一卷书曰："此中皆名方，其一则化金方也。公必不肯轻作，且勿轻以授人，如陈卿，谨勿传也。"子瞻许诺。归视其方：每淡金一两，视其分数，不足一分，辄以丹砂一钱益之，杂诸药入甘锅内煅之，熔即倾出，金砂俱不耗，且其色斑斑相杂，当再烹之，色匀乃止。后偶见陈卿，语及此僧，遽应之曰："近得其方矣。"陈卿惊曰："君何由得之？"子瞻具道僧不欲轻传人之意，不以方示之。陈固请不已，不得已与之，陈试之良验。子瞻悔曰："某不惜此方，惜负此僧耳，公谨为之。"陈姑应曰："诺。"未几，坐受邻郡公使酒，以赃败去。子瞻疑其以金故，深自悔恨。后谪居黄州，陈公子慥在黄，子瞻问曰："少卿昔时尝为此法否？"慥曰："吾父既失官，至洛阳，无以买宅，遂大作此；然竟病指痈而殁。"乃知僧言诚不妄也。[2]

苏轼第一次作太守是在密州（今山东诸城）。任密州（今山东诸城）太守时年仅39岁，熙宁七年（1074）12月13日到任，熙宁九年（1076）12月离任，是年41岁。据乾隆《诸城县志》载，苏轼知密州时，当地连续七年大旱。熙宁七年，"自秋至冬不雨"，熙宁八年"春夏旱"蝗虫泛滥。苏轼深感"平生五千卷，一字不救饥"，一是灭蝗。在上书朝廷减免百姓赋税的同时，率领民众采取田禾焚烧和掘土掩埋的方法灭蝗，实行以工代赈，即"募民灭蝗，每掘得其子，以斗升计而给米多寡有数焉"，使蝗灾得到初步控制。二是抗旱。按照当地"遇旱祈雨"的风俗，率吏民到常山祈雨、改造雩泉、筑堤引水。三是收养弃婴。连遭旱蝗灾害，百姓生活困苦，苏轼"洒涕循城拾弃孩"分别安排各家抚养，按月支给"盘量余谷"，二年内养活十人之多。自己却"曾杯酒之不设，揽草木以诳口"，并作《后杞菊赋》以自嘲，"余仕宦十有九年，家日益贫，衣食之奉殆不如夕者。及移守胶西，意且一饱，而斋厨索然，不堪其忧。日与通守刘君廷式，循古城废圃，求杞菊食之。"[3]其廉洁之至，跃然纸上。十年之后的元丰八年（1085），苏轼赴登州任途经密州，密之父老，遮道相迎，"扶挈老幼为追攀"，可见一个好官在百姓心目中的地位。

苏轼第一个贬谪官职是黄州（今湖北黄冈）团练副使。宋神宗元丰二年（1079）十二月二十六日，苏轼因乌台诗案由湖州知州贬为黄州团练副使，不得签署公事，享半俸。据宋罗大京《鹤林玉露》载，"东坡谪齐安，日用不过百五十。每月朔，取钱四千五百，断为三十块，挂屋梁上。平旦用画叉挑取一块，即藏去。又以竹筒贮用不尽者，以待宾客。"生活困匮，元丰四年（1081）二月，挚友马正卿为他请故营地数十亩，苏轼躬耕其中，自号"东坡居士"。次年，四川道士杨世昌前来探望。七月十六日，"壬戌之秋，七月既望"，苏轼与道士杨世昌泛舟赤壁，并作《赤壁赋》。苏轼在泛游赤壁中，在《赤壁赋》中他以回答客人的形式提出一个廉洁从政的重要观点："苟非吾之所有，虽一毫而莫取。"1983年2月21日，时任中共中央总书记胡耀邦在黄州视察工作时游览黄州赤壁，在"二赋堂"的正中大木壁前朗诵着苏轼"苟非吾之所有，虽一毫而莫取"，赞叹道"苏东坡早就说了，如果不是自己的东西，虽说是一丝一毫也不能要，那你还搞什么贪污、行什么贿哦？"，接着他提出了"我们年轻干部，读读苏东坡的文章，最适合。"[4]

苏轼生前最后一个官职，是成都玉局观提举。在成都玉局观提举任上做的最后一首诗，也是他一生的绝笔，记载了他做梦想的还是清廉，这首诗的题目叫作《梦中作寄朱行中》：

舜不作六器，谁知贵玙璠。
哀哉楚狂士，抱璞号空山。
相如起睨柱，头璧相与还。
何如郑子产，有礼国自闲。
虽微韩宣子，鄙夫亦辞环。
至今不贪宝，凛然照尘寰。[5]

清人王文诰如此评价苏轼和他的这首诗："先生临终而梦中作此诗，盖若言其平生所存之大节，可以意悟。"[6]

《六事廉为本赋先圣之贵廉也如此》是一篇集中体现苏轼在一生从政中人生追求的代表作之一。元丰七年神宗去世，年幼的哲宗继立，高太后执政，史称"元祐"。苏轼从汝州团练副使（从八品）骤迁为正三品的翰林学士知制诰，成为太后近臣、哲宗老师。该文正是此时苏轼的作品。

"六事"，见于《周礼》。《周礼》又名《周官》、《周官经》，儒家经典"三礼"（《周礼》、《仪礼》、《礼记》）之一。《周礼·天官·少宰》："以听官府之六计，以弊群吏之治：一曰廉善，二曰廉能，三曰廉敬，四曰廉正，五曰廉法，六曰廉辩。"所谓"六事"，即"六计"，是上级考察官吏的六条标准或者叫六个方面：善（有辞誉、声望）、能（有能力，政令畅通）、敬（敬其职位、恪守官次）、正（行正言之、公正无私）、法（依法而行没有过失发生）、辩（辨别能力强、遇事分明果断）。这里"廉"的原意是考察、查访。苏轼却独出新解，把"廉"理解为廉洁，并升华为"器尔众才，有吾先圣。"的高度，是先圣周公订立的器重、任用人才的标准，即"先圣之贵廉也如此"。也是自己的人生追求形成的源头，其的文化渊源是儒家思想，源于他所受的家庭教育、学堂教育、北宋廉政生态。

家庭教育。苏轼的父亲苏洵，十八岁应进士试，二十九岁再应进士试，三十七岁应制科试均以失败而告终后，"遂绝意于功名。而自托与学术"，对苏轼兄弟精心培养。孙如听《颍滨年表》"八年戊子，父洵以家艰闭户读书，因以学行授二子"。苏辙《藏书室记》曰："予幼师先君，听其言，观其行事，犹记起一二。先君平时不置产业，有田一廛，无衣食之忧，有书数千卷，手辑而校之，亦遗子孙曰：读是书，内以治身，外以治人，足矣"。[7]"门前万竿竹，家有四库书。"'四库书"中多有经典书籍。元孙友人也说"初老泉先生之未第也，闭户十年，贯穿诸子之书，研穷百代之史。而二先生侍侧，得于心传面命之际，莫不自家法中来。"

父洵寓教于名。苏轼，字子瞻，"轼"作为名，本意是车厢前面工人凭倚的横木；"瞻"作为字，本意是"望"之意，希冀儿子能登高望远树立远大志向，可以想见每当儿子念及此寓意。怎能不是一种鞭策和鼓励，促使他自幼立下"奋历有当世志"

程夫人教子以名节道德相尚。据《宋史·苏轼传》载，苏轼十岁时，乃父苏洵游学四方，很少回家，教子的重任便落在了他的母亲程氏肩上。程氏对儿子注重道德教育，用心培养他的远大志向。她不仅"亲授以书"，教儿子知古今成败之事，而且教育他长大之后如何做人，并希望他以东汉的范滂为榜样。范滂少有清节，因敦厚质朴、勤奋节俭而举孝廉。为官后，公正廉明，抑制豪强，因与太学生一起反对宦官祸国，被诬为钩党而下狱。释放后不久，又与李膺等被捕。范滂与母亲告别，范母慨然安慰儿子说："汝今与李、杜（密）齐名，死亦何恨！既有令名，复求寿考，可兼得乎？"范滂后蒙冤死于狱中。我们从《六事廉为本赋》中的"绩效皆烦，清名至美"的廉政佳句中仍可看到程夫人教子的清晰印记。《宋史》本传谓苏轼"自为举子至出入侍从，必以爱君为本，忠规傥论，挺挺大节，群臣无出其右。"[8]可见程夫人名节教子的影响形成了苏轼的廉政的名节观。

学堂教育。自从汉武帝"罢黜百家，独尊儒术"以后，历代都统治者都十分推崇儒家学说，北宋的学堂教育是以科举为旨归的。苏轼少年是"专为应举"而读书，自然熟知儒家经典，并深受其影响，儒家经典则是中国古代廉政文化的载体。苏轼的廉政思想源于儒家经典，更源于他所受的学堂教育。

仁宗天圣七年诏，正式规定阁试“试论六首，以三千字以上为合格。”阁试一场，论六首，每篇限五百字以上，题目于九经、十七史、七书、国语、荀子、扬子、管子、文中子正文及注、疏中出，内一篇名数（题）、一篇暗数（题）。名数（题）不易，暗数（题）极难都要求既知题目出处，又要能“引进”上下文，上下文“引进”不全，上下文有度数及事类，，谓之暗类，所引不尽谓之粗。实际上是要求应举人平日能够背诵群书。苏轼在嘉祐六年的制举考试中得三等（最高等），是北宋开国百年以来的此等的第二人。苏轼阁试“六论”的第六题《既醉备五福论》，“既醉”是《诗经》的篇目；“五福”出该诗“君子万年，介尔景福”句郑玄笺，语源则出《尚书·洪范》（“一曰寿、二曰富、三曰康宁、四曰攸好德、五曰考终命)，这是由郑笺套出的一层事典。若不能背诵郑玄笺，便不知“五福”的来历；若仅知郑玄笺而不熟《尚书》，便不知“五福”的内容，可见苏轼对包括《尚书》在内的儒家经典烂熟于心。中国古代廉政思想的理论基石—“民本”思想就源于《尚书·夏书·五子之歌》：“皇祖有训，民可近，不可下，民惟邦本，本固邦宁。予视天下，愚夫愚妇，一能胜予，一人三失，怨岂在明，不见是图。予临兆民，懔乎若朽索之驭六马，为人上者，奈何不敬?”[9]苏轼对《五子之歌》的民本思想有着专门解释，苏轼的廉政思想无疑是受《尚书》的影响。

《周礼》又名《周官》、《周官经》，儒家经典" 三礼"（《周礼》、《仪礼》、《礼记》）之一，中国古代廉政制度的基本框架出自《周礼·天官·小宰》。《周礼·天官·小宰》曰：“以听官府之六计，弊群吏之治。一曰廉善，二曰廉能，三曰廉敬，四曰廉正，五曰廉法，六曰廉辨。”意旨要用这六种方法来考核官吏。值得注意的是在这六种考核手段之前作者都加上了“廉”字。苏轼专门作《六事廉为本赋》，显然是将“廉”从狭义的范畴抽象出来，赋予了更广泛而深刻的意义，形成了苏轼的“六廉”观。

北宋廉政生态。北宋皇帝的警示教育、正面教育、厚禄养廉，由此造成“明道善策、教而后刑”的社会现实和舆论氛围，对包括苏轼在内的臣工仕宦的教育和影响是深刻的，苏轼的“功废于贪，行成于廉”的观点、“吏功旌别，皆清慎以居先”的观点，盖源于此。

警示教育。北宋政权建立后，建隆二年（961）按《周显德刑统》，商河县令李瑶、坐赃罪被杖死，左赞善大夫申文纬因坐失觉察，除籍；次月，供奉官李继昭坐盗卖官船罪，弃市；八月，大名府永济主薄郭凯坐赃罪，弃市。仅太祖一朝官吏坐赃罪弃市者，达二十余人。建隆四年（963）太祖皇帝颁诏批准了窦仪等人在《周显德刑统》的基础上修订成的宋代第一部法典《宋详定刑统》，由宋太祖颁诏实施。《宋详定刑统》卷二十六《杂律》把以非法手段占取官私财物的行为定位“赃罪”。一是宋代官员有试用期，试用官员转正要有若干名正式官员保举，按诏敕，官员不得保举曾犯有贪污罪的官员转正。有时解除此禁，则规定曾犯有贪污罪者试用期比一般官员长，同时有试用官员犯贪污罪两次除名的规定。宋朝允许在职官员参加科举考试，考中者可提前转正或越级提拔，但曾犯有贪污罪者不许参加科举考试。又规定，凡重要职务和接触钱财的职务，一律不许让曾犯贪污罪者担任。宋朝官员通常定期定级，但曾犯贪污罪的官员升迁则举步维艰。二是一个官员犯贪污罪，其上司、曾荐举过他的官员都要受到处罚。这使得上司很注意防范下属犯贪污罪，荐举者很关心被荐举者的德行，官员贪污受到牵制。三是宋代吏部设有官员档案，凡犯贪污罪者都记录在案。凡犯过贪污罪者，每次晋级或调动职务时，都要向吏部主动申报自己曾犯过贪污罪，并规定，凡犯过贪污罪的官员不得随意更改姓名。宋哲宗时进而规定：文官官名分为三类，凡进士出身者官名前冠以“左”字，未能通过科举考试者官名前冠以“右”字，曾犯过贪污罪者既无“左”字也无“右”字。这样，曾犯过贪污罪者仅从官名上即能被人们一眼看出。这些诏敕使得官员一旦犯贪污罪，就“终身不齿善良”，永远被人看不起。

正面教育。据《潞公文集》卷三十《奏赐儒行中庸并七条事》载，大中祥符二年（1009）十一月真宗颁《戒飭文武臣七条》。“文臣七条：一曰清心。谓平心待物，不为喜怒爱憎之所迁，则廉事自正。二曰奉公。谓公直洁己，则民自畏服。三曰修德。谓以德化人，不心专尚威猛。四曰责实。谓专求实效，勿竟虚誉。五曰名察。谓勤察民情，勿使赋役不均，刑罚不中。六曰劝课。谓劝谕下民勤于孝悌之行、农桑之务。七曰革弊。谓求民疾苦，而厘革之。以赐节度使以下至刺史、任转运使、提点刑狱、知州军府监、通判、知县者；武臣七条：一曰修身。谓修饰其身使士卒有所法则。二曰守职。谓不越其职，侵扰县民政。三曰公平。谓均抚士卒，无有偏党。四曰训习。谓教训士卒，勤习武艺。五曰简阅。谓阅视士卒，识其勤隋勇怯。六曰存恤。谓安抚士卒，甘苦皆同，常使齐心。七曰威严。谓制驭士卒，无使犯禁。以赐节度使以下至刺史，及诸司以下任部署、钤辖、知州军、监押、驻泊、巡抚者。”[10]史称文武臣廉政七条。文武臣七条要害是戒飭文武臣等，一要严格自我约束（文臣：清心、奉公、修德；武臣：修身、守职公平），二要恪勤职守（文臣：责实、勤察、劝科；武臣：训习、简阅、存恤），惩治弊端（文臣：改弊，武臣：威严）。

厚禄养廉。宋太宗云：“廪禄之制，宜从优异，庶几丰泰，责之廉隅。”（《宋史·职官志十一》）因此，北宋皇帝都曾为百官养廉而不断增俸。在仁宗诏准范仲淹的“庆历新政”施政纲领中就提出：“养贤之方，必先厚禄，禄厚然后可以责廉隅”，“使其衣食得足，……然后可以责其廉节，督其善政，有不法者，可废可诛。”（《范文正公集·答手诏条陈十事》）熙宁变法期间，不仅增了官俸，而且发了“吏禄”。熙宁三年八月，神宗发现仓吏侵克欺盗军粮严重，因而下令创立“仓法”，或称“重禄法”，本着“增禄不厚，不可责其廉谨”的指导思想，首先给仓吏以厚禄，岁额一万八千九百贯，此后“仓法”逐步推及内外吏，至熙宁六年正月，吏禄总额已达十七万一千五百余贯。王安石曾向神宗表白：“吏胥禄廪薄，势不得不求于民，非重法莫禁，以薄廪申重法，则法有时而屈。今取于民鲜，而吏知自重，此臣等推行之本意也。”（《宋史纪事本末·王安石变法》）

注　释

〔1〕转引自颜中奇《苏东坡轶事汇编》第15页。岳麓书社1984年4月第1版

〔2〕苏辙《烧金方术不可授人》。苏辙《龙川略志》第一卷，第1页。中华书局1982年4月第1版。

〔3〕苏轼《后杞菊赋》。《苏轼文集》第一卷，第4页。中华书局1986年3月第1版。

〔4〕丁永淮《胡耀邦的赤壁之游》，第197—200页。《黄冈文史资料》第七集2004年12月第1版。

〔5〕苏轼《梦中作寄朱行中》。《苏轼诗集》卷四十五，第2458页。中华书局1982年2月第1版。

〔6〕转引自《苏轼诗集》卷四十五《梦中作寄朱行中》诗末注。第2458页。中华书局1982年2月第1版。

〔7〕苏辙《藏书室记》。苏辙《栾城第三集》卷之十，第1565页。上海古籍出版社1987年3月第1版。

〔8〕《宋史》卷三百三十八，第10801—10818。中华书局1977年11月第1版。

〔9〕《五子之歌》。《尚书》附录《伪古文尚书》第82页。蓝天出版社2001年1月第1版

〔10〕转引自邓小南《导向的确立——兼谈宋初“欲武臣读书”与“用读书人”》。《史学月刊》2005年第7期第11—12页。文中注50：《潞公文集》卷三十《奏赐儒行中庸篇并七条事》，据《经幄管见》卷四

校。今山西新绛县古州衙大堂的墙壁有此碑刻，为宋徽宗时期的朝散大夫、知绛州立石。

参考文献

1、孔凡礼点校《苏轼诗集》〔M〕，北京：中华书局1982.2

2、孔凡礼《苏轼年谱》〔M〕，北京：中华书局1998.2

3、饶学刚《苏东坡在黄州》〔M〕，北京：京华出版社1999.5

4、李增坡《苏轼在密州》〔M〕，山东：齐鲁出版社1995.9

5、吕静飞《唐宋八大家散文鉴赏辞典》〔K〕，北京：中国妇女出版社1991.8

6、张长发《资政类纂》〔M〕，北京：燕山出版社1992.5

7、余华青《中国古代廉政制度史》〔M〕，上海：上海人民出版社2007.1

8、戴建国《宋代刑法史研究》〔M〕，上海：上海人民出版社2008.1

9、祝尚书《宋代科举与文学考论》〔M〕，郑州：大象出版社2006.3

10、邓小南《导向的确立——兼谈宋初“欲武臣读书”与“用读书人”》〔J〕，开封：史学月刊2005.7

11、孔凡礼点校《苏轼文集》〔M〕，北京：中华书局1986.3

12、颜中奇《苏东坡轶事汇编》〔M〕，湖南：岳麓书社1984.5

13、政协黄冈文史资料委员会《黄冈文史资料》第七集〔K〕，2004年12月第1版

新华社评出2011年国际体育十大新闻（四）

（上接271页）

七、筵席没有不散时　鲨鱼姚明齐退役

6月1日，NBA球员中硕果仅存的一位“NBA五十大巨星”——“大鲨鱼”奥尼尔通过微博宣布退役。39岁的奥尼尔在职业赛场征战了19个赛季并赢得4枚总冠军戒指。7月20日，姚明在上海举行的新闻发布会上正式宣布退役。31岁的他16岁代表上海大鲨鱼参加国内联赛，6年后率队夺得CBA总冠军。2002年6月，作为NBA历史上首位国际球员“状元秀”加盟火箭队，帮助火箭队5次闯入季后赛，他本人8次当选全明星阵容。

八、全“球”遭遇停摆潮　劳资双方终和解

2011年夏天，由于劳资谈判破裂，NFL（美国职业橄榄球大联盟）、NBA，以及西班牙和意大利的足球甲级联赛相继遭遇停摆风波。

6月30日，由于原劳资协议到期且劳资双方未能达成新协议，NBA自1998年以来再现老板封馆、球员停工一幕。NBA成为继NFL之后，今年第二个封馆停赛的美国职业联赛。8月19日，由于西班牙球员工会和西班牙职业足球联盟的劳资谈判破裂，原本于8月20日开赛的西甲首轮比赛被迫推迟，这是西班牙足球联赛27年以来首次停摆。7天后，同样由于劳资原因，原定于8月27日开赛的意甲也被迫停摆。

8月25日，西甲劳资双方终于达成协议，西甲第二轮如期上演，首轮比赛被延迟到2012年1月进行。9月5日，意甲联盟和球员工会达成协议，意甲第二轮如期上演，首轮比赛被延迟到2011年12月进行。12月8日，NBA总裁斯特恩宣布，球员和老板分别于当天批准了新一期劳资协议，从而终结了历时5个多月的停摆。

九、樱花烂漫世界杯　日本女足首夺冠

7月17日，日本队在女足世界杯决赛中两度落后两度扳平比分，最终经过点球大战以5：3的总比分击败美国队，成为第一支捧起女足世界杯金杯的亚洲球队。在此之前，日本队还淘汰了卫冕冠军、东道主德国队和状态正佳的瑞典队。日本队独树一帜的技术型打法让人叹为观止。

十、空难夺走冰球队　世界体坛笼阴霾

9月7日，俄罗斯雅罗斯拉夫尔火车头冰球队乘坐雅克－42型客机飞往白俄罗斯首都明斯克，计划8日与明斯克迪纳摩冰球队进行新赛季首战。然而，他们的包机刚刚从雅罗斯拉夫尔市机场起飞不久就不幸坠毁。机上45人中43人遇难，其中包括7名机组人员和36名球队成员。这是俄罗斯体育史上最惨痛的一次空难。

索 引

说明：一、本索引把年鉴所刊登的条目，采取主题分析的方法，按汉语拼音（同音字按声调）顺序排列。

二、大事记不在编制索引。

三、索引名称后的阿拉伯数字表示内容所在页码，数字后的拉丁字母（a、b、c）表示栏别，顺序从左至右。

四、内容有交叉的条目，为便于读者检索在索引中重复出现。

A

B

C

D

F

G

H

J

K

L

M

N

P

Q

R

S

T

W

X

Y

Z